노인 정신건강과 노인상담

Daniel L. Segal · Sara H. Qualls · Michael A. Smyer 공저
홍주연 역

학지사

Aging and Mental Health, 2nd Edition
by Daniel L. Segal, Sara Honn Qualls, and Michael A. Smyer

역자 서문

현재 우리나라는 세계에서 가장 빠르게 고령화가 진행되고 있다. 2000년에 65세 이상 고령 인구가 전체 인구의 7%에 이르렀으며 2026년엔 20%가 될 것으로 예상하고 있다. 하지만 우리의 현 상황은 이러한 변화를 수용할 수 있는 준비가 절대적으로 부족한 실정이다. 노년기의 소득 감소는 노인의 빈곤화를 초래하고 있고, 노동생산력의 저하는 경제를 둔화시키고 있으며, 노인 부양과 세대 간 의사소통의 문제는 노인의 심리적 고통을 심화시키고 있다. 특히 노인의 심리적 문제는 심각하게 다루어야 하는데, 노인 우울증이 자살과 관련이 매우 높기 때문이다. 현재 우리나라 노인의 자살률은 10만 명당 81.8명으로 OCED 국가 중 가장 높다(2012년 기준).

이처럼 노인의 정신건강이 위험 수준에 도달했음에도 대부분의 노인은 심리적 문제가 발생하는 경우에 정신건강 전문가보다 신체 관련 전문의를 찾는 경향이 있다. 그렇다면 이러한 현상은 왜 나타나는가? 바로, 젊은 사람과 비교해 볼 때 노인은 정신건강 전문가에 대한 부정적인 생각을 더 많이 가지고 있고, 정신이상자로 낙인찍힐 수 있다는 불안감이 있으며, 자신의 심리적 증상을 신체질환으로 표현하는 경향이 있고, 상담 자체에 대한 두려움을 지니고 있기 때문이다. 또한 노인이 상담을 받을 수 있는 기관이 부족하고 정신건강 전문가가 노인을 상담할 의지를 별로 보이지 않기 때문이기도 하다. 실제로 역자가 상담대학원생들을 대상으로 실시한 연구(홍주연, 김경은, 2013)에서는 상담 대상자의 연령을 선택할 수 있는 경우 4.6%만이 노인을 우선적으로 선택하겠다고 하였다.

하지만 이 연구에서 노화와 관련된 과목이나 노인상담에 대한 과목을 수강한 경험이 있는 사람은 노인상담에 대한 의지가 고양된다는 결과가 나왔다. 이는 정신건강 전문가 교육에서 노인상담에 대한 교육이 매우 중요함을 의미한다. 따라서 노인상담에 대한 관심을 증가시키기 위해서는 노화 과정과 노인의 변화에 대한 체계적인 교과과정 및 실습 기회가 필요하다. 역자는 이 책이 이러한 과정에 활용되어 정신건강 전문가들이 노인에 대한 정서적·전문적 거리를 줄임으로써 노인이 정신건강 전문가의 도움을 받을 수 있는 환경이 조성되었으면 하는 바람이다.

이 책이 나오기까지 도움을 주신 많은 분께 감사의 마음을 전하고자 한다. 역자에게 노년학을 추천해 주신 이화여자대학교 명예교수이자 아이코리아 회장님이신 김태련 교수님, 펜실베이니아 대학교에서 다학제적인 노년학이라는 학문을 소개해 주신 Neville Strumpf 박사님, 그리고 역자에게 노인상담이라는 분야를 열어 주신 노스캐롤라이나 대학교의 故 Jane Myers 박사님에게 마음 깊이 감사드린다. 마지막으로 이 책의 출판을 지지해 주신 학지사 김진환 사장님과 편집부의 인내에도 감사를 전한다.

2016년 11월

홍주연

저자 서문

지식은 양보다 질이 중요하다. 따라서 지식의 의미 여부를 구분하는 것이 관건이다.

– Leo Tolstoy

이 책에서는 Tolstoy의 격언을 깊이 생각하면서 노년기 정신건강과 상담에서 중요한 것들을 구분하고자 노력하였다. 특히 노인과 작업할 때 전문적인 지식을 얻고자 하는 현재의 노인 정신건강 전문가 및 미래의 노인 정신건강 전문가를 염두에 두고 집필하였는데, 노인전문가와 노인 그리고 가족들은 프랑스의 철학자인 Michael Philibert가 제시한 다음의 문제를 생각해 볼 필요가 있다. "노화와 관련하여 우리는 과연 무엇을 알 수 있는가? 우리가 반드시 알아야 할 것은 무엇인가?" (Philibert, 1979, p. 384)

배 씨(여, 75세) 할머니는 남편인 양 씨(남, 79세) 할아버지가 걱정스럽다. 할아버지의 기억이 점점 나빠지는 것 같기 때문이다. 할아버지는 슈퍼에 가서는 사야 할 물건의 반만 사 오고, 쉽게 지치고, 취미 생활에도 별로 흥미를 보이지 않으며, 친구들을 만나러 가는 것도 즐거워하지 않는다. 할아버지는 자신의 행동이 변했다고 생각하지 않지만 할머니는 할아버지가 걱정스러워 조언을 구하면서 다음 질문을 하였다. "할아버지를 노인 치매 센터에서 검사를 받게 할까요?"

당신은 뭐라고 답할 것인가? 당신은 무엇을 알고 있어야 하는가? 할아버지의 어떤 증상이 중요하고 어떤 증상이 중요하지 않은가? 이러한 질문들에 답하는 것이 Philibert의 질문에 답하는 것이다. 양 씨 할아버지의 증상은 정상적인 노화의 과정인가? 병리적인 것인가? 아니면 둘 다인가? 노화에 대해 우리가 알 수 있는 것은 무엇인가? 여기서 당신의 답은 암묵적 행동 계획과 관련이 있다. 문제를 진단해야만 가장 적절한 치료 계획을 세울 수 있다. 노화의 변화에 대처하기 위해 우리가 해야 할 것은 무엇인가? 이러한 질문에 답하기 위해서는 노화에 대해서 많은 지식을 지녀야 하고 정신건강에 대한 지식도 있어야 하며 노인이 이용할 수 있는 심리사회적 서비스도 알고 있어야 한다. 이 책은 노년기 성인의 정신건강을 다루기 위한 다면적인 이해의 틀을 제공할 것이다.

이 책의 초반부인 제1부에서는 노년학과 노화의 과정을 개관할 것이다. 이러한 배경지식은 양 씨 할아버지의 기억이 정상인지 아닌지와 같은, 많은 내담자와 그 가족이 지니는 의문에 대한 답을 제시하는 데 도움이 될 것이다. 노인의 행동 변화에 대해 걱정해야 하는가와 같은 단순한 질문에 답하기 위해서는 신체질환, 노화의 과정 그리고 노인의 기능에 영향을 주는 역사적 · 사회적 맥락을 이해해야 한다. 따라서 초반부에서는 노년기 정신건강의 기본 구조와 뒤이어 나오는 내용들의 기틀을 마련할 것이다.

중반부인 제2부에서는 여러 정신건강의 모형에 대해 알아볼 것이다. 각 모형은 정신건강의 원인, 평가 그리고 치료에 대한 일련의 가설을 제공하는데, 이러한 가설은 전문가가 특정한 영역에 관심을 갖고 노인을 보도록 한다. 예를 들어, 양 씨 할아버지의 기억 문제가 기질적인 것이 아니라면 행동적 접근은 맥락의 중요성을 강조할 것이다. 또한 제2부에서는 노인과 노인 정신건강 전문가에게 중요한 몇 가지 질문에 초점을 둘 것이다. 다시 말해, 접근에 따라 노화와 노인이 접하는 문제를 어떻게 보는지 살펴볼 것이다.

마지막으로, 후반부인 제3부에서는 노년기에 가장 빈번하게 일어나는 인지장애, 우울증, 불안, 약물 남용, 심각한 정신장애(조현병) 그리고 성격장애와 같은 정신건강 문제에 대한 유병률, 진단 방법 그리고 이에 대한 가장 효과적인 심리치료 방법을 살펴볼 것이다. 우리는 만성 정신질환(제9장)의 진단 및 치료와 관련하여 Stephen Bartels에게 의뢰할 수 있었던 것을 행운으로 생각한다.

이 책을 쓰는 데 도움을 준 많은 동료와 친구가 있다. CU 노화센터, 콜로라도 대학교 노년학센터, 보스턴 대학교 노화센터, 벅넬 대학교 학장실, 그리고 초판의 집필 초기에 우리에게 많은 지도와 충고를 아끼지 않아 준 Jim Birren과 익명의 독자들에게 감사를 전하고 싶다. 개정 작업 중에는 새로운 익명의 독자들뿐 아니라 우리의 학문적인 동료들과 지역사회 서비스 동료들의 조언 및 충고가 큰 도움이 되었다. 우리는 이들의 도움을 잊지 못할 것이다. 그럼에도 불구하고 이 책에 남아 있는 오류가 있다면 그것은 전적으로 저자들의 책임이다. 또한 인내와 부지런함으로 이 개정판이 완성될 수 있도록 도움을 준 우리의 친구이자 Wiley-Blackwell 출판사의 편집장 Constance Adler에게도 깊은 감사의 마음을 전하고자 한다. 마지막으로, 지속적인 사랑과 격려 그리고 지원을 보내 준 우리의 가족에게 감사의 마음을 전하고 싶다.

우리는 이 책을 통해 노인 및 그 가족과 작업하는 데 유용한 정보와 큰 틀을 제공하고자 하였다. 이 책을 통해 독자가 노화는 매우 희망적이며, 노년의 정신건강 및 정신장애와 관련하여 우리가 할 수 있는 일이 매우 많다는 것을 깨닫기를 바란다.

차 례

제2부 노년기 정신건강 모형

제3부 정신질환의 개관

제1부
개 관

▶▶ **제1장** 노화와 정신건강

▶▶ **제2장** 노인상담을 위한 기초 노년학

제1장 노화와 정신건강

다음의 사례를 살펴보자.

지역의 노인복지관 재가복지 팀장이 당신에게 전화하여 구 씨 할아버지의 재가 방문을 의뢰하였다. 할아버지가 예전에는 평균 일주일에 서너 번씩 복지관에 왔으나 4개월 전 친구가 죽은 이후로는 전혀 나오지 않고 있다. 팀장이 할아버지에게 안부 전화를 걸고 친구의 죽음 때문에 힘들어서 복지관에 나오지 않고 계신 것인지 묻자 할아버지는 그런 것은 아니라고 완강히 부인하면서 할아버지는 복지관에 가지 않은 이유가 극심한 통증 때문이라고 하였다. 그리고 지금 통증 때문에 더 이상 말하기가 힘들다고 말씀하시곤 서둘러 전화를 먼저 끊었다. 팀장은 할아버지가 적절한 의료 처치를 받지 못하고 있는 것은 아닌지 걱정이 되었다. 당신은 할아버지에게 전화하여 만날 약속을 하였다.

정신건강전문가인 당신은 구 씨 할아버지와 만났을 때 어떤 질문을 해야 하는

가? 할아버지의 기능을 탐색하는 데 있어서 알아야 하는 중요한 요인은 무엇인가? 이러한 질문에 대한 당신의 답은 노화와 정신건강에 대한 당신의 생각과 관련이 있다. 이 책의 제2부에서는 다양한 정신건강의 모형과 평가 그리고 중재 방법을 살펴볼 것이다. 그 과정에서 정신건강 모형이 평가와 중재를 위한 전략의 틀이 되며, 노인뿐만 아니라 노인의 가족과의 관계에도 영향을 준다는 것을 알게 될 것이다.

구 씨 할아버지의 현재 기능은 다음과 같은 기본적인 질문을 제기하게 한다. 할아버지의 행동은 정상인가 아니면 전문적인 중재가 필요한 문제인가? 이에 대한 답은 최적의 노화와 병적 노화에 대한 우리의 암묵적·외현적 가정을 반영한다.

1. 정상적 노화란 무엇인가

정신건강과 노화는 정상 노화 과정에 대한 연구인 노년학 그리고 노화와 노화 예방 및 치료의 연구인 노인의학에 대한 일반적 이해에서 시작해야 한다. 이를 바탕으로 노인의 행동이 정상적인 애도 과정의 일부인지 아니면 우울증이나 정서장애와 같은 정신질환의 일부인지(예: 주요우울장애)를 알아야 한다. 이러한 질문에 대한 답은 정상 노화에서 시작해야 한다.

1) 개념적 정의

노화의 정상성에 대해 논하기 위해서는 정상적인 노화, 최적의 또는 성공적인 노화 그리고 비정상적인 노화를 살펴봐야 한다(Rowe & Kahn, 1998). Baltes와 Baltes(1990a)는 정상적인 노화와 최적의 노화를 다음과 같이 정의하였다.

> 정상적인 노화는 생물학적 병리나 정신적 병리가 없는 상태를 말한다. 즉, 한 사회에서 명백한 질환을 앓고 있지 않은 대부분의 사람에게서 나타나는 노화 과정을 말한다. 성공적 노화는 이상적인 상태로서 발달을 최적화하고 노인 친화적

인 환경 조건에서 나이 드는 것이다. 비정상적 노화는 알츠하이머성 치매처럼 의학적 원인이 있고 질환의 증상이 있는 것이다(pp. 7-8).

2) 통계적 정의

정상적 노화와 최적의 노화를 구분하는 것은 이론적으로 바람직한 조건과 통계적 사실을 구분하는 것을 요한다. 예를 들어, Baltes와 Baltes는 정상적인 노화는 '명백한 질환'을 포함하지 않는다고 하였다. 하지만 대부분의 노인은 만성질환을 갖고 있다. 미국의 경우, 65세 이상 성인의 80%가 한 개 이상의 진단 가능한 만성질환이 있고 50%는 2개 이상의 진단 가능한 만성질환이 있다(Center for Disease Control and Prevention and The Merck Company Foundation, 2007).

가령, 65세 이상 성인의 절반 이상이 관절염이 있는 것으로 보고되고 있으며(Hootman, Bolen, Helmick & Langmaid, 2006), 2030년이 되면 성인 인구의 54%가 관절염이 있을 것으로 예상되고 있다(Hootman & Helmick, 2006). 뿐만 아니라 초고령층(75세 또는 85세 이상)은 그 비율이 이보다 훨씬 더 높을 것이다. 따라서 통계적으로 볼 때 관절염이 노년기에 나타나는 것은 최빈치이기 때문에 정상적인 노화로 간주될 수 있다.

3) 기능적 정의

정상적 노화를 정의하는 또 다른 방식은 '명백한 질환'의 정의에 근거한 것으로, 질환의 유무보다는 질환의 영향에 초점을 두고 정의를 내릴 수 있다.

노인들의 장애 유병률을 고려해 보자. 기능적 장애가 노인질환의 한 가지 척도가 될 수 있을 것이다. 하지만 어떻게 기능적 장애를 정의할 것인가? 이 질문에 대한 답은 노년기에 무엇이 정상이고 무엇이 비정상인지에 대한 결론에 영향을 줄 것이다. 앞서 언급한 구 씨 할아버지의 상황을 살펴보면 보다 명확해질 수 있다.

자택에서 만난 구 씨 할아버지는 표정이 없고 기력도 없는 매우 야윈 81세의 노인이었다. 친구도 없고 가족과 왕래도 별로 없이 사회적으로 고립된 듯 보였다(평생 결혼을 한 적이 없는 독신이고 살아 있는 형제자매도 없다). 요리는 할 수 있는 것처럼 보였으나 근래에는 음식을 잘 먹지도 못하고 잠도 잘 자지 못할뿐더러 먹고 자는 데 관심도 없다고 하였다.

할아버지의 기능에 문제가 있는가? 할아버지가 81세임을 고려할 때 할아버지의 행동은 정상적인가? 미국 통계청에 따르면 75세 이상의 노인은 누구나 한 가지 이상의 장애를 지니게 된다. 구체적으로는 75~79세 노인의 59%가 장애가 있으며 38%는 심각한 장애가 있다(Brault, 2008). 이에 반해, Manton, Gu와 Lamb(2006)의 조사에서는 75~84세 노인의 78%가 '비장애인'이라고 하였다. 어떻게 이렇게 다른 결과가 나타날 수 있는가?

그 답은 장애의 정의와 관련되어 있다. 통계청은 장애의 정의를 기능적 활동의 어려움에 두고 있는데, 이러한 기능적 활동의 범위는 전통적인 장애의 정의보다 비교적 넓다. 통계청에서는 '4.5kg을 들고 옮길 수 있는가? 10분 정도 동네를 걸어 다닐 수 있는가? 신문을 읽을 수 있는가? 일반적인 대화를 들을 수 있는가? 자신의 말을 상대방이 이해할 수 있는가? 계단을 12개 정도 올라갈 수 있는가?'와 같은 활동을 기준으로 한다. 반면, Manto 등(2006)이 사용한 장애의 전통적인 기준은 일상생활활동(activities of daily living: ADL)으로 먹기, 침대에서 일어나기, 실내에서 움직이기, 목욕하기, 옷 입기, 화장실 쓰기와 같은 활동이며, 도구적 일상생활활동(instrumental activities of daily living: IADL)은 빨래하기, 식사 준비, 장보기와 같은 가벼운 집안일을 기준으로 한다.

기능에 대한 서로 다른 기준은 정상적인 노화와 기능에 대한 상이한 결과를 얻게 한다. 기능을 측정하는 기준에 대한 선택은 기준에 포함되어 있는 활동과 그것을 수행할 수 있는 능력이 사회적·인지적·신체적 기능을 반영하기 때문에 중요하다(Kemp & Mitchell, 1992). 그렇기 때문에 우리가 평가하고자 하는 기능의 범위에 따라 정상적 노화와 비정상적 노화가 구분되며, 이에 따라 구 씨 할아버지의 정상성이 결정된다.

2. 비정상적 노화란 무엇인가

앞서 '정상적인 노화는 무엇인가?'라는 질문에 대해 신체적 · 기능적 측면에만 초점을 두고 정신적 · 심리적 문제는 고려하지 않았다.

> 구 씨 할아버지를 처음 만났을 때 심각한 통증을 호소하지는 않았다. 하지만 친구의 죽음에 대해서 언급하자 할아버지는 옆구리를 움켜잡으며 아프다고 하였다. 할아버지에게 누워서 쉬시라고 하자 그렇게 하시겠다며 누워서 친구에 대한 이야기를 하였다. 얼마 전 죽은 그 친구는 보통 친구가 아니었다. 어릴 때부터 형제처럼 자란 둘도 없는 단짝 친구였다. 할아버지는 "그 친구는 아무짝에도 쓸모없는 나에게 변함없이 잘해 줬어요. 나에게 과분한 친구였죠. 난 그 친구에게 아무런 도움도 못 됐는데 항상 산에 같이 다녀 주었어요. 이제는 산에 같이 갈 사람도 없고 그 친구 없이 산에 가더라도 아무런 재미도 없을 것 같아요."라고 하였다.

할아버지는 정신질환이 있다고 할 수 있는가? 이에 답하기 위해서는 다른 문제들을 해결해야 한다. 그리고 무엇보다도 먼저 노인들의 정신건강을 어떻게 정의할 것인지 결정해야 한다. 이 책의 3부에서는 특정 정신질환에 대한 평가와 치료를 논의할 것이다. 하지만 그 전에 정신건강과 정신질환에 대해 먼저 논의하고자 한다.

3. 정신건강과 정신질환

노년기 정신건강의 중요성에 대해 미국 질병통제 및 예방센터와 만성질환연합회(Centers for Disease Control and Prevention & the National Association of Chronic Disease Directors, 2008)는 다음과 같이 요약하고 있다.

> 세계보건기구는 건강을 "단지 질환이 없는 상태가 아닌 완전한 신체적·정신적·사회적 안녕 상태"라고 정의하고 있다[World Health Organization(WHO) 1948]. 정신건강은 한 개인의 전반적인 건강 및 안녕에 핵심이기 때문에, 정신건강의 중요성을 인식하고 이를 치료하는 것은 노인을 포함하는 모든 사람에게 중요하고 필수적이다. 실제로 2010년 건강인의 목표 중 노인의 정신건강을 최우선 과제로 채택하였다(US Dept. of HHS, 2000; US Dept of HHS, 2006, US Dept. of HHS, 1999).

노년기의 정신건강은 단일한 이론적 개념이 아니라 다양한 임상적 연구 활동을 반영하는 다면적 개념이다(Qualls & Layton, 2010; Qualls & Smyer, 1995). 노년기의 정신건강에 대한 정의는 통계적 정상성, 개인적 기능과 집단 규준 간의 관계, 질환의 치료 가능성 그리고 긍정적 기능에 대한 이상적 기준(Butler, Lewis, & Sunderland, 1998) 같은 복잡한 요소를 모두 통합한다.

반면, 노인의 정신질환에 대한 정의에는 많은 사람이 동의한다. 임상 장면과 연구 목적에서 사용되는 정신질환의 조작적 정의는 『정신장애의 진단 및 통계 편람(*Diagnostic and Statistical Manual of Mental Disorders: DSM*)』(American Psychiatric Association, 2000)에 제시된 미국정신의학회의 지침을 따른다. 대부분의 선진국에서는 이 분류 체계를 사용하고 있다(Segal, 2010). 수백 개의 정신질환이 이 편람에 수록되어 있으며 각 질환에 대한 특정한 진단 기준도 제시되어 있다.

질병통제센터(Center for Disease Control)의 행동적 위험요인 감시체계(Behavioral

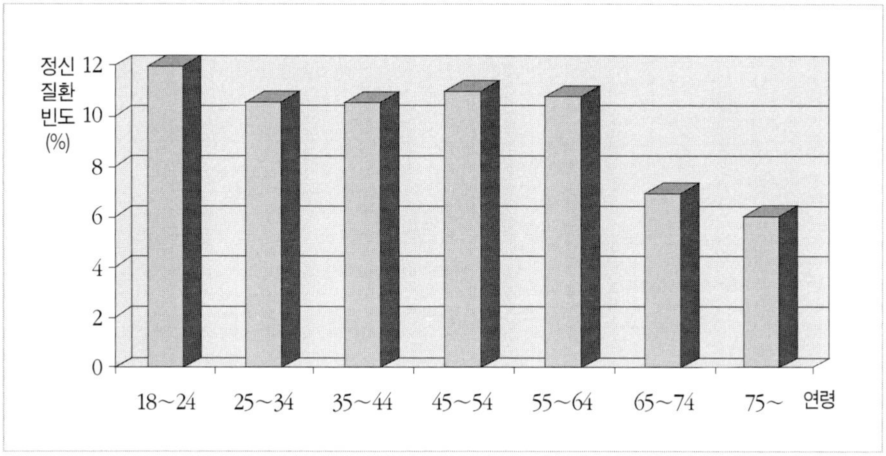

그림 1-1 2007년 연령별 정신질환의 빈도(%)

출처: Centers for Disease Control and Prevention & the National Association of Chronic Disease Directors (2007).

Risk Factors Surveillance System: BRFSS)는 2007년에 65~74세 성인의 6.9%가 14일 이상 정신적으로 건강하지 않았음을 제시하였다. 75세 이상 집단의 경우에는 그 비율이 이보다 약간 낮은 6.1%였다(CDC, 2007). 가장 나이가 많은 집단이 다른 연령대와 비교하여 가장 낮은 정신적 불편함을 호소하였다([그림 1-1] 참조).

진단 가능한 정신질환의 경우도 이와 유사한 결과를 보인다. Kessler, Berglund, Demler, Jin과 Walters(2005)는 9,000명 이상의 사람들을 대상으로 한 미국 공병률 조사의 결과를 보고하였다. 즉, 노인들의 경우 다른 연령대보다 낮은 빈도의 불안장애, 정서장애, 충동장애, 그리고 물질사용장애를 보고하였다([그림 1-2] 참조).

우울증은 정상적인 노화의 일부가 아니다. 우울증의 80%는 치료가 가능하다(Centers for Disease Control and Prevention & the National Association of Chronic Disease Directors, 2008). 하지만 노인 우울증은 정상적 노화와 비정상적 노화를 구분하는 것이 얼마나 어려운지를 보여 준다. 노년기 우울증은 여러 형태로 나타난다. Beck 우울증 검사(Beck Depression Inventory)를 사용하였을 때, 노인들은 젊은 사람들보다 6.1% 낮은 정도의 우울과 불안을 보고하였다(Goldberg, Breckenridge, & Sheikh, 2003). 65세 이상 노인의 5.0%만이 우울증 진단을 받았으며 평생 우울증

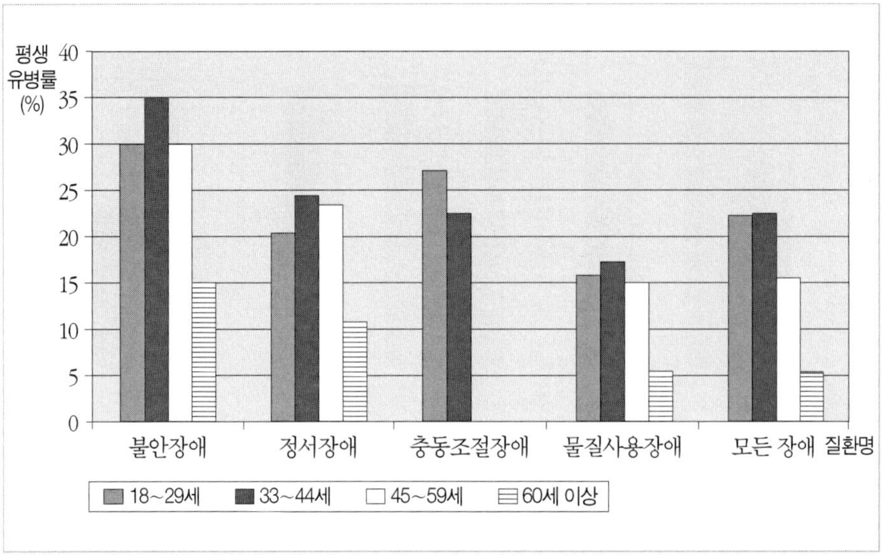

그림 1-2 WHO가 발표한 DSM에 근거한 연령별 평생 유병률(미국공병률조사)

출처: Kessler et al. (2005).

의 유병률은 10.5%다(Centers for Disease Control and Prevention & the National Association of Chronic Disease Directors, 2008). 그러나 노인들의 우울 증상의 유병률은 훨씬 높다.

뿐만 아니라 환경에 따른 유병률도 큰 차이를 보인다. 예를 들어, 시설 입소 노인의 경우 46%가 경도 우울 증세를 보였고 27%는 심각한 우울 증세를 보였다(Linka, Bartkó, Agárdi, & Keméney, 2000). 이와 유사하게, 최소자료군(Minimum Data Set: MDS) 평가에서 노인요양시설에 새로 입소하는 27%의 노인이 조현병, 조울증, 우울증 또는 불안증을 가지고 있었다(Grabowski, Aschbrenner, Feng, & Mor, 2009). Grabowski 등(2009)은 이와 관련해 다음과 같이 요약하였다. "노인요양시설은 정신건강 분야의 탈시설화 움직임과 주정부의 정신과 병동 축소 움직임으로 갈 곳 없는 환자들의 실질적인 수용 기관이 되었다." (p. 689)

마지막으로, 노인들의 정신질환의 유병률만이 아니라 발병 연령(평균적으로 특정 정신질환을 처음 경험하는 연령)도 보아야 한다. Kessler 등(2005)에 따르면 물질

사용장애(20세)나 정서장애(30세)보다 불안장애(11세)나 충동조절장애(11세)가 더 일찍 발병한다. 정신질환의 50%는 14세에 이미 시작되며 75%는 24세에 그리고 90%는 42세 이전에 시작된다. 그러므로 정신질환의 대부분은 아동기나 청소년기에 시작되며, 아주 소수만이 노년기에 발병한다. 그렇기 때문에 정신질환이 있는 노인들을 대할 때 언제 발병하였는지는 알아보는 것이 임상적으로 중요하다. 장기간 우울증을 앓은 노인은 노년기에 처음 우울증이 발병한 사람에 비해 훨씬 더 장기적이고 복합적인 치료를 요한다.

4. 노년기 신체질환과 정신질환의 연결: 공병률

구 씨 할아버지가 보이는 증세인 무력감, 사회적 철회와 신체적 통증은 공병률(즉, 두 가지 이상의 정신질환이나 신체질환의 결합, 또는 정신질환과 신체질환의 결합)의 중요성을 인식하게 한다. Cohen(1992)은 노인들의 신체적 · 정신적 상태의 상호작용을 이해하기 위한 네 가지 유용한 틀을 제시하였다.

- 심인성(또는 심리적 기반의) 스트레스는 신체적 건강 문제로 이어질 수 있다.
- 건강 문제는 심리적 장애를 유발할 수 있다.
- 정신적 · 신체적 건강 문제가 공존하게 되면 서로 상호작용할 수 있다.
- 사회적 자원과 심리사회적 자원은 신체적 또는 정신적 질환의 예후에 영향을 줄 수 있다.

실제로 내담자나 환자에 대한 초기 관심은 정신건강 또는 신체건강의 문제에서 생겨날 수 있다.

첫째, 심인성 스트레스는 신체적 건강 문제를 야기할 수 있다. 구 씨 할아버지 사례에서는 복통이 친구의 죽음에 대한 반응일 수 있다. 할아버지에게는 신체적 통증을 표현하는 것이 사회적으로 보다 용인된 방식일 것이다.

둘째, 신체적 증상으로 인해 심리적 이상이 생길 수 있다. 예를 들어, 노년기에는 높은 주파수의 소리가 잘 들리지 않는데(Butler et al., 1998) 이런 청력 손실이 있을 경우 외부에서 일어나는 소리를 변별할 수 없어 혼란과 착각이 일어날 수 있다.

셋째, 신체적 장애와 정신적 장애는 서로 상호작용할 수 있다. 특히 치매와 같은 인지적 장애의 경우에 이런 상호작용이 더 자주 나타날 수 있다. 노인들의 인지적 장애의 진단과 치료는 쉽지 않다. 노화와 관련된 인지적 변화와 경도 인지장애(mild cognitive impairment: MCI), 알츠하이머형 질환 그리고 다른 치매 유형을 구분하는 것은 어려운 작업이다(Buracchio & Kaye, 2009; Green, 2005; Peterson, 2004). 더불어 인지장애를 진단하고 치료하기 위해서는 인지적 혼란 상태를 야기할 수 있는 다양한 가역적 원인들, 즉 약물 반응, 정서장애, 대사장애, 시각 및 청각 장애, 영양 결핍, 탈수, 뇌종양 및 외상, 염증과 같은 것을 제외해야 한다. 이를 위해서는 복잡한 공병률 패턴을 평가하기 위한 다학제적 협조가 필요하다(7장 참조).

현재 알츠하이머병과 관련 질환의 생물학적 근거(예: Anderson, Litvack, & Kaye, 2005; Bertram, McQueen, Mullin, Blacker, & Tanzi, 2007; Brouwer, Sleegers & Van Broeckhoven, 2008), 사회적 영향(예: Kim, Knight, & Longmire, 2007; Montgomery & Kosloski, 2009), 그리고 치매로 인한 개인적 · 경제적 황폐화를 막기 위한 예방적 중재의 가능성(예: CDC & Alzheimer's Association, 2007; Day, McGuire, & Anderson, 2009; Teri, Logsdon, & McCurry, 2008; Willis et al, 2006)에 관한 연구가 이루어지고 있다.

통계 자료를 보면 알츠하이머병과 관련된 다학제적 접근이 개인적 · 사회적으로 왜 중요한지를 알 수 있다. 미국의 경우 530만 명이 알츠하이머병과 관련 치매 질환을 앓고 있으며, 이들 환자 중 71세 이상 노인의 70%가 알츠하이머병을 앓고 있다(Alzheimer's Association, 2009a). 알츠하이머병과 관련 치매 질환을 가진 환자들의 수는 2040년에는 1,180만 명으로 늘어날 전망이다(National Academy on an Aging Society, 2000).

근래의 연구(Plassman et al., 2008)에서는 71세 이상 노인의 경우 이미 알츠하이머병을 진단받은 사람과 치매가 아닌 인지적 장애를 가진 사람을 평가하는 것이 중요하다고 보고하였다. 이 두 범주를 합친다면 71세 이상 성인의 유병률은 22%

가 된다(Lichtenberg, 2009).

이 숫자는 매 20년마다 배로 증가하며 2020년에는 420만 명 그리고 2040년에는 810만 명이 될 것으로 예견된다. 뿐만 아니라 치매 환자의 60%는 선진국에 살고 있고 그 비율은 2040년에 71%로 증가할 것이다(Ferri et al., 2005).

마지막으로, Cohen(1992)은 사회적 · 심리사회적 자원이 신체질환이나 정신질환의 예후에 영향을 준다고 하였다. 5장의 스트레스와 대처 모형에서 논하겠지만, 사회적 지지는 스트레스의 부정적인 영향을 완화하고 사람들로 하여금 문제에 보다 잘 대처할 수 있도록 돕는다. 치매를 앓고 있는 사람들에게도 긍정적인 사회적 환경은 개인의 존엄과 삶의 질을 향상시킬 수 있다.

5. 개인차와 위험 평가

지금까지는 노인들의 정신건강과 정신질환에 대한 일반적인 설명을 하였다. 하지만 사례를 다룰 때는 특정 노인이 그 연령의 다른 노인들과 비교하여 얼마나 유사한지 그리고 얼마나 상이한지를 알아야 한다.

구 씨 할아버지는 다른 81세 노인들과 비교했을 때 어떤 차이가 있는가? 노인들을 구분하기 위해서는 어떠한 정보가 필요한가? 사회경제적 지위(SES)는 노화 경험에 극적인 영향을 미친다. [그림 1-3]에서 볼 수 있듯이 연령, 만성질환 그리고 사회경제적 지위 간의 관계가 고려되어야 한다. 낮은 사회경제적 지위의 사람들은 성인기 동안 가장 높은 비율의 만성질환을 나타낸다. 실제로 사회경제적 지위가 낮은 중년들(35~44세)은 사회경제적 지위가 가장 높은 노인들(55~64세, 65~74세, 75세 이상)보다 높은 비율로 만성질환을 앓고 있다(CDC, 2007).

그러나 노인들 간 위험 수준의 차이는 단지 신체적 · 기능적 영역에만 국한된 것은 아니다. 정신질환의 위험성에도 유사한 패턴이 나타난다. 구 씨 할아버지의 사례를 다시 살펴보자.

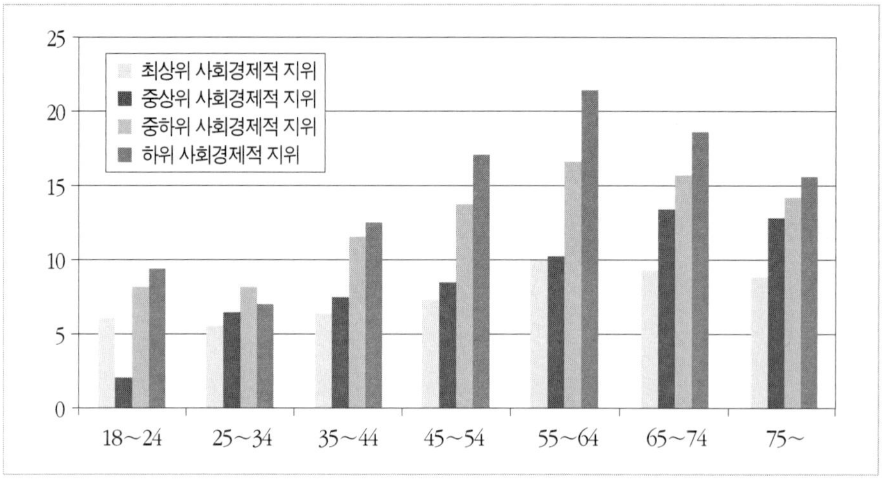

그림 1-3 연령 및 사회경제적 지위에 따른 만성질환 자기보고

출처: Centers for Disease Control and Prevention & the National Association of Chronic Disease Directors (2007).

> "그 친구는 아무짝에도 쓸모없는 나에게 변함없이 잘해 줬어요. 나에게 과분한 친구였죠. 난 그 친구에게 아무런 도움도 못됐는데 항상 산에 같이 다녀 주었어요. 이제 같이 산에 가 줄 사람도 없고 그 친구 없이 산에 가더라도 아무런 재미도 없을 것 같아요."

구 씨 할아버지의 말에서 쓸쓸한 종말이 느껴진다. 할아버지에게는 삶에 대한 의지와 미래에 대한 계획도 불투명하다. 할아버지에게 자살의 가능성을 물어보아야 하는가?

정신질환에 대한 역학적인 통계가 노인들의 자살 위험성을 판단하는 데 유용할 수 있다([그림 1-4] 참조). 미국의 경우 노년기 자살 성공률은 매우 높으며, 특히 65세 이상에서 더욱 그렇다(노인:일반 = $\frac{14.7}{100,000}$: $\frac{11.0}{100,000}$; Centers for Disease Control and Prevention & the National Association of Chronic Disease Directors, 2008). 노인들의 자살 성공률이 다른 연령보다 더 높은 이유는 자살 방법이 더 치명적이고 약 90% 이상이 우울증과 같은 진단 가능한 정신질환과 관련되어 있기 때문이다(World Health Organization, 2005).

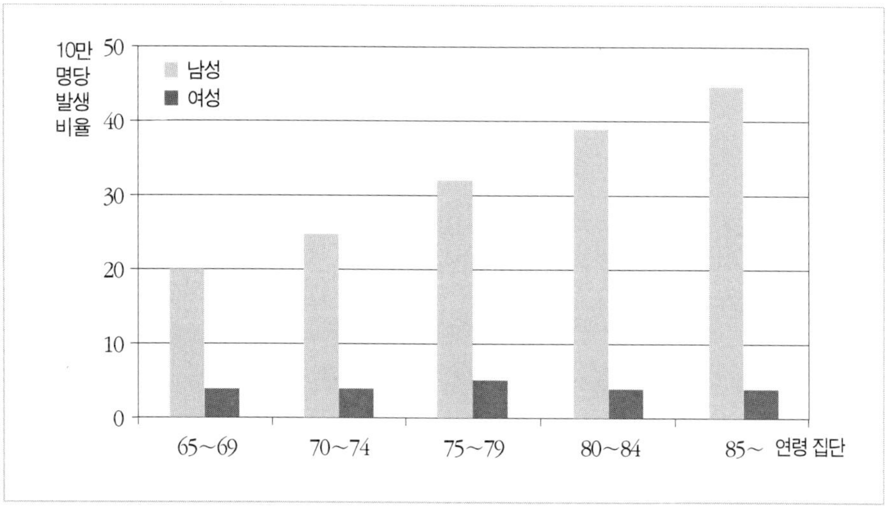

그림 1-4 65세에서 85세 이상 사람들의 자살률

출처: American Association of Suicidolog((1) C의 원자료를 기반으로 함). http://www.suicidolgy.org/c/document_library/ger_file?folderId=232&name=DLFE-158.pdf

추가적으로 성별과 인종을 고려하면 85세 이상의 백인 남성의 자살률이 가장 높은데, 일반 남성보다 2.5배나 더 높다(American Association of Suicidology, 2008). 안타깝게도 대부분의 자살 사망자는 자살하기 한 달 전 병원을 방문한 기록이 있다(Caine, Lyness, & Conwell, 1996). 그렇기 때문에 노인들의 자살 위험성을 감소시키기 위해서는 의사들이 노인 우울증의 진단 및 치료에 대한 훈련을 받아야 한다(NIH Consensus Panel on Assessment & NIH Concensus Panel on Depression in Late Life, 1992).

이런 상이한 위험성, 특히 80세 이상 남성에 대한 지식에 기반하여 구 씨 할어버지에게 다음과 같은 질문을 할 수 있다.

> "할아버지 이야기를 들어보니 우울한 기분이 많이 드시는 것 같은데 혹시 자살에 대한 생각을 해 보신 적이 있나요?"
>
> "내가 기분이 울적하기는 하지만 미치진 않았어요!"

구 씨 할아버지가 자신의 문제에 대한 관점을 즉시 드러낸다면 자살의 의도와 관련된 후속 질문들을 할 수 있다. 그러면 대화는 다른 방향으로 흘러갈 수 있다.

"할아버지 이야기를 들어보니 우울한 기분이 많이 드시는 것 같은데 혹시 자살에 대한 생각을 해 보신 적이 있나요?"

"가끔 그런 생각이 들지요."

"그럼 구체적인 방법을 생각해 보신 적이 있나요?"

"농약을 사 놨어요. 찾기 쉽도록 신발장에 넣어 두었죠."

이 대화는 자살에 대한 우려가 현실로 드러나는 경우다. 즉, 자살 동기가 있고, 자살 방법을 생각하고 준비를 했으며, 삶에 대한 미련이 없는 것이다.

자살 가능성에 대한 위의 두 가지 답변은 노인들의 변산성을 명료하게 보여 준다. 변산성은 노년기의 큰 특징 중 하나다. 즉, 나이가 들수록 동일 연령대 사람들 간에 차이가 더 크다. 이러한 다양성, 즉 개인 간 차이는 생물학적 · 전기적 기능의 복잡한 패턴에 따른 결과다. 전기적 요소는 두 가지 방식으로 중요한 역할을 할 수 있다. 즉, 질환의 역사와 개인의 역사다. 구 씨 할아버지의 자살 가능성의 경우, 과거 자살 생각이 있었을 때 그가 어떠한 경험을 했는지를 알아야 한다. 과거에도 자살에 대한 생각을 한 적이 있고 이러한 생각을 하면서 노년기에 이르렀는가? 아니면 노년기에 처음으로 자살에 대한 생각을 하게 되었는가? 자살 생각에 대해 이처럼 상이한 경험을 갖고 노년기 자살에 이르게 된다. 하지만 이에 대한 치료 중재, 사회적 · 정서적 자원 가능성과 성공적 중재는 상이한 접근을 요구한다.

결론적으로, 노인에 대한 심리적 중재를 하기 위해서는 사회적 · 경제적 자원, 현재 및 과거의 신체건강 및 정신건강 상태 그리고 기능 상태를 알아야 한다(NIH Consensus Panel on Assessment, 1988).

6. 상담자와 내담자의 맥락: 이제 무엇을 해야 하는가

구 씨 할아버지와의 첫 만남에서 할아버지의 현재 기능, 과거력 그리고 혼자 대처해 나갈 수 있는 능력에 대한 정보를 얻었다. 그 다음에는 무엇을 해야 하는가?

치료 계획은 내담자의 강점과 약점(예: 현재 상태가 얼마나 위급한지, 자신 또는 타인에게 유해한지, 과거의 위기에 어떻게 대처했는지 등), 자신의 치료 계획에 적극적으로 참여할 수 있는 능력, 치료 환경 및 맥락 등과 관련된 다양한 요소를 감안하여 세워야 한다.

미국의 경우, 지난 30년간 노인 정신건강 서비스의 맥락에 상당한 변화가 있었다. 탈시설화 정책이 이루어짐에 따라 정신건강 외래와 입원 진료 서비스가 증가하였다. 입원 치료는 국립 병동에서 개인 병원으로 옮겨 갔으며, 요양원이 정신질환 노인들을 수용하는 중요한 장소가 되었다(Gatz & Smyer, 1992; Grabowski et al., 2009).

정신건강 서비스에 대한 접근은 또 다른 중요한 문제다(Pepin, Segal, & Collidge, 2009). 미국심리학회(American Psychological Association, 2003)에 따르면 정신질환이 있는 63%의 노인들이 적절한 중재를 받지 못하고 있고, 단지 3%만이 정신건강 전문가를 만났다고 보고하였다. 노인들은 일반 병원이나 특수 기관의 입원 환자 중 11%를 차지하지만(Rosenstein, Milazzo-Sayre, & Manderscheid, 1990) 요양원 환자 중 정신질환자의 90%가 노인이다(Liar & Lefkowitz, 1990). 이러한 패턴은 정신질환이 있는 노인들을 치료하는 데 있어 요양원에 과도하게 의존하고 있다는 것을 보여 준다. Pepin 등(2009)은 젊은 성인과 나이 든 성인들이 정신건강 서비스를 받는 데 장애가 되는 요인을 살펴보았는데, 이들은 정신 치료에 대한 낙인보다는 적절한 치료자를 찾기 어렵고 치료비를 더 심각한 문제로 보았다.

이러한 치료의 패턴, 즉 외래 환자에 대한 편견 및 의료 중심 서비스는 노인의 정신건강 서비스의 가용성과 접근성에 영향을 주는 두 가지 요인에 지나지 않다. 그 외에도 노인 정신건강을 위한 의료비 부담도 주요 요인이다(Smyer & Shea, 1996).

2003년에 미국 노인 정신질환자의 의료비는 150억 달러였다(Mark et al., 2008). 이 비용은 직접적인 치료 비용 및 사망과 관련된 간접 비용을 다 포함하는 것이다. 그리하여 경제적 측면에서 볼 때 노인 정신건강은 관심을 가질 가치가 있다.

이상과 같은 정신건강 서비스와 관련된 기관의 특징, 의료보험, 의료비는 모두 노인의 정신건강에 영향을 미친다. 따라서 노인에게 효율적인 치료를 제공하기 위해서는 이러한 측면까지 모두 감안해야 한다.

7. 요약 및 결론

이 장에서는 이 책 전반에서 다루게 될 주요한 주제들을 소개하였다. 먼저, 평가 전략, 중재 대상 그리고 치료적 성공의 정의에 영향을 주는 정상적 및 비정상적 기능과 관련하여 철학적 가정의 중요성을 살펴보았다. 다음으로, 노년기 정신건강 문제와 질환의 원인 및 증상을 이해하는 데 영향을 주는 개인차의 중요성을 강조하였으며 노인의 정신건강 서비스에 영향을 주는 맥락에 대해서도 논의하였다. 마지막으로 노인에게 적절한 정신건강 서비스를 제공하기 위한 경제적 · 정치적 맥락의 영향도 살펴보았다. 개인적 기능부터 사회적 정책까지 범위의 이런 주제들은 노인에게 정신건강 서비스를 제공하는 것이 얼마나 복잡한 과제인지를 보여 준다. 이와 같은 다양한 주제를 통해 노인의 욕구를 이해하고 그들에게 서비스를 제공하는 열정적인 치료자들과 그들의 어려움을 이해할 수 있기 바란다.

마지막으로, DSM이 진화하고 있는 분류 체계라는 것을 강조하고자 한다(American Psychiatric Association, 2000). 현재 이 책의 집필 과정에서 이 편람은 DSM-IV-TR에서 DSM-5로 변경되었음을 밝힌다. 관심 있는 독자는 2013년에 발행된 DSM-5 웹사이트에서 이를 확인하기 바란다(www.dsm5.org).

제2장

노인상담을 위한 기초 노년학

인근 요양원에서 다음 두 사례에 대한 전문 상담 의뢰를 하였다.

김 씨 할아버지는 움직이지 않으려고 한다. 퇴직하기 전 성공적인 회계사로 일한 할아버지는 기억력이 떨어지면서 일을 그만두었다. 요즘은 아침에 일어나서 옷만 겨우 갈아입는다. 기본적인 일상생활 활동을 하는 데 신체적 문제가 없어 보이지만 간호사들이 옷을 입으라고 하면 작은 소리로 "못해."라고 말한다. 사진 앨범을 가져다주면 사진을 보면서 중얼거리지만 대부분의 시간을 혼자 보내고 표정이 슬퍼 보인다. 김 씨 할아버지의 이런 상태는 오래되었다.

문 씨 할머니는 숟가락을 수집한다. 식당에 있는 숟가락을 방으로 들고 와서 서랍에 조심스럽게 넣어 둔다. 간호사들이 숟가락을 식당에 다시 가져다 놓아야 한다고 말하고 숟가락을 가져가려 하면 빼앗기지 않으려고 폭언을 하고 직원들이 자신의 물건을 훔치려 한다고 말한다.

노인주택복합단지(continuing care retirement community: CCRC)에서 한 할머니에 대한 상담 의뢰가 들어왔다.

> 심 씨 할머니는 고관절 수술을 하고 난 후 요양원으로 왔다. 수술 전에는 4년간 아파트에서 혼자 살았다. 할머니는 인근 초등학교에서 구연동화 봉사도 하였고, 요리도 하고 화투도 쳤다. 할머니는 자신의 아파트로 돌아가겠다고 요구하고 있다. 자유롭게 오가면서 요리하겠다며 다른 사람들의 도움이 필요하지 않다고 한다. 사회복지사는 할머니가 혼자 거동하거나 결정을 내리기 힘들 것이라며 우려하고 있다. 할머니의 독립적인 생활에 대한 요구는 할머니의 정신이 건강함을 의미하는가? 아니면 할머니가 자신의 변화된 신체적 · 정신적 능력을 부정하는 것인가?

전문가로서 이러한 사례를 맞게 된다면, 노인들과 작업하면서 효과적으로 중재할 수 있는 지식과 기술이 자신에게 충분한지 자문하게 된다.

이 장에서는 이에 대한 기본적인 답을 제공하고자 한다. 우선, 노화와 정신건강을 온전히 이해하기 위해 노화의 기본적인 발달적 문제에 대해 살펴보고자 한다. 그리고 이 장의 후반에서는 노인과 젊은이와의 상담 및 심리치료가 어떻게 유사하고 또 다른지를 논의할 것이다.

1. 노화와 정신건강에 대한 발달적 문제

Schaie(1995)에 따르면 노인들과 상담 및 심리치료를 하기 위해서는 유용한 기초를 제공하는 주요한 발달적 정보, 즉 정상적 노화와 병리적 노화, 노화의 개인차, 연령 차이와 연령 변화, 연령에 따른 개인과 환경 간 상호작용의 변화, 연령 관련 행동 변화의 가역성 같은 주제들을 알고 있어야 한다고 하였다.

1) 정상적 노화와 병리적 노화

1장에서 언급했듯이 노년학은 노화 과정에 대한 연구이고 노인의학은 노화와 관련된 질환에 대한 연구다. 하지만 이 두 영역 간의 경계는 점차 흐려지고 있다. 정상적 노화와 병리적 노화를 구분할 때 통계적 접근을 한다면 만성질환을 정상적 노화의 일부로 가정할 수 있다. 50%의 노인들이 관절염을 앓고 있지만 이는 정상적인 노화가 아니다. 하지만 관절염은 연령에 따라 증가하기 때문에 이를 연령 관련 질환으로 볼 수 있다. 이와 마찬가지로 치매도 연령 관련 질환이다. 연령에 따라 급격하게 증가하기는 하지만 정상적인 노화의 일부는 아니다. 관절염과 치매 모두 기저 질환에 의해 진행되기 때문이다.

앞 장에서 본 정신질환의 유병률을 살펴보면 몇 가지 중요한 경향이 나타난다. 첫째, 연령이 증가하면 정신질환을 경험하는 성인의 수는 감소한다. 둘째, 노인들은 어느 연령보다 인지장애를 제외한 모든 정신질환의 빈도가 낮다. 셋째, 어느 연령이든 단지 소수의 성인만이 정신질환을 앓는다. 그렇기 때문에 정신질환은 정상적인 노화 과정의 일부가 아니다. 65세 이상 성인의 약 20%가 정신질환의 조건에 부합하는데(Jeste et al., 1999) 경도 인지장애를 고려하더라도 정신질환을 앓고 있는 노인은 소수다.

결론적으로, 정상적 노화, 최적의 노화 그리고 병리적 노화의 구분을 인식하는 것은 중요하다. 연령과 질환을 동등하게 간주하는 것은 노년학을 노인의학과 동일하게 생각하는 것과 같다.

2) 개인차

나이의 증가와 함께 개인차를 확대시키는 세 가지 영향 체계가 있다. 즉, 규준적 연령 관련 영향, 규준적 역사 관련 영향 그리고 비규준적 영향이다(Baltes, 1987; Marsiske, Lang, Baltes, & Baltes, 1996).

규준적 연령 관련 영향은 발달에 영향을 주는 보편적인, 시간의 변화에 따른 생물학적 · 심리학적 · 사회문화적 과정을 일컫는다. 연령 관련 규준 그리고 발달적 과업이 이러한 영향에 해당한다. 예를 들어, 만 6세 아동들이 일반적으로 초등학교에 입학하는 것은 사회적으로 구성된 영향이다. 생물학적 기반의 규준적 연령 관련 영향은 사춘기, 초경, 폐경기 등 삶에서 중요한 전환점이 되는 사건들을 포함한다.

규준적 역사 관련 영향은 동일한 시기에 특정 문화권 내 대부분의 사람이 경험하는 사건을 말한다. 우리나라의 한일합병, 6 · 25전쟁과 8 · 15해방, 미국의 대공황과 인종차별 폐지(Elder, 1974; Clotfelter, 2004), 그리고 유대인들의 홀로코스트([글상자 2-1] 참조)는 그 시기 아동과 성인 모두의 발달에 영향을 준 역사적 사건들이다. 전 세계적인 노화는 우리의 생애 발달에 영향을 주는 규준적 역사 관련 영향의 또 다른 예라고 할 수 있다([그림 2-1] 참조).

:: [글상자 2-1] **홀로코스트 생존자들과 외상 후 스트레스 장애(PTSD)**

요양원에서 한 간호조무사가 취침 시간이 되어 활동실에 앉아 있는 A 할머니의 휠체어를 밀기 시작하자 할머니는 팔다리를 휘저으며 알아들을 수 없는 소리를 질렀다. 할머니는 직원이 자신을 죽이도록 놔두지 않겠다고 말했다. 할머니에게는 밤에 직원이 방에서 한 명씩 데려가는 행동이 홀로코스트 때 나치 군인이 유대인을 한 명씩 데려가면 다시 돌아오지 않았던 기억을 회상시켰던 것이다.

B 할아버지는 간단한 수술을 받기 위해 병원에 입원하고 있다. 수술 후에는 잘 움직일 수 없기 때문에 간호조무사가 그를 씻겨 주기 위해 배정되었다. 입원 첫날 할아버지를 씻기기 위해 샤워기를 틀자 할아버지의 얼굴이 창백해지면서 씻기를 거부하였다. 그는 탕욕을 하거나 샤워기를 손에 들고 목욕을 했는데 높은 곳에 고정되어 있는 샤워기가 강제수용소에서의 가스실을 회상시켰기 때문이다.

C 할머니는 남편이 죽은 직후 애도 집단상담에 참여하였다. 첫 번째 모임에서 자신에 대해 소개하고 근래 죽은 가족에 대해 간단히 이야기하는 시간이 있었다. 하지만 할머니는 얼마 전 죽은 남편은 전혀 언급하지 않고 나치에 의해 죽임을 당한 부모님과 형제들에 대해 길게 감정적으로 말하였다. 할머니는 부모님과 형제의 죽음을 처음으로 말하는 것이었고 한번 시작하자 멈출 수가 없었다.

비록 제1차 세계대전 중 나치의 만행이 일어난 지 수십 년이 흘렀지만, 그것은 생존자들에게 지속적으로 영향을 미치고 있다. 홀로코스트 생존자들인 A 할머니 B 할아버지, C 할머니는 외상 후 스트레스 장애(PTSD)를 경험하고 있다. 즉, 이들은 외상적 사건에 노출되어 외상을 지속적으로 재경험하고, 외상과 관련된 자극을 지속적으로 회피하고, 일반적 반응에 무감각하면 특정 자극에 대해서는 지속적으로 민감하게 각성되어 있다. 이들의 경험을 생각할 때 외상 후 스트레스 장애를 겪는 것은 당연하지만 노년기에 이르러서야 이 장애의 진단을 받았다는 것이 놀랍다. 노화의 경험과 홀로코스트 경험의 규준적 노화가 이 증상들을 작동시킨 것으로 보인다.

은퇴, 신체적 쇠퇴 그리고 상실은 노화 과정의 일부이지만 이러한 사건들이 과거 전쟁 경험이나 해결하지 못한 외상을 떠올리게 할 수 있다. 대부분의 생존자는 전쟁 후 가족의 생계를 유지하기 위해 자신을 희생했을 뿐만 아니라 자신의 상실 경험을 잊기 위해 일에 몰입하고 살았다. 은퇴는 바쁜 일상으로부터 해방시켜 주지만 자유 시간은 깊이 숨어 있는 기억을 떠올리게 할 수 있다.

당시 많은 사람에게 전쟁 기간 중 병을 시인하는 것은 갑작스러운 죽음을 의미하는 것이었다. 강제수용소의 환자들은 치료를 받기보다는 곧장 가스실로 보내지거나 의학 실험이라는 명목하에 생고문을 당하다 죽었다. 50년 후에도 질병이나 신체적 쇠퇴는 전쟁 당시 경험했던 공포를 다시 불러일으켰던 것이다. 이러한 이유 때문에 생존자들은 무의식적으로 자신이 아프거나 의료적 처치가 필요하다는 사실을 축소하거나 인정하지 않으려고 한다. 또한 생존자들과 가족들은 강제수용소와 같은 극심한 상황에서도 생존했기 때문에 폐렴이나 암 또는 심장마비와 같은 '정상적'인 질병에 자신이 무너질 수 있다고 믿지 않으려고 한다. 알츠하이머병이나 치매와 같은 질병이 특히 생존자에게는 힘들 수 있는데, 단기기억을 상실하고 과거와 현재를 구분하지 못하게 되면 과거의 고통을 감당하기 힘들 수 있게 되기 때문이다. 만약 전쟁이 시작하기 전의 일을 기억할 수 있는 나이라면 다행이지만 그렇지 않다면 전쟁 상황에 대한 기억만 남게 되는 고통 속에 빠지게 된다.

병원이나 요양원의 일상적인 소리, 냄새 그리고 장면들은 강제수용소의 기억을 회상시킬 수 있다. 소독 냄새, 의사들의 하얀 가운, 보안 요원의 제복, 병원에서 환자들의 울음소리, 괴성, 밝은 빛, 사이렌 소리, 개 짖는 소리, 통증 그리고 공포 감정 등은 철회나 공격적 행동과 같은 반응을 일으킬 수 있다. 하지만 심리적 중재를 통해 외상을 감소시킬 수 있다. 예를 들어, A 할머니의 경우는 할머니의 공포를 감소시키기 위해 먼저 방으로 들어간 사람을 다시 불러내어 확인시켜 줌으로써 마음을 안정시킬 수 있었다. 식사 후 매번 음식을 강박적으로 저장하는 할아버지의 경우, 직원들이 음식을 방으로 가져올 수 없다는 것을 알려 주었으나 과거 배고팠던 시절의 기억 때문에 직원들의 말을 듣지 않았다. 직원들은 음식이 상하고 벌레가 생길 것을 우려하였다. 이에 대한 해결책으로 할아버지가 통조림을 가져가도록 허락하여 할아버지의 불안도 감소시키고 위생에 대한 직원들의 우려도 해결할 수 있었다. 이러한 예를 통해 내담자들의 욕구를 해소하기 위해서는 직원들의 유연성과 문제의 핵심에 대한 이해가 필요하다는 것을 알 수 있다.

모든 홀로코스트 생존자가 외상 후 스트레스 장애를 경험하거나 앞에서 언급한 모든 자극에 반응하는 것은 아니다. 하지만 민감한 내담자에게는 이러한 반응이 일어날 수 있으며 상담자 및 치료자의 이러한 인식과 배려는 외상이 나타날 때 그 고통을 완화시킬 수 있을 것이다.

출처: Hartman (1997), pp. 3, 5.

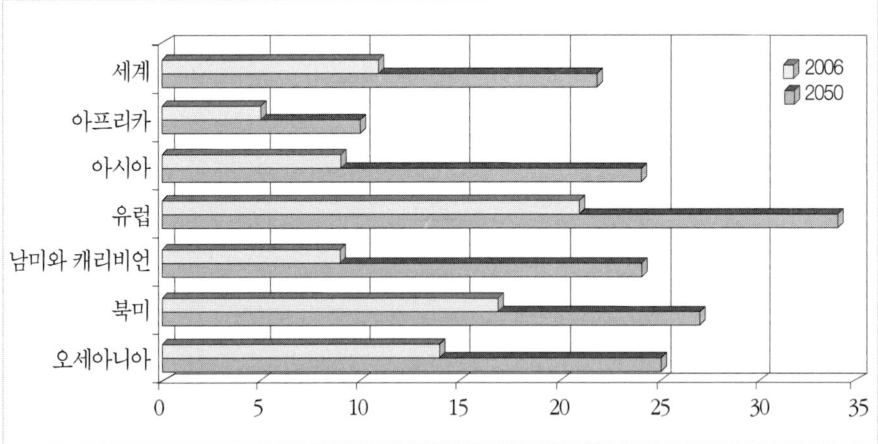

그림 2-1 전 세계 지역별 2006년과 2050년 60세 이상 인구

인구통계학적으로 노인 인구는 전 세계적으로 증가할 것이다. 세계적으로 1950년대에는 60세 이상의 인구가 100명 중 8명이었지만 2050년에는 100명 중 22명이 될 것이다(United Nations, 2006). 뿐만 아니라 2045년에는 최초로 60세 이상의 인구가 15세 이하의 인구를 넘어설 것이다(United Nations, 2006). 이 중 특히 급격하게 증가하는 인구는 가장 취약한 85세 이상의 초고령 인구다. 이러한 인구통계학적 경향은 현대사회를 크게 변화시키고 있는데, 인류 역사상 처음으로 대부분의 선진국에 사는 사람들이 노년기를 경험하게 될 것이다.

마지막으로, **비규준적 영향**이란 연령이나 역사적 영향이 대부분의 사람에게서 일어나는 것과 달리 소수의 사람에게만 무작위로 일어나는 흔치 않은 것으로, 그 경험을 하는 사람들에게는 매우 중요한 영향을 미치는 사건들이다. 예를 들어, 자신이 성장한 독특한 가족 환경, 로또 당첨, 입양, 또는 사고에서의 생존과 같은 경험이다(Martin & Smyer, 1990).

중요한 것은 이 세 가지 영향이 전 생애에 걸쳐서 상호작용한다는 것이다. 뿐만 아니라 동일한 사건이나 개인이라도 그 사건을 경험한 나이 또는 맥락에 따라서 상이한 영향을 받는다. 예를 들어, Grundmann(1996)이 실시한 독일 남성들의 아버지 부재의 영향에 관한 연구에 따르면 제2차 세계대전이 일어나기 전에 아버지의 부재를 경험한 경우, 즉 아버지의 부재가 비규준적인 사건일 때 이를 경험한 사람들은 일반적으로 늦은 나이에 아버지가 되었지만, 전쟁 후 아버지의 부재가 일상적인 규준적 사건이 되었을 때 이를 경험한 사람들은 보다 빨리 아버지가 되었다.

개인차가 일어나는 또 다른 중요한 요인은 개인 간 차이와 개인 내 차이이다. 노년기 정신질환은 이러한 측면을 잘 보여 준다. 즉, 인생 초기에 정신질환이 발병하고 평생 지속된 사람, 노년기에 정신질환이 처음 발병한 사람, 그리고 유전적 영향이나 삶의 스트레스와 같은 취약한 상태에서 노년기의 상황적 요인에 의해 정신질환이 발병한 사람의 예후와 치료는 상이하다(Gatz, Kasl-Godley, & Karel, 1996; Gatz & Smyer, 2001).

결론적으로, 노인을 상담할 때는 개인적 차이를 발생시키는 다양한 사회적·역사적·개인적 영향을 고려해야 한다. 전 생애 동안 개인의 발달에 영향을 주는 요인들은 노년기에 개인적 차이를 확대시킨다.

3) 연령 차이와 연령 변화

연령과 그 영향을 이해하기 위해서는 여러 가지를 동시에 평가해야 한다. 노년학과 노인의학의 기본적인 질문들을 생각해 보자. 연령에 따라 지능은 감퇴되는가? 자살 위험성은 성인 초기보다 성인 후기에 더 높은가? 이러한 문제들은 어떻게 연구하는가? 연구의 방법은 크게 두 가지로 구분된다.

첫 번째 접근은 횡단적 접근으로, 단일 시점에서 다양한 연령대를 비교하는 것이다. 하지만 이 접근으로는 연령 변화, 동년배 영향 그리고 측정 시기 효과를 변별할 수 없다. 횡단적 접근에서는 연령 차이가 연령 변화를 반영한다고 가정하여 연령대별 동년배 차이를 볼 수 없다. 또한 이는 연구 시점의 영향을 고려하지 않는다.

두 번째 접근은 종단적 접근으로, 동일한 대상을 연령 증가에 따라서 장기간 반복적으로 측정하는 것이다. 이 접근으로는 연령으로 인한 개인 기능의 변화를 측정할 수 있다. 하지만 단일 동년배들만을 연구하기 때문에 특정 연령대의 노화 과정을 일반적인 것으로 오해할 수 있다.

전 생애의 인지 기능에 대한 자료는 횡단 연구와 종단 연구의 차이를 극명하게 보여 준다([그림 2-2] 참조). 언어 의미 검사를 통한 횡단 연구에서는 연령 차이를 보여 주는데, 언어 의미 수행 능력이 39세에 최고치에 이르고 46세에 급감한다. 이와 달리 개인을 종단적으로 연구했을 때 언어 의미 수행 능력은 53세까지 증가하며 횡단 연구에서 제시된 것보다 천천히 감소한다. 그러므로 종단 연구의 연령 변화는 횡단 연구의 결과보다 완만한 것을 볼 수 있다.

연령 차이와 연령 변화의 구분은 몇몇 이유에서 상담자 및 심리치료자들에게 매우 중요하다. 첫째, 내담자의 현재 기능은 동일 연령대 사람들이나 다른 연령대 사람들과 비교하는 것보다 과거 자신의 기능과 비교해야 한다. 둘째, 내담자를 역사적 · 교육적 · 사회적 기대, 기회 및 도전의 맥락에서 이해해야 한다. 다음 사례

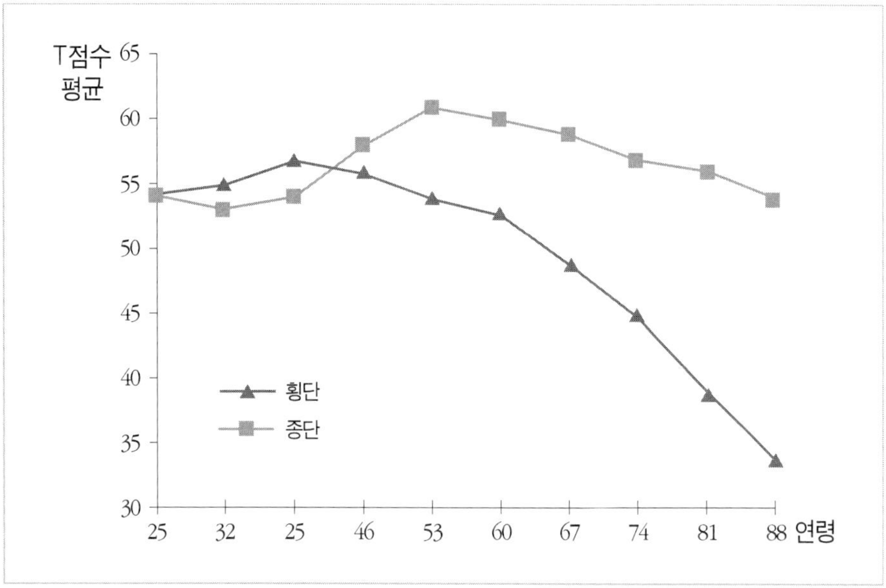

그림 2-2 언어 의미 수행 능력에서 횡단 연구와 종단 연구의 비교

출처: Schaie & Willis (2002), 8장 '언어 의미 수행 능력의 횡단 연구와 종단 연구의 비교', [그림 8-2].

를 고려해 보자.

> 면접은 시골의 한 농가에서 실시되었다. 80대인 송 씨 할머니는 50대 후반의 자녀들과 함께 살고 있다. 다면심리검사 중 인지검사를 실시할 때 100에서 7씩 빼라는 지시를 잘 수행하지 못했는데 송 씨 할머니는 초등학교를 3학년까지만 다녔으며 원래 셈을 잘 못했다고 하였다.

송 씨 할머니 연령대에서는 학교를 다니는 것이 쉽지 않았다. 그렇기 때문에 할머니의 검사 결과를 인지장애로 판단하기에 앞서 교육 기회의 결핍으로 보아야 한다. 또한 원래 셈을 잘 못했다는 과거 기능에 대한 자기진술도 중요하다. 이러한 자기진술은 자녀들을 통해 확인할 수 있다. 따라서 인지검사에서 수행이 떨어진다고 이를 연령 관련 감퇴로 보는 것은 무리다.

4) 사람과 환경의 상호작용 변화

75년 전에 선구적인 사회심리학자인 Kurt Lewin(1935)은 자신의 저서에서 사람과 환경의 상호작용을 강조하였다. 그 이후로 수많은 학자가 노인들의 기능을 지속적으로 유지하기 위해서는 환경이 중요하다고 강조하였다.

노년기 개인과 환경의 상호작용을 이해하기 위해서는 몇 가지 중요한 주제를 살펴보아야 한다. 어떤 사람은 노인들에게 최적의 환경을 조성해 주기 위해서는 변화되는 노인의 능력에 환경이 맞춰야 한다고 보았다(Kahana & Kahana, 1996, 2003). 반면, 어떤 사람은 환경이 개인에게 힘들게 느껴지더라도 개인의 능력을 최대한 자극하는 환경이 더 적합하다고 보았다(Lawton, 1980, 1982).

Baltes 등은 노년기의 두 가지 중요한 변화를 언급하였다(Marsiske et al., 1996). 첫째, 상실과 획득 간 균형의 변화가 일어난다. 즉, 사회적 · 심리적 · 신체적으로 획득보다는 상실이 더 많아진다. 둘째, 성장보다는 유지에 더 많은 자원을 투자하게 된다. 이러한 일반적인 경향은 개인적 상실과 획득, 신체적 · 심리적 · 사회적 성장과 유지 기능을 평가하는 기준을 제공한다. 〈표 2-1〉에는 노년기 상실과 획득에 대한 대조표가 제시되어 있다.

이는 노화에 대한 과도한 부정적 시각이나 긍정적 견해는 도움이 되지 않는다는 점을 강조하고자 한다. 노화에 현실적으로 접근해야만, 유사성보다는 개인차

표 2-1 노년기 상실과 획득에 대한 대조표

상실	획득
신체적 쇠퇴	언어 기술
인지처리 속도와 작업기억 능력	사회적 판단력
수입	정서적 균형과 자기조절
위험 감수	가치 명료성
시각 및 청각의 감퇴	가족 및 역할 선택
사회적 연결망	전문성 및 지혜
역할	성격적 깊이(복잡성)

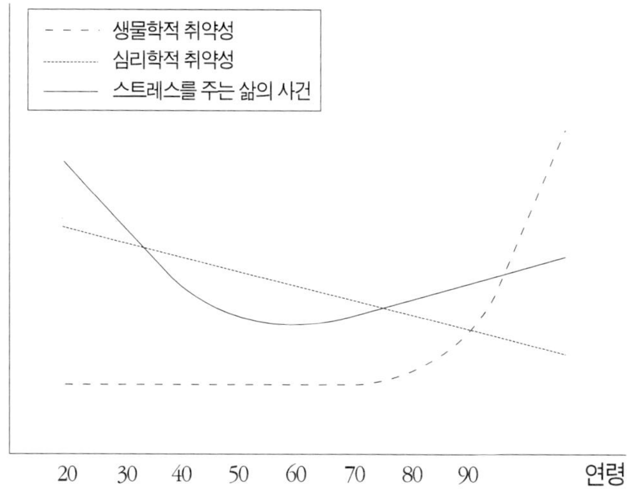

그림 2-3 생물학적 취약성, 심리학적 취약성 그리고 스트레스를 주는 삶의 사건이 성인기 우울 증세에 미치는 영향에 대한 발달적 변화

출처: Gatz, Kasl-Godley, & Karel (1996).

가 더 큰 노년기 성인의 다양한 삶의 특징 그리고 개인적 삶의 문제와 기회를 이해할 수 있다.

Gatz 등(1996)은 노년기 성인의 취약성과 환경 간의 변화하는 역동이 정신건강에 미치는 영향을 설명하였다. 이들은 Zubin과 Spring(1977)의 스트레스-취약성 모형(diathesis-stress model)을 확대하여 생물학적 취약성(유전적 영향 포함), 스트레스를 주는 삶의 사건(신체적 · 사회적 상실과 문제) 그리고 심리적 취약성과 체질(부정적 사고 및 취약한 적응 기술)을 포함시켰다. Gatz 등은 이러한 요인들 간의 상호영향으로 인해 노년기에는 일반적으로 곡선 유형의 우울 증상을 보인다고 하였다([그림 2-3] 참조).

이러한 역동은 노년기 정신질환을 성공적으로 평가하고 치료하기 위해서는 노인의 사회적 · 신체적 · 심리적 환경 간의 상호작용을 반드시 이해해야 함을 시사한다. 개인을 이해할 때 맥락을 고려하지 않으면 개인의 문제에 대한 이해가 불완전하며, 이는 효과적인 치료를 어렵게 한다.

5) 연령 관련 행동적 변화의 가역성

노화와 관련된 상실은 불가피한가? 나이가 들어도 새로운 행동을 배울 수 있는가? 노년기에 가장 빈번하게 일어나는 정신질환을 막을 수 있는가? 1950~1960년대에는 노화로 인한 상실을 정의하는 것과 과도한 장애를 즉각적으로 치료하는 것에 초점을 두었다. 하지만 근래에는 예방적 중재와 노년기에 발생하는 일반적인 문제에 대처하기 위한 효과적인 전략에 초점을 두면서 노년기 '가소성(plasticity)'이라는 공통적인 주제가 대두되었다(Baltes & Baltes, 1990b). 요컨대, 여러 분야의 연구들은 노년기에 일반적으로 일어나는 결손을 효과적으로 감소시키는 다양한 접근과 전략이 있다는 것을 확인하고 있다.

노화로 인한 인지적 감퇴를 생각해 보자. 여러 연구에서 노인들의 기능을 향상시키는 데 중재 훈련이 효과가 있음을 증명하였다. Schaie 등은 소집단으로 또는 개인적으로 5시간 동안 훈련하여 노인들의 인지적 기능을 향상시켰으며 이러한 중재 효과는 7년 후에도 나타났다(Schaie, 2005; Schaie & Willis, 2002, 2005).

다양한 접근이 노년기 상실을 완화시킬 수 있다. 하지만 보다 중요한 것은 시간과 노력을 투자하여 얻을 수 있는 변화의 가치에 대해 치료자와 내담자가 현실적으로 평가해야 한다는 것이다.

2. 노인과의 상담: 맥락-동년배-성숙-문제중심 모형

노인과 작업을 하는 대부분의 정신건강 전문가는 노년학 또는 노인 전문 의사가 아니다(Qualls, Segal, Norman, Niederehe, & Gallagher-Thompson, 2002). 대부분은 다른 연령대의 내담자들과 작업하면서 노인 문제를 다루게 된다. 하지만 노인

심리학에 대한 훈련을 받은 사람이라도 노인들을 다룰 때는 다음에 대해 자문해 봐야 한다. 노인들에 대한 평가와 치료는 다른 연령대 사람들에 대한 평가와 치료와 같은가 아니면 다른가? 노인들과의 작업은 다른 연령대와의 작업과 동일한 측면도 있고 상이한 측면도 있다. Knight(2004)는 노인들과의 심리치료 작업에 유용하게 활용될 수 있는 맥락-동년배-성숙-문제중심 모형(contextual, cohort-based, maturity, specific-challenge model: CCMSC)을 중심으로 논의하였다. 이 모형에 대한 개관을 〈표 2-2〉에 제시하였다.

표 2-2 맥락-동년배-성숙-문제중심 모형

성숙의 요인	문제	동년배 효과	맥락
인지적 · 정서적 깊이	만성신체적 질병과 장애	인지적 능력과 교육	연령, 구분된 지역사회
전문성	사랑하는 사람의 상실, 애도	단어 사용	노인 서비스와 기관
역량, 다양한 가족 경험	돌보기	가치, 규준적 인생	노인 레크리에이션 장, 의료 환경과 요양원
축적된 인간관계 기술		사회 · 역사적 경험	연령, 근거 법령 및 규제

출처: Knight (2004).

1) 차 이

노인들과 다른 연령대 사람들에 대한 치료적 접근의 차이는 노화, 나이 든 사람들과 젊은 사람들의 맥락, 동년배 효과, 노년기에 일반적으로 발생하는 문제 그리고 관계의 차이에 기인한다.

(1) 상호관계와 성숙

젊은이와 노인을 구분하는 두 가지 기능은 인지적 성숙의 증가와 변화하는 시간의 개념이다. Knight(2004; Knight & Qualls, 1995)에 따르면, 노인이 되면 전 생애 동안 경험한 가족, 일, 사회적 관계에 대한 전문성이 생기고 정서적 상태에 대한 이해와 통제에 대한 정서적 깊이가 생긴다. 치료적 관점에서, 노인 내담자의 이러한 특징을 감안하여 현재의 문제에 대해 "과거에는 유사한 문제를 어떻게 다루었나요?"와 같이 질문함으로써 과거의 성공적인 문제해결 경험을 치료적으로 활용하도록 한다.

또한 노인들은 시간에 대한 개념이 젊은 사람들과 다르다. 노인이 되었다는 것은 젊은 사람들에 비해 더 많은 시간을 살았다는 것이고, 이는 더 많은 경험을 하고 더 다양한 입장을 보고 더 많은 후회를 했다는 것을 의미한다.

> 시간에 대한 상이한 개념은 특정 문제에 부딪혔을 때 '내년에 이 일을 돌아볼 때 중요하게 생각될 것인가?'라고 질문해 봄으로써 문제의 중요도를 평가할 수 있다. 만약 그 답이 '아니다'라면 그 문제에 대해 별로 걱정하지 않아도 됨을 의미한다.

뿐만 아니라, 노인들의 시간 계산은 미세하게 변화한다. 살아온 시간에 초점을 맞추는 것에서 살아갈 시간에 집중하는 것으로 옮겨 간다(Cartensen, Isaacowitz, & Charles, 1999). 삶의 잔여 시간에 대한 이러한 지각적 차이는 노인과 젊은이에게 목표를 다르게 설정하게 한다. 젊은이는 자신의 영역을 확장하고 새로운 사회적 관계를 맺는 것을 목표로 하지만, 노인은 정서적으로 더 의미 있는 목표를 세우게 된다(Carstensen, Fung, & Charles, 2003, Carstensen et al., 1999). 어떤 사람은 과거에 몰입하거나 과거를 부정하지 않으면서 현재와 미래에 대한 초점을 유지하는 것이 치료적 관건이 되기도 한다.

(2) 맥락적 복잡성

노인들과 효과적으로 작업한다는 것은 그들의 삶의 복잡성과 맥락의 영향을 인정하는 것이다. 물리적 환경의 영향을 고려해야 하지만, 노인의 가족원 및 노인을 돌보거나 지지해 주는 사람들과 같은 노인의 사회적·대인관계적 환경을 고려하는 것도 중요하다. 내담자의 연령은 내담자가 노출된 역사적 사건과 경험에 대한 정보를 알려 주고 세대적 위치는 가족원의 요구와 자원, 가족 내에서 주고받는 상호작용에 대한 정보를 알려 준다(Bengston, Rosenthal, & Burton, 1995). 다음 두 남성의 사례를 살펴보자.

- A는 대기업의 사장인 67세 남성이다. 아직 89세 노모를 부양하고 있으며 두 자녀는 미성년자인 중간 세대 성인이다.
- B는 전문직종의 38세 남성이다. 80대 노모와 초등학생 자녀에게 자신의 시간과 자원을 나누어 주고 있다.

이 두 남성은 연령과 삶의 단계에 있어서는 상이하지만 그들의 심리적 안녕에 영향을 주는 세대적 위치는 동일하다. 따라서 단지 연령에만 초점을 둔다면 세대적 위치에 따른 그들의 심리적 · 사회적 복잡성을 간과하게 될 것이다.

노년기에 신체적 · 정신적 문제로 인해 도움이 필요해지면 이를 충족시키는 사람들은 대부분 직계가족이다. 그러나 때로 가족의 역할은 의사, 사회적 서비스 제공자 및 친구들이 제공하는 형식적 및 비형식적 도움으로 보완될 수 있다. 노인의 맥락을 효과적으로 이해하기 위해서는 일상생활의 상호작용에서 제공되는 정서적 지지와, 위기에서 제공되는 지지로 맥락을 구분할 필요가 있다. 또한 노인이 다른 가족원에게 제공하는 지지와 애정도 이해해야 한다.

뿐만 아니라 노인 인구는 인종학적 그리고 민족학적으로 점점 다양해지고 있어서 노인과 작업하는 과정을 더 복잡하게 만든다. 많은 경우, 치료자의 과제는 노년학적 전문성을 어느 정도 적용해야 하는가다. 이를 위해서는 상담자가 노인과 가장 빈번하게 접촉하는 가족원, 친구, 다른 서비스 제공자들 그리고 담당 의사와 문제에 대한 협의를 해야만 효과적인 평가와 치료가 가능하다.

(3) 동년배 효과

우리 모두는 자신이 경험한 문화와 시간을 담고 살아간다. 85세 이상의 초고령 노인들을 생각해 보자. 이들은 상상할 수 없었던 기술의 변화를 경험했고, 전쟁을 경험했고, 사회경제적 격동기를 살아냈으며, 국민 의료보험을 처음으로 경험한 세대다. 이러한 삶의 경험은 노년기에 대두되는 문제를 다루는 방식에 영향을 준다. 20년 동안 매일 새로운 양말을 신고, 한 번 신은 양말을 모두 매달 기부하는 할아버지가 있다. 이 할아버지의 과거 경험을 이해하지 않으면 이상한 노인으로 볼 수 있다. 너무나 가난하게 자란 이 할아버지는 성공하고 난 후 매일 새 양말을 신는 것이 어려운 시기를 극복해 낸 자신에게 주는 '선물'이었다. 또한 세대에 따라 동일한 반응에 대해 상이한 언어를 사용할 수 있다. 병원에서 치료에 대한 의료보험을 지급할 수 없다는 말에 할머니는 '화병'났다고 말할 수 있으나 젊은 사람들은 '열'받았다고 표현할 것이다.

세대에 따라 문제의 정의와 조력 요청 방식이 상이할 수 있다. 정신건강 문제가 생겼을 때, 지금의 노인 세대는 정신건강 전문가를 찾기보다는 의사, 종교인 또는 친구에게 먼저 도움을 요청할 것이다. 현재의 노인들이 성장할 시기에는 정신질환에 대해 부정적 인식이 있었고 정신 치료에 대한 낙인이 있었다. 당시 '치료'는 조현병과 같은 심각한 정신증이 있는 사람들에게 국한되어 있었으며 이들은 정신병원에 장기 입원해서 치료를 받았다. 1950년대 이전에는 조현병이나 다른 심각한 정신질환에 대해 신경안정제와 같은 효과적인 정신질환 치료제가 없었기 때문에 대부분의 치료가 효과 없었다. 하지만 미래의 노인들, 즉 지금의 젊은이들은 정신건강 치료에 개방되어 있기 때문에 치료가 매우 다를 것이다. 한 개인의 문화와 다양성은 개인이 자신의 스트레스를 표현하고, 경험하고, 적응하는 방식뿐만 아니라 정신건강 치료와 관련된 낙인, 정신건강 문제의 치료에 대한 장애 및 선호에 영향을 줄 것이다(US Department of Health and Human Services, 2001). 정신건강 전문가들은 현재 노인 연령대 사람들의 경험과 문화적 배경이 문제를 인식하고 도움을 요청하는 데 그리고 치료 예후에 어떠한 역할을 하는지 그 영향을 숙고해야 한다.

(4) 노년기 문제의 특수성

전 생애를 볼 때 노년기에 증가하는 원숙함과 함께 이 시기에 일어나는 심각한 문제들을 인식하는 것도 매우 중요하다. Knight(2004)에 따르면 노인들만의 문제는 아니지만 노인들에게 일반적으로 경험되는 문제들이 있다. 만성 신체질환, 장애, 사랑하는 사람의 죽음과 상실에 대한 애도, 아픈 가족에 대한 부양 등이 그것이다. 이러한 문제들은 삶의 '도전'으로, 심리치료, 재활 또는 다른 중재를 통해 극복할 수 있다. 임상적으로 우울하거나, 심각하게 불안하거나, 일상생활을 관리하지 못한다고 비정상적인 것은 아니며, 정신질환이 있다는 것을 인식하게 되면 적절한 치료를 받아야 한다.

(5) 만성질환, 장애 그리고 약물 사용

대부분의 노인은 노년기에 다양한 신체적 '도전'과 공병 질환이 있다. 미국의 경우, 적어도 80% 이상의 노인은 한 가지 만성질환이 있으며 50%는 적어도 2개의 만성질환이 있다(National Center for Health Statistics, 2003). 이러한 만성질환은 관절염, 골다공증, 백내장, 당뇨, 천식, 전립선 비대증, 고혈압, 심장병을 포함한다. 미국에서 노인들은 인구의 13%에 해당하지만 약 처방의 34% 그리고 일반 의약품 구입의 30%를 차지한다. 노인들은 젊은 사람들보다 많은 약을 복용하지만 약물 대사는 더 느리며 여러 의사가 처방해 준 많은 약을 복용하는 경우가 많다. 그 결과, 노인들은 젊은 사람들에 비해 약물 부작용의 가능성이 매우 높다.

중앙신경계의 발달적 변화 외에도 정신건강 전문가와 노인에게 가장 주요한 신체적 도전은 신체건강과 정신건강 간 상호 연관성이다. 1장에서 언급했듯이 신체건강과 정신건강을 이해하기 위한 네 가지 틀이 있으며, 이는 노인들의 정신건강과 신체건강의 복잡한 상호작용을 반영한다.

- 심리적 또는 심인성 스트레스는 신체적 건강 문제로 이어질 수 있다.
- 신체질환은 심리 질환을 일으킬 수 있다.
- 공존하는 신체질환과 심리 질환은 상호작용할 수 있다.
- 사회 · 심리적 자원은 신체질환의 예후에 영향을 줄 수 있다.

노인들의 이러한 복잡한 심리적 · 신체적 상호작용으로 인해 임상가들은 노인 내담자들의 신체적 안녕을 민감하게 살펴보아야 하며 노년기에 빈번하게 일어나는 만성질환의 다양한 종류와 이러한 질환의 심리적 영향, 통증 관리 기법, 그리고 약물 처방 준수에 대한 확실한 이해가 있어야 한다(Knight, 2004). 또한 노인과 자주 접촉하는 가족, 친구, 주치의, 사회복지사 그리고 다른 건강 전문가들과 긴밀하게 협력해야 한다.

(6) 상실에 대한 애도

노화의 슬픈 현실 중 하나는 나이가 들면 우리가 사랑하는 사람을 죽음으로 떠나보내야 한다는 것이다. 1936년에 결혼한 홍 씨 할머니의 가장 소중한 물건은 자신의 결혼 사진이다. 홍 씨 할머니는 90세 생일 때 사진에 나온 대부분의 사람이 이미 죽었다는 사실에 슬퍼하였다. 따라서 노인들과의 상담에서는 반복된 상실에 대한 애도 작업을 해야 한다(Knight, 2004). 노인이 상실을 수용하고 상실에 대한 작업을 하는 것 외에도, 사랑하는 사람을 상실한 상황에서 존재론적 의미를 찾을 수 있도록 도와주어야 한다.

(7) 부 양

노년기에는 신체질환을 경험할 가능성이 높기 때문에 건강한 노인들은 신체적으로 노쇠하거나, 인지적으로 손상되거나, 인지와 신체 둘 다 문제가 있는 다른 가족을 부양하게 된다(Knight, 2004). 이렇게 가족을 돌보는 일로 인해 많은 부양자는 높은 정서적 부담과 스트레스를 경험한다(Knight, 2004). 부양자들이 그들이 겪고 있는 매우 힘든 상황을 관리하도록 하기 위한 특정 형태의 심리치료가 성공적으로 개발·실시되었다(Gonyea, O'Connor, & Boyle, 2006; Knight, Lutzky, & Macofsky-Urban, 1993; Qualls & Zarit, 2009).

(8) 역전이 문제

노인 내담자들과의 작업은 노화와 노인들에 대한 상담자 또는 치료자의 고정관념적 가설, 환상, 투사와 같은 다양한 반응을 자극한다(Knight, 2004). 때론 심리치료자의 부모, 조부모, 또는 미래에 예측되는 가족 문제에 대한 역전이가 일어난다. 뿐만 아니라 노인과의 작업은 심리치료자 자신의 노화, 죽어 가는 과정, 그리고 죽음에 대한 불안을 자극한다. 어떤 경우든 심리치료자는 역전이 과정의 가능성에 대해 인식하고 심리치료자의 투사와 내담자의 현실을 구분하기 위해 슈퍼바이저의 의견을 묻거나 동료 치료자들의 지지를 받을 필요가 있다.

2) 유사성

비록 Knight의 CCMSC 모형은 노년기에 있는 내담자와의 작업에서 고려해야 하는 특별하고 중요한 측면들에 대해 언급했지만 노인 내담자들은 다른 연령대의 내담자들과 유사한 점도 많다. 이 책에서는 노인들뿐만 아니라 다른 연령대에서 사용되는 평가 및 치료 기법들을 소개할 것이다. 연령 관련 변화에 따라 검사를 조절하는 경우(예: 검사지의 활자체 확대)도 있고, 일반 성인을 위해 개발된 방법을 변형 없이 적용하는 경우(예: 인지행동치료)도 있을 것이다. 노인들을 대상으로 하는 심리중재의 효과성을 밝힌 거의 모든 연구에서는 노인들을 대상으로 한 심리적 중재와 신경정신 약물이 젊은 사람들의 그것과 거의 비슷한 수준으로 효과가 있는 것으로 보고되었다(APA Working Group on the Older Adult, 1998; Ayers, Sorrell, Thorp, & Wetherell, 2007; Engels & Vermey, 1997; Gallagher-Thompson & Coon, 2007; Gatz et al., 1998; Pinquart & Sörensen, 2001; Powers, 2008; Satre, Knight, & David, 2006; Scogin & McElreath, 1994; Scogin, Welsh, Hanson, Stump, & Coates, 2005). 이러한 결과에서 주의 깊게 볼 것은 85세 이상의 초고령 노인들에 대한 심리치료의 효과를 증명한 연구가 거의 없다는 것이다. 우리의 작업 가설은 효과적인 심리치료를 하기 위한 기본적인 기술과 가설은 노인들과 효과적으로 작업하는 데 필요하지만 충분하지는 않다는 것이다. 노인과 작업하는 치료자는 노년기에 영향을 주는 발달적 영향을 반드시 고려해야 한다.

3. 요약 및 결론

이 장에서는 노인의 정신건강과 정신질환을 이해하는 데 반드시 필요한 노년학의 주요 개념과 주제를 개관하고자 하였다. 노인들과 임상적 작업을 하기 위해서는 규준적 연령 관련 변화, 질환의 과정, 동년배 효과, 노년기의 특별한 문제, 노인들의 독특한 사회적 환경에 대한 지식이 필요하다. 노인들과의 작업에서는 개인차와 노화 경험의 다양성에 대한 지식이 필요하다. 전 생애에 걸쳐 질환의 원인, 평가 그리고 치료에 대한 이론적 견해가 치료자의 치료적 접근에 영향을 줄 것이다. 이어지는 제2부에서는 심리치료의 여러 모형을 제시할 것이다. 우리의 작업 가설은 심리치료자의 심리치료 모형이 내담자의 나이에 상관없이 내담자의 문제를 진단하고 치료하는 데 영향을 준다는 것이다. 그러므로 각 모형의 장점과 단점을 파악하는 것이 중요하다.

제2부

노년기 정신건강 모형

정신건강에 대한 논의는 정신질환의 모호성에서 시작된다. 주변 전문가들과 이에 대해 토론을 해 본다면 상당한 이견이 있을 것이다. 건강과 질환에 대한 다양한 생각은 인간의 본성과 환경과의 상호작용에 대한 상이한 가설에서 시작된다.

이상심리학 교재에서는 정상 행동과 비정상 행동을 통계적 정의(비정상성), 도덕적 정의(사회적 · 문화적 비수용성), 기능적 정의(사회적 또는 직업적 기능장애) 그리고 개인적 고통의 정도에 근거하여 구분하고 있다(Whitbourne, 2010). 『정신장애의 진단 및 통계 편람-4판 개정판(Diagnostic and Statistical Manual of Mental Disorders, 4th edition, text revision: DSM-IV-TR)』(American Psychiatric Association, 2000)에서는 정신질환을 다음과 같이 정의하고 있다.

> 정신질환이란 한 개인의 어려움(고통스러운 증세)이나 장애(하나 또는 그 이상의 기능장애) 또는 죽음, 고통, 자유의 상실 가능성과 관련이 높은 임상적으로 유의미한 행동적 또는 심리적 증세나 유형을 말한다. 뿐만 아니라 사랑하는 사람의 죽음과 같은 특정 사건에 대한 예측 가능하고 문화적으로 허용된 반응이 아닌 증상이어야 한다(American Psychiatric Association, 2000, p.xxxi).

이러한 다양한 정의는 노년기 정신건강 여부를 검토하는 데 사용될 수 있다. 각 정의는 정신건강에 대한 통찰에 기여하지만 한계도 가지고 있다. 만약 특정 장애나 신체 장기의 쇠퇴가 대부분의 85세 성인에게 일어난다면 이는 정상적인가? 85세에게 정상적인 행동이 25세에게는 비정상적인 것인가(즉, 연령이 정상성의 조절 요인인가)? 기억이나 주의력의 영역에서 연령에 근거한 차이를 인정할 수는 있지만 이를 우울이나 불안에도 적용할 수 있는가?

정신건강이나 안녕감에 대한 정의는 능력, 성숙도, 행동에 대한 책임, 자유롭게 사랑하고 일하는 것에 초점을 둘 수 있기 때문에 비정상성만큼 정의하기 힘들다. Jahoda(1958)는 긍정적 정신건강에 대한 6개의 기준을 제시하였다. 긍정적 자기태도, 성장과 자아실현, 성격의 통합, 자율성, 현실감각, 환경 숙달이 그것이다.

Birren과 Renner(1980)는 건강한 사람은 어느 나이이든 "다른 사람들과 사랑하고, 사람들로부터 사랑을 받을 수 있고, 타인과 주고받는 관계에 적응할 수 있다."는 질적으로 풍부한 정의를 내렸다(p. 29). Qualls(2002)는 노년기 심리적 안녕에 대해 Ryff와 Keyes(1996)의 경험적으로 검증된 이론적 틀을 바탕으로 다음과 같은 정의를 내렸다.

> 정신적으로 건강한 사람은 삶의 의미를 찾고 개인적 성장을 이루기 위해 자신의 장단점이 모두 포함된 현재의 자신의 모습을 수용하며, 자신의 강점을 활용하여 환경을 통제하고 타인과 긍정적 관계를 유지함으로써 자신의 자율성을 최대한 유지하려고 한다(p. 12).

노인들과의 심리적 작업은 정신건강에 대해 우리가 가졌던 기존의 생각을 조절해야 하기 때문에 어렵게 느껴질 수 있다. Birren과 Renner(1980)가 말했듯이 정신건강과 정신질환에 대한 암묵적인 개념적 구분은 노인들에게 적용될 때 더욱 복잡해진다. "건강과 질환, 능력과 무능력, 심리내적 과정과 대인관계적 과정의 개념적 이분성은 노인들에게 적용할 때 명확하지 않다."(p. 7) 다음 사례는 정상성에 대한 우리의 정의를 한 번 더 생각하게 한다.

> 74세의 조 씨 할머니는 지방 소도시에서 산다. 할머니의 남편은 5년간 암과 투병하다가 2년 전 돌아가셨다. 현재 조 씨 할머니는 혼자 살고 있는데 자녀들이 사는 곳과 가까운 곳으로 이사를 가야 할지 고민하고 있다. 현재 집을 팔고 자녀들이 있는 대도시에 집을 살 수 있는 상황은 아니다. 남편의 연금으로 기본적 생활은 가능하지만 큰 질병이 생기면 돈이 부족할까 봐 걱정하면서 절약하며 생활하고 있다. 할머니는 텃밭을 가꾸는 것을 좋아하고 매주 교회에 다닌다. 주변에 친구들도 몇몇 있지만 그리 친하진 않은데, 남편을 부양하는 동안 이웃과의 관계가 멀어졌기 때문이다. 하루가 너무 길게 느껴지고 밤에는 견딜 만하지만 자다가 깨어 오랫동안 잠을 못 이룰 때면 너무 외롭고 무섭다.
>
> 조 씨 할머니는 고혈압, 갑상선 문제와 관절염이 있지만 비교적 건강한 편이

다. 고혈압과 갑상선 약을 복용하고 관절염 통증에 진통제를 먹고 있다. 할머니의 자녀들은 대도시에 살고 있다. 초등학교 교사인 딸은 어린 자녀가 셋이다. 아들은 부동산 중개업을 하고 있고 4년 전 이혼한 후 재혼하지 않은 상태이며, 아들의 전 부인이 아이들을 키우고 있다. 남매는 원래 서로 친하지 않았으며 아들은 할머니와는 친했지만 고인이 된 할아버지와는 친하지 않았다.

조 씨 할머니의 오빠들은 5년 전에 모두 고인이 되었지만 두 여동생이 아직 살아 있다. 바로 밑 여동생이 가까이 살고 있으며 매일 아침 전화를 한다. 때로는 너무나 명랑한 동생의 전화가 받기 싫을 때도 있다. 동생은 언니의 기분과 상관없이 밖으로 나가서 활동해야 한다고 계속 주장한다. 동생은 언니보다 외향적이고 밝은 성격이다. 얼마 전에는 동생이 생활비를 줄이기 위해 언니와 함께 살고 싶다고 이야기했다.

막내 여동생은 제부와 함께 농사를 짓고 있고, 자녀와 손주들과 친밀하다. 막내는 조용하고 안정감이 있어 조 씨 할머니는 막내와 더 많은 시간을 보내고 싶지만 막내가 아직 농사일과 집안일 때문에 시간이 나지 않는다는 것을 알고 있다. 고인이 된 오빠들은 사업이 잘 되어 자녀들에게 넉넉한 유산을 물려주었고 조카들은 오빠가 하던 사업을 물려받았다. 새언니와 조카들과는 일 년에 한 번 정도 만난다.

조 씨 할머니는 정신적으로 건강한가? 정신건강 전문가들은 이 사례에서 임상적으로 의미 있는 몇 가지 증세를 감지했을 것이다. 예를 들어, 조 씨 할머니가 결정을 하는 데 어려움이 있고, 걱정이 많고, 약간의 불면증이 있으며, 사회적으로 철회되어 있다는 것이다. 조 씨 할머니에게 정신질환이 있다고 진단할 수 있는가? 할머니의 현재 상태의 원인은 무엇인가? 할아버지의 죽음, 그녀의 건강, 삶의 의미를 찾으려는 노력, 가족 체계의 갈등, 또는 적응적이지 않은 그녀의 성격적 부적절함 때문인가? 이러한 상황에서 정신적으로 건강한 모습은 어떤 것인가? 조 씨 할머니를 보다 잘 이해하기 위해서는 어떤 정보가 추가적으로 필요한가?

노인의 정신건강에 대한 개념을 체계적으로 탐색하기 위해서는 심리학적 패러다임을 보다 넓게 보아야 한다. 패러다임이란 세상에 대한 이해다. 이러한 이해의 구조는 인간의 본성, 즉 동기, 인지, 정서, 성격, 행동에 대한 기본적인 가설과 정신건강 및 정신질환을 정의하는 행동 유형에 대한 설명을 제공하는 이론 및 가정을 포함한다. 지금부터는 심리학자들이 자주 사용하는 패러다임인 정신역동, 인지행동, 스트레스와 대처 그리고 가족체계 패러다임을 살펴볼 것이다. 각 장에서는 각 패러다임의 핵심 가정을 살펴볼 것이다. 특히 정신건강과 정신질환에 대한 정의와 이에 근거한 심리 평가 및 중재에 대해 기술할 것이다.

노년학은 인간의 삶을 정의하고 탐색하는 완전히 새로운 패러다임에서 나온 것이 아니다. 노년학은 노인들의 특수한 문제와 일반적인 특징을 기존 구조에 적용한 것이다. 각 사례를 살펴볼 때 정답이나 해결책이 있는 것은 아니기 때문에 사례마다 상이한 접근을 할 것이며, 무엇보다도 문화와 동년배 경험이 한 개인의 안녕감에 주는 영향을 강조하여 살펴볼 것이다. 각자가 속한 하위문화와 역사적 시대상은 정신건강 및 정신질환에 영향을 주기 때문이다.

각 이론을 살펴보면서 노인의 정신건강과 정신질환에 맞는 의미 있는 패러다임을 찾아야 한다. 어떠한 패러다임이 가장 적절하고 명료하게 노인의 행동을 설명하는가? 각 패러다임의 어떤 요소가 가장 신뢰할 만한가? 4개의 패러다임을 모두 살펴보고 난 후, 노인의 정신건강과 정신질환을 설명하는 당신만의 패러다임을 구성해 보는 것은 어떠한가?

제2부의 내용을 살펴보면서 노인의 정신건강과 정신질환에 대한 의미 있는 모형을 찾아보자. 가장 적절하고 간략하게 행동을 설명할 수 있는 패러다임은 어떠한 것인가? 이 책을 읽으면서 Joan Rankin의 분석을 각 이론에 적용해 볼 수 있을 것이다. 4개의 모형에 대한 설명을 다 읽은 후 노인 정신건강과 정신질환에 대한 당신의 모형을 가장 잘 표현할 수 있는 통합적인 내용을 정리해 볼 것을 추천한다.

제3장

정신역동 모형

심리적 기능에 대한 정신역동 모형(Psychodynamic model)은 정신건강과 정신질환에 대해 가장 먼저 제시된 포괄적인 모형 중 하나다. 하지만 노인 정신건강에 대한 기여는 비교적 늦게 이루어졌다. 이 모형은 Sigmund Freud의 정신분석이론에서 시작되었다. 그 이후 Jung이나 Erikson이 성격의 내적 역동에 근거한 다양한 이론을 개발하였고, 이들은 심리내적 기능의 중요성, 성격에 대한 유전과 환경의 균형, 정상적 · 비정상적 발달에서 관계의 중요성과 같은 정신역동이론의 핵심 가설을 유지하였다. 관계적 측면에 대한 가설은 성격 구조의 형성과 유지에 대한 사회적 맥락으로 관심을 확대시켰다(예: Horney, Sullivan). 정신역동이론 내에서도 다양한 개념과 설명이 있지만 사회적 맥락이 인간의 성격과 동기에 강력한 영향을 준다는 공통점은 유지되었다.

문 씨 할머니는 아침에 일어나기 힘들어 혼자 있는 시간이 점점 많아지고 있다. 몇 년 전까지만 해도 할머니 댁에서 온 가족이 모였다. 하지만 남편이 죽은 후에는 조카들이 더 이상 방문하지 않는다. 자녀들과 손주들이 방문하긴 하지만 별로 즐기지 않는다. 가족들은 정이 많고 재미있었던 할아버지의 죽음을 아직도 애도하고 있다. 문 씨 할머니는 사람들이 오면 밥은 해 주었지만 정을 베풀지는 않았다. 할머니는 가족 모임에서 말을 하지 않고 주변 사람들이 자신을 돌봐 주기를 기대했다. 딸들은 자신을 돌봐 주기만을 기다리는 까다로운 어머니를 부담스러워하면서 어머니와의 만남을 즐기지 않는다. 할머니는 변덕스럽고 불만이 많다. 사과를 드리면 귤을 달라고 하시고 부엌을 치워 드리면 화장실이 더럽다고 하신다. 할머니는 병원 의사들이 자신에게 충분한 관심을 보이지 않고 가사 도우미들은 돈만 생각한다고 불평한다. 모두가 할머니의 우울증에 대해 알고 있으며 할머니에게 정신건강 전문의를 찾아가라고 제안하지만 할머니는 "나와 같은 상황에서 우울하지 않으면 이상한 거야."라고 하면서 치료를 거부한다. 문 씨 할머니가 전문가인 당신에게 찾아와 자신의 슬픈 이야기를 한다. 할머니는 당신이 자신의 이야기를 들어 주는 것을 좋아하면서도 자신을 도와줄 수 없을 것이라고 말한다.

1. 모형의 소개

정신역동 모형에서는 문 씨 할머니의 문제를 어떻게 설명하는가? 대부분의 모형에서는 인간의 기본적인 행동을 설명하는 틀을 제시한다. 정신역동이론에서도 기본적인 성격, 발달 과정 그리고 인간관계에 대한 설명이 이론의 핵심을 구성한다.

인간에 대한 정신역동적 접근은 성격의 형성에 영향을 미치는 인지, 정서, 동기의 복잡한 상호작용을 강조한다. 이러한 복잡한 관계를 통해 진화된 구조는 인간이 기본적인 욕구를 충족하는 데 있어서 동물보다 훨씬 많은 이점을 제공한다. 하지만 생존의 갈등과 생존의 불안정성은 불안을 야기한다.

불안을 관리하는 것이 성격의 집행 기능을 하는 자아의 일차적인 과제다. 처음에 Freud는 불안이 원초아라고 불리는 동물적 구조에 자리 잡은 일차적 삶의 에

너지인 리비도와 사회적으로 강요된 양심 간의 갈등으로부터 생긴다고 하였다. Freud에 따르면 자아의 과제는 초자아와 원초아의 갈등을 조절하는 것이다. 후에 자아심리학자들은 관계적 맥락에서 발달하는 자아의 가능성과 자아의 고유한 방식을 강조하였고, 다른 이론가들은 자아의 핵심적인 잠재력이 의미를 창조하는 것이라고 가정하였다. 하지만 정신역동 이론가들의 공통된 의견은 성격 구조의 기본적인 기능과 조직을 기술하고 사람들이 이러한 구조의 기능에 대한 통찰을 통해 자신의 동기, 정서, 행동, 사고 그리고 가치에 대한 보다 의식적인 선택을 할 수 있도록 도와야 한다는 것이다.

성격의 기본적인 구조는 영유아가 자신의 기본적인 욕구와 그에 대한 외부의 반응을 경험하는 삶의 초기에 형성된다. 유아들의 일차적인 관계는 애착 관계다(Bowlby, 1969). 애착 대상이란 상호작용을 통해서 영유아들에게 외부 세계(안전, 신뢰, 돌봄)에 대해 가르쳐 주는 사람들이다. 모든 인간은 무력한 의존적 존재로 시작하기 때문에 무력함에 대한 초기 경험은 기본적인 생존 불안을 유발한다.

강력한 양육자가 아이에게 타인들은 신뢰할 수 있다는 것을 가르치면 아이는 이를 자아의 일부로 내면화하게 된다. 반대로 양육자가 불안이나 분노를 증가시키는 행동을 주로 보이면 아이는 외부 세상이 믿을 만하지 않고 안전하지 못하다고 생각하게 되어 세상을 불신하게 된다. 이러한 초기 경험들은 아이의 인지적 구조(스키마, schemata), 반응 유형 그리고 동기를 형성한다. 결과적으로 성격 구조는 삶에 대한 근본적인 불안과 죽음에 대한 직면으로부터 개인을 보호해 주는 기능을 한다. 그러므로 사고, 감정 그리고 동기 간의 기본적인 연결 고리를 형성하는 초기 관계는 외부 세계에 대한 시각으로 형성된다. 이와 유사하게 초기 관계적 경험을 통해 형성되는 내적 자기보호 구조인 자아방어기제는 삶과 죽음에 대한 기본적인 불안을 관리하는 인간의 일차적 기제다.

성격 구조의 발달과 진화는 삶의 첫 5년 동안 형성되며, 이는 아동 심리학자들의 관심사였다. 물론 아동기의 경험은 평생 영향을 미치는 내적 갈등에 대한 관리 전략과 외적 변화에 대한 적응력에 강력한 영향을 준다. 예를 들어, 아동기의 애착 유형은 그 이후 성인 관계의 패턴과 관련된다(Shemmings, 2006). 안정 애착 유형은 성인기에 상호 의존적인 적절한 돌봄, 친밀함 그리고 성적인 관계로 표현할 수 있다. 반면, 회피적 애착 유형은 돌봄을 주고받을 수 있는 능력이나 의지, 또는 성적인 관계에 있어서 정서적 연결을 할 수 있는 개인의 능력이나 동기를 제한함으로써 사람들을 회피하고 거리를 두게 되며, 때로는 성적으로 문란한 관계를 맺게 되기도 한다. 거의 모든 심리학자는 아동기의 경험이 심리 내적 상태에 결정적인 영향을 준다는 것을 인식하지만 전 생애에 걸친 삶의 경험을 통해 개인이 발달하고 성장할 수 있다는 가능성 또한 인정한다.

2. 성인 발달: 노화의 맥락

성인기 발달 과정에서는 성인기 동안 직면하는 많은 과제와 위기에 대응하는 과정에서 성숙하기 위한 새로운 기회가 제공된다. Colarusso와 Nemiroff(1979)는 성인 발달의 본질에 대한 정신역동적 기본 가설을 일곱 가지로 제안하였다(〈표 3-1〉 참조). 이들은 아동기와 성인기 발달 과정에는 불연속성보다 연속성이 더 많고, 그 차이는 형태와 내용에 있으며, 발달이 일어나고 표현되는 기본적인 구조는 동

표 3-1 성인 발달에 대한 정신역동적 모형

가설 I	성인과 아동의 발달 과정의 본질은 기본적으로 동일하다.
가설 II	성인기 발달은 지속되는 역동적 과정이다.
가설 III	아동기 발달이 심리적 구조의 형성에 주로 근거한 반면, 성인기 발달은 이미 존재하는 심리 구조의 계속되는 진화와 관련되어 있다.
가설 IV	아동기의 기본적인 발달 문제는 성인기에도 변화는 되었지만 핵심적인 측면으로 지속된다.
가설 V	성인기 발달의 과정은 성인기의 과거와 아동기의 과거에 영향을 받는다.
가설 VI	성인기의 발달은 아동기의 발달처럼 신체적·물리적 변화에 깊은 영향을 받는다.
가설 VII	성인기 발달의 핵심적인 주제는 유한성의 인식과 수용 그리고 개인적 죽음의 불가피성에 의해 시작되는 규준적 위기다.

출처: Colarusso & Nemiroff (1979).

일하다고 하였다. 또한 노인들은 아동기에 일어난 사건뿐만 아니라 성인기에 일어나는 사건에도 영향을 받는다.

> 사람들은 삶의 경험을 반영하는 성격 구조를 토대로 노년기에 이르게 된다. 노년기를 시작할 때에는 이미 외적인 스트레스에 대처하는 기제, 내적인 성적·공격적 충동을 관리하는 방식, 자신에 대한 확고한 생각이 형성되어 있어 자신의 행동과 경험의 방향이 설정된다. 아동기, 청소년기 그리고 성인기 동안 경험한 실망과 외상은 심리적 강점과 약점의 특정 영역에 자리 잡아 개인을 특징짓는다. 노년기에는 은퇴, 신체적 변화와 질환, 가족과 친구들의 상실 같은 연령 관련 사건들을 경험하게 되고, 오랫동안 해결하지 못하고 계속 방어해 온 내적 갈등이 자극되어 자아감이 약화되고, 자아의 자원과 방어에 대한 요구가 증가함으로써 새로운 심리적 통합이 요구되며, 우울, 불안 또는 정신증적 장애를 경험할 수 있다(Newton, Brauer, Gutmann, & Grunes, 1986, p. 208).

평생 경험의 효과는 성격의 내적 구조에 내포되어 있다. 물론 노화에 적응하는데 외적 사건이 중요하지만 노년기 적응의 일차적 조절 기제는 성격이다.

성인의 발달 과정은 변화를 자극하는 과제(예: 결혼, 양육), 자아의 발달에 대한 성인 사건의 효과(Kohut, 1971), 또 방어기제와 같은 내적 구조의 발달(Vaillant, 1977)로 정의된다. 발달을 개념화하는 일반적인 틀은 전 생애를 단계로 나누고 있다. 단계 이론가들은 가족 발달 및 직업 역할과 관련된 공통된 삶의 과제로 전 생애를 구분한다(Gould, 1978; Levinson, Darrow, & Klein, 1978).

전 생애 발달에 대한 Erik Erikson(1963)의 초기 모형([그림 3-1] 참조)은 가장 영향력 있는 단계 모형 중 하나다. 성인들은 삶의 중요 과제에 대한 반응 과정을 내적으로 재구성하면서 성숙한다. Erikson, Erikson과 Kivnick(1986)은 전 생애 동안 나타나기는 하지만 시기별로 내적 압력과 외적 압력이 한 가지 특정한 주제에 맞춰진다고 하였다. 아동기에는 이러한 주제가 성격 역동의 일부로 경험되지만 성인기에는 자신의 성격적 강점과 약점을 활용하여 삶의 과제를 해결해야 하기 때

성인 후기								8. 통합감 대 절망: 지혜
성인 중기							7. 생산성 대 자아몰입: 돌봄	
성인 초기						6. 친밀감 대 고립: 사랑		
청소년기					5. 정체감 대 정체혼미: 의리			
학령기				4. 근면성 대 열등감: 유능감				
놀이기			3. 주도성 대 죄책감: 목적					
걸음마기		2. 자율성 대 수치심: 의지						
영유아기	1. 신뢰 대 불신: 희망							

그림 3-1 심리성적 주제와 삶의 단계

출처: Erikson et al. (1986).

문에 더 힘들게 경험된다. 예를 들어, 걸음마기에 처음으로 강력하게 경험하는 자율성의 주제는 청소년기 그리고 노년기에 강력한 의지의 힘과 좌절로 경험된다. 물론 갈등과 관련된 문제들은 다양하지만 자율성에 대한 초점은 동일하다. 인격적 성장의 가능성은 삶의 문제에 대한 대안적 반응들 간의 갈등에 있다. 즉, 대안들 간의 균형이 성숙을 향한 성장의 바탕이 된다.

대부분의 정신역동 이론가는 Erikson 모형의 기본 원리를 지지한다. 사람들은 각자의 사회심리적 과제를 자신의 성격적 구조와 일치하는 전략 및 양식으로 해결한다. 하지만 성인기에 대두되는 과제나 위기는 자신에게 익숙한 전략을 위협하며 더 복잡하고 성숙한 성격 구조가 발달할 수 있는 기회를 제공한다. 삶의 도전에 익숙한 방식으로 삶의 과제가 관리되지 않을 경우, 불안이 고조되면서 성격의 성장이 일어나거나 정신증과 같은 극단적인 기능의 퇴행이 일어날 수 있다.

3. 인생 후반기의 발달

인생 후반기에는 어떠한 성장 가능성이 있는가? 중년이 되면 인간은 자신의 생애에 대한 관점이 변한다. Neugarten(1979)에 따르면, 중년이 되면 사람들은 태어난 시점부터의 시간보다 죽음까지 남아 있는 시간을 계산하기 시작하는데, 이런 관점은 예컨대 관계 우선순위에 영향을 미친다(Carstensen, Isaacowitz, & Charles, 1999). 안정된 삶을 이루고 삶의 유한성을 인식하게 되면 사람들은 살아오면서 잡지 못했던 기회와 개발하지 못했던 자아를 재점검하기 시작한다.

Jung(1963)은 인생의 후반기에는 남녀 모두 반대 젠더의 특징을 탐색하게 되어 양성적으로 변화된다고 하였다. 남성은 자신의 여성적 측면을 탐색하고 여성은 아직 개발되지 못한 자신의 남성적 측면을 탐색하게 된다. 따라서 중년 후기에는 새로운 흥미, 기술, 관계 방식을 시도하기 시작한다. 예를 들어, 높은 지위에 있는 회사 임원이 그림을 그리기 시작하거나 화초를 가꾸기 시작하며 가족과 보다 친밀하게 지내려고 노력한다. 외향적인 사람들은 명상을 하거나, 글을 쓰거나, 자신의 창의적인 내적 자원을 끌어내는 작업을 통해 내향적인 측면을 개발한다. Gutman(1987, 1992)은 부모가 되는 과정은 성인기 초기의 삶의 구조를 조직화하는 사건으로, 힘들고 전통적인 젠더 역할을 효과적으로 수행하게 만드는 계기가 된다고 주장하였다. 하지만 일단 '부모 역할의 위기' 를 넘기게 되면 남성적인 측면과 여성적인 측면 둘 다 완전히 발달할 수 있는 자유가 생긴다.

Erikson(1963)은 자신이 살아온 인생을 있는 그대로 받아들일 경우 인생 후반부에 지혜가 발달할 가능성이 있다고 하였다. 다른 인생의 주제들처럼 자아통합감 대 절망감에 대한 가능성은 전 생애 동안 존재한다. 하지만 삶의 끝자락에서 이 주제가 보다 특별하게 다가오게 된다.

> 사람들은 인생을 살면서 세상에서 '나' 를 구성하는 핵심적인 강점과 약점, 선택과 좌절, 행동과 제한을 통합하는 과정과 함께 '존재하지 않음' 의 실존적 두려

움을 경험하면서 인생의 최후를 예견하게 된다. 노년기에는 이러한 갈등이 최고조에 이른다. 노인은 남은 인생보다 살아온 인생을 보면서 남은 인생에 대한 지혜를 확고히 하고, 살아 있는 후세대에 자신을 비춰 보며, 역사 속의 자신의 위치를 수용하게 된다(Erikson, 1986).

4. 노년기 정신건강

성격 역동에 대한 발달적 접근에서 긍정적 정신건강은 정신질환의 부재 이상의 정의를 요구한다. 노쇠한 노인이 신체적 능력이 쇠퇴되는데도 기본적인 성격적 통합을 유지하는 것은 정신건강에 긍정적인가? 또는 노인이 크게 퇴행하지 않고 엄청난 상실에 적응한다면? 정신분석가들은 상실과 쇠퇴의 경험에서 긍정적인 가능성보다는 병리나 기능 유지에 훨씬 더 초점을 두었으나, 발달심리학자들은 노년기의 정서적 통합이나 성격의 성숙을 노년기의 긍정적 발달 가능성으로 제시하였다(Butler, Lewis, & Sunderland, 1998; Ryff, 1982). Kivnick(1993)은 활력이라는 것은 일상적인 활동에 의미를 부여하는 것이라고 하였다.

> 일상적인 삶에서 정신건강은 특정 사회적 · 환경적 상황에서 의미 있게 살아가고자 하는 노력이다. 단순하게 말해서, 우리는 주어진 상황에서 최선을 다하려고 노력한다. 이러한 과정에서 내적인 힘과 능력을 발달시키고, 외적 자원을 인식하고 활용하며, 취약성과 결핍을 보완하려는 노력을 하게 된다(p. 24).

정신건강의 또 다른 중요한 요소는 의미 창출이다. 삶 전체에 대한 의미를 역경과 어려움 속에서도 개인 삶의 연속성을 설명하는 일관된 이야기(narrative)로 풀어낼 수 있어야 한다(Cohler, 1993; Schiff & Cohler, 2001).

5. 발달적 정신병리

정신역동이론가들은 노년기 정신병리의 원인을 외적인 것보다는 내적인 것에 기인한다고 보는데, 이는 정신병리적 증세를 경험하는 노인들의 경험은 대부분 그렇지 않은 노인들이 경험하는 도전과 큰 차이가 없기 때문이다(8장 참조). 정신병리의 원인은 다음 중 한 가지 또는 여러 가지 요인과 관련되어 있다.

① 가장 친밀한 관계망 내에 있는 사람들을 상실한 것에 대한 애도
② 역할의 상실
③ 신체적 능력의 상실로 인한 의존성의 증가
④ 자신의 삶의 궤도를 변화시킬 수 있는 기회의 상실

상실의 주제가 노화 과정을 지배한다는 믿음은 노화 관련 영역을 새롭게 접하게 되는 사람들이 노인들에게 임상적 우울증이 높을 것이라는 가정을 하게 만든다. 하지만 놀랍게도 노인들의 임상적 우울증의 수준은 일반 성인의 수준보다 낮다. 이는 노년기 삶의 과제만으로는 정신병리의 원인이 설명되지 않는다는 것을 명료하게 보여 준다.

인생 단계별 발달 과제에 초점을 두는 정신분석가들은 노년기 삶을 다음과 같은 상실의 주제와 연결시켜 설명한다. ① 노년기 상실이 중요한 아동기 상실을 재현할 수 있다. ② 미발달된 자아와 미성숙한 방어기제는 노년기의 심리적 도전을 다루기에는 역량이 부족할 수 있다. ③ 신체적 · 인지적 · 정서적 강점의 상실이 자아의 기능을 약화시킬 수 있다. ④ 개인적 삶의 이야기(life narrative)와 노년기에 일어난 사건들과 통합되지 않으면 삶의 의미를 상실할 수 있다. 이러한 문제들을 문 씨 할머니의 사례를 통해 살펴보고자 한다.

1) 상 실

고전적 정신분석이론에서는 노년기 상실이 어린 시절의 상실에 대한 해결되지 않은 애도 감정을 자극하게 되면 특히 위협적으로 경험된다고 하였다. 이 모형은 심리내적 구조의 형성에 대한 아동기 상실의 결정적인 부정적 영향을 강조하였다. 특히 주요한 애착 대상의 상실은 아동의 적응적 능력을 제압하는 강렬한 애도 감정을 불러일으킨다. 근래 연구에서 아동의 외상과 외상 후 스트레스 장애가 신체적 · 정신적 건강에 부정적 영향을 준다는 것이 확인되었다(Rosenzweig, Prigerson, Miller, & Reynolds, 1997; Shaw & Krause, 2002). 아동기 죽음이나 외상의 유산은 세상이 위험하다는 불안을 남기게 된다. 이러한 초기 경험은 잘 치유되기 힘든 정서적 상처를 주거나 뇌 구조에 깊고 심각한 흔적을 남긴다. 현재의 심리적 구조로 적응하기 어려운 삶의 사건이나 과제가 지속적인 무리를 주지 않는 한, 방어기제는 심각한 우울증으로부터 개인을 보호할 수 있다. 그러나 노년기의 주요한 상실 경험은 아동기의 애도 감정을 재경험하는 데 취약하게 한다. 의미 있는 애착의 대상에 대한 애도가 아동기 상실감을 재현하게 되는 경우, 정신병리적 기능으로 퇴행될 수 있다고 이 모형은 예언한다. 하지만 상실 모형은 사회적 · 신체적 상실이 일어나는 생의 후반부에만 적용될 수 있다(Gutmann, 1987).

문 씨 할머니가 성인기에 주변 사람들에게 양육적 행동을 보이지 않았다는 사실은 아동기에 충분한 돌봄을 받지 못해 완전히 기능하는 자아를 발달시키는 데 실패했기 때문이라고 정신분석가들은 가정할 수 있다. 실제로 할머니는 가난한 집의 9남매 중 여섯째로 태어났으며 할머니가 태어날 때쯤에 어머니가 오랫동안 편찮으셔서 여덟 살 많은 언니와 할머니가 돌봐 주었다고 했다. 결정적인 시기에 부모 역할의 지속적인 부재는 깊은 애착 관계를 맺는 그녀의 능력을 제한하였다. 문 씨 할머니는 자신을 돌봐 줄 사람만을 찾을 뿐 누군가를 돌볼 능력은 거의 없다.

2) 미발달 자아 또는 미성숙한 방어기제

적응하는 데 필요한 내적 구조가 덜 발달한 사람들에게는 생애 발달 과제들을 성취하는 것이 매우 어렵다. 연속적 과제 모형을 제안한 Erikson(1963)은 성인이 되어 그 이전의 발달적 과제를 성공적으로 성취하지 못한 사람들은 적응하는 데 상당한 어려움을 경험하게 된다고 하였다. 전 생애에 걸친 심리적 성숙을 다룬 연구가 있는데, 이는 1940년대에 하버드 대학교의 2학년생들을 대상으로 시작되었다. 비록 하버드 대학교 학장이 표본을 선별하고 제2차 세계대전을 경험하지 않은, 성적이 우수하고 정서적으로 안정된 똑똑한 백인 남성에 국한해 연구가 이루어졌지만, 종단적 성격의 이 연구에서는 성격 구조의 변화를 심층적 임상 면접을 통해 살펴볼 수 있었다. 25년 후에 표본의 피험자들과 심층 면접을 한 결과, 방어기제의 변화와 안정성이 모두 있었다. 이 연구는 재력, 교육, 사회적 지위, 성격적 강점과 같은 사회에서 가장 이상적으로 보는 발달적 조건을 갖춘 젊은 남성들이 성인기 동안 지속적으로 성숙하고 발달하는 것을 보여 주었다. 어떤 조건에서 그들이 성숙하고, 무엇이 성숙 과정을 지연시킬 것인가? 그 남성들은 성인기의 문제들을 경험할 때 방어기제의 위계를 통해 성숙할 것인가(〈표 3-2〉 참조)? 표본의 남성들을 대상으로 25세, 30세, 47세 그리고 57세에 임상 면접을 실시한 결과, 연령 증가와 함께 점진적으로 보다 성숙한 방어기제를 사용했으나 방어 유형이 성숙하지 않은 경우에는 결과가 좋지 않았다(Vaillant, 1977; Vaillant & Vaillant, 1990).

상실 모형에 근거하면 초기 아동기 외상은 노년기까지 성격을 취약하게 만드는 상처를 남긴다. Gutmann(1987)은 이를 면역 체계에 비유하여 성격적 방어기제와 상실 간의 관계를 설명하였다. 병원균(상실)은 면역 체계(성격 구조)가 그 병원균에 취약한 만큼 더 강해진다. 노년기 상실은 인생 초기의 상실에 미성숙하게 적응한 성격 구조를 가진 사람에게 특히 치명적일 수 있다. 그렇기 때문에 미발달된 자아는 상실의 영향을 악화시켜서 노년기 정신병리를 유발할 수 있다.

불완전한 발달은 극단적인 외상 경험이 아닌 경우에도 이루어질 수 있다. Gutmann의 모형은 중년기 삶의 과제들로 인해 개인의 완전한 발달이 제한될 수

▶ 표 3-2 적응적 방어기제의 구조표

수준 I	정신증적 기제	부정 왜곡 환상적 투사
수준 II	미성숙한 기제 (심각한 우울증, 성격장애, 청소년)	공상 투사 건강염려증 수동-공격적 행동(피학대, 자기파괴) 행동화(강박적 비행, 도착)
수준 III	신경증적 기제	주지화(철회, 강박적 행동, 합리화, 취소) 억압 반동형성 대치(전환, 공포, 재치) 해리
수준 IV	성숙한 기제	승화 이타주의 억제 예측 유머

있다고 하였다. 부모 역할과 같은 만성적 위기를 넘기고 나면 다른 영역에서 보다 광범위한 발달을 이어 갈 수도 있다. 노년기 초기에 있는 성인들은 자신에게 익숙하지 않은 성격을 탐색하고 싶은 욕구를 경험할 수 있다. 이러한 소망과 욕구가 일어나면 기존의 자기 이야기(self stories) 또는 개인적 신화가 지금까지 통합되지 못한 새로운 자아로부터 위협을 느낀다는 것을 인식하게 된다. 새로운 자아를 수용하고 기존의 자아 신화에 통합하려고 할 때 우울증, 불안증 또는 원초적인 정신증적 반응이 일어날 수 있다.

문 씨 할머니는 위험한 세상에서 돌봄을 받지 못하는 공포로부터 자신을 보호하기 위해서 원초적인 방어기제를 사용하였다. 가족이나 이웃에게 자신의 감정을 투사하였고, 건강염려증이 있었으며, 자신의 분노를 수동-공격적인 방식으로 드러냈다. 자녀들은 절대로 할머니의 생각에 반대 의견을 보이지 않았는데, 이는 할머니가 '가족 스트레스'에 따른 병으로 앓아누워 있으면서 가족으로부터 완전히 철회하였기 때문이다. 할아버지가 살아 계실 때 할머니의 가족 관계는 원만했는데, 이는 할아버지가 맹목적인 온정과 사랑으로 그녀를 보호해 주었기 때문이다. 자녀들은 아버지를 '주는 사람', 어머니를 '받는 사람'으로 생각했다. 할아버지는 한 번도 불평을 하지 않았지만 자녀들은 어머니가 어머니 자신의 욕구를 충족시키기 위해 계속 상황을 조작하는 것에 대한 아버지의 좌절감을 알고 있었다. 할아버지가 돌아가신 후 할머니는 주 양육자가 사라졌기 때문에 엄마 잃은 아이처럼 행동했던 것이다.

3) 상실된 자아 강도(ego strength)에 대한 보상

자아심리학자들은 신체적 기력의 저하, 인지적 능력의 쇠퇴, 활력의 상실과 같은 연령 관련 경험이 자아에 미치는 파괴적 영향에 대해 논하였다. 능력과 활력의 상실은 자존감을 약화시켜 상실에 대한 보상을 찾게 한다. 만약 환경이 자아 기능을 충분히 유지시켜 줄 수 없다면 노쇠한 노인은 과거의 성공담을 말하거나 상실한 것에 대해 남을 탓하는 병리적 보상 기제를 사용할 수 있다.

남편이 죽은 후, 문 씨 할머니가 최적으로 기능할 수 있는 충분한 돌봄 환경은 마련되지 않았다. 자신을 충분하게 돌보지 않는다고 딸들에게 지속적으로 질책하는 것은 할머니의 기분을 나아지게 하지 못했을뿐더러 완벽했던 부양자의 부재를 외면하게 하였다. 할머니는 딸들을 계속 질책하면 딸들이 자신을 잘 돌봐줄 것이라는 생각을 확고하게 갖고 있다.

4) 일관된 자기 이야기의 유지 또는 구성에서의 불능

노년기에 각 개인은 외적으로나 내적으로 일관된 자신의 삶의 이야기를 의미있게 구성하여 마무리해야 한다(Cohler, 1993).

> 노년기에 얻게 되는 지혜는 현재 기억하는 과거, 지금 경험하는 현재, 그리고 예측되는 미래를 당연한 결과가 아닌 통합되어야 할 과제로 지각하여 삶 전체에 대해 일관된 이야기를 유지할 수 있게 하는 능력이다. 노년기에는 지혜 획득의 여부보다도 노년기를 살아가면서 개인적 통합감을 상실하게 되는 상황 그리고 삶의 이야기가 분열되고 단절되는 경험을 하면서도 자신에 대한 일관성을 잃지 않는 것이 중요하다(Cohler, 1993, pp. 119-120).

Cohler는 인생 초기에 형성된 삶의 구조가 노년기 삶의 경험과 기대를 통합하고 개인적 이야기로 만들어 진정한 발달적 전환을 일으키기에 부족할 수 있다고 하였다. 만약 전환이 일어나지 않으면 파편적 정신 상태인 정신병리에 노출된다. 홀로코스트와 같은 외상적인 사건이 한 개인의 삶에 유의미하게 통합되기 위해서는 반복적으로 그리고 때론 역설적으로 재진술되어야 한다(Schiff & Cohler, 2001).

> 문 씨 할머니의 청소년기와 성인기 초기는 신데렐라와 같은 삶이었다. 가난한 집안에서 험한 일을 하면서 컸지만 공주인 자신을 알아봐 주는 왕자를 만나서 구출되었다. 불행히도 왕자는 그녀를 성으로 모셔가지 않고 서민들이 사는 작은 집으로 데려왔고, 그녀는 그런 왕자를 평생 용서하지 않았다. 공주가 기대하던 삶은 이제 사라져 버렸다. 공주가 늙어 가는 것도 힘들지만 왕자가 없는 것은 더욱 힘들다. 그녀가 당연히 받아야 하는 대우를 아무도 해 주지 않았다. 그녀가 지속적으로 요구하지 않으면 모두 최소한의 일만 한다. 할머니는 자신을 공주로 인정하지 않는 사악한 의붓언니들에 둘러쌓여 있는 나쁜 동화에 자신이 갇혔다고 믿었다. 노년기에 이르러 자신이 살아낸 삶에 만족하고 잃어버린 기회와 성취하지 못한 삶을 수용하는 이야기는 할머니에게는 너무도 낯선 것이다.

6. 평 가

정신역동 이론가들과 치료자들은 신념, 이야기, 정서적 반응, 가치, 의미, 행동 유형과 같은 내적 성격 구조의 평가에 초점을 둔다. 개인의 과거력, 즉 발달단계, 과제, 주제를 보는 것이 평가의 시작이다(Nemiroff & Colarusso, 1990). 이 모형에서는 초기 아동기의 경험이 중요한데, 초기 발달이 그 이후 발달 유형의 한계를 결정하기 때문이다. 특히 생의 초기에 결정적 사건이나 외상 그리고 애착 관계가 어떻게 처리되었는지가 중요하다.

정신역동치료에서 중요한 것은 통찰 가능성에 대한 평가다. 즉, 행동과 자기지각에 영향을 주는 심리적 구조와 과정을 의식할 수 있는 자신의 성격에 대한 자기통찰을 중요하게 생각한다. 통찰 가능성을 확인하지 않고 치료 과정에 들어가기 위한 한 가지 방법은 투사적 기법을 활용하여 성격 구조와 기능에 대한 정보를 얻는 것이다. 예를 들어, 주제통각검사(Thematic Apperception Test: TAT) 카드는 표준화된 그림에 대해 이야기함으로써 관계에 대한 기본적인 가정을 투사하도록 한다. 특히 노년기 역동을 평가하기 위해 고안된 주제통각검사인 노화과정에 대한 투사적 평가(Projective Assessment of Aging Method; Starr, Weiner, & Rabetz, 1979)는 노인들이 사회적 상호작용을 하고 반영하는 장면이 제시된다. 투사적 검사는 다양한 치료 및 연구 목적으로 활용되고 있으나 근래에는 그것의 경험적 타당성에 대한 논란 때문에(Wood, Nezworski, Lilienfeld, & Garb, 2003) 그 사용 빈도가 감소하였다(Norcross, Hedges, & Castle, 2002).

Kivnick(1993)은 개인의 강점에 대한 정보를 알아낼 수 있는 면접법을 개발하였다. Erikson, Erikson과 Kivnick(1986)은 종단 연구 경험에 근거하여 노인들의 심리적 작업과 관련이 있는 주제 및 언어를 반영한 도구를 제작하였는데, 이를 통해서 발달의 긍정적인 측면을 알아볼 수 있다.

7. 치 료

노인들을 대상으로 하는 치료의 목적은 ① 취약한 자아에 직접적인 지원을 제공하고, ② 성격 구조를 변형시키며, ③ 심리사회적 기능을 강화하는 것이다. 정신역동 심리치료는 내담자가 과거 부모의 양육 유형을 집중적으로 그리고 장기적으로 재경험하도록 한다. 치료적 관계는 자아를 정의하는 관계적 경험을 재작업하는 기회를 제공한다.

단기 정신역동 심리치료는 노인 우울증에 대한 충분한 경험적 연구가 되어 있는 근거 중심 치료다(Scogin, Welsh, Hanson, Stump, & Coates, 2005). 대인관계치료(interpersonal therapy: IPT)나 이야기치료(narrative therapy)와 같은 정신역동치료도 노인들에게 적용되고 있고, 이에 대한 흥미로운 결과들이 보고되고 있다. 보다 덜 지시적이고 강도가 약한 지지적 심리치료는 성격적 변화를 일으키는 데 필요한 통찰 능력이 제한되는 내담자들에게 적절하다.

1) 대인관계치료

대인관계치료(IPT)는 상호관계적 문제를 우울증의 원인으로 보고 관계를 통해 우울증을 치료하기 위해 개발되었다(Klerman, Weissman, Rounsaville, & Chevron, 1984). IPT는 우울증을 치료하는 공식 매뉴얼이 있으며 다양한 내담자를 대상으로 임상적 연구가 진행되었다. IPT는 애도, 역할 갈등, 역할 전환 그리고 대인 능력 결핍의 네 영역에 초점을 둔다. 내담자를 이들 네 영역에서의 문제뿐만 아니라 증상의 강도에 대해 평가한다. 치료자가 평가 결과를 내담자와 공유하며, 치료자와 내담자가 치료의 주제를 함께 결정한다. 시간 제한이 있기 때문에 치료의 처음 단계에서는 치료자가 내담자에게 우울증이 어떻게 대인관계 문제에서 발생했는지를 설명해 준다. 치료의 중간 단계에서는 치료자가 내담자의 대인관계 문제에 잘 계획된 전략을 적용한다. 이때 치료자는 각 문제에 대해 다양한 제안을 하면서 내담자와 함께 희망적으로 작업한다. 마지막 단계인 종결에서는 그동안의 치료 과정을 살펴보고, 남은 문제를 검토하고, 치료 종결에 대한 감정을 탐색하고, 추가적인 치료에 대한 욕구를 확인한다. 대인관계 접근은 정신역동 모형의 일부로 인식되지만 지금-여기 그리고 행동 변화에 초점을 두기 때문에 전통적인 정신역동 심리치료는 아니며 문제해결치료와 유사한 점이 있다.

대인관계치료는 우울증에 효과적인 치료로 증명되었다(Mello, Mari, Bacaltchuk, Verdeli, & Neugebauer, 2005). 대인관계치료는 일반 성인과 비교했을 때 청소년과 노인에 대한 효과성이 제한적인 것으로 보고되고 있지만 모든 연령대의 우울한 사람들에게 비교적 효과적인 것으로 나타났다(David-Ferdon & Kaslow, 2008; Scogin, et al., 2005). 대인관계치료를 개관한 연구들에서는 대인관계치료가 불안장애, 외상 후 스트레스 장애, 섭식장애를 포함하는 다양한 정신장애의 예방과 치료에 효과적인 것으로 보고되었다. 따라서 사회적 상실이 의미 있게 경험되는 노인들에게 대인관계치료는 특히 적합할 수 있다(Hinrichsen, 2008).

2) 이야기치료

이야기치료는 평생 자신의 이야기를 계속 쓰고자 하는 인간의 성향에 근거한다. 사람들은 자신의 정체감과 삶의 의미를 정의하는 이야기를 통해 자신의 핵심적인 자아를 구성한다(White & Epston, 1990). 이야기를 한다는 것은 현재 이야기와 관련된 정보를 선택하고 버리는 과정에서 의미를 생성하는 것이다. 이 접근을 사용하는 상담자 및 치료자들은 내담자의 행동, 의미, 정체성에 변화가 일어나도록 내담자들이 그들 자신의 이야기를 진술하고 재진술하게 하는 데 초점을 맞춘다.

Erikson은 쇠퇴와 상실이 일어나는 노년기에 자아통합감을 성취하기 위해서는 인생 회고의 과정이 필요하다고 하였다. 그의 접근은 제한된 시간으로 인해 과거의 실수를 수정할 수 없을 때 자아 기능의 주도적 자기관리적 특징을 강조하였다. 더욱이 개인의 삶에 대한 통합감을 감퇴시키는 것은 내적인 것만은 아니다. 연령에 대한 차별과 노화에 대한 부정적인 고정관념은 노인들의 일상생활과 안녕에 강력한 영향을 미친다(Levy, 2003). 이야기치료는 살아온 삶에 대한 의식적인 반영을 자극하여 적극적으로 삶의 의미를 검토하게 한다.

노인을 위해 개발된 초기 심리치료 중 하나인 회상치료는 삶의 목적이나 자아 정체감의 상실 그리고 우울증을 막아내기 위해 이야기의 힘을 활용하는 것이다. 가장 단순한 수준에서 회상은 노인이 즐거웠던 과거를 재경험하게 한다. 보다 복잡한 수준에서 인생 회고적 회상은 생기고 해석되어 온 핵심적인 자아를 통해 사건 및 관계에 의미를 재부여하는 선택을 제공한다. 회상치료와 다른 이야기치료는 노인들이 삶의 의미를 형성하는 데 현재 삶의 도전과 과거의 오랜 발달적 역사가 교차될 수 있는 기회를 탐색할 수 있도록 도와준다. 한편, 회상치료는 우울증을 치료하는 데 효과적일 수 있다(Scogin et al., 2005).

3) 지지치료

비록 비지시적 지지 상담 및 심리치료는 다른 접근에 비해 덜 효과적인 것으로 보일 수 있지만(Cuijpers, van Straten, Andersson, & van Oppen, 2008), 일부 내담자에게는 그것이 유일한 방법일 수 있다. 노년기에는 인지적 장애나 심리사회적 지지의 부재로 성격 구조가 취약해져 상담이나 심리치료에 참여할 수 있는 심리적 자원이 고갈되어 있을 수 있다. 만약 환경적 지지가 가능하지 않거나 자아 기능이 재건될 수 있는 능력이 부족하다면 지지적 상담 및 심리치료가 가장 적절할 수 있다. 그런 사례에서 지지치료는 핵심적인 자아가 다시 건강해지거나 기본-자아 기능을 위한 외적 지원을 제공하도록 환경이 풍부해질 때까지 심리적 지지를 제공할 수 있다. 특히 이 치료는 성격장애가 있거나 통찰이 없는 원초적인 방어기제를 사용하는 노인들에게 적용할 수 있다. 노년기 상실은 자아 기능을 심하게 손상시킬 수 있기 때문에 지지치료로 일단 시작하여 자아가 심층 작업을 충분히 견딜 수 있는 힘이 생기면 통찰치료가 진행될 수 있다(Gutmann, 1992). 하지만 노화나 노쇠의 경험으로 인해 지지치료 외에 다른 치료를 감당할 수 없을 것이라고 미리 가정해서는 안 된다. 많은 상담 및 치료 기법이 노인들에게 효과적인 것으로 보고되었으며, 치료자들은 다른 치료 방법이 전혀 효과가 없거나 내담자가 지지치료를 필요로 한다는 것을 명확하게 보였을 때 지지치료를 사용해야 한다.

문 씨 할머니는 지지치료가 적합한데, 심리적 통찰에 대한 능력이 매우 제한되어 있기 때문이다. 그녀는 평생 원초적인 자아방어기제를 사용했으며 현재는 환경으로부터 지지를 충분하게 받지 못하고 있기 때문에 더 힘들어한다. 신체적 의존성이 점차 증가하고 있고, 충분한 지지가 제공되지 않으면 더 우울해질 것이다. 지지치료를 통해 낯선 땅에서 공주로 살아가는 어려움과 그러한 상황에 적응하도록 도와주는 데 초점을 맞출 수 있다. 치료자의 충분한 양육적 지지가 있다면 할머니는 자아의 힘이 성장하여 보다 덜 파괴적인 관계를 맺을 수 있을 것이다. 예를 들어, 자신이 치료자로부터 받는 돌봄이 당연한 것이라고 생각하더라도 이에 대해 만족하게 되면 할머니는 딸들에게 언어적 학대를 덜하게 될 것이다.

4) 심리치료 과정

정신역동 모형에서는 내담자의 연령에 상관없이 내담자와 치료자 간의 관계가 치료의 핵심 도구가 된다. Newton 등(1986)은 외롭고 고립된 삶을 사는 사람들에 있어 관계의 강력한 효과를 강조하였다. 외로운 사람이 공감적이고 양육적인 사람과 상호작용하게 되면 자신에 대한 확신을 경험하게 된다. 전이란 내담자가 치료자에게 인간과 상호작용에 관한 기본적인 믿음을 형성하게 만든 과거의 의미 있었던 사람(예: 부모)의 특성을 투사하는 것이다. 투사는 내담자와 치료자 간의 실제 상호작용이 아니라 관계가 어떻게 기능해야 하는지에 대한 과거 경험을 투영하는 것이다. 역전이는 치료자가 자신의 과정을 내담자에게 투사하거나 실제로 상호작용하는 것이 아닌 치료자 자신의 개념적 · 정서적 틀에 근거하여 상호작용하는 것을 말한다.

전이 과정은 특히 복잡할 수 있는데, 평생 살면서 경험한 강력한 관계에 대한 노인의 경험이 치료자에게 투사될 수 있기 때문이다. 치료자는 40년 전 사랑했던 애인, 부모, 자녀, 손자녀 또는 멘토가 될 수 있다. 전이를 다루기 위해서는 투사의 핵심이 되는 내담자의 '비밀스러운 내적 나이' 를 알아내야 한다(Berezin, 1972).

역전이 또한 복잡한데, 치료자가 대부분 노인 내담자보다 젊어서 내담자의 역사적 경험과 발달의 단계를 경험하지 못했기 때문이다(Knight, 2004). 젊은 초보 치료자들은 노화를 처음으로 경험하게 된다. 그들은 생물학적 노화의 결과인 신체적 제한, 감소된 활력, 변화된 외모, 그리고 기능적 노화의 결과인 제한된 자율성, 사회적 낙인, 감퇴된 활동 수준을 인정하고 이를 경험적으로 공감하도록 노력해야 한다. 다른 발달적 시기에 있는 사람의 심리적 작업을 감당하기 위해서는 그 시기에 대한 인지적인 이해와 용기가 필요하다.

정서적으로는 덜 강렬하지만, 노인들과 상담하기 위해서는 그들의 역사적 맥락에 대한 이해가 필요하다. Knight(2004)는 동년배 간 언어, 예의, 표현, 선호가 체계적으로 다르며, 특히 세대에 따라 정서를 표현하고 기술하는 방식이 다르다고 하였다. 따라서 치료자와 내담자 간의 실제 차이는 노인과의 작업에서 일반적으로 나타나기 때문에 인정되어야 한다. 투사는 또한 실제 상호작용에 대한 지각을 왜곡시켜 심리치료와 과정을 진행하는 것을 복잡하게 만든다.

심리치료 과정에서 발달적 과정에 대한 통찰을 제공하기 위해서는 다양한 기법을 활용해야 한다. 인생 회고나 회상은 내담자의 삶의 경험을 일관된 이야기로 통합하거나 평가하는 데 도움이 된다. 인생 회고를 통한 심리적 작업에서는 여러 번 자신의 이야기를 다시 쓸 수 있다. 꿈의 해석이나 양가감정의 탐색과 같은 전통적인 전략이 노인들에게 적용될 수도 있다.

익숙하지 않은 과제를 다룰 때처럼 노화의 과정에 대해 노인에게 교육을 하는 것은 유용할 수 있다. 노인들은 문화적 신화 및 왜곡으로 인해 부적절한 기대를 갖거나 서비스를 덜 활용하지 않을 수도 있다. 예를 들어, 노화에 따른 기억상실이 정상적이라는 생각을 하게 되는 것은 배우자의 질환을 인식하는 데 방해가 된다. 유사하게, 자녀에게 도움을 청하는 것이 부적절하다는 신념을 가진 노인은 중요한 부양 책임에 직면하면 배우자 부양에 대해 혼자 책임짐으로써 과도한 부담을 경험하고 고립된 느낌을 받을 수 있다.

상실이 점진적으로 증가하는 상황에서 내담자의 강점을 확인하는 것은 노쇠한 노인들과의 작업에서 심리치료자가 해야 할 중요한 역할이다(Gutmann, 1987; Newton et al., 1986). 노인의 손상된 자아는 전 생애 동안 지탱해 준 여러 자원과 강점을 쉽게 볼 수 있도록 반영해 주는 심리치료자의 지지를 필요로 할 수 있다. 심리치료자는 내담자가 살아온 인생 전체를 그대로 볼 수 있도록 하여 취약해진 자아가 용기를 얻을 수 있도록 한다. 더 낙담한 내담자들의 경우, 치료자는 자기 향상적 행동에 참여하게 하도록 내담자를 격려한다.

일반적으로 노인과의 치료 과정은 다른 연령대 사람들과의 치료 과정과 크게 다르지 않다. Knight(2004)는 노인들에게 맞도록 치료를 약간만 조정하면 된다고 하였다. 예를 들어, 치료자가 조금 더 적극적인 역할을 하거나, 역할을 덜 형식적으로 구조화하거나, 유연하게 종결하는 것이다. 이것은 또한 일차적으로 관계의 전이와 역전이 요소, 정상적인 과정에 대한 인식, 그리고 노인이 살아온 독특한 역사적 맥락과도 관련된다.

8. 요약 및 결론

결론적으로, 정신역동 모형은 전 연령대에 유용하게 적용될 수 있다. 심리치료자가 초기 사건의 지속적인 영향, 현재의 상실들, 치료적 관계에 주의를 기울인다면 노인들을 평가하고 치료하는 데 일관된 초점을 제공할 수 있을 것이다. 정신역동 모형은 전 생애에 걸쳐 내적 과정의 변화를 탐색하도록 한다. 내적인 삶과 외적인 세계의 필연적인 긴장감에 적응하게 하는 전략의 발달 및 성숙에 주된 관심을 둔다. 대인관계 역동은 노년기까지 지속되어 삶의 질에 영향을 주고 다른 사람들의 맥락에서 자아를 경험하도록 하는 토대를 마련해 준다.

제4장 인지행동 모형

안 씨 할머니 사례: 요양원 직원들은 할머니의 끊임없는 질문에 골치가 아프다. 할머니의 질문에 답을 해 드려도 할머니는 방으로 돌아가지 않는다. 다른 활동을 하도록 유도하여도 다시 데스크로 돌아온다. 간호사들은 할머니가 끊임없이 말을 계속하여 업무를 지속하거나 다른 사람들의 질문에 답하기 어렵다. 직원들은 할머니의 기억력이 심각하게 손상된 것을 알고 있지만 할머니의 이야기를 어떻게 멈추게 할지 고민이다.

조 씨 할머니 사례: 할머니는 딸의 강요로 정신건강 센터를 방문하였다. 딸은 할머니가 삶에 대한 관심도 활력도 없다고 걱정하였다. 할머니는 자신에게 아무 이상이 없기 때문에 치료를 받을 필요가 없다고 생각한다. 할머니는 자신이 너무 늙었기 때문에 죽을 날만을 기다리고 있다고 하였다.

1. 모형의 소개

제목에서도 알 수 있듯이 인지행동 모형(cognitive-behavioral model)은 2개의 상이한 심리적 접근이 합쳐진 것이다. 행동 모형은 측정하거나 증명하기 힘든 내성적 기법과 무의식을 강조했던 정신분석에 반발한 미국 심리학자 John Watson이 1920년 창안하였다. 인지적 모형은 1960년 정신건강, 정신질환 그리고 심리치료 전략에서 사고 과정을 일차적으로 강조한 Aaron Beck과 Albert Ellis가 개발하였다. 시작은 달랐으나 두 접근은 개인이 경험하는 내적 인지 과정과 외현적으로 나타나는 행동을 강조하는 인지행동치료(cognitive-behavior therapy: CBT)로 통합되었다. 행동을 중점적으로 보거나 인지에 관심을 두는 치료자가 없다는 것은 아니지만 인지적 영역과 행동적 영역을 모두 인정하는 치료자들은 외현적 행동과 내적 사고의 영향을 함께 본다. 인지 모형과 행동 모형에 대한 완전한 이해를 위해 먼저 두 모형을 구분하여 알아본 후, 두 접근의 공존성과 상승 효과에 대해 살펴보겠다.

2. 모형의 인지적 측면

인지이론은 부적응적 행동과 부정적 정서에 미치는 사고 및 신념의 역할에 초점을 둔다. 신경과학의 발달과 함께 뇌와 행동의 관계를 단지 학습이론만으로는 설명하기 어렵게 되어 인지 과정이 행동의 습득과 수행에 미치는 영향을 볼 수 있는 인지행동 접근이 대두되었다. 기대, 내적 규제, 수행 기준, 자기지시 그리고 심상은 행동에 영향을 줄 수 있는데(Bandura, 1977), 대부분의 인지이론은 다음 세 가지 기본 가설을 지지한다(Dobson, & Dozios, 2001; Dozios, Frewen, & Covin, 2006).

① 인지는 정서와 행동에 영향을 준다.
② 인지는 점검되고 변화될 수 있다.
③ 인지 변화를 통해 원하는 정서적 · 행동적 변화를 이끌 수 있다.

인지이론에서는 사건 자체가 정서 반응의 원인이 아니며, 그 사건에 대한 개인의 해석이나 지각이 정서적 반응을 유발한다고 본다. 예를 들어, 사랑하는 사람의 죽음을 생각해 볼 때 죽음이 사람을 우울하게 하고 실의에 빠뜨린다고 자동적으로 생각할 수 있지만 반드시 그런 것은 아니다. 죽음이 노인의 길고 고통스러웠던 투병 시간을 마무리하게 해 주었다면 생존자들은 슬픔과 함께 안도의 감정도 경험할 수 있다. 이때 절망 또는 안도를 느끼는 정도는 죽음에 부여하는 의미에 따라 달라질 수 있다. 따라서 사건 자체가 아닌 사건에 대한 태도와 믿음이 정서를 불러일으킨다.

실제로 인지적 사고 과정이 정서와 행동의 결정 요인이라는 생각은 매우 오래된 것이다. 수백 년 전 프리지안 스토익(Phrygian Stoic) 철학자인 Epictetus(c. 101 AD)는 삶에 대한 자신의 의견을 담은 『편람(The Enchiridion)』이라는 책에서 다음과 같이 표현하였다. "사람은 사물에 의해 방해를 받는 것이 아니라 그 사물을 보는 견해에 의해 방해를 받는다." (Epictetus, c. 101/1955) Aaron Beck이나 Albert Ellis와 같은 인지심리학자는 정신건강 문제에 인지행동 원리를 직접 적용하였다. Beck의 접근은 우울증이나 불안증과 같은 정신건강 문제를 발생시키는 왜곡된 사고에 초점을 두었다(Beck, Emery, & Greenberg, 1985; Beck, Rush, Shaw, & Emery, 1979). 이들 이론가와 심리치료자는 정신질환을 일으키고 유지시키는 특정한 비논리적 세계관이나 왜곡된 사고를 확인하였다. 인지치료자들은 우울하거나 불안한 사람들이 자신, 세상 그리고 미래에 대한 보다 적응적이고 현실적인 신념을 재구성할 수 있도록 도와주는 중재 방안을 개발하였다.

Beck의 이론은 세 가지 인지 수준을 강조한다. 첫 번째 수준은 스키마 또는 핵심신념이다. 스키마는 자신과 타인에 대한 무조건적인 평가로, '나는 무능하다' '나는 문제가 있다' '나는 사랑받을 자격이 없다' '나는 특별하다' '타인들은 상처만 줄 뿐 믿을 수 없다' '사람들은 나를 돌봐 주어야 한다' '사람들은 나를 사랑해 주고 우러러 봐야 한다' 와 같은 것이다. 스키마는 생애 초기에 형성되며, 그것을 인식하고 탐색하고 변화시키려는 의식적인 노력이 없는 한 지속된다(Dozois et al., 2006). 스키마는 의식적인 수준에서 지각과 사고에 영향을 준다.

두 번째 수준은 정보처리 편향으로, 사람들이 인식할 수 있는 인지적 왜곡 또는 역기능적 신념이다. 이러한 인지적 왜곡이 일어나는 것은 개인적 특징이나 상황에 대한 차이를 인정하지 못하고 흑백논리로 보는 양자택일적 사고, 부정적 사건을 참을 수 없는 참사로 보거나 사소한 사건을 거창하게 생각하는 재앙적 사고, 특정한 행동이나 사건을 그 자체로 보지 않고 자신에게 단정적인 딱지를 붙이는 낙인, 부정적인 사건의 중요성을 확대하고 긍정적인 경험은 무시하는 확대와 축소화, 다른 요인들이 관여했음에도 자신을 사건의 원인으로 가정하는 개인화, 동기를 부여하고 행동을 통제하기 위해 사용하는 '해야만 한다' 진술을 포함한다.

Beck의 모형에서의 마지막 수준은 하루 동안 일어나는 사고의 흐름을 지칭하는 자동적 사고다. 이러한 생각은 스키마와 같은 핵심 믿음, 인지적 왜곡, 현재 삶의 사건으로부터 생겨난다.

Beck의 모형과 일치하게, Albert Ellis는 사람들이 불행한 삶의 상황과 부딪히게 되면 자신과 자신의 상황에 대한 비논리적 생각으로 자신을 우울하고 속상하게 만들며 좌절시킬 수 있다는 전제에 근거하고 있다(Ellis, 1991; Ellis & Dryden, 2007). 하지만 사람들은 더 논리적이고 타당한 생각을 하여 적응적인 감정과 행동을 형성할 수도 있다고 하였다.

ABC 모형은 Ellis의 중요한 접근으로, 정서적 · 행동적 결과(consequence: C)는 선행사건(activating event: A)의 직접적인 영향을 받거나 신체질환 또는 배우자를 상실하는 것과 같은 삶의 스트레스 요인에 의해 생기는 것이 아니라, 사건과 결과를 중재하는 개인의 신념(belief: B)에 의해 결정된다고 보았다(Ellis & Dryden, 2007). Beck의 말처럼 신념, 정서, 행동은 상호 관련이 있는 과정이지만, 특히 신념이 심리적 문제를 유발하는 가장 중요한 요소다. 마지막으로, 인지적 접근에서는 치료자가 내담자에게 치료 과정을 완전히 이해하도록 과정을 투명하게 제시하고, 치료자와 내담자가 서로 적극적으로 동등하게 치료에 참여하고 내담자의 증세를 알 수 있도록 인지치료 모형에 대한 교육을 하는 것이 중요하다.

3. 모형의 행동적 측면

전통적인 행동적 모형에서는 정서, 동기 그리고 생물학적 요인보다 행동에 초점을 둔다(Kazdin, 2001). 행동은 개인과 환경 간 상호작용의 결과다. 일반적으로 적응적인 행동과 부적응적인 행동은 모두 행동과 환경에 의해 형성된다. 행동은 학습이론의 원리에 근거하며 환경적 사건과 단서의 직접적인 통제를 받는다. 학습에 영향을 주는 사고와 감정 같은 개인적 사건도 행동적 기법으로 조절할 수 있지만, 모형의 주된 초점은 관찰 가능한 행동이다.

행동 모형은 경험적 연구를 강조하고 이를 토대로 평가와 중재를 계획한다. 행동 중심 치료자들은 대안적 설명을 통제한 연구 설계를 통해 얻은 과학적 결과를 치료 근거로 활용한다. 따라서 행동적 치료의 효과적인 중재와 평가를 위해서는 단일대상 연구와 집단 설계가 중요하다(Barlow, Nock, & Hersen, 2008).

노인을 대상으로 하는 행동치료 연구는 자기관리, 사회적 상호작용, 기억과 언어, 건강 유지, 불안, 우울, 파괴적 행동 등 넓은 범위의 행동을 포함한다(LeBlanc, Raetz, & Feliciano, 출판 예정). 경험적 결과는 분명하다. 과거 정상적인 노화의 결과라고 믿었던 많은 행동은 환경적 맥락의 변화로 수정 가능하다는 것이다. 행동수정 프로그램을 통해서는 특히 기관에 입소한 저기능인과 병약한 노인(Allen-Burge, Stevens, & Burgio, 1999; Teri, Logsdon, Uomoto, & McCurry, 1997) 그리고 치매 환자를 돌보는 우울한 부양자들(Gitlin et al., 2003)에게 극적인 효과가 있다.

일반적으로 평가와 치료는 관찰 가능한 변인인 행동에 초점을 둔다. 이후에 더 자세하게 논의하겠지만, 인지행동치료자들은 인지적 활동이나 사고 과정에 대한 자기보고를 관찰 가능한 변인으로 간주한다. 행동적 모형에서는 관찰 가능한 특징에 초점을 두며, 직접 관찰할 수는 없지만 행동으로부터 추론할 수 있는 동기,

욕구, 특성 또는 무의식적 과정과 다르다. 사람들의 부적응적 행동을 적응적인 행동으로 변화시키는 많은 행동 기법이 있다. 하지만 인지행동치료의 행동적 측면의 핵심은 긍정적인 경험을 강화시키고 적응적인 특정 기술(자기주장, 의사소통, 이완, 문제해결, 적응 기술)을 습득하도록 도와주는 것이다.

행동주의자들은 행동을 특정 환경에서 자신의 욕구를 충족시킬 수 있는 적응적인 반응으로 보기 때문에 인간의 행동을 맥락 속에서 관찰한다. 인간 행동을 설명하기 위해 행동주의자들이 사용하는 원리들은 인간의 행동과 그것이 일어나는 동시간대의 환경적 정보를 연결시키는 것이다. 선행사건이란 목표행동이 일어나기 직전 개인이 알 수 있는 정보이고 결과란 목표행동 직후에 알 수 있는 것이다.

전통적인 학습이론은 인간 행동의 습득과 유지를 설명하는 학습 기제인 고전적 조건형성, 조작적 조건형성 그리고 모델링(모방)의 세 가지 기본 기제를 제시한다. 주목할 것은 적응적 행동 습득을 위한 기제가 부적응적 행동 습득에도 동일하게 적용된다는 것이다. 고전적 조건형성은 과거의 중립적인 자극이 자동적인 반응을 불러일으키는 자극과 함께 제시될 때 이루어진다. Ivan Pavlov는 개들이 먹이가 주어지기 전에 울린 종소리를 듣고 침을 흘리는 것을 본 후, 자연적 자극과 조건자극이라는 개념을 창안하였다. 자연적 자극, 즉 무조건자극(unconditioned stimulus: UCS)에 대한 자동적이고 반사적인 반응은 무조건반응(unconditioned response: UCR)이다. 고전적 조건형성은 무조건자극(UCS)이 중립자극과 연합되어 무조건자극이 제시되지 않아도 원하는 반응이 일어나는 상태다. Pavlov의 개들은 종소리(CS)만 듣고도 침을 흘리게 되는데, 이러한 반응은 조건반응(conditioned response: CR)이다. 고전적 조건형성이론은 중립자극이 선행조건의 통제를 받게 되는 행동을 설명한다.

조작적 학습이론은 행동의 수행이 행동의 결과에 의해 통제된다고 본다(Skinner, 1953). 강화의 원리는 특정 행동을 한 후에 칭찬을 받거나, 열심히 공부하고 시험을 친 후에 좋은 점수를 받는 것과 같이 긍정적인 사건이 즉시 일어나면 그 행동의 빈도가 증가한다는 것이다. 행동의 빈도를 증가시키는 사건이 강화이고 행동의 빈도를 감소시키는 사건이 처벌이다. 요양원 입소자들은 입소자들이 자기관리 행동을 보일 때 직원들이 관심을 보이면서 긍정적인 결과를 제공하는 경우에 행동의 빈도가 증가하였다(Baltes & Wahle, 1996).

세 번째 학습 형태는 모델링으로, 다른 사람의 행동을 모방하여 새로운 행동을 학습하는 것이다. 이 방법은 새로운 행동을 실제로 경험하지 않고 다른 사람의 경험을 관찰함으로써 학습하는 것이다. 예를 들어, 요양원에 새로 들어온 입소자는 기존 입소자가 직원들에게 시끄럽게 요구함으로써 관심을 많이 받는다는 것을 보게 되면 자신도 관심을 받기 위해 크게 불평하고 요구하게 된다. 다른 사람의 행동을 봄으로써 학습한 행동이 있는가? 모델링을 통해 긍정적인 행동이나 부정적인 행동을 배운 적이 있는가?

마지막으로, 학습은 여러 기제가 동시에 작동하여 이루어지는 경우가 많다. 예를 들어, 새로운 행동을 배우고자 할 때 그 행동을 하는 사람을 보면서 따라 하고, 새로운 행동을 하고 나서 보상을 받게 된다면 모델링과 조작적 원리가 함께 작용한 것이다.

4. 인지행동 접근으로 본 정신건강

행동적 접근에서는 '정신건강' 보다는 '적응' 이라는 용어를 선호하는데, 적응은 자신의 욕구를 주어진 환경에서 효과적으로 충족시키는 것이다. 특정 환경에서 개인의 신체적 · 사회적 · 정서적 욕구가 충족되면 적응적인 것이다. 하지만 자신의 욕구를 효과적으로 충족할 수 없는 사람은 다음과 같은 이유로 문제가 발생한다고 본다.

- 부적응적인 행동과 틀을 학습함.
- 부적절한 학습 환경이나 경험 때문에 적절한 행동을 습득하지 못함.
- 자기조절을 잘 하지 못하거나 잘못된 환경적 자극에 반응함.

순수 행동주의자들과 달리 인지행동주의자들은 적응과 주관적 괴로움(distress)을 안녕감의 기준으로 삼는다. 괴로움은 자신의 외적인 목표, 기준 또는 기대의 형태로 내면화된 인지적 구조를 성취할 수 없을 때 생긴다. 예를 들어, 우울한 사람들의 공통적인 문제는 완벽한 기준에 도달하지 못할 때 생기는 부정적인 자기 평가다. 이런 경우, 적절한 치료는 내담자의 완벽한 기준을 감소시켜 보다 덜 자기비판적이고 괴롭도록 도와주는 것이다. 또한 우울한 사람이 희망감을 증진시키고 싶어 할 때, 희망이라는 것은 내담자의 마음에만 존재하는 인지 구조이지만 인지행동치료자에게는 적절한 목표가 될 수 있다. 인지행동치료자들은 개인의 주관적인 괴로움과 내담자의 환경에 대한 적응 간의 균형을 맞추어야 한다.

이 장 서두에서 제시한 두 사례는 장애를 정의하는 다양한 기준의 중요성을 보여 준다. 안 씨 할머니는 자신이 특별히 괴롭지는 않지만 환경에 대한 적응적인 행동을 보이고 있지는 않다. 하지만 과연 그런가? 할머니가 직원들에게 계속 질문하여 직원들의 관심을 받고, 상호작용을 하고, 인지적 자극을 받고자 하는 행동은 요양원의 다른 사람들에게서는 그것이 충족되지 않기 때문일 수 있다. 비록 시간이 지나면 직원들로부터 짜증스러운 부정적인 관심을 받을 수 있겠지만, 할머니의 행동은 자신보다는 직원들에게 더 방해가 되는 것이다. 기관을 위해 개인의 행동을 중재하는 것은 윤리적인 문제를 낳을 수 있다. 반면, 조 씨 할머니가 괴롭지만 도움을 청하지 않는 이유는 도와줄 사람이 없다고 생각하거나 변화에 대한 희망이 없기 때문이다. 할머니의 행동이 적응적이지 않은 이유는 무력감으로 인해 자신의 사회적 욕구를 충족시킬 노력을 억누르기 때문이다.

5. 노년기 정신건강

노인 정신건강에 대한 인지행동치료의 정의는 연령과 무관하게 동일하다. 즉, 정신건강이란 건강한 적응을 돕는 사고, 신념, 가치, 행동의 유형, 환경에 대한 적응과 개인적 괴로움이나 기능장애의 부재다. 하지만 노화와 관련된 변화들은 적응을 더 힘들게 할 수 있다. 연령은 다양한 선행사건이나 결과, 선행사건과 행동의 관계 그리고 개인의 욕구에 영향을 줄 수 있다.

60~70대 초반의 젊은 노인들은 중년 때 거주하던 동일한 환경에서 계속 거주할 가능성이 높다. 하지만 나이가 더 들어 신체적 장애로 인해 거동이 불편해지고 감각이 둔해지게 되면 자신의 욕구를 충족하면서 살기 위해 환경을 변화시켜야 할 가능성이 높다.

주거 환경의 변화는 단지 일부의 선행사건과 결과를 변경시키는 것일 수도 있지만 개인이 가진 모든 대안을 고갈시키거나 최적화시킬 수 있다. 예를 들어, 혼자 살다가 여러 사람이 사는 노인 아파트로 이사를 할 경우 다양한 사회적 자극으로 삶이 풍성해질 수 있으며 대인관계에서 받았던 강화의 가치가 유지될 수 있다. 하지만 노인 아파트에 있는 100명의 입주민이 주택에 살면서 사귄 한 명의 절친한 친구에 대한 보상이 되지는 못할 수도 있다.

노년기 신체질환은 노인이 참여할 수 있는 활동의 범위를 제한할 수 있다. 거동, 시력, 청력의 제한과 인지적 장애는 환경적 조건에 반응할 수 있는 노인의 능력을 변화시킨다. 반면, 성인 초기나 중기에 수행했던 역할(예: 부모, 직장인)의 책임으로부터 자유로워지는 것은 환경적 자극에 대한 노인의 반응을 향상시킬 수도 있다. 예를 들어, 갓 은퇴한 노인은 주변 친구와 이웃에게 보다 사회적으로 민감하게 반응하는 자유를 경험할 수 있다.

Baltes와 Baltes(1990b)는 노인들이 높은 적응력 또는 행동적 가소성(plasticity)을 보여 준다고 하였다. 초기 행동 연구에서 보인 전형적인 노인의 행동은 환경적 상황의 결과라고 하였다. Baltes와 Baltes는 노인이 변화하는 능력과 환경에 적응하기 위해 자신의 행동을 예측 가능한 방식으로 자연스럽게 수정하는 능력을 보인다고 하였다. 노인들은 자신의 유능한 능력을 활용함으로써 기능을 상실했거나 환경이 열악한 영역을 보상하는데, 이러한 적응 과정을 '보상을 수반한 선택적 적정화'라고 한다.

자연스러운 적응 과정임에도 불구하고 특정 환경에 적응하는 것은 쉽지 않다. 예를 들어, 요양원에서의 삶은 노인 정신건강에 문제를 야기할 수 있다(Molinari,

2000; Rosowsky, Casciani, & Arnold, 2008; Snowden, Sato, & Roy-Byrne, 2003). 비록 노인 인구의 5%만이 요양원에 살지만 이러한 기관이 정신건강에 미치는 영향을 살펴보아야 한다. 특히 전통적인 양로원은 먹이고, 입히고, 목욕시키고, 잠을 재우는 일상생활 활동을 하기 때문에 자연스러운 강화물이 제공되지 않는다. 양로원 입소자들은 대부분 매우 노쇠했고 인지적 장애로 즐거운 활동을 하거나 환경에 반응할 수 있는 능력이 제한되어 있다. 물론 환경적 요인은 단지 한 가지 원인에 지나지 않지만 요양원에 있는 노인들의 정신질환율은 매우 높다. 행동적 기법은 요양원 입소자들의 정신건강 치료를 위한 전략으로 제안되고 있다(Burgio, Stevens, Burgio, Roth, Paul, & Gerstle, 2002; Cohen, Smyer, & Horgas, 1994; Meeks, Looney, Van Haitsma, & Teri, 2008; Meeks, Shah, & Ramsey, 2009; Molinari, 2000).

6. 평 가

당신이 이 장 서두에 언급된 사례들을 맡았다고 가정하자. 두 할머니를 돕기 위한 최상의 치료를 설계하려면 어떠한 평가가 이루어져야 하는가? 이 장에서 제시한 인지행동치료의 원리를 살펴보고 두 사례에 대한 개념화를 해 보자. 문제에 대한 당신의 틀이 평가의 시작을 결정할 것이다. 두 사례 모두 처음 제공된 것보다 더 많은 정보가 필요할 것이다. 무엇을 더 알아야 할 것인가? 누구로부터 어떻게 정보를 얻을 것인가?

1) 평가의 목적

인지행동 모형적 평가에서는 관련이 높은 인지와 행동에 초점을 둔다. 평가는 행동을 매개하는 환경적 변인과 행동 양식을 명료화하는 작업이다. 평가의 일차적 목표는 중재를 설계하고 평가하는 것이다. 내담자를 잘 이해하고 정확한 진단을 하기 위한 목적으로 평가를 활용하는 것은 중재에 도움이 된다. 비록 인지행동주의자들은 DSM에 근거를 두고 있는 의학적 모형을 지지하지 않지만, 만약 진단이 중재를 위해 동일한 내담자군을 구성하는 과학적 목적으로 사용된다면 이를 인정한다. 실제로 인지행동 모형의 강점은 다양한 정신질환에 대한 인지행동적 중재의 근거가 활발하게 축적되고 있다는 것이다.

또한 평가는 치료에서의 진전을 결정하는 근거로 활용된다. 평가는 특정 중재의 효과와 관련된 피드백 기능을 치료자와 내담자에게 제공한다. 내담자들은 종종 인지행동 평가에서 제공된 그들 자신의 행동에 대한 피드백 때문에 변화하기 시작한다(즉, 평가가 중재 자체의 기능을 한다).

2) 인지행동 평가의 원리

인지행동치료자들은 문제행동이 신체질환이나 약물로 인한 것인지 확인한다. 예를 들어, 조 씨 할머니는 일반적으로 우울한 사람의 특징을 보이지만, 이는 약물에 따른 섬망과 같은 신체질환이나 기질적 뇌 질환으로 나타날 수 있는 증상과도 일치한다. 만약 조 씨 할머니가 의학적으로 치료가 불가능하다는 확진을 받지 않았다면 의학적 검사를 먼저 받고 인지행동 평가와 치료를 해야 한다. 할머니가 신체적으로 건강하고 현재의 행동을 유발할 수 있는 약물을 복용하고 있지 않다고 가정하고 이 사례를 살펴보겠다.

행동에 대한 경험적 자료를 모으는 것을 강조하는 인지행동치료자들은 특정 문제행동에 대한 평가에 초점을 맞춘다. 만약 내담자의 직원이나 가족원이 '내담자가 사람을 조정하려 한다' 또는 '내담자가 삶에 의미가 없다고 여긴다' 라고 문제화시키면, 치료자는 내담자의 관찰 가능한 구체적 행동 중 어떤 것이 문제가 되는지 질문한다. 구체적으로 조 씨 할머니는 어떤 행동을 하는가? 언제 그 행동을 하는가? 5년 전과 비교하여 어떻게 다른가? 괴로움을 표현하는가? 자기관리 행동을 위해 무엇을 하는가? 안 씨 할머니는 직원들이 근무하는 안내 데스크에 얼마 동안 서 있는가? 질문을 얼마나 자주 하는가? 질문의 내용은 무엇인가? 직원이 답하면 어떤 반응을 보이는가? 직원들이 관찰한 안 씨 할머니의 정확한 행동 패턴을 통해 강화 계획에 대한 가설을 세우게 된다.

행동에 대한 정보를 획득하는 방법은 다양하다. 평가는 문제행동의 내용에 초점을 둔다. 언제 그리고 어떤 조건에서 안 씨 할머니는 안내 데스크를 떠나는가? 질문을 할 때 정확한 맥락은 무엇인가(예: 누가 있는가? 다른 사람들이 말을 할 때 묻는가 아니면 대화가 중단되기를 기다리는가?)? 행동 평가는 강화와 처벌(행동의 빈도를 증가시키거나 감소시키는 사건) 역할을 하는 맥락적 변인을 보여 준다.

평가자는 문제행동이 발생하지 않는 경우를 변별해야 한다. 안 씨 할머니는 언제 안내 데스크를 떠나는가? 안내 데스크가 아닌 곳에 관심을 보이는 경우는 없는가? 내담자의 행동 목록에 목적을 달성하는 데 활용되지 않고 있는 대안적 행동은 없는가? 사회적 단서에 얼마만큼 민감한가? 할머니가 적절한 행동을 보이지만 그것이 적절한 단서와 상황으로 통제되지 않을 수도 있다. 조 씨 할머니가 가장 활력을 보이는 때는 언제인가? 다른 때보다 기분이 좋아 보이는 시간이나 요일이 있는가?

인지행동치료에서 완전한 평가를 하기 위해서는 여러 방법으로 자료를 수집해야 한다. 불편함에 대한 자기보고는 내담자와 관련 부양자들로부터 얻을 수 있다. 안 씨 할머니의 질문 행동은 목적 지향적일 수 있기 때문에 그 행동의 목적을 탐색해야 한다. 할머니는 실제로 심각한 인지장애를 일으키는 치매를 경험하고 있기 때문에 자신이 얼마나 자주 질문을 하는지 인식하지 못하고 있으며, 할머니의 질문은 시간, 장소, 활동, 목적을 그녀 자신에게 알려 주기 위한 노력일 수도 있다.

조 씨 할머니는 주관적 괴로움을 확실하게 표현하고 있기 때문에 진단 평가의 일부로 우울증 검사를 실시해야 한다. 8장에 이에 대한 검사들이 나열되어 있으며, 〈표 4-1〉에 노인우울증척도(Geriatric Depression Scale: GDS)가 제시되어 있다. 이 척도에서 조 씨 할머니는 30점 만점에 21점을 받아서 우울 증세가 심각한 수준인 것으로 나타났다.

이제 이 검사에 근거하여 자세한 증세를 살펴보자. 노인우울증척도 문항에 근거하면, 조 씨 할머니는 공허감과 지루함을 경험하고 있다. 또한 집중하는 데 문제가 있고 그래서 걱정이 된다고 하였으며, 자신이 가치 없게 느낀다고 하였다. 임상 면접에서 이 귀한 자료를 근거로 각 증세에 대한 추가적인 질문을 해야 한

표 4-1 조 씨 할머니의 노인우울증척도 반응

번호	문항	내담자의 반응	점수	
			예	아니요
1	내 삶에 대해 기본적으로 만족한다.	N	0	1
2	활동과 흥미가 많이 줄었다.	Y	1	0
3	인생이 공허하다고 느끼는가?	Y	1	0
4	자주 따분해지는가?	Y	1	0
5	미래에 대해서 희망적인가?	N	0	1
6	쓸데없는 생각이 자꾸 떠올라 괴롭다.	N	1	0
7	몸과 마음이 가뿐하다.	N	0	1
8	나쁜 일이 일어날까 두렵다.	N	1	0
9	대체로 행복하다고 느낀다.	N	0	1
10	자주 무기력하게 느낀다.	N	1	0
11	안절부절못하고 초조할 때가 자주 있다.	Y	1	0
12	밖에 나가기보다는 집에 주로 있으려 한다.	Y	1	0
13	앞날에 대해 걱정할 때가 많다.	Y	1	0
14	다른 사람들보다 기억력에 문제가 더 생겼다고 느낀다.	N	1	0
15	지금 살아 있다는 것이 기쁘다.	N	0	1
16	기분이 처지고 울적할 때가 있다.	N	1	0
17	지금 내가 가치 없게 느낀다.	Y	1	0
18	지난 일들에 대해 걱정을 많이 한다.	N	1	0
19	인생은 즐거운 것이다.	N	0	1
20	새로운 일을 시작하는 것이 어렵다.	Y	1	0
21	기운이 넘친다.	N	0	1
22	지금 상황이 절망스럽다.	N	1	0
23	다른 사람들은 나보다 잘 지내는 것 같다.	N	1	0
24	사소한 일에도 자주 화가 난다.	Y	1	0
25	울고 싶을 때가 많다.	N	1	0
26	정신을 집중하기 어렵다.	Y	1	0
27	아침에 기분 좋게 일어난다.	N	0	1
28	사람들이 모이는 곳에 가기 싫다.	Y	1	0
29	결정을 내리기 어렵지 않다.	N	0	1
30	예전처럼 정신이 맑다.	N	0	1
총점	21			

출처: GDS는 http://stanford.edu/~yesavage/GDS.html에서 구할 수 있다.

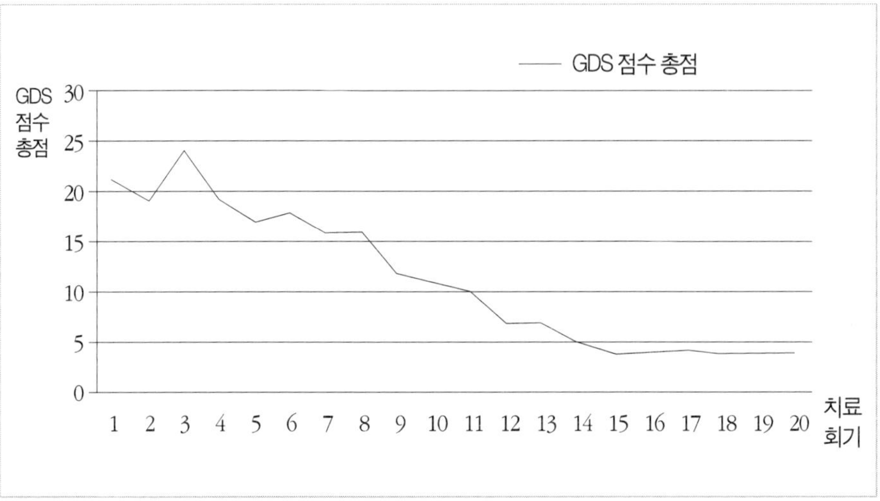

그림 4-1 조 씨 할머니의 노인우울증척도 점수

다. 어떤 걱정을 하는가? 집중하는 데 얼마나 힘든가? 치료 과정의 변화를 관찰하기 위해 간단한 자기보고식 검사들을 활용할 수 있다. [그림 4-1]과 같은 그래프는 중재의 효과성에 대한 근거를 제공할 수 있다.

특정 행동의 실제 빈도와 맥락을 명료화하기 위해 더 객관적인 자료를 요청할 수도 있다. 예를 들어, 조 씨 할머니는 자신의 활동과 기분을 일지에 기록할 수 있다. 안 씨 할머니의 경우는 요양원 직원이 할머니의 질문 내용과 빈도를 시간별로 기록하여 하루 동안의 변화와 빈도 패턴을 확인할 수 있다. 행동 관찰자가 빈도, 내용 그리고 질문을 하는 맥락에 대한 기술적 정보를 모을 수도 있다. 안 씨 할머니의 행동에 대한 전형적인 행동 자료는 〈표 4-2〉와 같다.

이 기록을 보면 안 씨 할머니의 행동에는 패턴이 있다. 할머니는 사람들이 있을 때 질문을 더 많이 한다. 직원들이 안내 데스크를 떠나면 할머니도 떠난다. 질문 행동의 강화에 대한 가설을 세울 수 있는가? 직원이 없을 경우 할머니가 자신의 욕구를 어떻게 충족시키는지 보기 위해서는 추가적인 평가가 이루어져야 할 것이다. 할머니가 '항상' 데스크에 붙어 있다는 그들의 말은 직원들의 경험과는 일치되는 것이지만 그것이 전부는 아니다.

표 4-2 안 씨 할머니의 질문에 대한 기록

날짜	시간 (시작)	시간 (종료)	누가 있었는가?	질문 내용	질문이 어떻게 멈추었는가?
3월 16일	08:30	08:40	간호사, 간호조무사, 팀장	점심 언제 먹어요?	팀장님이 방에 데려다 주었다.
	09:15	09:30	간호사, 간호조무사	다음 뭐 해요?	간호사가 라운지에 데려다 주었다.
	11:10	11:45	간호사, 직원	점심 언제 먹어요?	간호조무사가 식당에 데려다 주었다.
	14:30	14:50	간호사, 사회복지사, 간호조무사	우리 딸이 어디 있어요?	팀장이 활동실에 데려다 주었다.
	15:00	15:30	간호사 두 명	우리 딸이 어디 있나요?	간호조무사가 활동실에 데려다 주었다.
	16:00	16:20	간호사, 가족	저녁 언제 먹어요?	간호조무사가 식당에 데려다 주었다.
	17:30	17:40	간호조무사	우리 딸 어디 있어요?	자원봉사자가 방에 데려다 주었다.
	18:20	18:45	간호사, 가족	내 스웨터 어떻게 됐어요?	간호사가 방에 데려다 주었다.
3월 17일	08:40	08:50	간호사, 간호조무사	점심 언제 먹나요?	간호조무사가 목욕시켜 주었다.
	09:55	10:05	간호사, 팀장	다음 뭐 하나요?	팀장이 활동실에 데려다 주었다.
	10:50	11:00	간호사, 활동 도우미	점심 언제 먹나요?	간호조무사가 식당에 데려다 주었다.
	13:20	13:30	간호사, 간호조무사	다음에 뭐 하나요?	간호조무사가 방으로 데려가 TV를 틀어 주었다.
	16:10	16:25	간호사	우리 딸 어디 있어요?	활동 도우미가 미용실에 데려다 주었다.
	17:30	17:45	간호사, 가족	우리 딸 어디 있어요?	간호조무사가 라운지로 데려가 TV를 틀어 주었다.
	19:30	19:45	간호사	약 주세요.	간호사가 방에 데려다 주었다.

조 씨 할머니의 사례를 통해 치료 계획에서 평가가 어떤 역할을 하는지 볼 수 있다. 8장에서 더 자세하게 다루겠지만 인지행동 모형에서 우울증은 긍정적 강화 반응의 부족과 자신, 세상 그리고 미래에 대한 부정적 사고 패턴에 기인한다. 이러한 결핍은 여러 요인으로 인해 발생하는데, 가장 일반적인 것은 즐거운 활동에 참여하는 낮은 빈도, 즐거운 경험을 방해하는 높은 불안, 불쾌한 활동의 높은 빈

도, 부정적인 인지적 스키마다.

치료자들은 자세한 감정 기록에 대한 평가부터 시작해야 한다. 우울한 내담자들은 항상 기분이 안 좋을 것이고 기분이 좋아질 일이 절대 일어나지 않을 것이라고 믿는 경향이 있다. 그들은 우울증이 자신의 통제하에 있다거나 심지어 환경적 요인의 통제하에 있다고 믿지 않는다. 매일 감정을 기록하는 것이 항상 기분이 좋을 수는 없지만 기분이 변화된다는 것을 보여 줘서 좋은 날도 있고 우울한 날도

표 4-3 조 씨 할머니의 감정 평가 양식

1. 오늘 당신의 감정을 평가하십시오. 아래의 9점 척도를 활용하여 오늘 당신의 기분이 얼마나 좋았는지 아니면 나빴는지 기록하십시오. 만약 '그저 그렇다' 고 느꼈다면 5에 표시하고 우울하게 느꼈다면 5보다 적은 숫자에 표시하십시오.

1	2	3	4	5	6	7	8	9
매우 우울하다				그저 그렇다				매우 행복하다

2. 감정 평가 숫자 옆 열에 당신이 그렇게 느낀 이유를 간단히 쓰십시오. 자세할수록 좋습니다.

날짜	감정 점수	왜 그렇게 느꼈는지
월요일(5월 10일)	1	1. 심심해서 TV를 보았다. 2.
화요일(5월 11일)	1	1. 딸 걱정을 하였다. 2.
수요일(5월 12일)	3	1. 아들과 손주들이 다녀갔다. 2.
목요일(5월 13일)	2	1. 이웃 친구와 함께 산책했다. 2.
금요일(5월 14일)	1	1. 이번 달 생활비를 걱정했다. 2.
토요일(5월 15일)	4	1. 손주가 강아지를 데리고 왔다. 2. 옛 친구와 오랫동안 통화했다.
일요일(5월 16일)	5	1. 친구들과 교회에 갔다가 점심을 먹었다. 2. 저녁에 이웃이 차를 마시러 왔다.
		1. 2.

있다는 것을 알게 해 준다. 〈표 4-4〉는 기록을 시작한 첫째 주에 조 씨 할머니가 나타낸 정서를 보여 준다. 할머니는 우울감이 높은 사람들에게서 전형적으로 나타나듯이 감정척도의 아랫부분에서 감정이 움직인다고 보고하였다. 할머니는 기분이 안 좋은 날에 비해 기분이 좋은 날에는 어떤 패턴을 보이는가?

감정 기록과 더불어, 조 씨 할머니는 많은 노인이 즐겁게 느끼는 일련의 활동에 할머니가 참여하는 빈도를 나타낼 수 있는 유쾌사건기록표를 작성하도록 요청받을 것이다. 노인 유쾌사건기록표(Older Adult Pleasant Events Schedule; Teri & Lewinsohn, 1982)는 노인들이 흔히 즐기는 활동을 포함하고 있다. 조 씨 할머니는 자신이 이 표에 적힌 활동을 얼마나 유쾌하게 지각하는지도 평가할 것이다. 조 씨 할머니의 표에서 일부 항목이 〈표 4-4〉에 제시되어 있다. 유쾌하기는 하지만 빈도가 낮은 활동을 선택하여 매일 관찰하면서 그 활동의 빈도를 표시하게 한다. 치료자는 감정을 관찰하면서 유쾌사건의 빈도를 관찰한다. 이것은 할머니가 감정과 특정 활동 간 관계를 단기간에 명확하게 볼 수 있도록 하기 때문에 평가인 동시에 치료가 된다.

표 4-4 조 씨 할머니의 노인 유쾌사건 기록표

사건 \ 평가	빈도 평가			유쾌함 평가		
음악 듣기	3	2	①	③	2	1
쇼핑	3	②	1	3	2	①
미소 짓기	3	2	①	3	②	1
꽃꽂이	③	2	1	3	②	1
퍼즐과 같은 문제 풀기	3	2	①	3	②	1
새로운 요리하기	3	2	①	3	2	①
종교 생활하기	3	2	①	3	②	1
좋아하는 사람 생각하기	3	2	①	③	2	1
새소리 듣기	3	2	①	3	②	1
깨끗한 집	3	2	①	③	2	1
별이나 달 보기	3	②	1	3	②	1

치료에서는 조 씨 할머니의 우울증의 인지적 측면도 중요하다. 면접을 통해 불안과 우울증 같은 부정적인 정서를 유발하는 사고 패턴, 가정과 세계관을 탐색한다. 역기능적 사고 기록지(Dysfunctional Thought Record)는 특정 사고 패턴과 그것의 감정 상태와의 관계를 살펴볼 수 있는 도구다. 〈표 4-5〉에 조 씨 할머니의 자료가 제시되어 있다.

인지행동치료자들은 내담자의 주관적인 경험, 사고, 행동을 측정하고 기록하기 위해 많은 도구를 개발하였다. 따라서 내담자는 중재자 없이도 혼자 인지행동치료 자조 서적을 활용할 수 있다. 이러한 책을 혼자 또는 치료자와 함께 사용하는 경우, 인지행동치료 평가 도구들은 문제가 되는 행동, 사고 및 감정의 빈도, 강도,

표 4-5 조 씨 할머니의 역기능적 사고 기록지

날짜	상황	정서	자동적 사고	논리적 반응	결과
5월 11일	기술하시오: 1. 불쾌한 정서가 일어나기 직전에 일어난 사건 2. 불쾌한 정서로 이어진 일련의 생각, 몽상, 회상	1. 슬픔, 불안, 분노 등을 명시 2. 정서의 정도를 평가	1. 정서가 일어나기 직전의 자동적 사고를 기술 2. 0~100%를 기준으로 자동적 사고에 대한 믿음을 평가	1. 자동적 사고에 대한 논리적 반응을 쓰기 2. 0~100%를 기준으로 자동적 사고에 대한 믿음을 평가	1. 자동적 사고를 재평가 2. 그 이후 정서를 명시하고 평가(0~100%)
	딸에 대한 걱정	불안=85% 우울=70%	딸이 이혼을 해서 늙으면 불행하고 외로워질 것이다. 95%	이혼을 했다고 외로워지는 것은 아니다. 이혼을 했다고 영원히 불행한 것은 아니다. 딸에 대한 나의 걱정은 그녀를 도와주지 않고 나 자신만을 우울하게 만든다. 60%	아직도 불안하기는 하지만 내가 계속 걱정을 할 수도 없고 걱정한다고 도움이 되는 것도 아니다. 불안=50% 우울=40%

설명: 불쾌한 정서를 경험하게 되면 어떤 상황이 그런 정서를 자극하는지 확인한다. 만약 당신이 생각하고 몽상을 하면서 그러한 정서가 발생했다면 이것을 기억해 둔다. 그런 후, 정서와 관련된 자동적 사고를 알아본다. 이러한 생각에 대해 당신이 어느 정도 믿는지 기록한다(0%: 전혀 믿지 않는다. 100%: 완전히 믿는다).

맥락에 대한 풍부한 자료를 제공할 수 있다. 이러한 자료는 행동이 명확하게 정의되어 있기 때문에 행동 변화를 촉진하는 데 탁월하다.

인지행동 모형은 특정 문제행동이 분석될 수 있는 간단하고 쉬운 모형이다. 개인의 평가 도구는 특정 사고, 감정, 행동을 쉽게 관찰할 수 있도록 개발되었다.

7. 치 료

인지행동치료는 시간 제한적인 학습적 심리치료다. 인지행동치료의 목표는 외현적 행동, 사고 그리고 정서를 수정하는 것이다. 인지행동치료는 매우 교육적이며 내담자들에게는 치료 기간을 단축시킬 수 있는 숙제를 부여한다. 치료 과정 자체는 매우 협력적인데 내담자와 치료자가 함께 목표를 설정하고 함께 과정을 지켜본다. 인지행동치료의 이러한 유연성은 심리치료를 원하는 노인들에게 매우 적절하다(Knight & Satre, 1999; Satre, Knight, & David, 2006).

1) 인지행동치료의 행동적 측면

행동이 변화되는 원리는 단순하고 간단하다(Kazdin, 2001). 행동치료는 노인을 포함하는 다양한 대상과 상황에 적용될 수 있다(Laidlaw, Thompson, Dick-Siskin, & Gallagher-Thompson, 2004).

(1) 유쾌한 활동에 관여하도록 하는 강화 조건 변경

행동의 조건을 변화시키는 것은 강화물을 변화시키거나 추가하여 원하는 행동의 빈도를 증가시키거나 흥미를 감소시키는 환경을 만들어 원하지 않는 행동의 빈도를 감소시키는 것이다. 강화 조건을 변화시키기 위해서는 진정한 강화물을 찾아야 한다. 원하는 행동을 위한 유쾌한 사건이나 보상은 긍정적으로 경험될 수는 있지만 실제로 원하는 행동의 빈도를 변경시키지 않으면 강화물이라고 볼 수 없다. 이와 유사하게 불쾌한 조건은 행동의 빈도를 감소시킬 수 있어야 처벌 조건이 된다.

안 씨 할머니에게 유쾌한 사건의 강화는 적절한 치료가 될 수 있다. 그렇게 하기 위해서는 할머니가 원하는 행동을 찾아야 한다. 이 사례의 목표는 불쾌한 행동, 즉 직원들에게 끊임없이 질문을 하는 것의 빈도를 감소시키는 것인데, 이를 위해서는 이 목표와 양립할 수 없는 유쾌한 행동을 찾아야 한다. 그다음 단계는 강화물을 찾는 것이다. 강화물은 그것을 얻거나 경험하기 위해 행동의 빈도를 증가시킬 수 있을 만큼 내담자에게 가치가 있어야 한다. 할머니의 방에서 할머니와 이야기를 하면 안내 데스크로 할머니가 나오지 않는다는 것을 발견하였다. 이는 할머니가 원하는 것이 직원들의 관심일 가능성이 높음을 시사한다. 할머니가 일정 기간 안내 데스크에 나오지 않으면 직원들이 할머니 방에서 그녀와 이야기를 나누는 강화를 제공하는 행동 프로그램을 설계할 수 있다. 직원의 관심을 활용하여 할머니가 안내 데스크로부터 멀어지는 행동을 하게 할 수 있다. 처벌은 특정 행동의 빈도를 감소시킬 수 있겠지만 기관에서 자신 또는 타인을 해치는 처벌적 전략으로 행동을 통제하는 것은 비윤리적일 수 있다.

(2) 변별적 강화의 적용

때로는 원하는 행동이 일어나기는 하지만 부적절한 맥락에서 일어날 수 있다. 행동이 다른 사람들에게 짜증스럽게 느껴지거나 연령에 맞지 않을 수 있다. 예를 들어, 질문을 하는 것 자체는 적절하지만 맥락이 적절하지 못했기 때문에 내담자가 원하는 효과를 얻지 못할 수 있다. 이런 경우 특정 맥락에서는 강화를 하고 다른 맥락에서는 강화를 하지 않는 변별적 강화를 설계할 수 있다. 안 씨 할머니의 경우, 직원들이 할머니 방에서 하는 질문에는 관심을 주고 안내 데스크에서 하는 질문에는 관심을 주지 않도록 할 수 있다.

(3) 자극과 반응의 일반화

새로운 행동이 형성될 때는 강화 조건과 자극을 엄격하게 통제한다. 하지만 일반적으로 치료의 목표는 내담자가 다양한 환경에서 원하는 행동을 수행하는 것이다. 자극 일반화라는 것은 다양한 자극 상황에서도 원하는 행동을 수행하는 것이다. 만약 안 씨 할머니를 위한 훈련 과정을 설계한다면 처음에는 한두 명의 직원이 참여할 수 있다. 하지만 궁극적으로는 할머니를 위해 '바쁜 직원'과 '이야기를 나눌 수 있는 직원'의 두 범주로 구분할 수 있어야 한다. 후자의 범주를 변별하기 위해서는 할머니가 방에서만 직원과 이야기하도록 하고 일이 많고 바쁜 안내데스크에서는 질문을 하지 않도록 여러 가지 단서를 인식할 수 있게 해야 한다.

반응 일반화란 한 가지 반응에 대한 강화가 그와 유사한 다른 반응의 확률을 증가시키는 것이다(Skinner, 1953). 할머니 방에서 직원과 대화하는 것은 직원들과의 상호작용을 증가시키는 동시에 다른 사람들과의 상호작용도 증가시킨다. 자극 일반화와 반응 일반화를 통해서 안 씨 할머니는 안내 데스크가 아닌 곳에서 보다 적극적이고 적절한 사회적 관계를 맺을 수 있게 될 것이다.

(4) 소 거

긍정적인 강화를 제거하면 행동은 감소된다. 강화 조건을 제거한 후 행동이 점진적으로 나타나지 않게 되는 것을 소거라고 한다. 많은 행동은 관심과 칭찬 같은 긍정적인 사회적 결과에 의해 유지된다. 목표 행동을 수행할 때 관심을 제거하면 그 행동의 빈도는 낮아질 것이다. 이 원리는 자기패배적 행동이나 타인에게 유해한 행동에 적용하면 유용하다. 예를 들어, 안 씨 할머니의 질문 행동은 안내 데스크의 간호사들이 할머니의 행동을 강화했기 때문에 나타난 것이다. 소거 중재를 하기 위해서는 안 씨 할머니가 안내 데스크에서 계속 질문을 할 때 모든 직원이 일관성 있게 할머니를 무시해야 한다. 안타깝게도, 요양원 입소자들의 적절한 행동이 오히려 소거되는 경우도 종종 있다.

(5) 행동 조성과 연쇄

원하는 행동이 항상 일어나지는 않는다. 행동 조성의 과정은 원하는 행동을 점진적으로 강화하는 것이다. 고전적인 동물 실험에서는 비둘기들이 목표물을 쪼도록 하고자 할 때 비둘기가 쪼아야 하는 목표물이 있는 방향으로 고개만 돌려도 강화해 준다. 그리고 지속적으로 고개를 돌리면 자극을 향해 움직일 때 강화해 준다. 결국에는 비둘기가 고개를 돌려 목표물을 향해 움직이고 목표를 부리로 쪼아야 강화를 한다. 이처럼 쪼는 행동을 일으키기 위해 원하는 행동을 조금씩 점진적으로 강화해서 형성한다. 조 씨 할머니가 우울 증상이 있다면 스스로 즉흥적으로 환경에서 긍정적인 사회적 강화를 얻는 행동을 하지는 못한다. 치료자는 가족에게 내담자가 현재의 행동보다 조금 덜 부정적일 경우 강화를 제공하도록 행동 조성의 과정을 적용할 수 있다. 주변 사람들에게서 긍정적인 사회적 강화를 얻게 될 때까지 점진적으로 긍정적 행동의 기준을 향상시키는 것이 필요하다.

행동 연쇄란 특정한 순서로 일련의 행동을 학습하는 과정이다. 처음에는 단일한 행동에 대해 강화를 하며, 그 이후에는 다른 행동을 추가적으로 수행해야 강화를 한다. 마지막에는 일련의 행동을 모두 수행해야 강화를 한다. 가령, 뇌졸중을 경험한 노인의 경우 옷 입는 법을 다시 배워야 한다. 옷 입는 행동에는 특정한 순서로 구성된 연쇄 짓기 과정이 옷 입는 과정을 학습시키기 위해 설계될 수 있다.

(6) 노출

노출 기법은 불안 기반의 문제나 장애에 많이 적용된다. 노출치료의 원리는 강렬한 불안을 일으키는 생각, 사건, 물체, 활동 그리고 상황에 반복적으로 노출시키는 것이다. 불안을 일으키는 자극에 규칙적으로 노출하여도 어떤 일도 일어나지 않는다는 것을 경험하게 되면 그 자극에 대해 무감각해지고 덜 불안하게 된다. 노출치료와 함께 이완훈련도 하는데, 공포를 느끼는 대상이나 상황에서 이완이 가능하도록 하기 위해서다(회피는 공포와 불안을 의도치 않게 강화하고 지속시킨다).

2) 인지행동치료의 인지적 측면

인지치료는 왜곡되고 비논리적이고 유용하지 않은 생각을 덜 왜곡되고 더 논리적이고 적응적인 생각으로 대치하는 접근이다. 내담자가 건강하지 않은 사고를 인식하고 이를 수정하면 치료가 된다(Reinecke & Clark, 2004). 인지치료는 매우 유용하며 개별화된 효과적인 치료를 강조한다. 내담자의 특정한 오해, 태도, 가정, 핵심 신념(스키마) 그리고 대인관계 전략을 판별하는 것은 인지치료에서 필요한 과정이다. 따라서 인지치료는 비논리적이며 유해한 생각을 인식하고, 자기상담 기술을 학습하는 것을 강조한다(Reinecke & Clark, 2004).

인지치료는 노인들과 노년기의 다양한 문제에 적용되어 왔다(Gallager-Thompson, Steffan, & Thompson, 2009; Laidlaw et al., 2004 참조). 인지치료에서 개발한 개별화된 접근은 노화로 인해 노인들의 사고가 경직되어 인지적 작업을 하기 어려울 것이라는 비판이 있음에도 매우 유용한 것으로 나타났다. 많은 연구에서 노년기에도 새로운 것을 학습할 수 있음을 보여 주었다(Laidlaw et al., 2004; Satre et al., 2006). 내담자에게 특정한 전략을 학습시키고 부정적인 생각에 도전하는 전략은 다음과 같다.

첫 번째 단계에서는 내담자가 자신의 자동적인 부정적 생각을 인식하도록 도와준다. 어떤 사람은 생각과 감정을 혼돈하기 때문에(예: "나는 실패했다고 생각해."라고 말하지 않고 "나는 실패자라고 느껴."라고 한다.) 역기능적 사고 기록지를 사용해 삶의 사건과 정서 상태를 매개하는 신념을 정확히 찾도록 한다. 이러한 과정은 연습이 필요하지만 인지적으로 온전한 모든 연령의 사람은 자신의 사고 과정을 인식하는 방법을 학습할 수 있다. 내담자가 자신의 건강하지 못한 신념을 알아차리게 되면 치료자는 이러한 부정적 생각을 반박하고 중화시키는 기술을 가르친다. 전형적인 전략은 다음과 같다.

① 근거 검토: 부정적인 신념을 지지하는 자료나 정보가 있는가?
② 신념을 유지한 결과 검토: 그 신념을 붙들고 있게 되면 어느 정도 우울하고, 불안하고, 무섭고, 괴로운가? 신념을 붙들고 있을 만한 가치가 있는가?
③ 다른 사람들의 의견 검토: 친구나 가족이 내담자와 동일한 방식으로 그 상황에 대해 동일한 결정을 내릴 것인가? 많은 경우 내담자들은 친구라면 그러한 생각에 동의하지 않고 결론을 내리지 않을 것이라고 말하면서 자신의 신념

이 건강하지 못하다는 것을 인식하게 된다.

④ 대안적 신념 탐색: 상황을 다르게 볼 수 있는가? 이득이 되고 근거가 있는 새로운 생각을 할 수 있는 방법이 있는가? 여러 대안적인 생각을 제안한 후, 그 타당성이나 유용성에 대해 보다 자세하게 살펴본다.

3) 문제해결치료

전통적인 인지행동치료의 중요한 분파 중 하나가 문제해결치료(problem-solving therapy: PST)다. 노년기에 일어나는 다양한 문제에 대한 해결책을 찾는 방법을 점진적 과정을 통해 배우게 되면 개인의 정신건강과 신체건강은 향상될 수 있다고 보는 것이 문제해결치료의 핵심 전제다(D'Zurilla & Nezu, 2007). 문제해결치료 접근은 내담자에게 두 가지 주요 전략을 가르친다. 첫째, 삶에 대해 문제해결적 방식을 적용하는 것이다. 여기서는 문제가 해결될 수 있다고 믿으면서 삶의 문제를 도전으로 보며, 효과적인 문제해결을 위해서는 시간과 체계적인 노력이 필요하다는 것을 이해한다. 둘째, 논리적 문제해결 기술을 배우는 것이다. 구체적인 기술은 다음을 포함한다.

① 문제가 발생할 때 이를 알아차리기
② 문제를 정의하기
③ 문제를 이해하려고 노력하기
④ 문제와 관련된 목표 설정하기
⑤ 문제에 대한 대안적 해결책 창출하기
⑥ 목록에서 최선의 대안을 평가하고 선택하기
⑦ 문제해결을 하려는 노력의 효과를 평가하기

문제해결치료 과정은 치료자가 문제해결 단계를 글과 말로 설명한 후에 내담자에게 모형을 실제 문제에 적용하도록 하는 숙제를 내는 매우 집약적이고 구조화된 방법이다. 문제해결치료는 주요우울증을 지닌 젊은 내담자(Nezu & Perri, 1989), 신체 질환이 있는 성인 환자(Mynors-Wallis, Gath, Day, & Baker, 2000), 발달장애 성인(Nezu, Nezu, & Areán, 1991; Nezu, Nezu, & Dudek, 1998)에게 효과적인 것으로 나타났다. 또한 우울증 진단을 받은 노인 외래 환자(Areán et al., 1993), 우울하고 노쇠하고 외출이 가능하지 않은 노인 환자(Gellis, McGinty, Horowitz, Bruce, & Misener, 2007), 우울한 1차 진료 환자(Areán, Hegel, Vannoy, Fan, & Unuzter, 2008) 그리고 우울증과 뇌 집행기능에 인지장애(반응 시작 · 유지 · 억제 기능의 손상)가 있는 환자처럼 전통적으로 약물치료에 잘 반응하지 않는 집단에 성공적으로 적용되어 왔다(Alexopoulos, Raue, Kanellopoulos, Mackin, & Areán, 2008). 이 모형에 대한 추가적인 연구에서 인지장애를 지닌 환자의 부양자에 대한 효과와 적용이 입증되기 바란다. 이러한 연구들은 문제해결치료가 노인과 임상적 우울증 진단을 받은 사람들에게 매우 중요하고 적용 가능한 치료 방법임을 보여 준다.

8. 인지행동 모형에 대한 추가적 의견

노인들이 자연스러운 환경에서 새로운 행동을 습득하고 유지할 수 있음을 고전적 조건형성과 조작적 조건형성을 통해 살펴보았다(Wisocki, 1991). 한 연구에서는 독일과 미국 요양원에 있는 노인들의 행동에 대한 선행사건과 결과의 효과를 탐색하였다. Baltes 등은 요양원 직원들이 입소한 노인 환자들의 의존적 행동을 강화하고 독립적인 행동을 소거시킨다고 하였다(Baltes, 1988). 노인 환자들은 직원들로부터 도움이 '필요' 할 때만 사회적 접촉을 한다. 이러한 연구를 통해 인지행동치료의 몇 가지 원리를 볼 수 있다. 직원들은 긍정적인 행동에 대한 강화를 제공하지 않음으로써 입소자들의 독립성을 소거시키고 의존적 행동을 강화시킨다. 노인들의 독립적이고 긍정적인 행동을 강화시키기 위해 직원의 행동을 변경시키는 것이 효과적이다(Burgio, Burgio, Engel, & Tice, 1986; Cohen et al., 1994).

인지와 행동을 변화시키는 중재는 항상 윤리적으로 조심스럽게 접근하는 것이 필요하다. 치료 목적을 함께 세울 수 있는 능력이 부족한 취약한 사람들(예: 인지장애인), 그리고 치료를 거부할 능력이 부족한 사람들(예: 요양원 입소자)을 대상으로 연구할 때는 치료를 중단할 수 없는 것에 대한 윤리적 함의를 조심스럽게 고려해야 한다(Cartensen, & Fisher, 1991). 예를 들면, 환자가 아닌 가족이나 직원이 불편해한다고 해서 중재를 꼭 해야 하는가? 고지에 입각한 동의를 했다고 하더라도 이에 대해 어느 정도나 이해했는가? 인지행동주의자는 치료의 효과성을 감안하여 윤리적 문제의 중대성을 고려해야 한다.

9. 요약 및 결론

결론적으로, 인지행동 모형은 치료의 효과성과 효율성에 대한 과학적 접근에 근거를 두고 있다. 그렇기 때문에 정신건강 문제를 설명하고 문제에 대한 중재를 지지하는 경험적 근거는 놀라울 정도로 많다(Gallager-Thompson & Coon, 2007; Satre et al., 2006; Scogin, Welsh, Hanson, Stumpf, & Coates, 2005; Stanley et al., 2003). 인지행동치료자들은 인지적으로 문제가 없는 사람들과 작업하면서 우울증, 불안, 건강 행동 그리고 불면증과 같은 심각한 문제가 있는 사람들에게 CBT가 효과가 있음을 확인하였다. 행동 중심의 많은 중재는 인지적 문제가 있는 사람들에게 효과적인 것으로 나타났는데(예: 요실금 프로그램, 자기관리 프로그램), 이는 행동 모형이 다양한 기능 수준을 가진 노인들에게 활용될 수 있음을 말해 준다.

제5장

스트레스와 대처 모형

다음 사례를 살펴보자.

80세인 정 씨 할머니는 급격한 건강 악화와 갑작스러운 이사로 노년기 적응 문제를 겪고 있다. 할머니는 현재 심각한 심리적 스트레스를 경험하고 있으며 정신과에서 우울증 진단을 받은 상태다. 최소한의 사회적 · 경제적 · 신체적 자원으로 생존하고 있으며 주변에 아무도 없다. "가족이 모두 죽었어요. 어머니, 아버지, 모두요." 결혼을 일찍 했으나 서른 살 때 남편이 죽어 혼자가 되었다. 남편의 죽음에 대해서 말할 때 "너무 오래전의 일이라 기억도 잘 못해요."라고 하였다. 아들도 몇 해 전에 죽었으며 손자와 연락이 끊어진 지도 오래되었다.

할머니는 40년 동안 가사도우미로 일하다가 몸이 아파 그만두었다. 현재는 정부에서 받는 보조금으로 살아가고 있다. 오랫동안 살던 집은 철거되어 얼마 전 이사를 하게 되었다. 30년 동안 살던 동네를 떠나 작은 단칸방에서 생활하고 있지만 시립 양로원에 가는 것은 완강히 거부하고 있다. 새로 옮긴 동네에는 아는 사람이 아무도 없어 종일 성경책을 읽고 찬송가를 부르면서 시간을 보내며, 동네

내과의에게 외로움을 호소하며 의지하고 있다. 현재 건강 악화가 가장 큰 스트레스다. 근래 자궁경부암 진단과 엑스레이상 폐에 혹이 의심된다는 진단을 받았다. 의사는 심각한 질환의 가능성이 있다고 보고 있다(Johnson & Johnson, 1992).

정 씨 할머니의 사례는 매우 어려운 사례다. 할머니의 문제를 어떻게 볼 것인가? 그녀를 돕기 위해 무엇을 할 수 있는가? 정 씨 할머니는 다양한 문제(암, 주거지 이동, 제한된 재정 자원, 감퇴되는 사회적 자원, 개인적 경계심)를 안고 있다.

1. 모형의 소개

이 장에서는 노인들과의 상담 및 심리치료에 유용한 스트레스와 대처 모형(stress and coping model)에 대해 소개할 것이다. 다양한 분야의 연구와 치료 결과를 통해 스트레스와 대처 과정, 그리고 이와 관련한 평가와 치료에 대한 이해를 제공하고자 한다.

1) 안녕감

당신은 스트레스를 받아 본 적이 있는가? 스트레스를 받았을 때 어떤 반응을 하는가?

이 질문에 답하는 과정에서 당신은 스트레스에 대한 암묵적 모형을 구상했을 것이다. 스트레스를 받으면 어떤 사람은 땀이 나고, 오한이 들고, 심장이 벌렁거리고, 소화가 안 되고, 목이 뻐근한 신체 반응이 나타난다. 또 어떤 사람은 불안, 공포, 걱정과 같은 다양한 감정을 경험한다. 어떤 사람에게는 스트레스가 대금을 지불하는 것, 과도한 일을 하는 것, 시간에 쫓기는 것과 같은 외적인 문제와 관련이 있다.

야구선수를 생각해 보자. 9회 말 동점인 상태에서 타수가 마운드에 올랐는데

투 스트라이크다. 이 상황이 스트레스를 주는가? 그것은 건강에 어떤 영향을 미치는가? 이러한 질문에 대한 당신의 답은 스트레스에 대한 암묵적인 모형에 달려 있다. 보다 형식적인 정의를 하자면, 스트레스는 위협을 받고 있다고 느끼거나 균형이 깨진 상황에서 경험되는 신체적 · 정신적 · 정서적 반응이다. 약간의 스트레스는 목표를 달성하고자 하는 동기를 자극하지만 높은 수준의 만성 스트레스는 몸과 마음의 건강을 해친다.

정 씨 할머니는 스트레스를 받고 있는가? 당신의 답은 당신의 스트레스 모형과 스트레스의 정상 및 비정상 수준에 대한 생각에 달려 있다. Aldwin(2007)은 스트레스와 대처에 대한 통합적인 입장을 제시하였다. 스트레스는 세 가지 주요 요소, 즉 부담(strain)이라고 하는 개인의 내적 상태, 외적 사건이나 스트레스원(stressor), 그리고 사람과 환경 간의 상호작용에서 생기는 교환(transactions)의 과정을 포함한다.

2) 부 담

부담의 개념은 생리적(교감신경의 활성화, 부교감신경의 억제, 신경내분비계 변화, 면역계 변화) 및 정서적(부정적 감정, 긍정적 감정, 무감각) 반응을 모두 포함한다. 몸과 마음의 관계에 대한 관심은 심리신경면역학(psychoneuroimmunology: PNI)이라는 상대적으로 새로운 분야의 발달을 자극하였다. 신경심리면역학은 심리적 과정과 신경 및 면역 체계에 대한 상호작용을 연구하는 학문이다(Daruna, 2004; Vedhara & Irwin, 2005). 실제로 스트레스와 면역 체계 기능 간의 관계가 많이 연구되고 있다(Kiecolt-Glaser, 2009). Herbert와 Cohen(1993)은 중요한 몇 가지 주제를 제시하였다. 첫째, 객관적인 스트레스 사건과 주관적인 스트레스 보고는 둘 다 면역계의 변화와 관련이 있다. 둘째, 객관적인 사건이 주관적인 보고보다 더 큰 영향을 미친다. 셋째, 사건의 특성(예: 대인관계적 스트레스 또는 비사회적 사건)이 면역 반응 유형에 영향을 준다.

이 모형으로 정 씨 할머니를 어떻게 이해할 수 있는가? 일단 할머니에게 일어난 객관적 스트레스 사건과 그것의 생리적 영향을 알아본다. 예를 들어, 할머니의 우울증과 암을 생각해 보자. 우울증과 면역 기능의 저하가 관련이 있다는 연구들이 다수 있으며(Gruenewald & Kemeny, 2007), 이러한 관계는 특히 병원에 입원한 노인 환자들에게 강하게 나타난다. 뿐만 아니라 암 진단과 치료 그리고 삶의 다른 스트레스원과 신체적 건강 문제는 높은 상관이 있다(Penedo & Dahn, 2005). 우울과 암은 직접적인 관련은 없지만 둘 다 빈약한 건강 결과와 관련이 있다. 따라서 임상적 우울의 스트레스와 암 진단 그리고 치료로 인해 정 씨 할머니는 면역 기능이 억제되었으며 병의 예후도 좋지 않다.

3) 스트레스원

스트레스원은 외상적 경험(예: 범죄의 피해자, 적대적 이혼 소송, 부모의 죽음), 혐오적인 물리적 환경(예: 너무 덥거나 춥거나 고통스러운 환경), 만성적 역할 부담(예: 노인과 어린 자녀를 동시에 돌봄), 일상적인 귀찮은 일들(예: 교통 체증)을 포함한다. 이러한 스트레스원은 스트레스 경험을 유발한다. 부담과 스트레스원을 구분한다면, 부담은 일반적인 만성 압력인 반면, 스트레스원은 급성 압력이다.

스트레스원의 개념은 노인을 둘러싸고 있는 사회적 · 역사적 · 물리적 맥락과 관련이 있다. 제2장에서 언급했듯이 개인의 발달에 영향을 주는 세 가지 영향은 연령 관련 사건, 역사 관련 사건 그리고 비규준적 사건이다. 연령 관련 영향은 고등학교 졸업과 같이 특정 연령이나 연령 범위의 경험과 관련이 있다. 역사 관련 영향은 개인이 살아온 특정 역사적 시기와 관련이 있다(예: 대공황, 베트남전쟁, 9 · 11테러). 비규준적 사건은 삶의 어느 시기에나 일어날 수 있지만 일반적으로 예측하지 못하는 사건들(예: 조실부모, 로또 당첨)이다. 앞서 논의했듯이 이러한 사건은 일어나는 삶의 시기에 따라 상이한 영향을 미친다.

정 씨 할머니의 발달을 이러한 세 가지 기준으로 살펴보겠다. 할머니는 1930년대 대공황기에 태어나 제1차 세계대전 직후 결혼했고 한국전쟁에서 남편을 잃었다. 살던 집에서 쫓겨난 적이 있고, 그 이후 아들이 죽었는데, 이러한 사건들은 비규준적 사건들이다.

이러한 사건들을 볼 때, 한 개인의 삶의 사건은 가족이나 친구들의 사건들과 엮여 있다는 것을 알 수 있다. Pruchno, Blow와 Smyer(1984)는 이러한 상호 의존적 삶을 강조하는 의미로 이를 '삶의 사건망(life event webs)'이라 불렀다. 정 씨 할머니는 남편과 아들의 죽음으로 자원이 사라졌다. 또한 경제적 결핍이라는 만성 스트레스원에 적응해야 했다. 평생 가사도우미로 살았다는 것은 월급을 많이 받지 못했다는 증거이며 현재 할머니는 기초생활수급자로 살고 있다. Krause(1995a)는 재정적 부담이 노인의 사회적·정신적 안녕에 미치는 영향은 매우 강력하며 이는 신체질환 다음으로 우울증에 큰 영향을 준다고 하였다. 정 씨 할머니의 사례에서 만성적인 재정적 스트레스원이 우울증에 어떠한 영향을 주었는지를 살펴봐야 한다. 이것으로 인해 노년기에 우울증이 처음으로 발병했는가 아니면 이전에 발병한 우울증을 지속시켰는가? 혹은 예전에 발병했던 우울증을 재발시켰는가? 할머니와의 면담에서 이러한 질문들을 추적할 수 있다.

4) 교 환

스트레스 과정의 세 번째 요소는 교환으로, 사람과 환경 간의 상호작용이다. 기본 가정은 스트레스원에 대한 개인의 지각이 대처 반응에 영향을 준다는 것인데, 이는 스트레스의 인지적 차원을 말한다. 중요한 과목의 기말 시험이 다가오고 있다고 가정하자. 이 사건은 정신건강에 대한 위협으로 볼 수 있지만, 지식을 심화시킬 수 있는 기회로 볼 수도 있다. 당신이 스트레스원을 어떻게 보는가에 따라서 당신의 행동은 달라질 것이다. 스트레스원의 강도에 대한 평가(약하다, 적절하다, 강하다, 모호하다)도 스트레스의 한 측면이다. 스트레스원의 강도가 강할수록 더 강한 신체적·정서적 반응을 불러일으킨다.

Lazarus 등은 스트레스의 지각 및 반응과 관련하여 문제 중심 대처와 정서 중심 대처의 두 가지 기본적 대처 반응이 있다고 하였다(Folkman, Lazarus, Pimley, & Novacek, 1987; Lazarus & Folkman, 1984). 문제 중심 대처는 괴로움을 유발하는 문제를 관리하거나 변경시키는 것이 목표인 반면, 정서 중심 대처는 괴로운 감정을 조절하는 것이 목표다. 두 유형 모두 행동적 전략과 인지적 전략을 포함한다. 활용되는 대처 유형은 스트레스 문제에 대한 변화 가능성을 어떻게 지각하는가에 따라 달라진다. 일반적으로 문제 중심 대처는 변화 가능하다고 평가된 조건에서 적용되고, 정서 중심 대처는 문제 상황에 대해 할 수 있는 것이 별로 없는 조건에서 적용된다(Lazarus & Folkman, 1984). 전형적으로 문제 또는 정서 중심 대처를 사용한다고 해서 다른 하나를 제외하는 것은 아니다. 일반적으로 사람들은 스트레스 상황에 대처하기 위해 두 가지를 모두 활용한다. 실제로 특정 스트레스에 대한 반응으로 사용되는 대처 유형은 개인의 지각, 스트레스 유형 그리고 맥락의 기능과 관련되어 있다.

지각의 중심 요소는 특정 사건에 대한 개인의 통제감이다(Skaff, 2007). Zautra, Reich와 Newsom(1995)은 노인의 통제감, 자율성 상실 그리고 정신건강의 관계에 대해 연구하였다. 이들은 자신의 삶에 영향을 준 경험에 근거한 개인의 통제감을 평가하는 것이 중요하다고 하였다. 또한 이들은 신체적 장애, 배우자의 죽음과 같은 상실이 일어났을 때 정신건강과 적응에 대해 놀라운 결과를 발견하였다. 즉, 사건에 대한 통제감을 경험하게 되면 장애가 심해지고 자율성이 감소하더라도 긍정적인 정신건강을 유지하고 잘 적응하였다는 것이다.

정 씨 할머니는 어떠한가? 자신의 삶의 스트레스원에 대해 어떻게 생각하는가? 자신이 어느 정도 통제력이 있다고 지각하는가? 집주인에 대한 이야기("내가 불평하면 집에서 쫓겨날 거야.")는 할머니가 자신의 주거 상황에 통제력이 거의 없다고 느끼고 있음을 알 수 있다.

2. 스트레스와 대처: 정상적인 적응과 비정상적인 적응

할머니의 부담, 스트레스원 그리고 교환은 노년기 성인에게 정상적 수준인가? 노년기 스트레스에 대해서는 많은 연구가 이루어졌으나(Aldwin, Park, & Spiro, 2007) 아직 더 많은 연구가 이루어져야 한다. 우리는 단순히 모든 노인이 전 생애 동안 경험하는 스트레스와 대처의 주기적인 변동을 나타낼 수는 없다. 보다 실용적인 접근은 개인의 발달이나 자기 기능의 기저선으로부터의 편차를 알아보는 것이다. 스트레스에 대한 성공적인 대처는 개인의 취약성 수준, 개인이 직면하는 스트레스 그리고 보호 요인의 영향을 받는다(Gatz, Kasel-Godley, & Karel, 1996). 개인의 취약성은 개인의 적응에 영향을 주는 유전적 영향, 생물학적 취약성 그리고 심리적 요인(예: 부정적 사고 경향성, 문제해결 능력 부족, 의사소통 능력 부족)을 포함한다. 스트레스는 심리사회적 요소, 환경적 요소, 그리고 이에 대한 개인의 지각을 포함한다. 보호 요인은 스트레스로부터 개인을 보호하거나 그것의 영향을 경감해주는 생물학적 · 심리학적 · 사회적 요인을 포함하는데, 예를 들어 신체 활력, 효과적인 대처 기술, 그리고 견고한 사회적 지지 집단을 말한다.

정 씨 할머니의 사례에서는 현재 그녀의 적응 상태를 과거와 비교함으로써 평가할 수 있다. 그녀는 사회적 지지 체계가 사라졌고(남편, 아들의 사망과 이웃으로부터 멀어짐), 친숙했던 환경이 변화했으며, 암 진단을 받아 신체적으로 위협을 느끼는 상태이고, 우울증으로 인해 심리적 적응을 잘 하지 못하고 있다.

그녀의 과거력과 현재의 적응을 살펴보면 정 씨 할머니의 사회적 · 신체적 · 관계적 환경 간의 상호작용에 대한 암묵적인 이해가 가능하다. 이러한 관점은 Lewin(1936)이 사람과 환경 간의 상호작용을 강조한 이론, 그리고 질환의 예후와 발달에 영향을 주는 것으로 알려진 개인의 역량과 환경적 특징의 상호작용에 초점을 두는 노년심리학에서의 중요한 연구(Lawton, 1980, 1982)와 일치한다. 2장에서 Gatz 등이 언급했듯이 이러한 요인은 노년기 우울증의 발생 가능성에 영향을 준다([그림 2-3] 참조). 중요한 것은 개인의 생물학적 취약성이나 기질, 삶의 사건에 대한 상황적 스트레스원, 그리고 개인의 심리적 적응 기제 간의 상호작용이다. 이러한 개념은 평가와 치료에 대한 기준을 제공한다.

3. 평가 전략

스트레스와 대처 모형에서의 평가는 개인의 취약성, 노출된 스트레스, 그리고 스트레스 과정을 경감시켜 주는 보호 요인에 초점을 둔다.

1) 개인의 취약성 평가

정 씨 할머니의 생물학적 취약성을 평가하는 것은 중요하다. 정 씨 할머니의 과거력에서 특히 중요한 두 가지는 만성질환에 대한 경험과 과거 정신질환, 특히 우울증에 대한 병력이다.

노년기의 신체적 및 정신적 안녕의 상호작용은 복잡하고 상호 의존적인 과정이다. 사례에 대한 간략한 설명에 따르면, 정 씨 할머니는 현재 자궁경부암을 앓고 있으며 다른 건강문제의 가능성도 있다. 이때 정 씨 할머니의 만성질환에 대한 과거 대처 능력을 평가하는 것이 중요한데, 이러한 만성 부담이 노년기의 좋지 않은 정신건강을 매우 강하게 예측하기 때문이다(Krause, 1995). 그렇기 때문에 정 씨 할머니가 암이라는 만성질환과 그 치료에 대처하는 어느 시점에 있는지 이해할 필요가 있다.

평가는 또한 정신병력에 초점을 두어야 한다. 정 씨 할머니의 우울증은 노년기에 처음 발병한 것인가? 그것은 반복되는 패턴인가? 젊을 때 처음 발병한 후 발병하지 않다가 노년기에 와서 재발했는가? 이러한 패턴을 알아보는 것은 치료뿐만 아니라 질환의 진행 과정에도 영향을 준다(Coyne & Downey, 1991).

2) 삶의 스트레스 평가

삶의 스트레스는 두 가지 측면에서 평가해야 한다. 즉, 스트레스에 대한 개인의 주관적인 지각과 스트레스에 대한 객관적 지표다. 이러한 주관적 측면과 객관적 측면은 개별적으로 그리고 서로 관련시켜 이해해야 한다(Aldwin, 1994).

스트레스에 대한 정 씨 할머니의 주관적인 지각을 평가할 때는 다음과 같은 질문을 해야 한다. 정 씨 할머니는 자신의 스트레스 상황에 얼마나 압도되고 있는가? Cohen 등은 이러한 목적을 위해 10문항으로 구성된 자기보고식의 지각된 스트레스 척도(Perceived Stress Scale: PSS; Cohen, Kamarck, & Mermelstein, 1983)를 개발하였다. PSS의 몇몇 견본 문항은 다음과 같다.

- 지난 한 달간 얼마나 자주 예상하지 않은 일로 인해 당황했는가?
- 지난 한 달간 얼마나 자주 당신이 해야 하는 일을 다 감당하지 못할 것 같다고 느꼈는가?
- 지난 한 달간 얼마나 자주 쌓여 있는 힘든 일을 극복할 수 없을 것 같다고 느꼈는가?

Cohen 등은 지각된 스트레스는 질환, 질환의 증세 그리고 다양한 건강 관련 행동과 관련이 있음을 발견하였다. PSS는 개인의 지각에 대한 표준화된 질문이 얼마나 유용한지를 보여 준다.

스트레스의 객관적 평가는 일반적으로 삶의 사건에 대한 체크리스트를 사용한다. 이런 유형의 측정 도구의 고전적 예는 다양한 삶의 사건에 대한 스트레스 정도를 평가하는 사회적 재적응 척도(Social Readjustment Rating Scale: SRRS; Holmes & Rahe, 1967)다. SRRS는 긍정적인 사건과 부정적인 사건 모두를 스트레스 사건으로 보는데, 긍정적인 사건(예: 결혼, 출산)일지라도 적응 과정에서 스트레스가 쌓이기 때문이다. 대부분의 스트레스는 일상생활에서 발생하지만 일반적으로 연령 증가와 함께 일상생활에서 생기는 스트레스와 역할 스트레스는 감소하는 경향이 있다(Aldwin, Yancura, & Boeninger, 2007).

노인들에게 주로 일어나는 스트레스를 측정하는 검사로 노인 삶의 스트레스 검사(Elder Life Stress Inventory: ELSI; Aldwin, 1990)가 있다. 이 검사는 31문항으로 구성되어 있으며 지난 일 년 동안 일어난 스트레스 사건을 측정한다. ELSI는 노인들에게 일어난 스트레스 사건(예: 배우자의 죽음, 자녀의 죽음, 심각한 질환, 은퇴)뿐만 아니라 스트레스 과정(예: 자녀나 배우자와의 관계 악화)도 측정한다.

하지만 이러한 체크리스트는 제한적이다. 만약 정 씨 할머니가 단지 한 문항(예: 배우자 또는 아들의 죽음)에 체크를 했다고 하면, 이는 그 사건 이후의 적응에 대해서는 아무런 정보도 제공하지 못한다. 따라서 체크리스트 대신 구조화된 면접이나 임상적 면접을 활용하여 현재의 스트레스를 측정할 수 있다. 그러한 측정 도구로는 연령 관련 스트레스 요인을 평가하는 루이스빌 노인 스트레스 척도(Louisville Older Persons Stress Scale: LOPES; Murrell, Norris, & Hutchins, 1984)가 있다. LOPES는 54문항으로 구성된 면접형 질문지로, 지난 6개월 동안 일어난 스트레스 유발 사건의 특징을 스트레스원에 의해 변한 정도, 변화의 바람직함 정도, 스트레스원의 새로움 정도, 스트레스원에 대한 집착 정도, 그리고 사건이 발생한 정확한 날짜에 따라 평가한다. Murrell 등에 따르면 노인들에게 가장 빈번하게 스트레스를 주는 사건은 건강 문제인 반면, 가장 힘든 스트레스 사건은 사랑하는 사람과 살던 집에서 이사하는 것이었다.

스트레스원을 이해하기 위한 임상 면접을 강조하면서, Krause(1995b)는 배우자 역할, 부모 역할, 조부모 역할과 같은 노인의 주요 역할에 대한 삶의 스트레스를 열거하였다. 기본적으로 표준화된 목록에 나온 질문 외에도 개방형 질문이 유용하다. 예를 들어, 부모 역할에 대해 스트레스를 경험한다고 반응했다면 근래 자녀에게 어떠한 일이 있었는지 질문하는 것이 유용하다(Krause, 1995b). 또 다른 후속 질문은 스트레스 사건이 원했던 것인지 그렇지 않았던 것인지에 초점을 두는 것이다. 요컨대, 면접 형식을 통해 상담자 및 치료자는 노인 삶의 스트레스의 빈도, 중요성, 기대 정도를 알 수 있다. 정 씨 할머니의 경우, 면접을 했다면 종교 단체에서 자원봉사를 못하게 된 것이 할머니의 안녕감에 영향을 주었다는 것을 파악할 수 있었을 것이다.

3) 보호 요인의 평가

개인적인 대처 능력과 그것을 증가 또는 감소시키는 환경이라는 두 가지 보호 요인을 평가하는 것이 중요하다.

(1) 개인적 대처

개인의 대처를 평가하는 데는 특질 접근과 상태 접근의 두 가지 접근이 있다(Aldwin, 1994). 특질 접근은 스트레스의 유형과 무관하게 개인의 대처가 비교적 안정적이라고 가정하고 시간에 걸쳐 다양하다고 가정한다. 대조적으로, 상태 접근은 대처의 과정이 특정 스트레스원에 따라 시간에 걸쳐 다양하다고 가정한다. 이러한 다른 가정은 평가 전략에 대해서도 다른 함의를 가진다.

특질로서의 대처 유형에 초점을 두는 사람들은 종종 기질적 대처로 불리는 개인의 일반적 대처 패턴을 평가하기 위해 표준화된 검사를 사용한다. 문제 경험에 대한 대처지향 척도(Coping Orientations to Problems Experiences Scale: COPE; Carver, Scheier, & Weintraub, 1989)는 기질적 측정 도구로 60개의 자기보고식 문항으로 이루어져 있다. COPE는 문제중심 대처, 정서중심 대처, 그리고 역기능적 대처의 세 가지 주요 전략 유형에 대한 점수와 각 전략에 대한 5개의 하위척도 점수를 제시한다(〈표 5-1〉 참조). 28문항으로 구성된 단축판 COPE 검사도 있다(Carver, 1997).

표 5-1 COPE의 전략 유형, 정의 및 예시 문항

전략 유형	정의	예시 문항
문제중심 유형		
적극적 대처	스트레스원을 제거하거나 피하거나 그 영향을 완화시키기 위해 적극적으로 노력함.	내가 무엇을 할 수 있는지에 초점을 두고 노력함.
계획	스트레스원에 대해 어떻게 행동할지 생각함.	내가 무엇을 할 것인지에 대해 전략을 세움.
대립 활동의 억제	다른 문제를 제쳐 두거나 다른 사건에 의해 방해받는 것을 피함.	다른 생각이나 활동에 방해받지 않도록 노력함.
참는 기제	적절한 기회가 올 때까지 기다림.	너무 급하게 반응하지 않도록 자신을 억제함.

도구적 활동에 대한 사회적 지지 추구	조언, 조력, 정보를 추구함.	무엇을 해야 할지에 대해 다른 사람에게 조언을 구하려고 노력함.
정서중심 유형		
정서적 이유로 사회적 지지 추구	정신적인 지지, 연민, 이해를 추구함.	누군가로부터 이해와 공감을 받음.
긍정적 재해석과 성장	스트레스원을 긍정적으로 재해석함.	다른 각도로 보고 긍정적으로 해석하려 함.
수용	스트레스 상황의 현실을 인식함.	그냥 받아들이려고 노력함.
종교에의 귀의	종교적 믿음을 활용함.	더 많이 기도하려고 함.
유머	스트레스 상황에 대해 가볍게 생각함.	상황에 대해 웃어넘기려 함.
역기능적 유형		
정서를 풀어내는 데 집중	자신이 경험하는 괴로움과 이러한 감정을 푸는 데 초점을 둠.	기분을 그대로 드러냄.
부정	스트레스가 있다는 것을 믿지 않거나 거부함.	속으로 '지금 일어나는 것이 실제가 아니다' 라고 함.
행동적 거리 유지	스트레스원에 대처하는 능력을 최소화함.	내 목표를 달성하려는 능력을 포기함.
정서적 거리 유지	스트레스원에 대한 생각을 축소함.	생각을 하지 않기 위해 일하거나 다른 활동을 함.
알코올과 약물 사용	스트레스원에 대한 반응으로 알코올이나 약물을 사용함.	기분 전환을 위해 알코올이나 약물을 사용함.

연령대에 따라서 기질적 대처 전략이 상이하다는 횡단 연구 결과들이 있다. 예를 들어, Folkman 등(1987)은 노인들은 긍정적 재해석과 거리 두기를 더 많이 사용한 반면, 젊은 성인들은 사회적 지지를 찾는 경향이 있었고 직면적 대처를 더 많이 사용한다고 보고하였다. Diehl, Coyle과 Labouvie-Vief(1996)의 연구에서는 노인들이 높은 충동 통제력을 반영하는 다양한 대처 전략을 사용하였고 젊은 사람들에 비해 갈등 상황을 더 긍정적으로 지각하였다. Segal, Hook와 Coolidge(2001)의 연구에서도 젊은 성인과 노인의 대처 유형을 비교한 결과, 노인들이 젊은 성인들에 비해 역기능적 대처 전략을 덜 사용했을 뿐 아니라 자신의 문제에 대처하는 데 감정 분출, 정신적 철회, 알코올이나 약물 사용을 덜 하였다. 또한 노인들은 문제해결 방식에 있어서 유머보다는 억제나 종교를 더 많이 활용하였다.

대처에 대한 기질적 측정과는 대조적으로, 과정 지향적 측정은 특정 스트레스원에 대한 개인의 반응에 초점을 둔다. 가장 광범하게 사용되는 과정 지향적 대처 측정 도구는 대처방법 질문지(Ways of Coping Questionnaire: WCQ; Folkman & Lazarus, 1988)다. WCQ는 기질적 대처를 측정하는 것이 아니라 특정 스트레스 경험에 대해 개인이 사용한 생각이나 행동을 변별하고자 개발되었다. WCQ는 50문항으로 구성되어 있으며 경험적으로 도출된 8개의 요인에 대한 점수를 제공한다(〈표 5-2〉 참조).

정 씨 할머니의 사례에서는 그녀가 과거 우울증에 어떻게 대처했는지를 자조검사(Self-Help Inventory; Burns, Shaw, & Crocker, 1987)를 통해 알 수 있다. 자조검사는 45문항으로 구성되어 있으며 행동적 전략(예: 바쁘게 지낸다), 인지적 전략(예: 나 자신에게 '우울증도 사라지고 다시 기분이 좋아질 것'이라고 말한다), 관계적 전략(예: 내가 좋아하는 친구나 친지에게 이야기한다)을 포함한다.

표 5-2 WCQ의 요인, 정의 및 문항 예시

요인명	정의	문항 예시
대립적 대처	상황을 변화시키기 위해 공격적으로 노력하며, 어느 정도의 적대감과 위험 감수를 필요로 함.	내 주장을 확실히 하고 내가 원하는 것을 위해 싸웠다.
거리 두기	상황에 대해 자신을 멀리 두고 의미를 축소하려는 인지적 노력을 함.	마치 아무 일도 일어나지 않은 것처럼 행동했다.
자기통제	자신의 감정과 행동을 조절하고자 노력함.	내 감정을 표현하지 않으려고 노력했다.
사회적 지지 추구	정보적 지지, 물리적 지지 그리고 정서적 지지를 추구하고자 노력함.	상황에 대해 더 많은 정보를 얻기 위해 다른 사람들에게 물었다.
책임감 있는 행동	문제에 대한 자신의 기여를 인정하고 바로 잡고자 노력함.	자신을 비판하고 훈계하였다.
회피-탈출	문제를 회피하고 탈출하기 위한 희망적 생각이나 행동적 노력을 함.	나는 기적이 일어나기를 바란다.
계획적 문제해결	상황을 변경시키기 위한 의도적 문제 중심 해결 노력과 문제를 해결하기 위한 논리적 접근을 함.	나는 계획을 세우고 이를 실행했다.
긍정적 재평가	개인적 성장에 초점을 두어 긍정적 의미를 만들기 위해 노력함.	나는 긍정적인 방향으로 성장하고 변화하였다.

(2) 대처 환경

대처가 필요한 개인의 환경을 평가하는 것은 중요하다. 그것이 장애를 악화시키는가? 적응을 촉진시키는가? 정 씨 할머니의 상황을 고려해 보자. 그녀는 근래 자신이 30년간 살던 익숙한 집에서 이사를 했으며 연락을 주고받는 친구는 단 한 명뿐이다.

그러나 정 씨 할머니의 가족과 친구뿐만 아니라 할머니가 도움을 받을 수 있는 조직적 · 구조적 자원도 보아야 한다(Smyer, 1995a). 예를 들어, 할머니는 정부에서 지원금을 받고 있는데, 할머니가 지역 노인복지관에도 연계되어 있는지, 도시락 배달 서비스를 받고 있는지도 알아보아야 한다.

장애가 있는 많은 노인은 대부분 형식적인 서비스를 지원받지 않는다. 1/3은 조직적인 도움을 받고, 1/3은 가족과 친지의 도움만을 받으며, 나머지 1/3은 조직적 도움과 가족의 도움을 모두 받는다. 그렇기 때문에 대처 환경에 대한 평가를 할 때는 공식적 도움뿐만 아니라 비공식적 도움도 평가해야 한다. 자원을 평가하는 것은 치료 계획의 발달과 실행에 직접적인 영향을 준다.

4. 일반적인 심리 상담 및 치료 전략과 건강심리학의 대두

건강심리학 분야와 스트레스와 대처 모형과 관련이 깊다. 건강심리학은 심리학의 한 분과로, 건강과 질환 그리고 의학적 문제의 예방, 진단, 치료를 연구하는 학문이다. 근래 임상 건강심리학과 임상 건강노인심리학은 의학적 진단을 받은 환자들에 대한 효과적인 중재를 축적하면서 전성기를 맞고 있다(Qualls & Benight, 2007). 건강심리학은 몸과 마음에 대한 전통적인 이분법에서 벗어나 정신건강과 신체건강을 모두 다루고 만성질환(예: 당뇨, 관절염, 심혈관 질환)의 관리를 중요하게 생각하는 통합적 생리심리사회적 틀을 제공한다(Molton & Riachel, 2010).

5. 치료 전략

다른 모형들과 마찬가지로, 스트레스와 대처 모형에서도 치료 전략에 맞게 평가를 실시한다. 포괄적인 평가를 통해 즉각적인 중재가 필요한 부분과 장기적 목표를 세워 치료해야 하는 부분을 변별한다. 포괄적인 치료 계획은 사회적·신체적·정신적 안녕을 포함해야 한다. 여기서는 현실적 평가가 이루어져야 하고 통제 가능한 요소에 초점을 맞춰야 한다. 마지막으로, 초기 평가는 추후 평가에 치료의 영향을 판단하기 위한 기저선으로 봐야 한다.

스트레스와 대처 이론과 일치하는 다섯 가지 주요 치료 전략은 다음과 같다(Gatz, 1992).

① 스트레스원의 제거
② 물리적·사회적 환경의 중재
③ 대처 전략의 교육
④ 사회적 지지 제공
⑤ 건강 습관의 증진

이 목록에서 볼 수 있듯이 치료자는 내담자의 삶의 역사와 상황에 따라 동시에 여러 중재 전략을 적용할 수 있어야 한다.

1) 스트레스원의 제거

만약 삶의 스트레스가 정신질환에 기여하는 주된 요인이라면, 효과적 중재는 가능한 한 많은 스트레스원을 제거하거나 감소시키는 것이다. 평가를 통해 내담자가 지각하는 스트레스원을 파악하여 그것을 제거하거나 감소시킨다. 정 씨 할머니의 사례에서 가장 큰 스트레스원은 이사를 하여 중요한 사회적 지지 자원인 친구와 종교 단체로부터 멀어진 것이다. 이에 대한 한 가지 중재 전략은 할머니를 다시 옛 동네로 이사하도록 도와주는 것이다.

2) 환경의 중재

스트레스와 대처에 대한 상호작용적 견해에서 맥락은 개인의 안녕감에 직접적인 영향을 준다. 그렇기 때문에 중재 전략은 내담자에게 유익하지 않은 물리적 · 사회적 환경에 초점을 둔다. 한 예로, 물리적 환경이 노인 내담자가 적극적인 사회 활동을 하는 데 방해가 될 수 있다([글상자 5-1] 참조).

층계가 가파르고 엘리베이터가 없는 아파트에 살면서 무릎에 심한 관절염을 앓고 있는 노년기 여성을 생각해 보라. 할머니는 오랫동안 동네 텃밭을 가꾸는 것을 좋아했지만 이제는 무릎을 구부릴 수 없어 그 일을 하지 못한다. 1층으로 이사를 가는 것을 제안했지만 1층은 도둑이 많아 갈 수 없다고 하며 자신이 할 수 있는 것

:: 글상자 5-1 예방은 집에서 시작: 물리적 환경 내에 있는 가능한 문제들의 제거

물리적 환경은 노인에게 스트레스를 가중시킬 수 있다. 문제가 생길 수 있는 영역은 다음과 같다.

① 약물: 약이 쉽게 알아볼 수 있게 표시되어 보관되고 있는가?
② 층계: 층계 주변에 물건을 많이 쌓아 두지 않았는가?
③ 물 온도: 온수가 49℃ 이하인가?
④ 부엌이 안전한가? 가스레인지 주변이 정돈되어 있는가? 가스 안전장치는 작동하는가? 노인 가스 안전장치를 설치했는가?
⑤ 화장실은 안전한가? 변기와 욕조에 안전대가 있는가? 타일에 미끄럼 방지 매트는 깔려 있는가?

출처: Mace & Rabins (2001).

이 아무것도 없다고 불평한다. 할머니를 어떻게 도와주어야 하는가? 실내에 정원을 가꾸도록 도와줄 수 있을 것이다. 이와 같은 해결책은 내담자의 맥락과 가능한 자원에 따라 달라진다. 중요한 것은 내담자가 적응할 수 있도록 치료자가 자신의 역할을 확장하여 내담자의 역량 및 물리적 · 사회적 환경의 요구가 충족될 수 있도록 도와주는 것이다(Lawton, 1980, 1982).

3) 대처 전략의 교육

세 번째 전략은 현재 그리고 미래의 스트레스에 대처하는 내담자의 기술을 향상시키는 것이다. 경도 또는 중등도의 우울증을 가진 사람을 생각해 보자. 전략적으로 부정적 및 긍정적 감정 변화의 근접 원인, 일상생활 사건과 감정, 이러한 요인에 대한 내담자의 통제를 인식할 수 있는 내담자의 기술에 초점을 맞출 수 있다(Lewinsohn, Munoz, Youngren, & Zeiss, 1992). 이러한 접근은 노인들에게 성공적인 결과를 보여 준다(Gallagher-Thompson & Thompson, 2010; Thompson, Dick-Siskin, Coon, Dowers, & Gallagher-Thompson, 2010).

유사하게, 긍정적 사건에 대한 통제와 부정적 사건에 대한 유능감(mastery)을 증가시키기 위한 중재법도 개발되었다(Reich & Zautra, 1989, 1990). 이 기법은 우울한 노인뿐만 아니라 상실이나 장애를 경험한 사람들에게도 적용된다. 공통적인 요소는 자기주도적이고 효과적으로 긍정적 사건과 부정적 사건에 반응하는 것이다. 근래에는 마음챙김 명상은 통증, 우울, 불안과 같은 문제의 치료에 활용되고 있는 기법으로, 많은 경험적 증거가 축적되고 있다(Davis, Zautra, Johnson, Murray, & Okvat, 2007).

정 씨 할머니의 사례에서는 삶에서 즐거운 일을 찾도록 도와주고, 부정적 스트레스를 피하고, 우울한 감정을 통제할 수 있는 기술을 발달시킬 수 있도록 도와주어야 한다. 할머니가 감정을 스스로 관리할 수 있도록 기술을 가르치면 힘들고 만성적인 스트레스 상황에 대한 대처 능력도 향상될 수 있다.

4) 사회적 지지 제공

삶의 스트레스에 대처하는 또 다른 방법은 자신과 유사한 문제를 경험하고 있는 사람을 만나는 것이다. 하지만 이는 노인들에게는 쉽지 않다. 예를 들어, 90세가 넘은 여성 독거 노인은 대부분의 친구가 이미 다 죽은 상태다. 자녀들도 60대 이상이기 때문에 그들도 자신들의 노화로 힘들어할 수 있다. 정 씨 할머니는 "가족이 모두 죽었어요. 어머니, 아버지, 남편, 아들……." 이라고 했다. 이 경우, 치료자는 내담자가 다른 사람들을 찾도록 도와주어야 한다.

이때 두 가지 문제를 고려해야 한다. 즉, '어떤 유형의 지지를 제공해야 하는가?'와 '지지를 어떻게 제공해야 하는가?'다. 지지에는 두 가지가 있다. 정서적 지지와 도구적 지지다. 이러한 지지를 언제 제공하는가는 내담자와 언제 만나는가에 달려 있다.

> 내담자의 필요는 내담자가 사건의 과정 중 어느 시점에 있는가에 따라 달라진다. 사건 초기라면 정서적 지지가 가장 유용하지만 시간이 많이 지났다면 내담자가 자신의 삶을 재건하기 위한 실질적인 도움이 필요할 것이다(Krause, 1995a, p. 213)."

정 씨 할머니의 경우, 암 진단을 얼마 전에 받았기 때문에 이에 대처하기 위한 정서적 지지가 필요할 수 있다. 지지 집단은 할머니가 자신의 경험을 공유하고 이해받을 수 있는 공간이지만, 외부 도움과 연결되는 중요한 통로이기도 하다. 예를 들어, 집단원에게 화학치료나 질환과 관련된 조언을 들을 수 있다. 종교 단체도 그녀의 사회적 지지 체계가 될 수 있다. 하지만 모든 사회적 지지가 동일한 것은 아니다. 지지 집단 구성원 중에는 의지하도록 손을 내밀어 주는 사람도 있지만 혼자 일어서도록 독려하는 사람도 있다. 어떤 지지 유형이 가장 좋은가? 근래의 연구에 따르면 각 전략의 효과성은 장애 유형과 시기에 따라 다르다.

> 건강한 사람이라면 독립성을 독려하는 사회적 지지 체계가 도움이 된다. 오랫동안 장애가 있었던 사람도 독립성을 독려할 경우 무력감을 감소시키는 데 도움이 된다. 하지만 상실을 경험한 직후에는 주변 사람들로부터 자립적인 조언보다는 '의지해도 좋다'는 메시지를 받는 것이 더 유용하다. 이를 통해 통제감을 유지할 수 있고 위기 상황의 위협으로부터 보호를 받을 수 있기 때문이다(Zautra et al., 1995, pp. 167-168).

정 씨 할머니의 경우 암 진단과 함께 정서적 지지가 필요할 수 있는데, 이때 할머니가 참여하는 지지 집단의 특징이 중요하게 작용할 것이다.

5) 건강 습관의 증진

노인 내담자와의 작업은 노년기의 신체적 건강과 심리적 건강의 상호작용으로 쉽지 않다. 만성 스트레스는 내담자의 면역 체계와 건강 상태에 영향을 줄 수 있다(Gruenewald & Kemeny, 2007; Penedo & Dahn, 2005). 예를 들어, 치매 가족을 부양하는 데서 오는 만성 스트레스는 심혈관 질환, 대사 질환 그리고 면역 체계 질환에 영향을 주며(Vitaliano, Zhang, & Scanlan, 2003), 우울증과 불안 증세, 무력감, 사회적 철회 그리고 지각된 통제력의 상실을 증가시킨다(Fortinsky, Tennen, Frank, & Affleck, 2007). 이와 달리 명상, 이완, 운동과 같은 심리적 중재는 면역 체계의 기능에 긍정적인 영향을 준다(Penedo & Dahn, 2005). 요컨대, 신체적 · 심리적 건강의 상호작용은 치료자가 의료팀과 긴밀하게 일할 것을 요구한다. 정 씨 할머니의 경우, 그녀의 영양 상태를 평가하고, 현재의 암에 대한 치료를 받고 있는지 확인하고, 그녀의 의사와 협진하는 것이 중요하다.

6. 요약 및 결론

스트레스와 대처 모형은 이 책에서 제시한 다른 모형에 대한 중요한 보완적 치료가 될 수 있다. 왜냐하면 모든 정신건강 치료자는 내담자들이 현재 경험하고 있는 힘든 경험에 대처하도록 도와줄 수 있기 때문이다. 이 장에서는 스트레스와 대처 과정의 세 가지 주요 요소인 부담, 스트레스원 그리고 교환이 어떻게 노인에게 적용될 수 있는지 알아보았다. 이 분야에 대한 연구가 활발하게 진행되고 있어 매우 고무적이기는 하지만 삶의 스트레스, 대처, 노화에 대한 이해는 아직 완벽하지 않기 때문에 조심스럽게 접근해야 한다. 이러한 한계가 있음에도 스트레스와 대처 모형은 노인 내담자와 노인 문제를 생각하는 매우 유용한 접근이다.

제6장

가족체계 모형

왜 가족체계 모형(family systems model)을 이해해야 하는가? 노년기가 되면 가족과 멀어지고 요양원과 같은 기관에 거주하게 되지 않는가? 이러한 생각은 근거가 부족하다. 대부분의 노인은 가족과의 관계가 친밀하고 빈번하다(Fingerman, Miller, Seidel, 2009; Shanas, 1979). 노년기에 가족 관계가 더 밀접해지기 때문에 가족 기능을 지지함으로써 노인의 긍정적인 정신건강을 증진시키고, 역기능적 가족이 노인들의 정신건강에 악영향을 줄 수 있는 가능성을 탐색해야 한다. 가족체계 모형은 이러한 두 가지 영향을 보는 데 유용하다. 구체적으로 가족체계 모형의 이론적 배경을 살펴보기 전에 노년기 가족의 두 사례를 보자.

21세의 문군은 외조부모와 인천에서 산다. 문군의 부모님은 문군이 18세가 되면 독립해야 한다는 생각을 갖고 있다. 문군은 집값을 내고 사회생활을 할 정도의 충분한 돈을 벌지 못한 상태에서 외조부모님에게 능력이 생길 때까지만 같이 살게 해 달라고 부탁하였다. 문군의 외조부모님과 부모님은 양육과 교육관의 차이로 사이가 좋지 않지만 명절에는 항상 만나 왔다. 하지만 문군이 외조부모님과 동거하게 되면서 가족은 전혀 만나지 않게 되었다. 외할머니는 자식과 사이가 멀어져 상실감을 느끼지만 이 또한 손자를 위한 일이라고 생각하고 상황을 수용한다.

조 씨 할머니는 지금 사는 시골집에서 절대 이사를 안 하겠다고 주장한다. 지난달 서울에 사는 딸이 방문하여 너무나 지저분하게 어질러진 집, 자신을 돌보지 않은 할머니와 텅 빈 냉장고를 보고 너무 놀랐다. 딸은 조 씨 할머니를 당장 입원시키고 종합검진을 받도록 하였는데, 그 결과 할머니는 영양실조에 몸 군데군데 멍이 들어 있었고 시력과 청력에 상당한 손상이 있었다. 딸이 할머니를 서울에 있는 요양원으로 모시고 오려고 하자 다른 형제들은 “어머니가 사시고 싶은 곳에서 사시게 해야 한다.”라고 하면서 반대하였다. 자녀들이 싸우자 조 씨 할머니는 할아버지만 살아 계셨다면 이러한 다툼이 일어나지 않았을 것이라고 생각하게 되었다. 해당 병원 의사와 사회복지사는 자녀들의 문제가 해결될 때까지 할머니의 퇴원을 늦춘 상태이다.

1. 모형의 소개: 노화하는 가족

가족을 생각하면 어떤 그림이 떠오르는가? 아이를 양육하는 책임을 지고 있는 부모와 아이들이 생각나는가? 이모, 삼촌, 할아버지, 할머니, 사촌들이 등장하는가? 가족치료사들은 전통적으로 첫 번째 가족을 핵가족이라고 하고 두 번째 가족을 확대가족이라고 한다(Parsons, 1949). 일반적으로 핵가족을 확대가족보다 중요하게 생각하지만 확대가족도 모든 연령대 사람들의 일상생활 기능에 많은 영향을 준다(Antonucci & Akiyama, 1995). 조부모들은 점점 손자녀를 많이 양육하고 있으며, 형제자매 관계는 아동기뿐만 아니라 성인기에도 중요하고, 부모 역할은 자녀의 대학 입학이나 결혼 후에도 지속된다. 본질적으로, 다른 개인 발달의 모형과 달리 가족 발달의 모형에서 가족 발달은 자녀가 성인이 된다고 끝나지 않는다. 가족 발달은 순환적 삶의 현상이기 때문에 핵가족을 무조건 주된 관계로 가정해서는 안 된다.

결혼 관계는 65세 이상의 노인 남성(72%)과 노인 여성(42%)이 매일 경험하는 가족 접촉 경험이다(US Bureau of the Census, 2007). 비록 노인의 과반수(50%)가 기혼 상태이나 연령 증가와 함께 이러한 통계가 감소하며 특히 여성 노인의 경우 남성 노인보다 훨씬 낮다(85세 이상 남성 노인은 56.5%, 여성 노인은 14.5%가 기혼 상태). 일반적으로 노인들은 노년기 결혼 생활에 대해 더 높은 만족도를 보고하는데 (Gilford & Bengtson, 1979; Levenson, Carstensen, & Gottman, 1993), 현 노인 세대가 결혼의 영속성, 의무, 만족을 중요하게 생각하기 때문이다.

대부분의 노인은 자녀들과 정기적으로 만난다. 노부모와의 대면 시간이 거의 없다는 선입견과는 달리 대부분의 노인은, 심지어 85세 이상 노인들도 적어도 한 자녀와 일주일에 한 번 이상 만나며 전화 통화와 같은 접촉은 더 빈번하다(Troll & Bengtson, 1993). 멀리 살고 있는 자녀들도 접촉, 사진 그리고 기억을 통해 노인들의 삶에 관계한다.

부모와 자녀 관계보다 구속력이 약하기는 하지만 형제자매 관계도 노년기에 매우 가치가 있다(Bedford, 1995). 전 생애 동안 형제자매 관계는 진화하는데, 성인 초기에는 접촉이 감소했다가 노년기로 갈수록 증가한다. 형제자매는 주 부양자는 아니지만 전 생애에 걸쳐 의미와 중요성이 증가하면서 서로 도움을 제공하고 정서적 관계를 유지한다.

대부분의 노인은 조부모 역할(75% 이상)을 하고, 증조부모 역할(50%)도 한다 (Shanas, 1980). 조부모들은 어린 가족원의 사회화, 가족 내 물질 및 서비스 교환 그리고 자녀 위기(예: 이혼, 질환) 시 조력을 제공한다(Robertson, 1995). 하지만 조부모 역할의 의미는 다양하다. Kivnick(1985)은 조부모 역할로부터 얻을 수 있는 다섯 가지 차원의 의미에 대해 논하였다. 그것은 역할 중심성, 연장자 역할, 집단을 통한 영생, 개인적 과거와의 재회 그리고 너그러움이다. 노인의 삶에서 조부모 역할은 조부모가 된 시기가 그 정의와 의미를 결정한다.

물론 조부모 역할 외에도 조카, 사촌, 사돈, 그리고 이혼과 재혼을 통한 다양한 관계가 있지만 아직 이에 대한 연구는 많지 않다. 인종과 문화, 관계 유형(동성, 이성), 지역(도시, 농촌), 사회계층에 따라 가족 구조가 다르며 가족 크기, 결혼한 나이, 이혼 및 재혼 패턴은 문화적 정체성과 사회화 과정의 영향을 많이 받는다.

가족과 노인의 관계는 어떠한가? 노인을 생각할 때 많은 사람은 자녀나 손자녀들의 부양을 받는 노인의 이미지를 생각한다. 물론 이러한 부양의 기능은 노인이 있는 가족뿐만 아니라 일반적인 가족의 중요한 기능이기도 하다(Fingerman et al., 2009). 항상 그런 것은 아니지만 노인은 부양자일 확률보다 피부양자일 확률이 높다. 하지만 노인들은 자녀, 손자녀, 증손자녀들에게 많은 돌봄을 제공한다. 또한 장애, 질환 또는 부상이 있는 성인 자녀에게도 조력을 제공한다. 하지만 대부분의 노인은 생의 마지막에만 가족의 도움을 필요로 한다.

가족은 노쇠하거나 장애가 있는 사람을 돌보는 것 외에도 다양한 기능을 제공한다(Fingerman et al., 2009). 어느 연령이든 가족 관계는 가족원의 발달을 돕는다. 가족은 개인의 발달(예: 입학, 졸업, 결혼)을 함께 기뻐하고, 스트레스를 받을 때 서로 지지해 주고, 힘든 결정도 함께 한다. 또한 가족은 가치가 사회화되고, 개인적 가계가 만들어지고, 가장 강력한 개인적 발달 과제가 성취되는 맥락을 제공한다(Hagestad, 1986). 즉, 가족 관계에서 자율성과 의존성, 연결성과 분리성, 그리고 변화와 연속성의 변증법적 갈등이 발생한다(Bengtson & Kuypers, 1984).

개인적 발달 과제와 노년기 사건들은 다른 가족원에게 영향을 준다. 노년기에 일어나는 ① '둥지' 비우기, ② 은퇴, ③ 만성 신체질환의 발현의 세 가지 전환적 사건은 가족 관계의 재구성을 요구한다. 가족 관계의 주요 측면은 시간 구조, 역할, 의사소통, 권력 균형, 양육과 같은 개인적 삶의 전환에 영향을 만든다(Qualls, 1995a). 개인적 삶의 변화로 인한 파급 효과는 '삶의 사건망(life events web)' 속에 있는 가족이 가장 먼저 느끼게 된다(Pruchno, Blow, & Smyer, 1984).

세대 간 가족 접촉은 평생 지속된 규준적 패턴을 따르지만 가족 구조는 복잡하고 다르게 변경되는 경우가 있다. 최근의 사회학적 변화들은 가족 기능에 많은 영향을 주었다. 가족의 삶에 영향을 미친 인구통계학적 변화로는 증가된 기대수명, 출산율 감소, 직장 여성의 증가, 이혼율 증가, 인종 다변화가 있다(Kinsella, 1995). 이러한 변화들은 가족의 구조와 기능을 변화시켰다. 예를 들어, 한 가족 내에는

3세대 이상이 생존할 가능성이 높다. 가족원들은 각 관계를 오래 유지(자매로서 80~90년을 살고, 엄마로서 60~70년을 지냄)하는 경향이 있지만 자매, 이모나 고모의 수는 감소하고 있기 때문에 이들과 특별한 관계를 맺거나 모델이 될 가능성은 더 적다(Hagestad, 1988).

결론적으로, 가족은 노인들에게 강력한 관계 맥락을 제공한다. 가족 접촉은 빈번하고 의미 있다. 젊은 사람들처럼 노인들은 가족 맥락 안에서 기본적인 사회적 욕구를 충족시키기 때문에 가족원의 삶에 일어나는 주요한 사건들의 영향에 노출되어 있다. 죽음, 이혼, 결혼, 출산, 은퇴, 질환, 상해, 불운이 모두 노인의 삶에서 일어나며 이러한 사건들은 노인의 욕구가 충족되는 방식을 변화시킨다.

2. 가족 역동: 체계 모형

가족은 과제를 성취하기 위해 어떻게 상호작용하는가? 왜 갈등이나 부담이 생기는가? 노년기에 가족의 어떠한 상호작용이 정신질환을 발생시키는 요인이 되는가? 노인의 정신질환은 부양을 제공하는 가족에게 어떠한 영향을 미치는가?

체계 모형은 사람이 사는 사회적 맥락을 강조한다(Whitchurch & Constantine, 1993). 문제란 개인이 아닌 사회적 단위에 내재한다. 체계이론은 문제가 인체 기능에 근거할 수 있지만(예: 알츠하이머병) 사회적 단위에서 문제를 효과적으로 다루지 못할 경우 더 심각하게 경험된다고 본다.

일차적 사회 단위로서 가족은 정신건강에 대한 체계 이론가들의 주된 관심사다(Whitchurch & Constantine, 1993). 노인의 가족은 개인이 정의한 확대가족일 가능성이 높다. 다시 말해, 체계를 분석하는 데 있어서 노인의 '가족'은 명료하지 않은데, 배우자, 성인 자녀, 조카들, 형제자매, 이웃이 도움을 필요로 하는 노인과 의미 있게 관련된 사람들일 수 있다. 체계 모형에서는 노인의 일상생활 기능에 중요한 영향을 주는 사람을 먼저 분석한다. 기관에 입소한 노인들의 경우, 사회적 단위는 관련 직원(규칙적으로 돌봐 주는 간호조무사, 담당 간호사, 사회복지사, 문제에 따라서 영양사나 행정가)과 가족원이다(Norris, 2009).

체계는 서로에게 지속적으로 직간접적 영향을 주는 복잡한 상호관계적 단위다. 단위에 포함된 개인들은 행동의 주체(actor)가 되기도 하고 반응자(reactor)가 되기도 한다. 전통적인 사회과학적 틀에서는 원인과 결과의 관계가 선형적으로 일어나는 것으로 본다(A가 B를 자극: '그 남자의 말이 나를 화나게 하였다.'). 이와 달리 체계이론에서는 가족과 같은 복잡한 단위를 순환적 인과관계로 본다. 사건은 수많은 상호작용과 관련되어 있기 때문에 한 가지 사건을 원인으로 보고 다른 한 가지 사건을 결과로 보기 어려운데, 다른 시점에서 순환 과정이 중단되면 원인과 결과가 달라질 수 있기 때문이다. 예를 들어, 어떤 사람이 화를 내면서 한 말에 대해 상대방이 화를 낼 경우, 첫 번째 발언이 두 번째 발언을 자극했다고 선형적으로 볼 수는 있지만 체계 이론가들은 첫 번째 발언 이전에 이를 자극한 중요한 사건이 있었을 가능성이 있다고 본다. 즉, 첫 번째 발언이 발생하기 전에 두 번째 발언을 한 사람이 첫 번째 발언을 한 사람을 먼저 무시했을 수 있다. 또한 두 번째 발언을 한 사람이 경멸스러운 눈빛을 보냈을 수도 있다. 다시 말해서, 인간의 상호작용은 행동, 기대 그리고 행동에 대한 신념과 같은 지속적인 의사소통의 복잡한 순환으로 이루어지는 경우가 많다. 따라서 가족에서 한 가족원의 행동은 다른 가족원과 직간접적으로 관련이 있다.

인간 상호작용의 순환적 인과관계를 감안할 때, 행동의 의사소통적 기능은 자세하게 관찰되어야 한다(Watzlawick, Beavin, & Jackson, 1967). 대부분의 의사소통은 비언어적으로 이루어진다. 친숙한 사회적 환경에서는 더 많은 의사소통이 비언어적으로 일어난다. 단어가 의사소통에 사용되기는 하지만 단어가 사용된 맥락이 의미를 부여한다. 배우라는 직업의 기능은 동일한 대본을 자신의 어조나 신체언어를 통해 상이한 의미로 전달하는 능력에 있다. 관계 구조는 의사소통이 구조화되는 더 강력한 맥락을 제공한다.

관계는 권력과 위계에 의해 구조화된다. 교수가 학생에게 "어젯밤에 잘 놀았니?"라고 물었을 때, 학생은 교수와의 권력 차이를 인식하고 반응하기 때문에 방어적이 된다. 만약 친구가 동일한 질문을 했다면 전날 밤 있었던 일에 대해 흥분한 어조로 자세하게 이야기했을 것이다. 이 장 서두에 제시한 사례에서 문군의 부모님이 조부모와의 접촉을 회피하는 이유는 조부모가 문군에게 동거를 허락한 것이 자신들의 권위에 대한 모욕이라고 생각하기 때문이다. 이 사례를 평가하기 위해서는 문군이 조부모와 함께 살기 전의 부모님과 조부모님의 관계를 알아야 한다.

가족 관계의 구조는 가족의 상호작용에 영향을 주는 강력한 요인이다. 세대 간의 위계는 가장 대표적인 구조이지만 젠더 역할, 총애받는 아들딸이나 가족 희생양도 상호작용을 해석하는 맥락을 제공한다. '규칙' 이라는 것은 행동을 설명할 뿐만 아니라 행동 패턴에 대한 무언의 감시를 한다. 예를 들어, '분노를 드러내지 않아야 한다' 와 같은 가족 규칙은 가족원의 행동을 규제한다. 이러한 가족 규칙이 있다면 많은 경우 분노를 감추게 되며, 분노를 표출하면 사회에서 문제행동으로 보지 않더라도 가족 내에서는 반항아로 낙인찍거나 행동 문제으로 보게 된다. 그렇기 때문에 자녀의 '문제' 는 실제로 가족 체계의 문제일 수 있다. 어쩌면 문군 가족 내에는 '만약 상대방이 나를 무시하면 그 사람과 더 이상 이야기를 하지 않는다' 라는 규칙이 있을 수 있다.

역설적으로, 규칙을 지키지 않아서 가족이 문제라고 생각하는 노인이, 과거에 그 규칙을 만들어 가족에게 강요한 장본인일 수도 있다. 예를 들어, 배우자와 사별하고 나서 이성과 동거를 하겠다고 가족에게 이야기한 남성 노인은 자녀들이 어렸을 때 이성 문제에 대해 엄격한 부모였을 가능성이 있다. 때로는 인지적 장애나 치매로 인한 행동이 가족 규칙과 대립될 때(예: 분노, 적대적 행동, 성적 행동) 가족은 당황한다. 노인들의 행동이 가족 규칙에서 벗어날 경우에는 다른 가족원들에게서 강한 정서적 반응을 일으키는데, 이는 노인이 바로 그 규칙을 만들고 유지한 장본인이기 때문이다.

경계라는 것은 누가 어떤 역할에 어떻게 참여할 수 있는가에 대한 규칙이다(Minuchin, 1974). 경계의 목적은 가족 내 구성원을 구분하는 것이다. 예를 들어, 누가 재정적 결정을 하고, 누가 정서적 지지를 제공하고, 누가 아이들을 책임지는지를 정의하는 것이다. 많은 체계 이론가는 경계가 명확할수록 가족이 건강할 가능성이 높다고 본다. 하지만 경계가 너무 경직되거나 너무 불명확하면 문제가 생길 수 있다. 과도하게 경직된 경계를 가진 가족을 유리된 가족이라고 부르는데, 경계로 인해 적응이 필요한 역할을 수행하기 힘들기 때문이다. 반면, 경계가 불분명한 가족은 몰입된 가족으로 모든 가족원이 모든 역할을 수행한다. 대부분의 가족은 이 두 극단의 중간 정도에 해당한다. 형식적 측정 도구를 사용해서 이러한 특징을 평가할 수 있다(Olson, 1996). 하지만 그보다는 임상적 관찰을 통해 평가하는 경우가 더 많다.

노년기 가족은 과거 자녀를 양육했을 때의 특징이나 구성원이 그대로 유지되는 것은 아니지만 노년기 나름의 규칙에 의해 상호작용이 통제되는 기능적 체계가 있다. 상호작용은 반복되는 순환이 일어나는 언어적 그리고 비언어적 행동으로 구성되어 있다. 예를 들어, 노모에 대한 의료적 결정을 내려야 할 때 우리나라의 경우는 큰아들이, 미국의 경우는 큰딸이 주도적 역할을 하며 이러한 결정에 대해 다른 형제나 자매는 따르도록 기대된다. 만약 나머지 형제자매 중 반대하는 사람이 생기면 그는 문제아로 낙인찍힌다. 만약 결정을 내려야 하는 자녀와 연락이 닿지 않으면 가족 규칙이 실행되지 않기 때문에 혼란스러워질 수도 있다. 조 씨 할머니의 경우, 자녀들이 할머니의 상황에 대해 개방적으로 논의한 적이 없고 할머니도 자신에 대한 결정을 자녀에게 맡긴 적이 없다. 그래서 할머니는 할아버지가 살아 계셔서 모든 가족을 통제하던 과거의 핵가족 구조로 다시 돌아가고 싶을 수 있다.

가족 체계 내의 각 구성원은 규칙이 무엇인지, 왜 그렇게 구조화되었는지, 그리고 규칙을 어기면 어떤 결과가 생기는지에 대한 신념이 있다. 규칙에 대한 속성은 관련된 사람들의 성격에 근거한다("할머니에 대한 감시를 유지해야 돼." "어차피 도와주지 않을 테니 묻지도 않을 거야."). 성격에 근거한 귀인을 하게 되면 변경할 수 없는 특질에 초점을 두게 되어 과거 중심의 문제해결적 노력을 하지 않게 된다. 실제로 많은 가족 문제는 문제해결의 노력이 실패했기 때문에 생긴다(Herr & Weakland, 1979). 가족 규칙에 대한 성격 중심의 귀인을 하면 사람의 성격을 변화시키려는 노력을 하게 되지만, 이는 변화가 요구되는 대상의 저항을 불러일으키는 경우가 많다. 조 씨 할머니 가족은 성격귀인 모형을 근거로 상호작용하고 있기 때문에 현재 문제를 효과적으로 해결하는 데 필요한 상호 협조적 노력이 약화된다.

조 씨 할머니의 사례를 담당하고 있는 전문가는 성인 자녀들이 결정해야 하는 문제를 행동적으로 정의하도록 도와줄 필요가 있다. '큰딸이 할머니를 서울에 있는 양로원으로 옮길 권한이 있는가?'와 같이 문제를 구성하기보다, 가족은 조 씨 할머니의 필요를 충족시키기 위해 작업할 필요가 있다. 속전속결의 딸과 신중한 아들의 성격에 초점을 두는 대신, 자녀들이 현 과제에 초점을 맞추도록 한다. 따라서 먼저 여러 가지 정보가 수집되어야 한다. 현재 조 씨 할머니가 어려움을 경험하고 있는 부분은 무엇인가? 할머니의 기능을 가장 잘 보완해 줄 수 있는 주거지는 어느 곳인가? 조 씨 할머니의 주거에 대한 자녀들의 가치와 선호는 일단 할머니의 필요가 가장 잘 충족되는 맥락 내에서 탐색되어야 한다. 자녀 모두가 할머니가 안전하게 잘 돌봄을 받으면서 자율적인 생활을 하기를 원한다. 그렇다면 이제 자녀들은 이러한 가치를 충족시키는 대안을 찾아야 한다.

가족원들은 가족 역동을 구성하는 특정한 관계에 서로 얽혀 있다. 가족 체계의 세 가지 관계 유형은 동맹(alliance), 삼각화(triangles) 그리고 융합(coalition)이다. 동맹은 두 사람이 공동 목표를 공유하면서 나머지 한 사람과는 공유하지 않는 것이다. 즉, 두 사람이 결합하여 다른 한 사람에게 대항하는 것이다. 삼각화는 두 사람의 문제를 다른 한 사람을 통해 관리하는 것이다. 삼각화의 전통적인 모형은 문제가 있는 아이(지목된 환자, identified patient)와 갈등이 많거나 불행하다고 느끼는 부모들 간의 삼각관계다. 노년기 가족에서 삼각화는 다양하지만, 전형적으로는 오랫동안 사이가 좋지 않았던 자매들이 부모의 부양 문제에 대해 서로 합의할 수 없는 의견을 제시하여 갈등을 보이는 경우가 많다. 조 씨 할머니의 부양 문제는 기저의 오래된 갈등적 관계로부터 회피하게 해 준다. 다른 가족 구조도 삼각화될 수 있다. 어머니와 딸의 갈등은 아버지에 대한 상호 관심에 따라 피하게 된다. 삼각화는 한 세대 내에서 일어날 뿐 아니라 형제자매, 부모, 사촌, 삼촌, 조부모와 같은 구조에서도 다양하게 나타날 수 있다. 문군이 조부모와 살게 되면서 문군의 부모는 조부모와 아들이 동맹을 형성하여 대항하고 있다고 볼 것이다. 이런 경우, 문군은 부모와 조부모 사이에 삼각화된 것이다.

3. 체계 모형 접근으로 본 정신건강

개인의 욕구를 충족시키는 체계는 기능적인 것으로 간주되지만 개인이나 일부 구성원의 욕구가 충족되지 않을 경우 문제가 발생한다. 그러므로 정신건강은 개인적 수준의 구조로 개념화하기 어렵다. 노인의 자기관리 능력, 사회적 욕구, 자존감의 욕구가 충족되지 않을 경우 그 노인에게 '정신질환' 이 있다고 할 수 없다. 체계 모형에서는 노인의 행동을 일으키거나 유지시키는 관계적 맥락을 검토해야 한다. 따라서 노인의 문제와 관련된 특정 관계적 체계를 검토하여 문제행동을 일으키거나 유지하는 순환적 인과 고리를 찾는다.

가장 중요하게 보아야 하는 행동은 문제행동을 유지시키는 현재의 관계적 상호작용이다. 행동이 발생한 원인을 찾는 것이 체계 내의 구성원들이 순환 고리를 이해하도록 하는 데 도움은 되지만 현재 일어나는 상호관계가 그보다 훨씬 더 중요하다. Herr와 Weakland(1979)는 가족 체계에서 문제를 해결하려는 최초의 노력이 실패하더라도 지속되는 경우가 많은데, 이는 가족이 다른 대안적 접근을 찾을 수 없기 때문이라고 보았다. 그런데 실패한 해결책은 또 다른 문제행동을 만든다. 그래서 실패한 해결책은 현재의 문제를 유지하는 기능을 하게 된다.

잘 기능하지 않은 구조로 구성된 체계들은 구성원의 욕구를 충족하는 과정에서 문제를 야기한다. 결정을 내리는 상황에서 가족이 융합되어 있거나 경계가 불분명한 경우 삶의 규준적 · 비규준적 사건에 적응하는 데 어려움을 경험하게 된다. 이러한 구조들은 잘 적응하거나 자신의 욕구 또는 선호를 명확하게 전달하는 데 필요한 유연성을 제한한다.

심지어 잘 기능하는 가족도 구성원의 욕구를 충족시키는 지식이 부족하거나 적응하는 데 적절하지 않은 전략을 선택하는 경우 특정 사건을 힘들게 경험할 수 있다. 예를 들어, 가족에 치매 환자가 있을 경우, 부양에 대한 적절한 결정을 내리고 부양자들을 지지해 주기 위해서는 치매 질환에 대한 기본적인 이해가 필요하다. 과거에 잘 적응한 가족이라도 치매에 대한 지식이 부족하면 문제에 비효율적으로 접근할 수 있고 가족원 중 한두 명에게 피해가 되는 해결책을 반복할 수 있다. 가족의 기본 구조가 특정 문제 영역을 제외하고는 잘 기능하는 경우에는 단기적 심리교육 중재로도 충분히 문제가 해결될 수 있다. 조 씨 할머니가 혈관성 치매로 혼자 식사하는 것이 힘들고 불안정하게 걸음을 걷고 때로는 넘어지는 상황을 가정해 보자. 이때는 요양원에 할머니를 입소시키고자 하는 큰딸의 결정이 적절할 수 있다. 할머니를 현재 주거지에 계속 사시게 하려는 다른 형제들의 생각은 할머니의 자율성을 존중하고자 하는 생각 때문일 수도 있고 진단이나 인지장애의 특징에 대한 정보가 부족하기 때문일 수도 있다. 따라서 할머니가 가진 질환의 원인과 상태를 자세하게 설명해 줄 수 있는 가족 모임이 자녀들이 문제를 해결하는 데 충분할 수 있다.

어떤 가족은 평생 부적응과 역기능적 가족 구조를 지속시킬 수 있다. 이러한 가족의 경우 치매에 대한 적절한 지식을 제공하여도 서로 협력하여 부양을 제공하기 어려울 수 있다.

4. 평 가

평가는 누가 서비스를 의뢰했는가에 따라서 가족 중 한 사람 또는 여러 사람을 대상으로 실시할 수 있다. 치료자는 주로 노인의 주 부양자와 상담을 하는데, 부양자를 통해 다른 가족원을 참여시킬 수 있다. 피부양자는 가족 평가나 중재에 참여할 수도 있고 참여하지 않을 수도 있다. 일상생활에 장애가 되는 인지적 결함이 있거나 개인이 자신의 한계를 인식할 수 있는 능력이 부족한 가족의 경우에는 상담실에서 참여가 매우 제한될 수 있다. 각 가족원을 대상으로 조심스러운 면접을 한다면 가족 기능에 대한 비교적 객관적인 평가를 할 수 있다. 가족 갈등의 경우는 직접 가족원의 관계를 보거나 이메일을 주고받는 것이 상호작용에 대한 통찰을 제공해 줄 수 있다.

어떤 문제가 평가되어야 하는가? 문제에 대한 답은 문제의 본질에 달려 있다.

가족 체계적 중재를 하기 위해서는 몇 가지 범주의 정보를 살펴보아야 한다.

1) 가족 구조

가족 구조를 그림으로 표현하는 가계도는 여러 세대에 걸쳐 가족원들에 대한 정보를 효과적으로 조직화하는 유용한 방법이다(McGoldrick, Gerson, & Petrie, 2008). [그림 6-1]은 문군 가족의 가계도다.

가계도는 세대 간 혈통뿐만 아니라 가족 간 동맹, 유대 그리고 갈등에 대한 정보를 포함한다. 문군과 외할머니의 관계는 매우 친밀하지만 외할머니와 부모의 관계는 갈등이 매우 심하다. 어머니와 외할머니의 갈등은 문군이 외할머니와 살게 됨으로써 큰 전쟁으로 확대되었다.

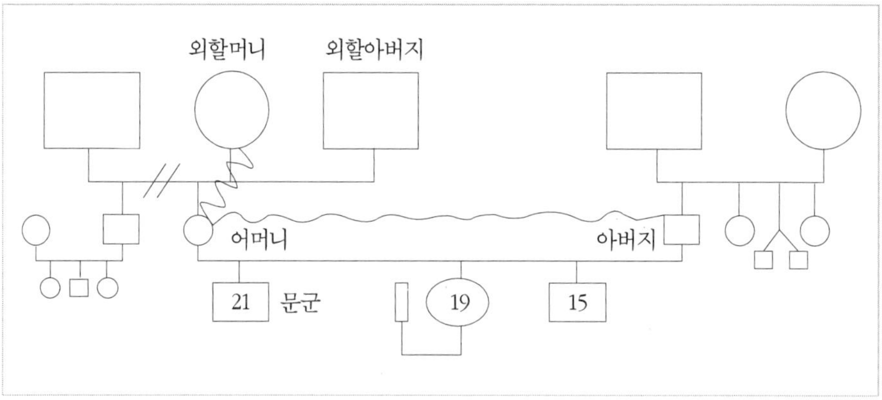

그림 6-1 문군 가족의 가계도

2) 가족 발달

가족을 설명하는 또 다른 방법은 가족생활주기 단계다. 이 가족생활주기에 대한 모형은 [그림 6-2]에 제시되어 있다(Rodgers & White, 1993). 이 그림은 한 개인의 일반적인 가족 발달단계를 보여 주는데, 각 단계는 가족 구성원의 출입을 보여

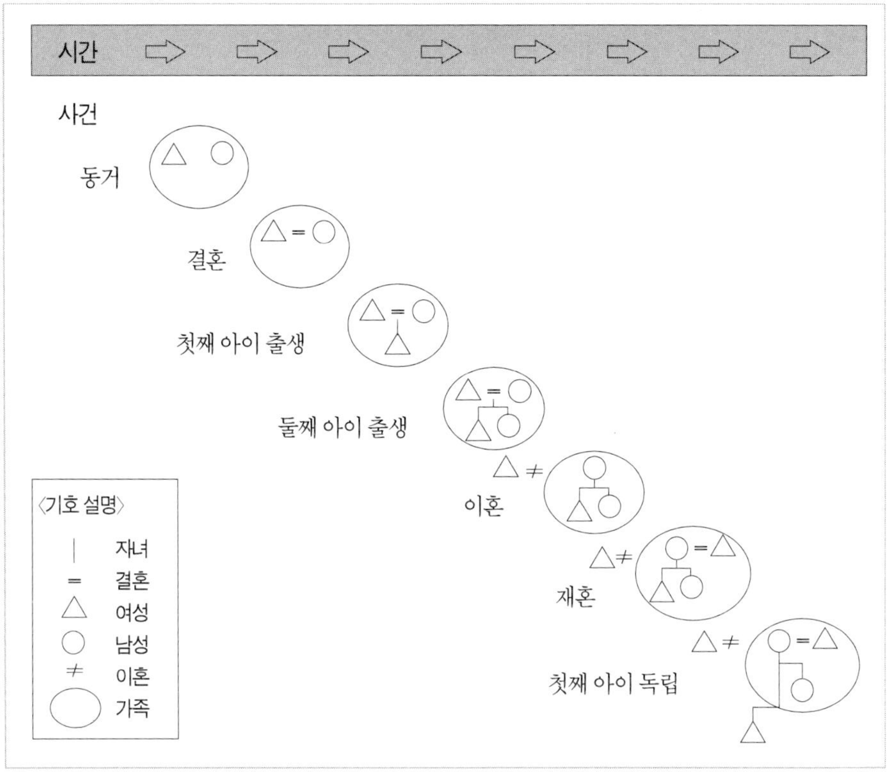

그림 6-2 가족 단계와 사건

출처: Rodgers & White (1993).

준다. 한 50세 여성은 자녀들을 결혼시켜 떠나보내는 단계에 있고, 그녀의 딸은 가족을 형성하는 단계, 그리고 그녀의 어머니는 마지막 단계에 있다. 가족 주기는 단순하게 선형적이거나 순환적이지 않다. 가족생활주기를 형성하는 가족 발달은 매우 복잡하다. 이혼, 만성질환, 자녀의 사망, 해고 등은 삶의 각 단계의 의미와 순서를 변경시키는 삶의 경험이다(Carter & McGoldick, 1988).

정신건강 전문가들은 각 가족원의 단계에 대한 지식을 활용하면 가족이 서로의 삶의 과제를 성취하는 것을 어떻게 방해하고 있는지 알 수 있다고 한다. 예를 들어, 자율성과 독립을 성취하고자 하는 젊은이는 가족을 더 친밀하게 만들려는 할머니의 욕구에 저항할 수 있다. 가족생활주기를 통해 가족의 전체 기능에 영향을 주는 개개인의 적절한 발달 과제를 알 수 있다.

3) 가족 기능

체계이론에서는 가족원들의 욕구가 어떻게 충족되는지를 이해하고자 한다. 가족원이 자신의 욕구를 충족시키면서 자신의 발달적 과제를 성취하고자 하는 노력의 결과로 생기는 상호작용 유형을 자세히 검토한다면 가족 구조를 파악할 수 있다.

가족 과정을 이해하기 위한 몇 가지 방법이 있다. 가족의 언어적 상호작용은 가족 구조와 역할에 대해 많은 것을 알려 준다. 모든 가족원이 누구의 말을 귀담아 듣는가? 누가 감정을 표현하는가? 다른 세대 가족원의 의견에 반대하면 어떻게 되는가? 누가 마지막 결론을 내리는가? 누가 제외되거나 책임을 지는가? 가족 상호작용을 관찰하면 가족 간 동맹, 연합, 갈등이 명확해진다.

Shields(1992)는 치매 환자를 돌보는 우울증이 있는 가족 부양자와 다른 가족원들과의 상호작용을 관찰하였다. 상호작용을 작은 단위로 나눈 후 다양한 정서(긍정, 부정, 중립)를 부호화하고 정서의 순서를 분석하였다. 그 결과, 매우 흥미로운 패턴이 관찰되었다. 더 우울한 부양자일수록 가족원의 부정적인 정서가 담긴 말에 더 공감적으로 반응하였던 것이다. 다시 말해, 부양자들은 환자들만 돌보는 것이 아니라 다른 가족원도 돌보는 역할을 하였다. 부양자의 우울증은 또 한 가지 예측하지 못한 패턴과 상관을 보였다. "우울한 부양자의 가족원은 부양자가 우울한 정서를 표현할 때 더 슬픈 반응을 보였지만 부양자가 긍정적 정서를 표현하면 분노 반응을 보였다."(Shields, 1992) 가장 우울한 부양자가 긍정적인 정서를 보이면 가족원들이 분노 반응을 보였다! 일반적으로 가족을 지지의 근원으로 생각하지만 가족 역동은 생각보다 훨씬 더 복잡하다.

가족 기능에 대해 알 수 있는 또 다른 전략은 특정 과제를 수행하는 가족원들의 일련의 행동 순서를 관찰하는 것이다. 예를 들어, 의사가 부양자에게 전화를 하여 피부양자의 검사에서 우려할 만한 결과가 있다고 알려 줄 때 부양자는 어떠한 행동을 하는가? 부양자는 누구에게 이를 알리는가? 모든 가족원에게 동일한 정보가 전달되는가? 의사결정에 누가 관여하는가? 가족원들은 부양자의 어려움에 어떻게 반응하는가? 어떠한 행동이 지지적이고 어떠한 행동이 방해가 되는가? 이러한 행동이 그 행동자의 의도와 일치하는가? Herr와 Weakland(1979)는 지지적인 행동이 실제로는 의존성을 강화시킬 수 있다고 하였다. 그들은 한 집에서 친정아버지를 부양하면서 아이를 둘 키우는 기혼 여성의 예를 들었다. 친정아버지는 의지만 있으면 스스로 할 수 있는 일을 가족에게 점점 의존하게 되었다. 딸은 친정아버지가 스스로 일상생활 기능을 하도록 달래고, 요구하고, 부탁하는 등의 다양한 전략을 사용했다. 가족치료사가 상호관계에서 일어나는 일련의 행동 순서를 분석했더니 딸의 행동이 아버지의 의존성을 강화시키는 것으로 나타났다. 딸이 위협을 하면 아버지는 자신이 왜 도움이 필요한지에 대해 딸을 설득하게 되어 의존성이 오히려 강화되었다. 치료사는 행동 순서에 대한 자세한 분석을 통해서 이러한 패턴을 볼 수 있었다. 딸이 중간에 설득이나 위협을 '포기'하게 되는 것을 강화로 본다는 점에서 이러한 분석은 행동주의적 접근과 유사하다. 체계 분석에서는 이것을 상호 강화로 보는 반면, 행동주의적 접근에서는 아버지의 행동에 초점을 둔 선형적인 선행사건-행동-결과로 본다는 점에서 차이가 있다.

체계 평가에서는 다음과 같은 질문을 통해 가족 활동의 결과를 탐색한다. 가족의 욕구가 충족되고 발달적 과제가 성취되고 있는가? 가족은 다양한 방법을 통해 자신을 구조화하여 가족원들의 발달을 지지하는 과제를 성취한다. 따라서 과제를 성취하는 방법은 가족 중 누군가의 욕구가 충족되지 않을 때 탐색하는 것과 관련이 있다. 예를 들어, 한 가족은 어린아이의 욕구를 충족시킬 수 있지만 독립하고자 하는 청소년의 욕구는 충족시키지 못할 수 있다. 또한 노년기에 자녀들의 독립에는 적응했지만 노화에 따른 심각한 질환을 경험하고 있는 가족원을 부양할 수 있는 기술과 자원은 부족하여 거기에 적응하지 못할 수도 있다. 이와 같은 기능적 결핍은 문제행동을 보이는 가족원을 통해 드러날 수 있는데, 이러한 가족원을 '지목된 환자(identified patient: IP)'라고 한다. 지목된 환자의 비정상적 기능은 정신이상 때문이 아니라 가족이 가족원의 욕구를 충족시키지 못했기 때문임을 보여 준다.

4) 가족 역사

이전 세대에서 노화 문제를 어떻게 다루었는가? 현 가족은 인생의 전환을 어떻게 다루었는가? 이 두 가지 가족 역사가 노년기에 중요하다. 체계이론가들은 가족 규칙, 가치, 상호작용 패턴 그리고 불안의 세대 전이를 강조하였다(Boszormenyi-Nagy & Spark, 1984; Bowen, 1978). 유사한 발달 과업에 대한 이전 세대의 방식을 보면 현 체계의 문제가 더 단순하게 해결될 수 있다. 하지만 이전 세대는 지금 세대만큼 오래 살지 않았기 때문에 이전 세대의 경험에서 얻을 게 없을 수도 있다. 따라서 가족의 노년기 문제나 사건에 대한 해결책이 이상적으로 그려질 수 있다. 반면, 노화 관련 문제에 대한 명확한 규칙을 가진 가족일지라도 그 규칙이 특정 맥락에서 특정 노화에 대한 욕구에 잘 적용되지 않을 수 있다.

노화 문제가 가족에게 새롭고 낯설지라도 과거에 다른 문제에 적용했던 대처 방식을 이 문제에도 사용할 수 있다. 과거 가족의 전환을 성공적으로 관리했던 가족원들은 성공적 해결 경험을 회상함으로써 현재의 문제에 유용한 자원과 전략을 갖게 된다.

5. 중 재

가족과 함께 작업할 때 치료자가 가장 먼저 하는 일은 가족에 참여하는 것이다. 치료자는 가족의 일부가 아니기 때문에 가족에 참여하는 행동 자체가 중재다. 가족 내 치료자의 역할은 '컨설턴트'다. 치료자는 노화 과정과 적응에 있어 가족을 지지하고 교육하게 된다. 전문가의 가족 내 이러한 역할을 허용하는 것은 가족원들이 가족의 문제를 인정하고 관련 교육에 개방되어 있음을 수용하는 것이다. 가족에 참여하여 평가하는 것 자체가 중재이기 때문에 중재를 평가와 구분하기는 어렵다.

체계 모형에는 1단계 변화와 2단계 변화가 있으며, 각각에 대한 중재는 다르다. 1단계 변화는 가족의 기본적인 구조나 기능 패턴에 대한 근본적인 변화 없이 행동 패턴을 수정하는 것이다. 일반적으로 정신건강 전문가들은 1단계 변화를 위한 중재에서 시작하여 변화가 충분한지 평가한 다음에 2단계 변화를 적용한다.

많은 경우에 노년기 가족은 새로운 문제를 경험하게 된다. 일반적인 1단계 변화에서는 질환, 은퇴, 애도 상황에서의 가족의 적응과 대처를 도와줄 수 있는 자원에 대한 교육이 이루어진다. 교육은 단지 사건이나 발달 과업에 대한 것뿐만 아니라 주변 사람들의 도움을 받는 법 그리고 지역사회 자원에 대한 것도 포함한다.

2단계 변화는 가족 구조와 가족의 기존 기능을 변화시키는 데 초점을 둔다. 예를 들어, 가족치료사는 가족에게 가족 체계 내 특정 역할을 담당하는 하위 단위를 재구성하게 할 수 있다. 또는 현재 구조가 기능을 잘 할 수 없다면 가족이 의사결정 구조를 재구성하도록 지도할 수 있다. 노모와 성인이 된 딸이 서로 적절하게 거리를 두는 방법을 몰라서 계속 갈등을 지속하는 경우, 치료자는 자식이 부모에게 직언을 하면 안 된다는 규칙을 깨고 원하지 않는 문제에 대해서는 잠시 대화를 중단했으면 좋겠다고 솔직하게 말하도록 독려할 수 있다.

2단계 변화의 또 다른 전략은 상호작용 패턴을 변화시키는 것이다. 치료자들은 가족원들에게 즉시 동맹을 재구성하기 위해 치료실에서 그들이 앉는 위치를 변경하게 하는 경우가 있다. 이를 통해 치료자들은 익숙하고 비생산적인 패턴이 아닌 새로운 패턴이 형성되도록 상호작용의 순서를 변경시킬 수 있다. 본질적으로, 체계적 요인은 노년기 가족의 스트레스를 일으킬 수 있으므로 가족 구조에 초점을 두는 중재가 유용할 수 있다(Mitrani et al., 2006).

다음 사례에서 이러한 원리를 볼 수 있다. 한 66세 여성이 가족치료사에게 68세인 남편과 42세인 딸을 데려왔다. 치료자는 딸과 아버지가 어머니에 대항하여 서로 동맹을 맺고 있다는 것을 즉시 알 수 있었다. 이러한 동맹은 앉은 위치만으로도 명확하게 드러났다. 아버지와 딸은 서로 소파에 함께 앉았고 어머니는 두 사람의 건너편에 앉았다. 어머니가 치료를 받으러 온 이유를 설명하면서 주도성이 부족한 딸에 대해 걱정하였다. 어머니의 말에 대해 아버지는 "말도 안 돼."라고 하면서 어머니의 말을 중단시켰다. 그러고는 지난주 딸의 모든 활동을 나열하였다. 딸은 조용히 침묵하면서 아버지에게 의지하듯 기대었다. 아버지와 딸은 딸의 독립성에 문제가 없다는 입장에 동맹을 맺고 있었다. 그러나 아버지와 딸의 동맹은 아버지와 어머니의 친밀성(구조적 문제)과 딸의 성인기 독립(발달적 문제)에 방해가 되고 있다. 이때 아버지가 어머니 옆으로 자리를 옮겨 서로 손을 잡고 딸의 장점에 대해 말하도록 한다면 아버지와 딸이 같이 앉았을 때보다 둘 간의 부부 관계가 더 강제적으로 인식될 수 있다.

일단 부부간 관계가 친밀해지면 딸에 대한 그들의 관심은 더 생산적이 될 것이다. 치료자는 상호작용 순서에서 어머니와 아버지 간의 대화를 먼저 하게 하고, 이때 딸이 참여하지 않도록 한다. 그다음 딸과 어머니가 대화를 하고 아버지의 참여는 제한된다. 만약 아버지가 문제를 부정하거나 딸을 위해 대화를 가로막는 전형적인 역할을 했다면 어머니와 딸이 직접적이고 취약한 방식으로 상호작용하는 것을 불안하게 느낄 것이다. 이러한 불안은 새로운 상호작용 패턴이 형성될 수 있는 기회를 제공하며, 가족원들은 발달적 과제를 직접 다룰 수 있게 된다. 가족원들은 평형을 유지하려고 노력하기 때문에 치료자는 2단계 변화를 일으키기 위해 가족에게 적극적이고 창의적으로 개입해야 한다(Qualls & Noecker, 2009).

또 다른 접근은 가족 가치, 책임, 상호호혜의 균형에 초점을 두는 것이다(Hargrave & Anderson, 1992). 가족은 '해야 한다(should)' 라는 가치 체계만을 전수하는 것이 아니라 가족의 독특한 역사와 가계에 근거한 규칙 및 책임도 전달한다(Boszormenyi-Nagy & Spark, 1984). 부모 부양에 대한 가족 갈등은 가치의 갈등이나 책임에 대한 부담으로 생길 수 있기 때문에 가족원들 간의 상호작용을 형성하는 보이지 않는 힘을 인식하도록 한다.

노년기 가족의 중재에 관한 대다수의 연구는 단일 가족원인 부양자에게 도움을 주기 위해 이루어져 왔다(Zarit, 2009). 연구자들은 이제 어느 중재가 가장 강력한 효과를 보이는지를 확인하고 있다(Gallagher-Thompson & Coon, 2007; Pinquart & Sörensen, 2006).

대다수의 중재는 질환을 유발하는 문제와 관련된 교육, 지지, 문제해결과 같은

1단계 변화에 초점을 두었고, 축적된 근거들은 체계 분석과 중재가 유용함을 보여 주었다. Scharlack(1987)은 노모를 부양하는 딸들을 두 가지 중재 조건에 참여시켰다. 일부는 부양 및 지역사회 자원에 대한 정보를 제공받으며 노모를 보살피도록 하는 데 초점을 두었고, 나머지는 노모를 돌보는 것에 대한 비현실적인 기대를 수정하고 자신의 안녕을 돌보면서 노모의 자립적인 행동을 향상시키도록 하는 데 초점을 두었다. 그러자 첫 번째 집단과 비교하여 두 번째 집단의 딸들이 부담을 덜 경험하였고, 노모와의 관계가 더 향상되었으며, 노모들도 덜 외롭다고 응답하게 되었다. 이 연구는 딸들이 경계를 정하고 상이한 역할을 바꾸면 가족 구조도 변화할 수 있음을 보여 준다.

유연한 가족 중재는 필요한 변화를 일으키기 위한 다양한 중재 전략을 적용하는 데 가장 도움이 될 수 있는 가족원을 활용한다. Mittleman 등은 가장 오래 진행된 가족치료 연구에서 주 부양자에게 개인 및 가족 상담을 제공했을 때 치매가 있는 가족원의 요양원 입소 시기를 늦출 수 있었다고 보고하였다(Mittleman, Ferris, Shulman, Steinberg, & Levin, 1996). 자조집단 중재만을 받은 부양자들에 비해 지속적인 상담을 받은 가족원들이 환자와 부양자에 대한 가족 지지를 증가시켰고, 주변의 지지로 인해 부양 만족도도 증가하였으며, 피부양자의 시설 입소 시기도 지연되었다. 또한 가족 중재는 피부양자가 시설에 입소하게 되었을 때 긍정적인 효과가 있었다(Gaugler, Roth, Haley, & Mittlman, 2008).

기술의 발달은 가족 기능과 안녕에 영향을 준다. Eisdorfer 등(2003)은 집에 화상전화를 설치하는 것이 주 부양자들에게 유의한 효과가 있다고 하였다. 그 외의 다른 기술들도 가족원들이 서로를 지속적으로 지지해 주고 연결되도록 하기 위해 활용된다(Blechman, 2009; Williams & Lewis, 2009).

안타깝게도, 노년기 가족에 대한 체계 모형의 유용성을 증명하는 연구들은 매우 제한적이다. 하지만 임상적 사례에 대한 일차적 결과들(Gallagher & Frankel, 1980), 임상적 분석(Qualls & Noecker, 2009; Shields, King, & Wynne, 1995), 기술적 연구(Shields, 1992), 결과 연구(Gaugler et al., 2008; Mittleman et al., 1996)들은 매우 고무적이다. 노화와 정신건강에서 가족을 체계로 보는 것의 가치는 분명 있다.

6. 요약 및 결론

노년기 정신건강은 가족의 영향을 많이 받는다. 가족체계이론은 가족의 관계적 환경을 탐색할 수 있는 유용한 틀을 제공한다. 가족체계이론은 가족원들 간 상호 관계적 맥락이 관찰 가능한 행동뿐만 아니라 주관적 안녕감에도 영향을 준다고 본다. 가족 체계를 대상으로 하는 중재는 노인뿐만 아니라 그 가족의 안녕도 향상시킨다. 중재는 노년기뿐만 아니라 자녀를 양육하는 동안 관련된 가족 구조, 과정 그리고 역동에도 초점을 둔다.

제2부 요약 및 해설

노년기 정신건강과 정신질환의 모형 선택

노년기 정신질환과 치료에 대해 살펴보기 전에 다음과 같은 질문을 생각하는 것이 유용하다. 여러 모형이 있는데 어느 것을 선택해야 하는가?

이 질문에 답하기 위해서는 정신건강과 정신질환의 모형에 대한 기대가 무엇인지 생각해 봐야 한다. 모형이라는 것은 표상임을 기억해야 한다. 즉, 지역의 지표들의 특정한 측면에 주의를 기울이면서 길을 찾도록 도와주는 지도 같은 것이다. 하지만 모형은 노년기 삶의 복잡성을 완전하게 그려 낼 수는 없으며, 단지 노인들에게 가장 중요한 요소에 초점을 맞출 뿐이다. 모든 모형은 〈표 1〉에서 제시한 기본적인 질문에 대한 답을 제안한다. 각 모형은 정신건강을 이해하기 위한 몇 가지

표 1 모형의 선택

모형의 요소	정신역동	인지행동	스트레스와 대처	가족체계
연구 초점	동기와 성격	사고 유형과 외적 행동	부담, 스트레스원, 교환 (상호작용)	체계의 요소 간 상호작용
노화 또는 정신질환에 따른 변화	성격 구조	인지와 행동 유형	개인적 적응성 또는 스트레스원 또는 상호작용	발달 과제와 체계 상호작용
변화의 종류	질적 변화	양적 변화(행동)와 질적 변화(인지)	질적 및 양적 변화	질적 및 양적 변화
변화에 대한 설명	구조적 · 기능적 관계	사고와 강화 패턴의 변화	환경과 개인 간의 상호작용	체계의 요소 간 상호작용

요인을 강조한다. 개인 기능의 특정한 측면에 주의를 두도록 하면서, 모형은 명시적으로 또는 암묵적으로 다른 요소들은 덜 중요함을 강조한다.

유사하게, 모형은 정신질환과 노화에서 변화 가능한 측면을 설명함으로써 중재 가능한 부분을 암묵적으로 알려 준다. 예를 들어, 정신분석에서는 성격 구조에 초점을 둔다. 3장에서 서술했듯이 성격의 구조적 변화를 추구하지만 이는 치료자나 내담자의 능력 밖의 작업일 수 있다.

모형들은 노인에게 예측되는 변화의 유형에서 양적(정도의 차이) 및 질적(종류의 차이) 차이가 있다. 예를 들어, 인지행동 모형은 행동의 양적 차이, 행동 과다 또는 부족에 초점을 둔다. 반면, 체계적 접근은 체계 구성원의 상호작용의 질과 양에 모두 관심이 있다.

마지막으로, 모형들은 변화를 설명하는 방식에 차이가 있다. 그리고 이 변화에 대한 일련의 가정이 치료 중재에 대한 명확한 방향을 제공한다. 예를 들어, 인지행동 접근은 특정 행동 패턴을 발달시키고 유지하는 일련의 선행사건과 결과를 강조한다. 행동을 변화시키기 위해서는 선행사건이나 행동의 결과에 영향을 줌으로써 이 연쇄를 변화시켜야 한다. 이와 유사하게, 스트레스와 대처 이론가들은 개인의 대처 능력과 당면한 스트레스 사건 간의 상호작용을 평가한다.

개인의 삶의 상황에 대한 모형의 적용

2부 서두에서 언급한 조 씨 할머니의 사례를 다시 살펴보자.

> 74세의 조 씨 할머니는 지방 소도시에서 산다. 할머니의 남편은 5년간 암과 투병하다가 2년 전 돌아가셨다. 현재 조 씨 할머니는 혼자 살고 있는데 자녀들이 사는 곳과 가까운 곳으로 이사를 가야 할지 고민하고 있다. 현재 집을 팔고 자녀들이 있는 대도시에 집을 살 수 있는 상황은 아니다. 남편의 연금으로 기본적 생활은 가능하지만 큰 질병이 생기면 돈이 부족할까 봐 걱정하면서 절약하며 생활하고 있다. 할머니는 텃밭을 가꾸는 것을 좋아하고 매주 교회에 다닌다. 주변에

친구들도 몇몇 있지만 그리 친하진 않은데, 남편을 부양하는 동안 이웃과의 관계가 멀어졌기 때문이다. 하루가 너무 길게 느껴지고 밤에는 견딜 만하지만 자다가 깨어 오랫동안 잠을 못 이룰 때면 너무 외롭고 무섭다.

조 씨 할머니는 고혈압, 갑상선 문제와 관절염이 있지만 비교적 건강한 편이다. 고혈압과 갑상선 약을 복용하고 관절염 통증에 진통제를 먹고 있다. 할머니의 자녀들은 대도시에 살고 있다. 초등학교 교사인 딸은 어린 자녀가 셋이다. 아들은 부동산 중개업을 하고 있고 4년 전 이혼한 후 재혼하지 않은 상태이며, 아들의 전 부인이 아이들을 키우고 있다. 남매는 원래 서로 친하지 않았으며 아들은 할머니와는 친했지만 고인이 된 할아버지와는 친하지 않았다.

조 씨 할머니의 오빠들은 5년 전에 모두 고인이 되었지만 두 여동생이 아직 살아 있다. 바로 밑 여동생이 가까이 살고 있으며 매일 아침 전화를 한다. 때로는 너무나 명랑한 동생의 전화가 받기 싫을 때도 있다. 동생은 언니의 기분과 상관없이 밖으로 나가서 활동해야 한다고 계속 주장한다. 동생은 언니보다 외향적이고 밝은 성격이다. 얼마 전에는 동생이 생활비를 줄이기 위해 언니와 함께 살고 싶다고 이야기했다.

막내 여동생은 제부와 함께 농사를 짓고 있고, 자녀와 손주들과 친밀하다. 막내는 조용하고 안정감이 있어 조 씨 할머니는 막내와 더 많은 시간을 보내고 싶지만 막내가 아직 농사일과 집안일 때문에 시간이 나지 않는다는 것을 알고 있다. 고인이 된 오빠들은 사업이 잘 되어 자녀들에게 넉넉한 유산을 물려주었고 조카들은 오빠가 하던 사업을 물려받았다. 새언니와 조카들은 일 년에 한 번 정도 만난다.

각 모형에서는 조 씨 할머니의 사례에 어떻게 접근할 것인가?

정신분석적 접근에서는 조 씨 할머니가 노년기의 정상적인 발달 과제를 해결함으로써 증세가 완화될 것으로 가정한다. Erikson 등은 노년기에 해결해야 하는 주된 갈등이 자아통합감과 절망감이라고 보았다(Erikson, Erikson, & Kivnick, 1986). 실제로 할머니는 남편의 병 수발을 하면서 이전의 발달적 과제(생성감 대 자기몰입)에 많은 시간과 에너지를 쏟았다. 이 관점에서, 초기에는 조 씨 할머니가 자신의 삶에 부여하는 가치와 신념 그리고 의미에 초점을 둘 것이다. 역동적 관점에서 치료의 주요 목적은 노년기 경험을 재평가하는 과정에서 지지를 하는 것이다. 그렇게 하면서 치료자는 내담자의 통찰 능력, 즉 자신의 경험을 반영할 수 있는 능력과 치료 과정에 참여할 수 있는 역량에 대한 평가를 한다.

대조적으로, 인지행동적 전문가는 조 씨 할머니 성격의 근본적인 구조나 개인적 이야기의 '일관성'에 관심을 두지 않는다. 대신 발달의 맥락과 행동을 지속시키는 특정한 사고 패턴과 문제해결 능력을 평가하는 데 초점을 둔다. 조 씨 할머니의 사례에서는, 가령 할머니의 불면증에 초점을 맞출 수 있다. 밤에 잠을 잘 수 없는 기간에 어떤 행동이 일어나는가? 치료자는 할머니에게 활동 목록을 기입하거나 수면 패턴을 기록하여 불면증에 영향을 주는 선행사건과 결과의 패턴을 알도록 할 수 있다. 인지행동치료는 조 씨 할머니의 환경 내 조건을 변경시키는 데 초점을 둘 것이다. 그렇게 하기 위해 밤중에 깨지 않고 계속 자는 목표를 세우고, 전략은 과거의 깊은 수면이 가능했던 조건을 증가시키거나 현재의 불면증을 유지시키는 조건을 제거하는 데 초점을 맞춘다. 예를 들어, 만약 조 씨 할머니가 자녀들과 대화를 한 날에 더 잘 잤다면 치료자는 자녀들이 연락을 하도록 도움을 요청할 수 있다. 만약 할머니가 동생과 오후 5시 이후에 통화한 날 잠을 설쳤다면 동생에게 통화 시간을 변경하도록 부탁할 수 있다. 뿐만 아니라 할머니가 혼자 있는 것에 대한 생각('외롭고 무섭다')에 초점을 두도록 할 수도 있다. 미래에 대해 어느 정도 절망적이거나 파국적인 생각을 하는가? 특정한 부정적 사고 패턴을 인식하게 하고 이를 보다 적응적인 사고 패턴으로 대치하게 한다.

스트레스와 대처 접근의 치료자는 만성 부담, 사회적 자원 그리고 취약성과 자원과 같은 다양한 측면을 공략하는 여러 전략을 적용할 것이다. 예를 들어, 치료자는 조 씨 할머니에게 현재 영향을 주고 있는 두 가지 만성 부담인 재정 상태와 만성질환(관절염, 고혈압 그리고 갑상선 문제)에 초점을 두고 평가 및 치료를 진행한다. 또한 할머니의 사회적 자원의 평가와 치료도 볼 것이다. 이때 현재의 사회적 관여 수준을 먼저 평가한 후 할머니를 도와줄 수 있는 효과적인 사회적 자원을 찾을 것이다. 평가와 치료의 세 번째 요소는 할머니가 자신의 상황을 평가하는 접근과 현재 삶에 대한 할머니의 귀인 방식을 강조할 것이다. 이를 위해서 할머니의 현재와 과거 대처 전략을 평가하고, 치료에서는 과거의 성공적인 대처 시도의 적용이나 현재 삶의 맥락에 맞는 새로운 대처 기술의 개발을 탐색한다. 마지막으로, 불안을 감소시키기 위해 이완 훈련이나 명상 프로그램에 집중하면서 할머니의 건강관리 습관을 향상시키는 데 초점을 둘 수 있다.

가족체계 관점의 치료자는 가족 구조와 기능을 본다. 예를 들어, 치료자는 조 씨 할머니에게 가족 간 동맹과 연합을 표시한 가계도를 그리게 한다. 또한 치료자는 가족원의 가족생활주기에 관심을 둔다(딸의 자녀가 모두 10세 이하이고 아들의 자녀들도 학동기에 있다). 이러한 정보를 통해 치료자는 다른 가족의 발달적 과업이 조 씨 할머니의 과업과 경쟁한다는 것을 알려 준다. 할머니가 어려울 때 누구에게 도움을 요청하는가? 누구에게 일상생활의 어려움을 부탁하는가? 심각한 상황에서는 누구에게 의지하는가? 누구를 피하는가? 이 모형에 근거하여 치료할 때 '1단계 변화'와 '2단계 변화'가 모두 요구될 수 있다. 적어도 가족체계 접근의 치료자는 치료의 목표가 가족 기능을 변화시키는 것인지 혹은 가족 구조를 변화시키는 것인지 명확히 해야 한다. 어느 목표든 가족원들의 적극적인 참여가 필요하다.

요컨대, 각 치료 모형에 따라 평가와 치료는 상이하다. 각 이론은 노년기의 정신건강과 정신질환에 대한 암묵적 그리고 명시적 가정을 다르게 하고 있으며 치료적 관심이 다르다. 각 모형이 치료의 핵심을 다르게 본다면 어떻게 하나를 선택할 것인가? 각 모형은 노인의 다양한 기능을 잘 설명하고 있으며 임상적으로, 그리고 연구적으로도 유용하다. 정신건강 전문가는 어떠한 모형이 특정 내담자를 이해하고 중재하는 데 더 유용한지 평가해야 한다. 또한 전문가의 가치, 신념 그리고 개인적 취향에 맞는 것을 선택하는 것이 중요하다.

정신건강 전문가들이 모형을 선택하는 데는 두 가지 접근이 있는데, 단일렌즈 접근과 다면렌즈(kaleidoscope, 만화경) 접근이다. 어떤 전문가는 단일한 이론을 선택해서 그 이론의 강점과 약점을 집중적으로 파고든다. 그래서 이론을 자세하게 이해하고 실질적인 측면을 살펴보며, 적합한 대상과 적합하지 않은 대상도 구분한다.

하지만 대부분의 치료자는 그들이 '절충적' 이라고 보고하는데, 이는 그들이 다양한 접근에서의 기법들을 활용한다는 것을 의미한다. 한 가지 모형만을 고수하는 사람들과 달리, 이들 치료자는 만화경으로 세상을 보는 것처럼 여러 측면을 볼 수 있다.

결론적으로, 상담자 및 치료자는 진단에 대해 다음과 같은 질문을 해야 한다. 어느 평가와 치료 접근이 어느 노인 정신질환에 어떤 종류의 결과를 보여 주는가? 이 질문에 답하는 과정을 통해 당신이 가지고 있는 암묵적 그리고 명시적 틀의 범위와 세부 사항을 정확하게 살펴보게 될 것이다.

제3부

정신질환의 개관

당신은 다음과 같은 편지를 받았다.

선생님께

몇 년 전 복지관에서 선생님의 강의를 들은 후, 오랫동안 망설이다가 글을 씁니다. 혹시 기억나실지 모르겠지만 제가 당시 노망(senility)과 유전의 관계에 대해 질문하였는데 그때 단어를 바꾸어 말해 선생님께서 제 질문이 이해가 안 된다고 하셨습니다. 즉시 수정해서 질문한 후 "제가 벌써 노망이 들었나 보네요."라고 농담처럼 말했지만 저는 속으로는 웃을 수가 없었습니다.

그때 선생님께 드린 제 질문은 평생(올해 저는 78세가 되었습니다) 저를 괴롭혔던 것입니다. 하지만 저는 질문에 대한 답을 이미 알고 있습니다. 제 아버지, 아버지의 아버지 그리고 여자 형제들 모두 노망이 왔습니다. 저도 노망의 길로 들어섰다고 생각하고 의사 선생님과 상담했습니다. 저는 평생 약을 싫어해서 거의 안 먹었지만 너무 고통스러운 상태에 이르면 약물을 복용할 것입니다.

제가 편지를 쓴 이유는 노망에 대한 연구가 상당히 이루어지고 있다고 들었는데 제가 연구 대상자로 자원할 수 있는지 알고 싶어서입니다. 현재 제 기억력은 급속하게 떨어지고 있으며 종종 고통스러운 정신착란 증세도 겪고 있습니다. 물론 의사 선생님께서는 이러한 증상을 다루는 약물이 있다고 추천하시지만 만약 제가 연구 대상자가 되어 다른 사람들, 특히 제가 그랬던 것처럼 자신이 노망에 걸릴 수밖에 없을 것이라는 암울한 생각을 하고 있는 42세 딸과 58~70세에 이르는 아홉 명의 조카에게 도움이 될 수만 있다면 연구에 참여하고 싶습니다.

저의 참여가 의미 있을지 고민됩니다. 선생님께서 어떤 조언을 주시든 제게 큰 도움이 될 것입니다.

당신은 이러한 편지에 어떻게 답할 것인가? 이 사례에 대한 임상적 판단을 즉시 내려야 한다. 이러한 걱정은 정상적 노화의 일부인가? 아니면 심각한 정신질환인가? 요즘은 듣기 힘든 '노망'이라는 단어를 사용하는 것에 대해 어떻게 생각하는

가? 당신의 답은 발달적 역학, 임상적 탐색 그리고 노인 심리에 대한 정보를 암묵적으로 통합해야 한다. 만약 할머니가 심각한 정신질환이 있다고 판단된다면 어떤 중재를 해야 할 것인가? 당신의 답은 질환의 원인과 그것을 당신이 얼마나 효과적으로 다룰 수 있는가에 대한 가설을 반영할 것이다.

3부에서는 특정 정신질환과 그것을 효과적으로 평가하고 치료하기 위한 방법에 대해 기술할 것이다. 어떻게 특정 증세가 정신병리의 일부인 것을 알 수 있는가? 노인들에게 효과적인 치료는 어떻게 구분할 수 있는가?

정신질환의 원인, 과정 그리고 치료를 설명하는 심리학과 정신의학의 초기 모형들은 과도하게 단순하다. 노년기 정신질환을 효과적으로 이해하기 위해서는 평가와 치료의 복잡성을 줄이면서 개인의 취약성을 보호 또는 악화시킬 수 있는 다양한 수준(세포적 수준에서 사회적 수준까지)의 상호작용에 대한 효과적인 이해가 필요하다.

2009년 의학연구소(Institute of Medicine: IoM)의 후원하에 건강 분야의 지도자들이 모여 건강관리의 통합적 접근으로의 전환에 있어 도전, 기회 그리고 책무에 대해 논의하였다. 이 회담의 보고서인 「통합의학과 공공건강(Integrative Medicine and the Health of the Public)」(2009)은 건강 전문가들에게 삶의 다양한 영역을 건강관리에 포함시키도록 요구하였다. 여기서는 특정 질환에 초점을 두기보다는 정신 및 행동 건강, 환경과 사회적 맥락, 신념과 동기, 생리학적 지표와 질환 상태를 통합적으로 평가하는 환자 중심의 진료를 강조하였다. 20년 전 IoM에서는 정신질환을 예방하는 데 초점을 두어야 한다고 제안했는데, 이는 현재의 통합적 치료를 예견한 다차원적 접근이다. 새로운 중재 차원의 주요 항목은 예방, 치료 그리고 관리다. 이 틀에서 중요한 요소는 질환의 위험성 개념이다. 과거에 위험성은 개인적 특징인 유전, 연령, 성별, 사회경제적 지위로 생각되었다. 하지만 근래의 유병학과 임상적 연구는 질환의 위험성이 여러 체계 및 개인의 맥락, 특징 그리고 문화와 같은 다양한 수준에서의 영향력이 상호작용한 결과라고 주장한다. 이러한 위험성의 다양한 원인은 다양한 중재가 가능함을 시사한다.

이와 관련해 Susser와 Susser(1996)는 다음과 같이 말했다.

> 체계들은 서로 관련이 있으며 독립적으로 존재하지 않는다. 체계는 차례로 작은 상자가 큰 상자에 들어가도록 만든 '중국 상자들'에 비유될 수 있다. 다양한 수준의 조직이 있고 각 조직은 더 단순한 조직을 에워싸며 서로 밀접한 관계를 이루고 있다. …… 바깥 상자는 모든 것을 담는 물리적 환경이고 그 안에 사회, 인구(통계), 개인, 개인의 신체 체계, 세포들이 차례로 들어 있다.

Gatz 등(1996)은 노인들이 가진 정신질환의 원인과 증세에 대한 세 종류의 영향을 강조하였다. 첫째는 개인의 취약성 수준으로, 생물학적 취약성과 위험에 영향을 주는 심리적 요인의 산물이다. 둘째는 스트레스로, 사회적 및 환경적 스트레스를 모두 포함한다. 셋째는 보호 요인으로, 심리적 · 생물학적 · 사회적 완충 역할을 한다. 그들은 보호 요인과 위험 요인의 상호작용이 정신질환의 경과에 대한 개인의 민감성에 영향을 준다고 주장하였다.

따라서 노인 질환을 효과적으로 치료하기 위해서는 개인의 맥락과 여러 수준의 상호작용 패턴을 이해해야 한다(Qualls, 2005). 이러한 다층적인 생태학적 관점은 증상의 명명, 임상적 증상의 정의, 사례 진단 그리고 평가와 치료를 위한 전략의 개발에 영향을 줄 것이다.

예를 들어, 편지를 보낸 할머니의 문제에서 만약 할머니의 개인적 상황만을 본다면 사회적 스트레스로 인한 문제는 간과될 것이다. 따라서 그녀의 현재 기능을 보다 넓은 맥락에서 보는 것이 적합하다. 과거 기억 문제에 대한 불평을 했는가? 기억 문제에 대한 가족력이 있는가? 이러한 문제에 대한 치료를 받은 적이 있는가? 최근에 한 불평의 맥락은 무엇인가(예: 기능의 변화, 사회적 맥락, 신체적 안녕)? 근래 처방약이 변경되었는가? 최근 신체질환을 앓은 적이 있는가? 이처럼 Gatz 등(1996)이 언급한 세 가지 주요 요소인 개인적 취약성, 스트레스 그리고 보호 요인을 모두 평가해야 한다.

뿐만 아니라 개인적 과거력과 질환의 과거력도 살펴보아야 한다. 할머니의 기억 문제와 관련된 과거력에 대해 좀 더 많은 정보를 수집해야 한다. 유병학자들은 질환의 발생률과 유병률, 즉 질환이 언제 시작되었는지와 무관하게 질환의 발달 패턴과 전반적인 출현 빈도를 주의 깊게 본다. 임상적으로 두 가지 패턴(노년기에 발생한 기억 문제, 기억 문제가 생긴 후 나이 듦)에 따라 다른 치료 전략이 세워질 것이다(Kahn, 1975). 이처럼 상이한 삶의 역사와 병력은 다른 접근을 필요로 한다.

3부에서는 다음 요소들을 출발점으로 보고 서술할 것이다. 즉, 정신질환의 위험성 그리고 패턴과 관련하여 개인의 다양한 수준이 상호작용하고 영향을 주는 생태학적 접근, 개인의 과거사와 개인이 경험한 특정 정신질환의 개인사, 개인의 취약성을 인정하고 스트레스의 근원을 평가하며 현재 활용할 수 있는 사회적 지지의 효과적 자원에 근거한 정신질환의 평가와 치료에 대한 통합적 접근의 필요성이다. 또한 2부에서 설명한 정신건강과 정신질환의 모형을 적용하여 특정 정신질환에 대한 효과적인 평가와 치료도 살펴볼 것이다.

제7장

인지장애

인지장애는 일상생활 기능을 변화시키는 인지 기능이 손상되었음을 의미한다. 비록 그 외의 다양한 원인도 인지 기능을 감소시킬 수 있지만, 노년기 인지장애(cognitive impairment: CI)의 일반적인 원인은 섬망, 치매 그리고 우울증으로 볼 수 있다. 인지장애는 노인의 독립성을 저해하기 때문에 기능을 최대로 유지하기 위해서는 공격적인 평가와 치료가 필요하다. 노인과 작업하는 전문가라면 인지장애의 원인, 결과 그리고 치료를 숙지해야 한다. 이 장에서는 어느 정도의 인지장애가 정상적인 노화의 일부인지 평가해 보고 섬망, 경도 인지장애, 치매 그리고 우울증에 따른 인지장애도 구분해 보고자 한다. 또한 인지 기능을 평가하고 인지장애가 있는 사람의 기능을 향상시키는 전략을 제안할 것이다.

사례 1: 85세인 박 씨 할머니는 혼자 생활하는 데 점점 많은 어려움을 경험하고 있다. 딸이 매주 금요일에 방문해서 약도 정리하고 공과금도 내주고 장도 봐준다. 식사 준비는 음식 양을 예측하지 못해서 주로 반 조리 식품을 사 먹는다.

딸이 집 안 곳곳에 일상생활에 도움이 되는 메모를 붙여 놓았다(현관문을 나설 때 점검해야 하는 것, 부엌에서 조심해야 하는 것, 자기 전 해야 하는 일). 화장실에는 이를 닦으라는 메모가 있고 식탁 위에는 식사 후 약을 복용하라는 메모가 있다. 박 씨 할머니는 밖에 나가려면 엘리베이터를 조작해야 하기 때문에 집 밖으로 나가지 않는다. 대신 같은 아파트에 사는 친구들이 할머니를 매일 보기 위해 온다.

사례 2: 노 씨 할머니의 딸은 한 주 동안 너무 많이 변한 할머니의 모습에 놀랐다. 텅 빈 눈으로 말하는 할머니는 대화에 관심도 없고 머리도 빗지 않고 옷도 아무렇게나 입고 있었다. 친한 이웃 사람이 할머니가 걱정된다고 말했는데, 할머니가 근래는 산책도 잘 나가지 않는다는 것이었다. 딸은 할머니의 담당 의사에게 연락하였고 2주 전 새로 처방한 약의 문제 여부를 확인하기 위해 진료 예약을 하였다.

사례 3: 허 씨 할아버지는 자신의 기억에 대해 끊임없이 걱정한다. 집중력과 기억력이 떨어져 그간 즐기던 정치 기사 읽기와 목공예를 중단하였다. 그리고 요즘은 자신이 할 수 있는 최소의 일만 한다. 할아버지의 가족은 알츠하이머병을 의심하며 걱정하고 있다.

박 씨 할머니, 노 씨 할머니 그리고 허 씨 할아버지의 공통적인 특징은 생각하고, 기억하고, 문제를 해결하고, 일상생활의 일을 처리하는 능력에 대한 실제 또는 지각된 상실감이다. 물론 인지장애는 노화의 가장 두려운 측면이다. 정상 노화로 인해 인지 변화가 일어나지만 이러한 변화는 일상 기능에 거의 영향을 주지 않는다. 하지만 노년기의 인지적 감퇴를 과도하게 정상화시키면 실제 인지장애에 대해 검사받는 것을 방해할 수 있다. 가족과 친구들이 노인이 항상 하던 일을 대신 해주거나 도와주면 인지적 기능에 대한 검사를 받지 못하게 될 수 있고 때로는 전문가들도 인지장애를 인식하지 못할 수 있다(Knopman, Donohue, & Gutterman, 2000; Nichols & Marindale-Adams, 2006). 인지장애는 지역사회에 거주하는 노인과 병원에 입원한 노인 모두에게 나타난다. 온전한 인지 기능을 가진 노인은 인지장애를 가진 노인에 비해 입원할 위험성이 더 낮고 입원 기간도 더 짧다(Binder & Robbins, 1990). 의료비는 장애 수준과 직접적인 상관이 있다(Zhu et al., 2006).

정신건강 전문가들이 관심을 가지는 인지 기능의 범위는 무엇인가? 인지는 주의력, 언어, 기억력, 시공간 능력, 문제해결력, 의사결정력 그리고 집행 기능을 포함한다. 뿐만 아니라 각 인지 영역 내에는 특수한 하위 기능들이 있다. 신경심리학자들은 [그림 7-1]에서와 같이 인지 기능을 단순한 기능(예: 주의력)에서 복잡한 기능(예: 추상적 사고와 문제해결력)까지의 위계로 조직화한다. 이 위계 조직은 높은 수준에 있는 모든 복잡한 인지 활동의 기초적 역할을 하는 단순한 기능을 반영한다. 다시 말해서, 주의력과 같은 기본적인 과정에 장애가 생기면 모든 고차적 기능은 부정적인 영향을 받는다는 것이다. 일반적으로 더 복잡한 기능은 질환, 뇌의 역기능, 약물의 독성에 가장 쉽게 영향을 받는다.

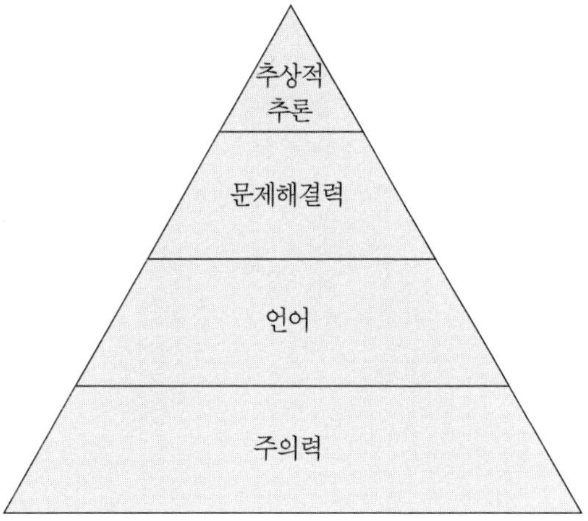

그림 7-1 인지 기능의 위계

1. 노인 인지장애는 정상적인 변화인가

이 질문에 대한 답은 '예' 그리고 '아니요'다. 인지 기능에 대한 검사에서 중년기가 되면 연령 관련 쇠퇴가 일어난다는 결과가 일관적으로 보고되고 있다(Foster, Cornwell, Kisley, & Davis, 2006). 하지만 실험실에서 진행된 검사에서 나타나는 기능의 감퇴는 일상생활의 기능에 거의 영향을 주지 않는다.

연령 관련 감퇴가 정상적이지만 일상생활에 변화를 주지 않는 몇 가지 원인이 있다. 첫째, 실험실에서 진행되는 인지검사들에서는 일상생활에서 거의 필요하지 않은 능력의 한계를 실험한다. 둘째, 노인들이 특정 기능에서 경험하는 감퇴 정도에는 엄청난 편차가 있다. 그렇기 때문에 평균 점수가 감소하더라도 최상의 기능을 하는 노인이 젊은 성인보다 더 높은 기능을 보일 수 있다. 셋째, 인간은 결핍을 보상하는 행동을 할 수 있는 매우 적응적인 동물이다(Baltes & Baltes, 1990b). 인지 기능의 감퇴가 일상생활에서 드러나지 않는 이유는 도구를 활용하거나(예: 식품 목록 작성), 잘 유지되고 있는 기능으로 대체하여(예: 방향에 대한 언어적 기억에 장애가 있을 경우 인지 도식을 활용하여 운전) 감퇴된 부분을 보완할 수 있기 때문이다. 이 장에서 인지장애는 심각한 질환이나 중재가 필요한 수준을 의미하며 일상생활 기능에 영향을 주는 정도의 심각한 장애를 일컫는다.

임상적으로 심각한 인지장애에 대해 논의하기 전에 정상적인 노화와 관련된 인지적 쇠퇴의 종류를 기술하고자 한다. 연령에 따른 정상적인 인지 변화에 대한 자세한 요약은 다른 곳에서도 찾을 수 있다(Foster et al., 2006; Schaie & Zanjani, 2006). [그림 7-2]는 인지 능력에 관한 시애틀 종단 연구에서 제시한 연령에 따른 인지적 쇠퇴의 전형적인 결과다(Schaie, 1994). 이 표에서 측정한 대부분의 능력은 성인 중기까지 안정적으로 유지되거나 증가했다. 60~70대에 이르러 일부 기능에서 감퇴가 일어나기 시작하였고 80대에 이르러서는 대부분의 기능에서 감퇴가 일어났다.

노화는 [그림 7-1]에 나오는 모든 기능에 영향을 주나, 특히 그림 상단에 있는 복잡한 기능의 수행에 가장 큰 영향을 준다. 일반적으로 단순한 주의 과정과 대부

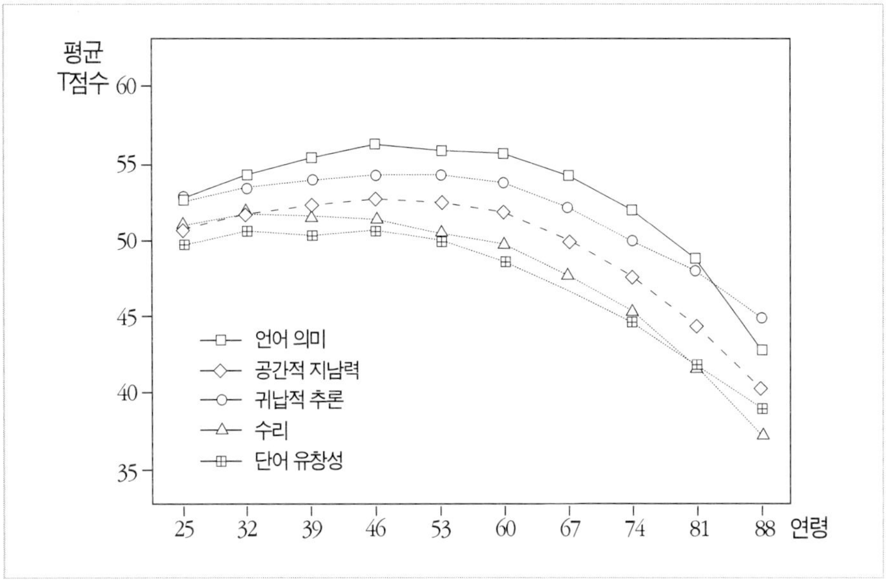

그림 7-2 일차적 정신 기능을 7년마다 개인 내적으로 측정한 T점수의 평균

출처: Schaie (1994).

분의 언어 능력은 노년기 후반까지도 유지된다. 언어 능력은 일반적으로 70세까지 잘 유지되나 그 이후 의미론적 언어 능력(예: 언어 의미)은 감퇴한다. 복잡한 실험실 과제(예: 선택적 주의)의 수행은 운전과 같은 복잡한 과제의 수행과 관련이 있는 것으로 나타났다.

다른 인지 기능에 비해 기억력에 대한 연구가 가장 많이 이루어졌다. 그간의 복잡한 연구들의 결과를 간단히 요약하면, 연령은 기억에 부정적 영향을 준다. 젊은 성인들은 50세 이상의 성인들보다 대부분의 과제에서 잘 수행한다. 70세에 이르면 몇 가지 영역의 수행이 제대로 기능하지 못한다. 물론 결핍의 정도는 측정 방법과 기억 과제(예: 단서 유무, 의미 대 무의미 자극, 시각 대 청각 자극)의 영향을 받는다. 중재 연구들에서는 손상된 장기기억이 기억 과제를 수행할 때 추가적인 구조를 제공할 경우(예: 단서 제공, 부호화 전략 설명, 과제에서 회상보다 재인 사용) 향상되었다. 하지만 이러한 조건을 변경하여도 젊은 성인들은 노인들보다 기억력이 평

규적으로 나왔다. 모든 기억 과정이 연령에 의해 동일한 영향을 받는 것은 아니다. 일반적으로 감각기억(시각 또는 청각 자료에 대한 매우 짧은 단기기억)과 일차적 기억(몇 초 되지 않은 단기기억)은 영향을 덜 받지만 일정 기간 정보를 학습하고 유지하는 이차적 기억은 노화의 영향이 극명하였다.

추상적 추론과 복잡한 문제해결력은 60~70대에 감퇴한다(Foster et al., 2006). 위스콘신 단어검사(Wisconsin Card Sort), 웩슬러 지능검사-성인용(Wechsler Adult Intelligence Scale) 중 토막짜기(Block Design) 하위검사, 속담 검사에서 모두 노인은 젊은 성인보다 수행이 떨어졌다. 비록 결과는 일관적이지만 평가 방법과 과제 유형에 따라 차이가 있었다.

건강한 노인의 정상성에 대한 기준은 이상이 있는 사람들의 인지 기능 수행의 적절성을 판단하는 데 결정적이다. 인지장애에 대한 임상적 평가를 하기 위해서는 개인의 과거 기능에 대한 기저선 자료나 적절한 비교 집단의 규준적 자료가 있어야 한다. 연령에 적절한 기준에 대해서는 다시 논의할 것이다.

인지장애의 가장 일반적인 원인은 섬망, 치매 그리고 우울증이다. 치매와 정상적 노화의 중간 상태를 경도 인지장애(mild cognitive impairment: MCI)라고 부르는데, 이는 치매로 인해 뇌가 과도기에 있음을 의미한다.

2. 섬망: 가역적 인지장애

섬망(delirium)은 "의식의 혼란으로 진행되고 있거나 기존의 치매로 더 잘 설명되지 않는 인지 변화를 동반한다(APA, 2000, p. 136). 섬망은 몇 시간 또는 며칠 사이에 갑자기 생기며 증상의 변동이 하루 중에도 심하다. 섬망은 급성 혼란 상태 또는 가역적 치매라고도 불린다. 앞서 기술한 노 씨 할머니는 전형적인 섬망의 사례다. 발현이 갑작스럽고 전형적이지 않은 행동이 나타난다. 인지적 장애는 생리적 요인에 기인한다.

DSM-IV-TR(APA, 2000, pp. 143-147)에서는 모든 종류의 섬망에 대한 기준이 원

인과 무관하게 정리되어 있다(〈표 7-1〉 참조). 인지장애 외에도 수면-각성 주기의 혼란과 불쾌한 정서(예: 공포, 우울, 분노)가 발생할 가능성이 높다. 특히 주의력장애가 두드러지고 이로 인해 높은 수준의 인지 기능(예: 기억력, 문제해결력)에서 문제가 발생할 수 있다.

노인들은 만성질환에 걸릴 가능성이 높고 이러한 질환을 관리하기 위해 빈번하게 약물을 사용하기 때문에 섬망의 발생 가능성이 높다. 지역사회에 거주하고 있는 55세 이상의 성인 중 섬망의 진단 기준을 충족시키는 사람의 비율은 0.4~1.1%다(Folstein, Basset, Romanoski, & Nestadt, 1991). 섬망의 일반적인 의학적 원인은 급성질환(예: 요로감염증), 중추신경 질환(예: 뇌졸중), 심혈관 질환, 탈수, 대사 질환이다. 노인 입원 환자의 30% 그리고 수술 환자의 47%가 섬망 진단을 받는다(Noimark, 2009). 병원 입원 시 노인들이 보이는 높은 섬망의 비율은 주로 입원과 관련되어 있지만(예: 염증, 약 처방의 변화, 심혈관 상태), 기존에 인지장애가 있는 경우 위험성은 증가한다. 비록 가역적이긴 하지만, 섬망은 질환과 사망률의 심각한 위험 요인이며 장기 요양원에 입소할 가능성을 증가시킨다(Saxena & Lawley, 2009).

섬망의 가능한 주요 원인은 약물이다. 유해하지 않을 것 같은 일반 약물도 특정 상황에서는 섬망을 일으킬 수 있는데 노화에 따른 생리적 체계의 변화로 약물의 분해, 흡수, 배설 과정이 변화하기 때문이다(Hutchinson & O'Brien, 2007). 따라서 약물 반응이나 약물 독성은 노인에게 심각한 위험 요소다. 뿐만 아니라 노인들은 여러 약물을 복용하기 때문에 약물로 인한 섬망에 더 취약하다. 지역사회에 거주하는 노인들의 경우 처방전이 필요한 약은 평균 다섯 가지, 일반 약은 두 가지이며 대부분의 노인은 비타민이나 보조약제를 복용한다(Kaufman, Kelly, Rosenberg,

표 7-1 섬망의 진단적 특징(원인과 무관)

- 의식의 장애(환경에 대한 인식의 명료성 감소)와 초점, 유지, 주의력의 감소가 있다.
- 인지 수준의 변화(기억 결핍, 발화 장애, 지남력장애) 또는 치매가 아닌 원인으로 인한 지각적 능력 장애가 있다.
- 장애가 갑작스럽게 나타나며(몇 시간 또는 며칠) 하루 동안 증세의 변화가 심하다.

출처: Amerrcan Psychiatric Association (2000).

Anderson, & Mitchell, 2002). 요양원 입소 노인의 경우 평균 아홉 가지 이상의 약을 복용하고 그중 한 가지는 항정신성 약물이다(Avorn, Soumerai, Everitt, & Ross, 1992). 따라서 노인의 약물 간 상호작용의 가능성이 매우 높다. 생리학적 변화는 약물에 대한 반응을 변화시켜서 매우 적은 용량도 섬망을 일으킬 수 있다.

환경 조건만으로 섬망이 일어나는 경우는 매우 적지만, 환경적 조건도 섬망의 발생 가능성을 증가시킨다. 심리사회적 요인, 감각 결핍, 수면 부족이 다른 요인들(예: 독성 및 대사 요인)과 합쳐지면 섬망이 일어날 가능성이 더 높아진다(Rabins, 1991).

3. 치매: 가장 파괴적인 인지장애

치매는 사회적 기능과 직업적 기능을 방해하는 인지적 기능의 비가역적 쇠퇴를 일으키는 뇌 질환군이다(APA, 2000). 치매는 일상 기능을 방해하는 기억장애와 다른 인지장애를 유발한다. 일반적으로 인지적 감퇴는 서서히 점진적으로 일어나며 죽을 때까지 지속된다. 치매의 진단은 〈표 7-2〉에 제시되어 있는 기준에 따라 내려지며 치매의 하위 유형은 특정 생리적 원인을 감안하여 구분된다(APA, 2000).

치매가 있는 사람은 자신의 결핍에 대해 어느 정도는 인식하고 있지만 그 수준을 과소평가하며(Lopez, Becker, Somask, Dew, & DeKosky, 1994), 원인이 심각한 질환일 수 있다고 생각하지 않는 경향이 있다(Elson, 2005). 일반적으로 문제를 처음 인식하는 사람은 가족이다. 하지만 사랑하는 사람이 기능을 상실해 가는 과정을 지켜보는 가족조차도, 치매 증세로 인해 많은 변화가 일어나고 안전에 위험이 닥쳤을 때에 비로소 알아차린다(Knopman et al., 2000; Nichols & Martindale-Adams, 2006). 역설적으로, 치매 발병 이전에 노인들은 알츠하이머병일지라도 자신의 진단명을 알고 싶어 한다(Elson, 2005). 불행히도 자신의 진단명을 알고자 했던 노인이라 할지라도 자신이 심각한 인지장애가 있다는 것을 수용하기는 매우 힘들다. 그럼에도 불구하고 의사들은 진단 결과를 환자에게 알려 주어야 한다는 의료 지침을 따른다.

표 7-2 주요 신경인지장애(치매)의 일반적인 진단적 특징

A. 다음에 근거해 한 가지 또는 그 이상의 인지 영역(복합 주의력, 실행 기능, 학습 및 기억력, 언어 능력, 지각-운동 기능, 사회 인지)에 대해 이전의 수행 수준보다 유의한 인지 기능 저하의 증거가 확인되어야 한다.
① 환자 자신, 환자의 상태를 잘 알고 있는 정보 제공자, 또는 임상가가 인지 기능의 유의한 저하가 있음을 염려함.
② 표준화된 신경심리검사 결과, 또는 그렇지 못할 경우 수량화할 수 있는 임상가 평가를 통해 인지적 수행에서 실질적인 손상이 확인되어야 함.
B. 인지적 결함이 독립적인 일상적 활동 수행을 방해한다(즉, 최소한 복잡한 도구적 일상생활 활동에서 도움이 필요한 경우, 가령 물건 값 지불, 약물 관리 등에서 도움이 필요한 경우).
C. 인지 결함이 섬망의 맥락에 한정해 발생하지 않는다.
D. 인지 결함이 다른 정신장애(예: 주요우울장애, 조현병)로 설명되지 않는다.

출처: American Psychiatric Association (2013).

71세 이상 노인의 14%는 치매를 앓고 있다(Plassman et al., 2007). 연령의 증가는 치매 가능성을 증가시키는데 65세 이후 5년마다 2배씩 늘어난다(Jorm, Korten, & Henderson, 1987). 한 유병학 연구에서는 80~89세 노인의 24%와 90세 이상 노인의 27%는 치매로 진단할 수 있음을 발견하였다(Plassman et al., 2007). 이 자료는 보수적 추정치다. 급격하게 노화되고 있는 인구로 인해 치매 유병률은 추후 20~30년간 2배로 증가할 것으로 예상되고 있다. 이러한 비율은 물론 실제 많은 수의 사람들로 해석될 수 있다. 2009년 현재 약 530만 명이 알츠하이머병의 진단을 받았으며 매 70초마다 한 사람씩 진단을 받고 있어 그 수는 급격히 증가하고 있다(Alzheimer's Association, 2009b). 알츠하이머병은 단지 치매의 한 종류이며 그 문제는 급속도로 커지고 있음을 유념하라.

치매의 주된 원인은 신경의 퇴행이지만 그 원인은 50가지 이상이다. 가장 일반적인 원인은 알츠하이머병으로, 치매의 70%를 차지한다. 그리고 혈관성 치매는 17%이며 나머지 치매는 13%다(Plassman et al., 2007). 하지만 사후 부검 결과를 보면 치매의 원인은 더 다양한 것으로 보인다(Schneider, Arvanitakis, Bang, & Bennett, 2007).

치매의 가장 큰 위험 요인은 연령이다. 성별과 교육 수준도 위험 요인이다. 여성들의 수명을 감안하더라도 여성들은 치매에 걸릴 가능성이 더 높다(Seshadri et al., 2008). 반면에, 교육 수준은 치매 발병에 대한 보호 효과가 있다(Alzheimer's Association, 2009b). 비록 대립유전자(apolipoprotein E-e4: APOE-e4)가 후발성 알츠하이머병의 위험성을 증가시키긴 하지만, 유전은 아주 작은 경우에만 강력한 역할을 한다(유전은 조발성 치매, 즉 65세 이전에 발병하는 치매의 경우에 더 중요하다). 심혈관 질환과 일상생활 패턴(예: 식습관, 운동, 비만)도 치매의 위험 요인이다. 삶의 초기 뇌손상이나 염증도 치매 위험성을 높이기 때문에 뇌진탕이 자주 발생하는 운동선수들은 조심해야 한다. 하지만 아직 명확한 원인을 찾은 것은 아니다.

치매에 따라 생리병리학이 상이하다. 알츠하이머병은 높은 신경학적 세포의 손실과 함께 높은 밀도의 아밀로이드 그리고 신경 노인반(plague)의 증가된 이환율과 뇌의 피질, 편도체, 해마 부위에 세포 내 신경섬유다발을 보인다. 학습과 기억에 관여하는 신경전달물질인 아세틸콜린과 다른 신경전달물질들의 감소는 뇌 기능을 감퇴시킨다. 일반적으로 루이바디병은 비정상적인 단백질 침착물이 행동과 인지에 관여하는 신경전달물질인 도파민에 영향을 주기 때문에 파킨슨병과 관련되어 있다. 하지만 이러한 병리학은 아직 명확하게 밝혀지지 않은 치매를 설명하지 못한다.

치매는 천천히 지속적으로 진행되며 특별한 변화 지표 없이 감퇴가 일어난다. 기능적 쇠퇴는 아동기 신경 발달에서 기능이 획득된 순서와 반대 순서로 일어난다. 전반적 퇴화척도(Global Deterioration Scale: GDS; Reisberg, Ferris, DeLeon, & Crook, 1982)는 정상적인 인지 기능에서 심각한 치매의 변화를 7단계의 순서로 정리하고 있다(〈표 7-3〉 참조).

혈관성 치매는 혈관 폐쇄, 뇌경색, 뇌출혈로 인한 신경 세포의 상실에 의해 나타난다. 혈관성 치매의 진단에서는 치매의 인지적 증세뿐만 아니라 뇌혈관 질환이나 뇌의 국소적 손상에 대한 증세가 제시되어야 한다(APA, 2000). 혈관성 치매는 혈관의 손상 부위에 따라서 피질 및 피질하 영역에서 나타날 수 있다.

혈관성 치매는 미세한 경색에 따른 작은 상실들로 인해 단계적으로 진행된다. 하지만 이를 단계로 인식하기에는 너무 미미하여 주변 사람들이 그 변화를 연속

표 7-3 **전반적 퇴화척도(Global Deterioration Scale)**

수준		임상적 단계	임상적 특징
1	인지장애 없음	정상	• 임상적인 면접을 하는 동안 기억 결핍에 대한 주관적인 불편이 없음.
2	아주 약한 인지 감퇴	건망증	• 기억 결핍에 대한 주관적인 불편이 있으나 임상적 면접, 직장, 또는 사회적 상황에서 객관적 기억 결핍을 보이지 않음.
3	약간의 인지 감퇴	초기 혼란 상태	• 결핍에 대한 명확한 초기 증상이 다양한 일상생활에서 나타나고 신경심리학자나 노인 정신과 의사와의 집중적인 면접에서 객관적 기억장애의 근거를 보임. • 힘든 직장과 사회적 상황에서 수행이 감소함. • 부인하기 시작하고 증세와 함께 경도에서 중등도의 불안을 보임.
4	중등도의 인지 감퇴	후기 혼란 상태	• 자세한 면접에서 명확한 결핍을 보임. 결핍은 여러 영역에서 나타남(근래의 사건에 대한 지식의 감소, 개인사에 대한 기억 문제, 집중력장애, 이동 및 경제적 문제해결 능력 감퇴). • 시간과 사람에 대한 지남력, 친숙한 사람과 얼굴에 대한 인식, 친숙한 장소로 이동할 수 있는 능력에 있어서 명확한 결핍을 보이지 않음. • 복잡한 과제의 수행을 어려워하지만 이러한 어려움에 대한 인식이 부족하거나 이를 부정함. • 정서의 무변화와 도전적 상황으로부터의 철회를 보임.
5	중등도 이상의 인지 감퇴	초기 치매	• 도움이 없이는 생존하기 어려움. • 삶의 중요한 정보들(오래 유지한 전화번호, 오랜 산 주소, 손주의 이름, 졸업한 고등학교 및 대학 이름)을 회상하지 못함. • 시간(날짜, 요일, 계절 등)과 장소에 대한 일부 지남력은 상실하지만 자신과 타인에 대한 중요한 지식은 유지함. 자신과 배우자 그리고 자녀의 이름은 기억함. • 화장실을 사용하거나 먹는 데 도움을 필요로 하지 않지만 적절한 옷을 고르고 씻는 것을 힘들어함.
6	심각한 인지 감퇴	중기 치매	• 근래 자신에게 일어난 사건이나 경험에 대해서는 인식하지 못하지만 과거 삶에 대한 지식은 어느 정도 유지함. • 자신의 환경, 연도, 계절 등에 대해서는 일반적으로 의식하지 못함. • 일상생활 행동에 대해서 약간의 도움이 필요함. • 자신의 이름은 거의 항상 기억하지만 생존하는 데 필요한 도움을 제공하는 배우자의 이름은 가끔 망각함. • 성격 및 정서적 변화가 발생함.
7	매우 심각한 인지 감퇴	후기 치매	• 모든 언어 능력을 상실하고 말을 거의 하지 않으며 그렁그렁하는 소리만 냄. • 기본적인 자기관리(배변과 식사)를 하는 데 도움이 필요함. • 기본적인 정신운동 기능을 상실함.

적인 것으로 본다. 혈관성 치매는 뇌졸중 후에 나타날 수 있으며, 또 다른 뇌졸중의 위험성을 증가시킬 수 있다. 혈관성 치매의 예후는 알츠하이머병의 예후와 비슷하다. 즉, 다양한 인지 기능에서 천천히 점진적으로 퇴화한다. 또한 혈관성 치매와 알츠하이머성 치매가 함께 진단될 수도 있다.

여러 질환(예: 헌팅턴병, 윌슨병, 파킨슨병, 진행성 핵상안근 마비)을 포함하는 피질하성 치매는 대뇌피질에 일차적 영향을 주는 치매와는 상이한 인지기능장애를 보인다(Kaufer & Cummings, 2003). 질환 초기에 대뇌피질을 공략하는 치매들(예: 알츠하이머성 치매)과 달리, 피질하성 치매는 학습장애, 언어장애 그리고 동작장애보다는 기억 회상의 문제가 먼저 나타난다. 하지만 문제해결력의 결핍, 시지각적 및 구성적 결핍은 피질성 치매 및 피질하성 치매와 유사하다. 근래 신경과학 분야에서 일어난 엄청난 연구들을 통해 이러한 질환을 구분할 수 있게 되었는데 사후 가능했던 진단을 평가 기술에 적용하게 되었다. 특정 진단에 대한 지식은 행동 문제의 결핍을 보완하기 위해 가능한 인지 능력을 활용해야 하는 행동 관리 중재를 설계하는 데 매우 유용하다.

치매가 일상생활에 미치는 영향은 일상적인 자기관리에 약간의 영향을 주는 것에서 자기관리 능력을 완전히 상실하는 것으로 진행된다. 일상생활활동(activities of daily living: ADL)과 도구적 일상생활활동(instrumental activities of daily living: IADL)으로 측정되는 기본적인 자기관리 기능은 치매로 인한 능력의 상실에 가장 많은 영향을 받는다. 치매 초기에는 도구적 일상생활활동이 힘들어지는데 환자가 이를 감추려고 한다. 그 이후 질환이 진행됨에 따라서 가장 기본적인 일상생활활동도 어려워져 먹거나 걷는 것조차 망각하고 도움이 필요하게 된다.

문제행동으로 인해 치매 환자를 보살피는 부양자는 많은 부담을 경험한다. 일반적으로 치매에는 우울증, 수면장애, 불안한 행동들이 수반되는데, 이는 인지적 장애만큼이나 개인의 일상 기능과 안녕감을 위협한다. 심각한 행동장애는 치매를 앓고 있는 사람뿐만 아니라 부양자들에게도 힘들기 때문에 약물 복용뿐만 아니라 다른 중재들을 활용하여 장애를 감소시키는 체계적 접근이 이루어져야 한다(Salzman et al., 2008). 인지 기능의 쇠퇴 및 우울증과 같은 증세는 치매 환자에 대한 부양비를 증가시킨다(Zhu et al., 2006).

4. 경도 인지장애

치매 진단을 받을 정도는 아니지만 정상 노화에서 볼 수 있는 것보다 조금 심한 정도의 인지장애 증세인 경도 인지장애(mild cognitive impairment: MCI)에 대한 관심이 근 10년간 증가하였다. 비치매성 인지장애를 구분하는 데 있어 경도 인지장애라는 용어가 임상적 상황에서 일반적으로 사용되고 있다. 정상적 노화의 인지 변화와 경도 인지장애에서 보이는 인지 변화는 겹치는데, 이는 정상적 노화가 치매로 이어질 가능성이 있다는 것을 의미한다(Smith & Rush, 2006). 경도 인지장애는 적어도 한 가지 기능장애가 있고 치매가 제외되어야 한다. 제안된 경도 인지장애의 세 가지 유형은 다음과 같다. 먼저, 건망증적 경도 인지장애는 기억에 대한 불평과 함께 연령 관련 기억장애를 보인다. 비기억적 단일 영역의 경도 인지장애는 주의 및 집중, 집행 기능, 언어 기능 또는 시공간 기능 중 한 기능에서의 장애를 포함한다. 마지막으로, 다면 경도 인지장애는 기억의 감퇴와 함께 두 가지 이상의 영역에서 장애를 보인다.

비치매성 인지장애에 대한 관심의 증가는 높은 유병률(70세 이상 노인의 22% 이상, 60~62세 노인의 13.7%)과 높은 치매 전환율(유형에 따라 차이가 있지만 연 12% 이상) 때문이다(Kumar et al., 2005; Plassman et al., 2008). 비치매성 인지장애의 원인은 심부전증, 당뇨 그리고 치매 진단 전 치매 초기 상태다.

노인들은 인지장애 초기에 이를 확인하고 싶어 하는가? 근래의 연구에 따르면 노인들은 자신 또는 친한 가족의 상태를 명확하게 알고자 한다(Dale, Hougham, Hill, & Sachs, 2006). 가족은 자신이 노인들에게 인지장애 검사를 제안하면 거부하고 화를 낼 것이라고 생각하지만(Dale et al., 2006) 노인들은 경도 인지장애에 대한 검사를 받고 싶어 한다(Nichols & Martindale-Adams, 2006). 경도 인지장애가 있는 사람들은 치매가 있는 사람들보다 자신의 기능 상태를 더 정확하게 보고한다

(Farias, Mungas, & Jagust, 2005).

가족은 경도 인지장애 여부를 알고 싶어 하지만, Whitehouse 등은 인지장애에 대한 진단은 환자와 가족의 안녕감에 저해가 된다고 하였다(Whitehouse & Moody, 2006). 이 연구자들은 명확한 타당성이 없는 진단의 신뢰도와 타당도에 의문을 제기하였다. 노쇠하는 뇌의 의료화는 의약 산업에만 유리할 수 있다. 경도 인지 감퇴에 대한 의료적 접근과 달리 노화 과정의 사회적 접근은 비교적 모호한 현상에 대한 임상적 진단에 강력하게 반대한다. 임상적인 진단을 내리게 되면 감퇴에 대한 예상을 형성하게 만들어 자기충족적 예언과 타인 예언에 영향을 주게 된다. 즉, 예언타당도가 확립되기 이전에 너무 일찍 진단하게 되면 그 의학적 틀로 인해 삶의 의미와 구조가 변경될 수 있다. 추가적인 연구를 통해 인지검사의 예언타당도가 향상되면 이러한 논쟁이 필요 없겠지만, Whitehouse와 Moody는 현재의 진단 기준을 사용할 때는 조심스러워야 함을 알려 준다.

하지만 부양의 입장에서 경도 인지장애의 진단은 알츠하이머병의 진단과 마찬가지로 환자들이 자신의 치료에 대한 계획을 세울 수 있게 하고 가족은 부양 준비를 가능하게 한다. 환자와 가족은 조기 진단을 받고 싶어 하지만 거기에는 많은 장벽이 있다. 정기 검진을 하는 것이 가장 확실한 방법이지만 일반적으로 사용되는 인지검사 도구는 경도 인지장애의 일부 증세를 발견하는 데는 매우 비효과적이다(Lonie, Tierney, & Ebmeier, 2009; Trenkle, Shankle, & Azen, 2007). 현존하는 검사는 제한된 영역만을 다루고 경도 인지장애에서 치매로의 전환을 예측하지 못한다(Lonie et al., 2009). 종합 신경심리검사를 실시해야 진단을 할 수 있으나 노인들이 정기적으로 의료 서비스를 받는 일차 진료 기관의 경우 인력이 부족하기 때문에 효과적인 검사(예: 컴퓨터화된 검사)가 필요하다.

경도 인지장애가 있는 사람들을 부양할 때에는 환자의 경험을 존중해야 한다(Lingler et al., 2006). 경도 인지장애는 장애의 강도와 정도가 약하기 때문에 일반적인 사람들은 제한된 상호작용을 통해 인식하지 못한다. 경도 인지장애가 있는 사람은 높은 기능을 보이지만 장애가 있는 정상적인 사람과 질환의 진단을 받을 수 있을 정도로 심각한 결핍이 있는 사람 사이에 떠 있게 된다. 하지만 경도 인지장애의 진단을 받고 삶을 사는 사람들과 이들을 돌보는 사람들은 관계의 변화를 경험하게 된다(Blieszner, Roberto, Wilcox, Barham, & Winston, 2007). 경도 인지장애 환자들은 치매만큼 외적인 장애를 보이지는 않지만 일상생활에서 가족과 자기 자신이 상당한 문제를 경험하고 미래에 기능이 더 많이 감소할 것이라는 예후 속에서 살게 된다.

5. 우울증과 인지장애

우울증이 있는 사람들은 자신의 기억력에 대해 걱정하고, 주변 사람들도 환자에게 인지 기능의 감퇴가 있음을 지각하게 된다. 우울증과 관련된 부정적인 사고는 인지 기능 외에도 많은 영역에서 부정적 자기평가를 하게 한다. 이 장 서두에서 언급한 허 씨 할아버지는 우울증의 전형적인 사례다. 할아버지는 자신의 장애를 걱정하면서 평소 즐기던 활동들로부터 철회한다. 정확한 평가를 통해 인지장애 여부를 판단해야 하지만, 대체로 철회는 우울한 사람이 보이는 전형적인 행동이다.

우울한 성인들은 객관적인 기억 수행의 결핍이 나타나지 않는 상황에서도 기억에 대한 걱정을 한다. 하지만 다음의 두 상황의 경우, 우울증은 실제 인지적 결핍과 관련이 있는 것으로 보인다. 먼저, 우울증은 불안과 마찬가지로 인지적 수행의 감소와 관련이 있다(Bierman, Comijs, Jonker, & Beekman, 2005). 하지만 인지장애가 우울증에 기인하는 것일 경우, 우울증을 치료하면 인지장애가 회복된다. 우울증으로 인한 인지장애는 치매와 유사해서 과거에는 이를 가성치매라고 불렀으나 실제로 이는 잘못된 명명인데, 우울증으로 인해 인지장애가 실제로 나타나기 때문이다. 둘째, 우울증과 치매는 공존할 수 있다(Teri, 1996). 치매 환자의 약 30%가 초기 치매와 우울증 진단을 받는다(Teri & Wagner, 1992). 또한 우울증은 경도 인지장애와도 공존한다(Gabryelewicz et al., 2004). 노인들에게 나타나는 다른 요인들, 예를 들어 수면 문제, 불안 또는 신체질환은 우울증이나 집중력장애 또는 성격 변화와 같은 치매 유사 증세를 유발할 수 있다.

6. 네 가지 인지장애에 대한 요약

노인 정신건강 전문가에게 섬망, 우울증, 치매, 경도 인지장애 그리고 그 외 다른 인지장애를 구분하고 진단하는 것은 매우 어려운 일이다. 인지장애들은 서로 유사한 증세를 보일 뿐 아니라 질환이 공존할 수 있기 때문에 오진의 가능성이 있다(예: 치매의 수동성이 우울증으로 보일 수 있고, 섬망으로 인한 주의력 문제가 치매로 보일 수 있다). 뿐만 아니라 만발성 우울증은 치매가 3년 이내에 발병할 것임을 예측하게 한다는 연구 결과를 감안한다면 질환들이 순차적으로 나타날 수도 있음을 알 수 있다(Gatz, Kasl-Godley, & Karel, 1996). 미국심리학회(American Psychological Association: APA) 특별위원회에서는 1998년에 와서 제안한 질환들 간의 구분에 대해 재검토하고 있다. 가장 최근의 지침은 미국심리학회 노화위원회의 웹사이트(http://www.apa.org/pi/aging)에서 살펴볼 수 있다.

7. 평 가

인지장애의 원인을 구분하기 위해서는 신체 상태, 약물, 신경심리 그리고 일상 기능에 대한 다면적 평가가 필요하다. 다양한 기능적 능력과 결핍 그리고 여러 가능한 원인에 대한 정보를 통합하기 위해서는 여러 분야가 함께 작업해야 한다. 의학적 평가에는 신체검사뿐만 아니라 과거의 의료 기록과 현재의 약물에 대한 자세한 검토가 포함되어야 한다. 사회복지사들은 직업적 · 사회적 · 가족적 기능에 대한 평가를 제공해야 하며, 심리학자들은 인지적 · 정서적 · 성격적 기능에 대한, 그리고 신경심리학자들은 인지와 기억 기능에 대한 심층 검사를 해야 한다. 정신과 의사들과 약사들은 심리적 기능에 대한 질환과 약물의 영향을 살펴보아야 한다. 자세, 동작 안정성, 동작 범위, 구강 위생 그리고 일상 과제 수행 등에 대한 문제가 의심될 때에는 물리치료사, 치과 의사 그리고 작업치료사들이 이에 대한 평가를 해야 한다.

의학적 평가가 반드시 필요한데, 이는 인지장애의 가역적 요인을 구분하기 위해서다. 만약 가역적 인지장애의 요인들이 치료되지 않을 경우 비가역적인 결핍 상태에 이르게 된다. 기능검사(예: 일상생활활동과 도구적 일상생활활동의 평가)는 가능한 독립적 기능의 수준을 결정하는 핵심 역할을 한다. 치매가 있는 환자들의 경우 가족 기능에 대한 평가도 중요하다. 가족 부양자들은 환자에 대한 책임을 지기 때문에 스트레스를 많이 받는다.

신경심리학적 검사는 정신 상태와 우울증을 평가하는 선별 도구(screening tool)를 포함하며, 필요할 경우 종합검사를 실시할 수도 있다. 일반적으로 사용되는 정신상태 검사는 폴스타인 간이 정신상태검사(Folstein Mini-Mental Status Examination: FMMSE; Folstein, Folstein, & McHugh, 1975)와 매터스 치매평정척도-2(Mattis Dementia Rating Scale-2: DRS-2; Mattis, Jurica, & Leitten, 2001)다. 더 효율적인 새로운 선별 도구가 개발되었음에도 이 두 도구가 주로 사용된다(Trenkle et al., 2007). 근래 개발된 몬트리올 인지평가(Montreal Cognitive Assessment: MOCA)는 경도 인지장애를 감별할 수 있도록 개발되었다(세부 사항은 MOCA의 웹사이트 http://www.mocatest.org/ 참조). 선별 도구는 여러 영역의 기능을 평가하지만 세밀하지는 않다. 결핍에 대한 증거가 나타나면 인지 기능에 대한 보다 자세한 검사를 실시하게 된다. 진단은 선별 측정 도구로 내려서는 안 된다!

종합 신경심리검사는 특정 영역에서의 문제뿐만 아니라 강점도 보여 줄 수 있다. 검사 자료는 유사한 환경(예: 재가 노인, 기관 거주 노인)에 거주하는 동일 연령의 노인들과 비교하여 개인의 수행 정도를 결정하게 된다. 〈표 7-4〉에는 주요 임상 센터에서 다양한 기능(예: 주의력, 기억력, 문제해결력, 언어 능력, 시공간 능력, 동작 능력)을 평가하는 데 사용하는 종합 신경심리검사가 나열되어 있다(Fillenbaum et al., 2008; Morris et al., 1989).

신경심리검사는 각 검사에 대한 환자들의 수행 결과를 건강한 노인 그리고 여러 유형의 치매 환자와 비교하여 제시한다. 검사의 결과는 환자의 교육 수준과 직업 경험을 감안하여 해석한다. 교육 수준이 높은 사람의 경우 전국 규준과 비교할

표 7-4 치매 종합검사의 예: 알츠하이머병 등록을 수립하기 위한 위원회 (Consortium to Establish a Registry for Alzheimer's Disease: CERAD)의 핵심 및 보조 검사

신경심리검사들(한국어, 중국어, 힌디어, 스페인어, 요루바어 판 가능) • 언어 유창성검사 • 보스턴 이름대기검사: 일상생활 언어의 사용 빈도(낮은, 중간, 높은)에 따른 15개의 단어 • 간이 정신상태검사 • 단어목록기억검사: 10단어 목록에 대한 3회 시험 • 구성 행동(Constructional Praxis): 기하학적 도형을 보고 모방(구성행동검사) • 단어 회상검사: 단어 목록 기억에 대한 지연 회상 • 단어 재인검사: 10개의 목표 단어와 10개의 방해 단어를 제공하고 이에 대한 기억을 검사
임상적 종합검사: 인구통계학적 정보, 임상 과거력, 인지 및 행동 선별 도구
신경병리 종합검사: 인구통계학적 정보, 과거력, 육안검사, 신경생리 심상화(imaging)를 통한 구조적 · 혈관적 결과
치매 행동평정척도: 우울증, 무력감, 식물신경 증상, 짜증 및 공격성, 행동조절장애, 정신증 증세
가족력 평가: 친척들의 알츠하이머병, 파킨슨병, 다운증후군 여부에 대한 도표
서비스 평가: 재가 및 지역사회 서비스 사용 및 욕구

출처: Fillenbaum et al. (2008); Morris et al. (1989).

때 이상이 없다고 판단될 수도 있지만, 개인의 과거 기능과 비교하면 많이 감소한 것일 수 있다. 검사는 특정 문제들에 대한 질문들(예: 현재 살고 있는 환경에서 안전하게 기능할 수 있는 능력, 의사결정력)과 결핍에 대해 보완할 수 있는 인지적 강점을 제시해야 한다. 일부 신경심리학자는 환자 또는 가족과의 면접에서 개별화된 의견을 제시하기도 하지만(Green, 2006), 치료자들은 신경심리검사의 결과를 가족의 적응을 위한 실질적 조언으로 바꾸어 보고서를 제공할 수도 있다(Qualls & Knoecker, 2009).

평가는 치매를 앓고 있는 사람의 문제행동의 정도를 결정하고 부양자의 스트레스를 평가하는 데 활용된다. 대표적인 스트레스는 우울증과 불안으로 나타나는데, 이 두 질환은 공존하는 경우가 많다. 치매 환자들의 우울증은 많이 연구되어 효과적인 진단이 이루어지고 있으나 불안에 대한 평가는 아직 부족하다(Beaudreau &

O'Hara, 2008). 심층 평가에는 부양에 대한 가족의 스트레스와 인지장애에 따른 환자의 문제행동이 포함되어야 한다. 이러한 문제행동과 부양자의 부담을 측정하는 도구로 기억 및 행동 문제 체크리스트 개정판(The Revised Memory and Behavior Problems Checklist; Teri et al., 1992)이 주로 사용된다. 가족원도 우울증 검사를 받아야 하는데 부양 부담으로 인해 즐거운 일이 급감하고 피부양자의 건강과 행동 문제가 생기기 때문이다. 문제행동에 대한 평가를 하기 위해서는 행동의 시간, 장소, 사회적 맥락 등을 기록해야 한다. 행동 관찰은 특히 장기 요양 환경에서 행동에 대한 정확한 기록을 수집하기 위해서 사용될 수 있다(Cohen-Mansfield & Libin, 2004).

마지막으로, 치매 환자에 대해 관심이 증가하고 있는 평가 분야는 인지의 의사결정력이다(Moye & Marson, 2007). 치매 환자의 인지적 능력이 감소되고 특히 환자가 이러한 변화에 대한 의식이 없을 때 법적 · 윤리적 문제들이 생길 수 있다. 치매 환자들은 자신의 환경에 안전하게 있기 위해 요구되는 최저 인지 기능에 못 미칠 때 자기방치나 학대, 착취를 하거나 사기를 당할 위험이 높다. 이에 대해 미국심리학회와 미국변호사협회(American Bar Association)에서는 다양한 맥락(예: 건강, 재정, 법)에서 개인의 의사결정 능력을 평가하는 과정에 대한 지침을 제시하였다(ABA/APA, 2008).

8. 중 재

인지장애를 위한 가장 중요한 중재는 신중하고 철저한 평가다. 만약 인지장애의 원인이 가역적이라면(예: 섬망이나 우울) 평가를 통해서 기저 조건에 대한 공격적인 치료를 하여 문제를 일부 또는 완전히 해결할 수 있다. 원인이 치매와 같이 비가역적이라면 중재의 초점은 질병 관리이며 중재의 목표는 과도한 장애를 예방하고 감퇴 속도를 늦추는 것이다. 계획, 환경적 중재, 행동적 중재 그리고 부양자에 대한 교육과 지지는 모두 유용한 관리 전략이다. 인지 기능을 향상시키기 위한 직접적인 중재도 도움이 될 수 있다.

치매가 있는 가족은 의사에게서 "안타깝지만 알츠하이머병이기 때문에 아무것도 할 수 없습니다."라는 말을 종종 듣는다. 전문가의 이러한 말은 부적절하며 가족에게 절망감과 무력감을 안긴다. 물론 치매 상태를 되돌릴 수는 없지만 할 수 있는 중재가 없다는 것은 사실이 아니며 많은 중재가 유용할 수 있다.

점진적인 비가역적 인지장애의 관리는 현재와 미래의 장애를 예견하면서 독립적인 기능을 최대화하는 것이다. 이 장 서두에서 제시한 박 씨 할머니의 사례는 자신의 환경에서 독립성을 유지하려고 집중적으로 관리한 경우다. 치매 초기 과정에서 가족은 익숙한 환경에서 독립성을 유지할 수 있도록 작지만 지지적인 중재를 시작한다. 처음에는 자녀들이 어머니가 잘 지내는지 '확인' 하는 것으로 시작하고 간단한 돈 관리는 환자가 하다가, 이후에는 일상적인 일에서 복잡한 일까지 모두 자녀가 책임지게 된다. 가족은 박 씨 할머니가 외적 기억 보조장치를 사용하여 할머니가 혼자 집에서 사실 수 있도록 도왔다. 치매가 있는 사람에 대한 가족의 연속적 역할의 변화는 [그림 7-3]에 제시하였다.

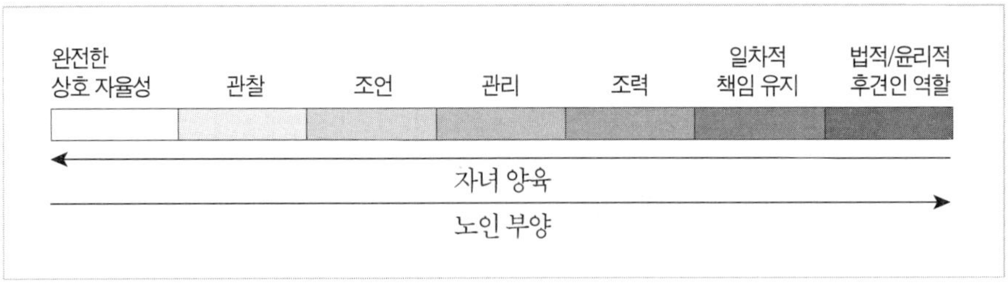

그림 7-3 치매 가족원에 대한 가족의 관여

9. 계 획

이상적으로, 인지장애가 있는 사람은 인지장애가 많이 진행되기 전에 주거, 법, 재정 그리고 건강 관련 의사결정을 내릴 수 있다. 예를 들어, 치매 초기의 사람들은 자신의 의사결정 능력에 장애가 생길 미래를 위해 변호사 또는 가족과 상의하여 적절한 재정, 법 그리고 건강 관련 의사결정을 정리해야 한다.

근래에는 개인이 무능력해진 상태에서 자신에게 일어날 일에 대한 자신의 의도를 표현할 수 있도록 돕는 여러 법적 장치가 마련되어 왔다. 예를 들면, 건강대리인 지정 제도는 개인이 무능력해진 상태에서 건강 관련 결정을 내리도록 의사결정자에게 법적 권한을 부여하고 승인하는 것이다. 사전 의향서는 자신의 욕구에 대해 말할 수 있는 능력이 상실되거나 죽음 앞에서 삶을 유지하는 데 극단적인 조치가 필요한 상황에서 자신이 원하는 의료 중재 수준을 지정하는 것이다. 연속 주거단지와 같은 주거지에서는 미리 돌봄 서비스를 구매한 노인이 필요로 할 부양 수준을 보장하여, 개인이 미래를 대비해 주거 형태를 선택할 수 있다. 또한 재정이나 다른 욕구와 관련된 사전 계획은 의사결정 능력이 떨어졌을 때 개인의 소망에 근거하여 결정이 내려지는 것을 보장할 것이다.

인지장애가 있는 개인이 자신이 무능력해지기 전에 여러 사항에 대해 법적 효력이 있는 방법으로 진술해 놓지 않으면 주요한 결정은 대리 결정자가 내리게 된다. 의료적 결정의 대리인은 배우자가 1순위이며 부모나 성인 자녀가 그다음이다. 다른 결정(예: 재정, 주거)의 경우도 유사한 순서를 따른다.

인지적 장애가 이미 있는 사람도 타인의 안녕을 해치지 않고 법적 대리인이 지정되어 있지 않다면 법적 의사결정을 내릴 권리가 있다. 후견인 제도는 개인의 권리와 자유를 빼앗는 극단적인 행동이다. 후견인을 지정하는 건 무능력의 정도에 따라 판사가 결정하게 된다.

법적 전문가들과 건강 전문가들은 인지적 무능력 상태를 대비하여 개인의 의견이 결정에 반영될 수 있도록 미리 계획해 두라고 권한다. 계획서는 전형적으로 인지 능력을 상실했을 때 결정을 내리는 대리인을 지정하고 특정 상태에서 선호되는 부양의 유형과 관련된 가치에 대한 진술을 포함한다.

인지장애 환자의 이러한 중재가 부양을 장기간 제공해야 하는 가족의 스트레스와 부담을 감소시킨다는 연구들이 있다(Coon, Gallagher-Thompson, & Thompson, 2003; Gallagher-Thompson & Coon, 2007; Qualls & Zarit, 2009). 가족이 외부에 도움

을 요청하는 시점에 따라 중재의 폭이 달라지기 때문에 환자의 상태에 대한 평가는 부양자 중재의 중요한 요소다(S. H. Zarit, 2009). 거의 대부분의 중재는 교육, 문제해결, 그리고 부양자의 사회적 지지를 증가시키기 위한 노력을 포함한다. 전미노화연구소(National Institute on Aging)에서 실시된 대규모 연구들에서는 평가 결과에 따라 부양자에게 다면적 중재를 제공했을 때 그 효과가 높은 것으로 나타났다. REACH1과 REACH2(Resources for Enhancing Alzheimer's Caregiver Health) 연구라고 불리는 이들 연구에서 다양한 지역, 다양한 인종 그리고 다양한 중재가 실시되었다(Belle et al., 2006; Wisniewski et al., 2003). REACH2 연구에서 경험적으로 지지된 핵심 중재 전략 중 개별화된 치료 계획과 실시는 긍정적이었다. 가족상담 관련 연구들도 부양자들에게 긍정적인 영향을 주었으며 피부양자의 기관 입소 시기도 지연시켰다(Mittleman, Roth, Coon, & Haley, 2004). 부양 가족에 대한 심리 중재는 부양자의 부담과 스트레스를 감소시키고 피부양자들이 받는 부양의 질을 향상시켜 요양원 입소를 지연시키는 효과적인 방법이었다.

10. 환경적 중재

인지장애가 있는 사람들의 기능은 그렇지 않은 사람들보다 환경의 영향을 더 많이 받는다(Lawton & Nahemow, 1973). [그림 7-4]에 제시되어 있듯이 낮은 수준의 능력을 보이는 사람은 원활하게 기능할 수 있는 환경의 범위가 제한된다. 따라서 적절한 환경의 선택은 독립적으로 기능할 수 있는 개인의 능력에 영향을 준다. 인지장애가 있는 개인에 대한 효과적인 관리는 좌절이나 과도한 장애를 일으키지 않고 개인이 가능한 인지 능력을 사용하도록 충분히 자극하여 개인의 기능을 최적화시키는 환경 수준을 부양자들이 찾아내도록 한다.

경도 인지장애가 있는 사람들은 익숙한 환경에서 최소한의 도움으로 혼자 살 수 있다. 하지만 인지장애가 상당히 진행된 사람들은 더 많은 도움이 제공되는 주거 환경으로 옮겨야 한다. 식사와 집안일에 대한 도움은 독립적 생활을 유지하는

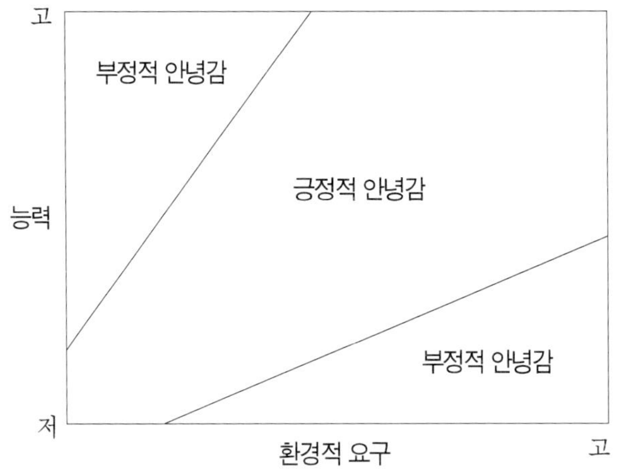

그림 7-4 환경적 요구와 능력 및 안녕감의 관계

출처: Lawton & Nahemow (1973).

데 충분할 수 있다. 요양원에서는 가장 높은 수준의 건강 지원 서비스인 약물 투여, 영양 관리, 요양 서비스가 제공된다. 요양원에 인지장애가 있는 사람들이 많다는 사실은 인지 기능에 대한 시설의 부정적인 영향을 보여 주기도 하지만 인지장애가 발생하게 되면 다양한 지지 서비스가 필요해진다는 것을 반영하기도 한다.

주거 환경의 건축적 특징은 인지장애가 있는 사람의 행동에 많은 영향을 주기 때문에(Lawton, 1979), 중재를 위한 적절한 대상이다. 장애가 있는 노인뿐만 아니라 정상적인 노인에게 영향을 주는 환경적 특징은 개인 공간, 소집단 공간, 가족과 환자의 상호작용을 촉진하는 공간, 쉬운 공간 안내판, 적절한 환경적 자극과 같은 요인들이다(Cutler, 2007). 노인 주거지에서 개인 공간과 공용 공간의 설계는 입소 노인들 간 상호작용의 빈도와 질에 영향을 준다. 풍부한 환경(시각 · 청각 · 촉각 자극)은 활동의 빈도와 사회적 상호작용에 영향을 준다. 치매와 우울증이 있는 인지장애 노인들을 적극적으로 주도하지 않아도 자극의 비율을 증가시킬 수 있는 환경적 중재(자극의 빈도와 강도가 적절히 조절됨)는 환자의 기능을 향상시킬 수 있다.

알츠하이머병이 있는 사람들을 위해 설계된 일부 시설은 창의적 디자인을 활용하여 긍정적인 행동을 증가시킨다. 예를 들어, 식탁에 블록을 매립하여 매트처럼 보이게 하면 환자들이 음식을 놓는 영역을 구분할 수 있다. 또한 방문에 환자의 현재 모습뿐만 아니라 과거 젊었을 때의 모습이 담긴 사진을 함께 붙여 놓으면 환자들이 자신의 방을 찾는 데 도움이 된다.

독립적인 생활을 도와주는 환경공학적 기술도 급격히 발달하고 있다. 기술의 발달은 환자들을 관리하고, 회상하게 하고, 유도하고, 구조화하고, 컴퓨터로의 접근을 용이하게 해 준다. 부양자들을 위한 기술에는 실질적인 돌봄 행동(예: 목욕시키기)과 상호작용을 촉진하는 의사소통을 도와주는 것들도 있다. 치매 환자의 관리를 돕기 위한 기술 개발은 매우 각광받고 있는 연구 분야다(Topo, 2009).

11. 행동 관리

인지장애는 문제행동이 수반되기 때문에 행동 관리가 도움이 될 수 있다. 문제행동을 관리하는 것은 치매 환자를 돌보는 일 중 가장 부담스러운 일이다. 행동 관리는 배회, 요실금, 괴성 그리고 부적절한 성적 행동을 관리하고 몸단장, 보행, 식사와 같은 독립적 자기관리 행동을 향상시키는 데 활용될 수 있다(Logsdon, McCurry, & Teri, 2007). 불안 행동은 관리하기 힘든 복잡한 행동이지만(Cohen-Mansfield & Libin, 2004) 일부 전략은 효과적인 것으로 나타났다(Kong, Evans, & Guevara, 2009; Logsdon et al., 2007). 일상생활에서 환자를 돌보는 가족이나 간호사들이 행동 관리를 통해 환자의 행동을 성공적으로 수정하기 위해서는 근거 중심의 행동 관리 훈련을 받아야 한다. 주변 사람들을 방해하는 불안 행동을 관리하는 데 약물을 사용할 수도 있으나, 약물과 달리 행동 관리 프로그램들은 부작용이 거의 나타나지 않는다. 정신증 진단이 없는 상황에서 항정신성 약물이나 진정제의 사용은 선호되지 않는다. 그러나 대부분의 의사는 자원과 지식이 부족하다는 이유로 장기 요양원에서 행동적 중재를 잘 활용하지 않는다(Cohen-Mansfield &

Jensen, 2008). 치료에 동의할 능력이 없는 사람들의 행동을 변경시키기 위해 치료할 때는 윤리적 사항을 고려해야 한다.

인지장애가 있는 사람을 돌보는 부담은 가족의 몫이다. 인지장애와 관련된 문제행동은 부양자들에게 부정적인 정서적 · 신체적 영향을 준다(Pinquart & Sörensen, 2007). 심각한 인지장애를 수반하는 특이하고 파괴적인 행동들은 수면, 일상 그리고 사회적 접촉을 심각하게 방해한다. 그러나 부양 부담과 사회적 상실은 또한 가족에게 영향을 준다. 부양 가족을 위해서는 질병에 대한 교육, 문제해결 조력, 격려, 강력한 사회적 지지, 그리고 필요하다면 심각한 가족 역기능을 해결하기 위한 가족치료가 도움이 된다(Gallagher-Thompson & Coon, 2007; Qualls & Noecker, 2009).

12. 인지 기능 향상을 위한 중재

인지장애로 인한 점진적인 퇴행을 지연 또는 역전시키기 위한 주된 중재는 약물과 인지적 재훈련이다. 치매(특히 알츠하이머병) 환자의 인지 기능을 향상시키는 약물은 약 50%의 대상 환자들에게 단기적 효과(6~12개월)가 있는 것으로 보고되고 있다(Alzheimer's Association, 2009b). 이 약물들은 뇌 속 특정한 신경전달물질의 농도를 증가시키지만 치매를 멈추거나 치료하는 약물이 아직 개발되지는 않은 상태다.

실험실 상황에서 노인들은 기억 보조장치와 기억 전략 훈련을 통해 도움을 받는 것으로 보고되었다(Camp, 2006; Unverzagt et al., 2007). 하지만 이러한 훈련들은 실험실에서가 아닌 외부 행동으로 확대되는 경우가 거의 없기 때문에 매우 제한적이다. 노인들의 인지 능력 향상, 인지 능력 감퇴 지연 그리고 치매 치료를 주장하는 약물, 약초, 기술, 게임들에 대해 과학자들은 조심스럽게 접근해야 한다. 인지적 노화에 대해 국제적으로 명망 높은 핵심 인지심리학자들이 인지 건강 중재에 대한 연구의 현 상태와 관련해 다음과 같은 사실에 대해 동의하였다(Stanford

Center for Longevity & the Max Planck Institute for Human Development, 2009).

- 현재의 노인들이 이전에 출생한 동년배 노인들과 비교하여 인지장애의 비율이 더 낮다는 것은 노인의 인지 변화에 대한 매우 긍정적인 측면이다.
- 식품 보조제(예: 은행엽과 같은 자연 허브)가 인지 기능을 향상시키거나 기능 감퇴를 늦춘다는 주장의 근거는 부족하다.
- 인지 수행을 향상시키는 컴퓨터 소프트웨어 프로그램은 훈련의 초점이 되는 기능을 향상시킬 수 있지만 이는 일상생활로 확대되지는 않는다.
- 인지 기능에 영향을 준다는 주장에 대한 자료들을 자세히 살펴보아야 한다. 또한 치매 증세나 기저 원인을 치료한다는 주장도 조심스럽게 검토해야 한다.
- 신체적 운동, 특히 규칙적인 유산소 운동은 뇌의 혈류를 증가시켜 주의력, 논리력 그리고 일부 기억을 향상시킨다.

13. 요약 및 결론

인지장애는 장애를 지닌 사람의 자율성과 정체감에 심각한 부정적 영향을 주기 때문에 노화 과정에서 가장 두려운 변화다. 가역적인 인지장애도 종종 발생하기 때문에 인지장애에 대한 자세한 평가가 이루어져야 한다. 노인들의 비가역적 인지장애는 주로 치매에 의해 일어나는데, 이는 인지 기능을 점진적으로 파괴시켜 장기적으로 영향을 미친다. 철저한 평가는 개인의 신체, 심리, 사회적 관계, 자기관리 기능 등 다양한 영역을 포함해야 한다. 이러한 평가를 기준으로 질환을 앓고 있는 환자와 부양자에게 여러 중재를 실시할 수 있다.

제8장 우울증

정 씨 할머니는 3년 전, 46년 동안 함께했던 남편을 심장마비로 잃었다. 산 사람은 살아야 한다고 다짐을 하지만 사는 게 막막하다. 자녀들이 매주 전화를 하고 방문도 하지만 아직도 비탄의 상태에서 헤어 나오지 못하고 있다. 새로운 일은 물론이고 일상사를 다룰 기운조차 없다. 매일 새벽 4시에 눈이 떠지면 다시 잠이 오지 않는다. 항상 짜증이 나는 자신을 보면서 다른 사람들도 자신을 가까이 하기 싫을 거라 생각한다. 친구들에게 연락도 거의 하지 않고 있고, 부부 동반으로 만났던 친구들은 자신을 부담스러워할 것 같아 만나지 않는다. 오랫동안 십자수와 뜨개질을 즐겼으나 근래에는 관심조차 없어졌으며 자신에게 이런 일을 할 정신력조차 부족하다고 느낀다. 정 씨 할머니는 자신의 기억력이 감퇴하고 있다고 느끼며 어느 것에도 집중할 수 없다고 걱정한다. 종일 TV만 켜 놓고 피곤해하면서 계속 졸며 지낸다.

임상 전문가들은 정 씨 할머니를 주요우울장애(major depressive disorder: MDD)

로 판단할 것이다. 정 씨 할머니는 우울증의 증세인 불면증, 피로, 짜증, 사회적 철회, 주의집중력 저하, 기억력 저하 그리고 삶의 거의 모든 영역에서의 흥미 상실을 보여 주고 있지만 특별히 불쾌하거나 슬프거나 과하게 울지 않기 때문에 사람들은 할머니가 우울하지 않다고 생각할 수 있다. 전문가들조차 이러한 우울 경험이 노년기에는 정상적인 것이라고 믿고 심지어 당연하게 생각한다. 주요우울장애는 노인들에게 흔히 일어나는 질환이지만 젊은 성인들과 비교해 보면 그 발생 빈도가 낮다.

1. 우울증의 정의

DSM-IV-TR(American Psychiatric Association, 2000)은 우울증을 정서장애의 범주로 분류하는데, 이는 기분의 변화가 가장 대표적인 특징이기 때문이다. 우울장애는 정도와 기간에 따라 몇 가지 유형으로 구분된다. 〈표 8-1〉은 주요우울 증세를 보이는 3개의 범주를 제시하고 있다. 가장 심한 우울증은 주요우울장애이고 가장 만성적인 것은 기분부전장애다. DSM-IV-TR이 분류한 우울장애 외에도 노인들은 역치 이하 또는 경증 우울증(minor depression) 증세를 보이는데, 아직 진단 코드가 있는 것은 아니지만 공식적인 진단이 내려져야 한다는 움직임이 일고 있다. 우울한 노인들이 보이는 증세는 우울한 젊은 성인들이 보이는 것과는 차이가 있다. 우울한 노인들은 슬픔이나 죄책감과 같은 정서적 증세는 별로 없지만 인지 기능과 관련된 기억력 저하에 대한 염려와 집행 기능의 결함, 신체 기능과 관련된 피로나 수면장애, 그리고 삶에 대한 흥미의 상실이 더 빈번하게 나타난다.

유병률 연구들에서는 노인들의 주요우울장애 진단율이 낮지만 우울 증상은 비교적 높게 나타난다(15~25%). 노인들은 DSM에 제시된 공식적인 우울장애에 대한 진단을 충족하지는 않지만 일부 증상은 상당히 높게 나타난다. 이러한 경증 우울증이 더 많은 관심을 받고 있는데, 이는 경증 우울 증세가 신체 및 정신 건강에 임상적으로 주요한 영향을 주기 때문이다. 경증 우울증은 달리 분류되지 않는 우

표 8-1 주요우울장애, 지속성 우울장애 그리고 우울한 기분이 동반된 적응장애의 진단적 특징

우울증의 유형	진단적 특징
주요우울장애	A. 동일한 2주간 (1) 우울한 기분 또는 (2) 관심이나 흥미의 상실 중 하나를 반드시 경험하고 다음 중 다섯 가지 이상의 증세가 있다. (1) 우울하거나 슬픈 정서가 하루 종일 거의 매일 지속 (2) 과거 즐기던 활동에 대한 관심 및 유쾌함 감소 (3) 식이 조절을 하지 않는데도 체중 증가 또는 감소, 식욕의 감소 또는 증가 (4) 불면 또는 과수면 (5) 정신운동 지체 또는 흥분 (6) 피로 및 에너지 상실 (7) 무가치감 또는 부적절하거나 과도한 죄책감 (8) 집중력 감소 및 의사결정 곤란 (9) 죽음에 대한 생각, 자살 생각, 자살 시도, 자살 계획 B. 증상군들은 의미 있는 고통을 일으키거나 사회적 · 직업적 또는 다른 영역에서의 손상을 일으킨다.
지속성 우울장애	A. 2년 이상 우울하거나 슬픈 기분인 날이 그렇지 않은 날보다 더 많다. B. 우울할 때 다음 중 두 가지 이상의 증세가 있다. (1) 식욕 감소 또는 과다 (2) 불면 또는 과수면 (3) 낮은 활력 또는 피로 (4) 낮은 자존감 (5) 의사결정 곤란 및 집중력 감소 (6) 절망감 C. 최소 2년 동안 유의한 증상이 없는 기간이 2개월 이상 지속되지 않는다.
우울 기분이 동반된 적응장애	A. 스트레스 요인에 대한 정서적 · 행동적 반응으로 스트레스원이 나타나기 시작한 후 3개월 이내 발생하는 정서적 · 행동적 증세다. B. 다음 증세 중 하나의 증세 또는 행동이 나타나면 임상적으로 의미 있는 것으로 간주한다. (1) 스트레스에 노출되었을 때 통상적으로 예상되는 정도보다 훨씬 더 과도한 고통 (2) 사회적 · 직업적 또는 학업적 기능에서의 심각한 손상

출처: American Psychiatric Association (2000).

울장애(depressive disorder not otherwise specified)라는 공식 명칭이 있으며 많은 연구에서 문제로 인식되고 있다. Blazer 등(1989)은 우울증의 다양한 형태를 분류하기 위해 우울 증세들을 분석했는데 노인들에게만 주로 나타나는 범주가 있었다. 이 범주의 특징은 우울한 기분, 정신운동 지체, 집중력 저하, 정신상태 검사에서의 낮은 수행이다. 게다가 이들 개인은 자신의 건강 상태가 좋지 않다고 반응한다. 이들은 주요우울장애의 기준에는 미치지 못했지만 신체질환 및 인지적 장애와 관련된 유의한 우울 증세를 경험하고 있었다. 경증 우울증의 증세 패턴에 대한 또 다른 연구에서 Oxman, Barret, Barret과 Gerber(1990)는 흔한 증상으로 걱정(84%), 자책(79%), 기력 저하(79%), 모든 것이 힘듦(68%), 짜증(63%), 수면장애(53%), 울음(53%), 절망감(53%)을 보고하였다. 이 연구에서도 역시 신체적 및 심리적 증세가 경증 우울증의 주요 특징이었다.

2. 노인 우울증의 유병률

장애의 유병률은 다양한 방법으로 측정될 수 있다. 한 가지 방법은 1년간 특정 집단의 발병률을 보는 것인데, 이를 1년 유병률이라고 한다. 또 한 가지는 평생 유병률로, 평생 특정 질환을 한 번 이상 경험한 사람의 비율을 말한다. 이 장의 유병률에 대한 논의는 Fiske, Wetherell과 Gatz(2009), Blazer(2003)의 자세한 보고에 근거를 둔다.

자택 거주 노인들은 일반적으로 1~5%의 낮은 주요우울장애 진단을 받는다. [그림 8-1]에서도 나타나듯이 주요우울장애의 12개월 유병률은 18~29세 집단이 가장 높고, 30~44세와 45~64세 집단은 그보다 약간 낮으며, 65세 이상 집단이 가장 낮다. 주요우울장애에 대한 평생 유병률은 45~64세 집단이 가장 높다. 노인들은 우울증이 발병할 수 있는 더 많은 해를 보냈음에도 12개월 유병률과 평생 유병률 모두 다른 연령대에 비해 낮다(Hasin, Goodwin, Stinson, & Grant, 2005). 노화에 따른 많은 문제가 있지만 노인들은 주요우울증을 막아낼 수 있는 회복탄력성

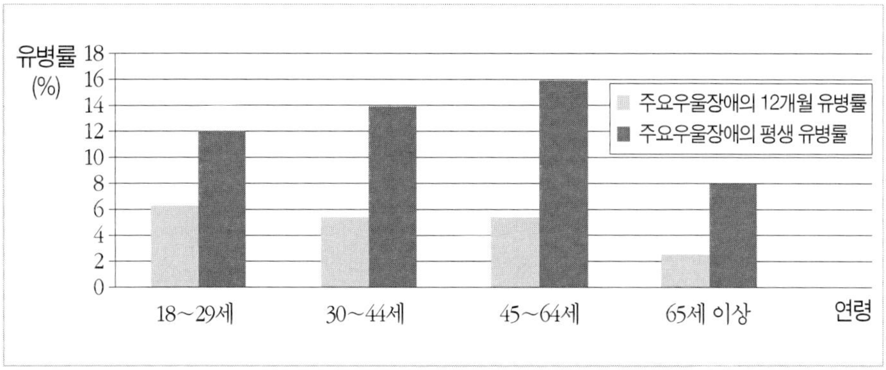

그림 8-1 연령, 12개월 유병률, 평생 유병률에 따른 주요우울장애

출처: Hasin et al. (2005).

을 발달시킨 것으로 보인다. 하지만 이는 우울증 환자들의 사망률 또는 우울 삽화에 대한 회상의 차이에 기인한 것일 수도 있다.

재가 노인의 지속성 우울장애의 비율은 2% 이하이지만 진단 가능한 우울증에 못 미치는 아증후군적(subsyndromal) 우울증은 15%로 비교적 높다(Blazer, 2003). 여성이 남성보다 일관되게 우울 증세를 평생 더 많이 보인다(여성:남성=2:1). 하지만 노년기에 남녀 차이가 감소하는 원인은 아직 불분명하다(Fiske et al., 2009). 성별과 기능적 상태 같은 혼란 변수를 통제하면 연령 증가에 따른 우울 증세의 차이는 보이지 않는다(Blazer, 2003). 우울증을 보이는 노인들의 절반 정도는 노년기에 처음으로 우울증을 보고하는데 이를 만발성 우울증이라고 한다. 그리고 나머지 절반 정도의 노인들은 노년기 이전에 우울 삽화를 보이며 일부는 노년기까지 증상이 계속 유지된다(Fiske et al., 2009). 반면, 지속성 우울장애는 노년기에 시작되는 경우가 거의 없지만 중년기에 시작하여 노년기까지 지속될 수 있다(Blazer, 2003).

노인들의 우울증 유병률은 환경에 따라 큰 차이가 있다([그림 8-2] 참조). 재가 노인들의 주요우울장애 유병률은 낮은 반면, 기관 거주(요양원이나 병원) 노인들은 훨씬 높은 유병률을 보인다. 이와 유사하게, 일차 요양 기관에 있는 노인들 또한

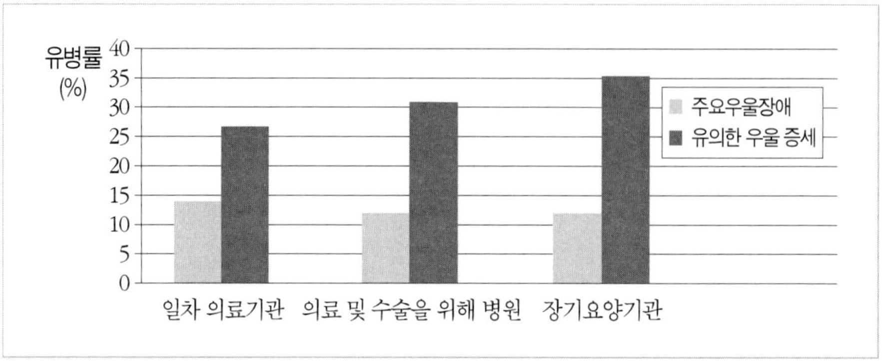

그림 8-2 환경에 따른 노인들의 우울장애의 유병률

출처: Blazer (2003).

지역사회 노인들보다 상승된 우울장애 유병률을 보고한다. 노인들의 우울증과 다른 신체질환의 공존율도 중요하며 병원 입원 노인과 요양원 노인들의 우울증이 훨씬 높다는 것에 주목해야 한다.

3. 우울증의 원인론

우울증은 생물학적 · 심리학적 · 사회적 요인이 영향을 주는 정신질환이다. 여기서는 각 요인을 살펴보고 이에 대한 평가와 치료에 대해 논의한다.

1) 생물학적 요인

우울증에 대한 생물학적 모형은 유전과 신경전달물질의 화학적 결핍에 초점을 둔다. 스웨덴의 쌍생아 연구에서 주요우울장애에 대한 평생 유병률의 유전성은 중간 정도였으며, 여성(42%)이 남성(29%)보다 높았다(Kendler, Gatz, Gardner, & Pedersen, 2006). 이 연구에서 구조와 화학적 기제가 생물학적 변화를 통해 우울증을 유발 또는 촉발할 수 있다는 것과 관련된 몇몇 가설이 제기되고 연구되어 왔다. 우울증이 있는 성인의 뇌, 특히 노인의 뇌 속 신경전달물질은 우울증이 없는 성인의 그것과 다르다. 우울증이 있는 사람들에게서는 특정 신경전달물질이 높게 또는 낮게 나타난다. 일부 연구자는 이러한 신경전달물질의 농도를 변화시키는 항우울제의 효과성과 관련해서 우울증에 생물학적 원인이 있다고 결론을 내리고 있다. 하지만 우울증이 있는 성인의 뇌를 특징짓는 화학적 변화는 다른 질환에서도 나타나기 때문에 이를 유일한 평가 기준으로 사용하기에는 정확도가 떨어지며 아직 명확한 인과관계가 확인된 것도 아니다. 또한 신경전달물질이 우울증의 원인인지 또는 임상적인 우울증의 생물학적 효과인지를 구분하기는 어렵다. 이러한 생물학적 요인(우울증에 대한 유전적 경향성, 신경전달물질의 변화)은 노년기 우울증의 위험 요인이지만 우울증의 직접적인 원인은 아닐 수 있다.

노인들의 우울증은 신체질환, 신체질환을 치료하기 위해 복용하는 약물, 그리고 뇌화학적 상태를 변경시키는 다른 항정신성 약물과 관련되어 있는 경우가 종

표 8-2 노인 우울증과 관련된 의학적 상태와 약물

의학적 상태
• 관상동맥 질환 고혈압, 심근경색, 관상동맥 바이패스 수술, 심부전 • 신경계 장애 뇌졸중, 알츠하이머병, 파킨슨병, 루게릭병, 다발성 경화증, 빈스완거병 • 대사장애 진성 당뇨병, 갑상선 기능저하증, 갑상선 기능항진증, 고코르티솔증, 부갑상선 기능항진증, 에디슨병, 자가면역성 갑상선염 • 암 췌장암, 유방암, 폐암, 대장암, 난소암, 림프종, 미발견 대뇌 전이 • 다른 상태 만성 폐쇄성 폐질환, 류머티스 관절염, 난청(귀먹음), 만성 통증, 성기능장애, 인공투석, 만성 변비
약물
마취약, 진통제(통증 완화용), 항콜린제, 항경련제, 항고혈압제, 항파킨슨제, 항궤양제, 심장약제, 정신과 약물, 근육이완제, 스테로이드, 설포마인제

출처: American Psychiatric Association (2000).

종 있다. 우울증이 신체질환 또는 정신 작용 약물의 직접적인 결과일 경우, 이를 일반 의학적 상태에 따른 기분장애 및 약물 유발 기분장애라고 한다. 〈표 8-2〉에는 일반적으로 노인들에게서 우울증을 유발하는 질환과 약물이 제시되어 있다. 노인 우울증에 대한 자세한 평가는 현재 또는 과거 복용했던 약물(처방약과 일반 약물), 의학적 상태 그리고 영양 상태를 포함해야 한다.

2) 심리적 요인

정신건강과 노화에 대한 모델들은 우울증에 대한 각기 다른 이론을 제기한다. 3장에서 기술했듯이 정신분석이론은 노인들의 우울증에는 몇 가지 기제가 작용한다고 본다. 그중 한 가지는 노년기에 일어나는 많은 상실 경험에 따라 개인의 자아 기능이 위협받는다는 것이다(Newton, Brauer, Gutmann, & Grunes, 1986). 사회적 역할, 친구, 가족, 배우자 그리고 신체적 활력과 기능의 상실에 대해서는 애도가 이루어져야 한다. 애도는 우울증의 위험 요인이며 노년기에는 단시일 내 상실이 누적되기 때문에 우울증에 취약해진다. 특히 아동기에 의미 있는 애착 대상의 상실을 경험한 경우, 아동기의 강렬한 애도를 재경험하는 취약성으로 인해 추가적인 문제가 발생할 수 있다. 미성숙한 방어기제란 적응에 필요한 유연성이 부족한 것으로, 삶의 주요 전환기에 취약하게 만들 수 있다. 따라서 평생 미성숙한 대처 패턴을 가진 사람들은 노년기 상실에 대한 적응이 어려울 수 있다(Vaillant, 2002).

노년기에는 신체적 활력의 저하와 인지적 능력의 감퇴가 큰 문제인데, 정신역동 이론가들은 이러한 변화를 우울증의 위험 요인으로 본다. 이러한 쇠퇴와 상실은 자아의 내적 및 외적 적응력을 소진시켜서 통제가 불가능하거나 부적절하게 만들어 우울한 상태가 되도록 할 수 있다. 정신역동 이론가들은 노년기의 상실 경험이 개인 삶의 이야기에 의미 있고 일관되게 통합되어야 한다고 보았다(Cohler & Hostetler, 2003). 강력한 개인적 의미를 유지시키는 방식으로 상실의 주제를 통합시키지 못하는 이야기는 절망과 우울로 이끌 수 있다.

행동주의 이론가들은 우울증을 강화물의 상실과 관련시킨다. 개인들의 상호작용 비율이 낮아지면 낮은 수준의 긍정적 강화물을 받게 된다(Laidlaw, Thompson, Dick-Sisken, & Gallagher-Thompson, 2004; Zarit & Zarit, 2007). 무감각하거나 기분이 울적한 사람이 철회하게 되면 악순환의 고리가 생긴다. 철회는 사람들과의 접촉이나 자신이 즐겨 왔던 일들과의 접촉을 감소시켜 우울증을 유지하게 만들고 환경과의 긍정적 상호작용을 감소시킨다(Teri, 1996). 개인은 과거 즐거웠던 활동에 참여하기 위한 능력의 상실을 경험하고, 이는 활동을 시작하거나 지속하기 위해 타인에게 의존하게 만든다. 사별이나 철회로 인해 의미 있는 타인을 상실하는 것은 또한 특히 그 타인이 활동을 유지하는 데 꼭 필요한 사람이었다면 강화물을 급감시킬 것이다. 또한 개인과 환경 간의 혐오적인 상호작용(예: 부부 갈등, 직장 문제)의 증가는 우울증을 유발할 수 있다. 효과적인 우울증 치료는 우울한 노인의 삶의 질을 향상시키고 노인을 돌봐 주는 사람들의 우울 문제도 감소시킬 것이다(Teri & Wagner, 1992; Zarit & Zarit, 2007).

성인들의 유쾌한 활동은 우울과 반비례한다(Lewinsohn & Graf, 1973). 우울증이 있는 사람들은 그렇지 않은 사람들에 비해 즐거운 활동에 덜 참여하고 활동을 하더라도 즐거움을 덜 경험한다. 중재 연구들은 활동과 기분의 인과관계를 증명해 왔다. 예를 들어, 우울하지 않은 사람의 삶에서 유쾌한 사건의 빈도를 감소시키면 부정적 기분의 위험성이 증가하며, 유쾌한 활동의 즐거움은 우울증의 빈도를 감소시킨다. 따라서 행동들 그리고 행동과 강화물의 유관 관계는 기분장애에 인과적 작용을 한다.

인지적 이론가들은 역기능적 사고 유형을 우울증의 원인으로 보고, 우울증을 유지하고 심화시키는 부정적 사고의 역할에 관심을 둔다. 정서 상태에서 인지를 일차적으로 중요하게 생각하지만 정서 상태가 사고에도 영향을 줄 수 있음을 인정하고 순환적 모델을 제시한다. 우울한 사람들은 흑백논리적 사고하기, 속단하기, 정서 상태로 인과적 설명하기, '해야만 한다' 진술하기 등의 인지적 왜곡(또는 비논리적 사고)을 보이며(Laidlaw et al., 2004), 이러한 인지적 왜곡은 우울한 감정을 야기한다(Beck, Rush, Shaw, & Emery, 1979). 또한 우울증이 있는 사람은 흔히 '인지적 3요소'라고 불리는 자신, 세상 그리고 미래에 대해 인지적 왜곡을 유지한다.

치료 과정에서는 인지적 모형과 행동적 모형이 일반적으로 인지행동치료에 함께 섞이게 된다.

3) 사회적 요인

사회적 요인(즉, 심리사회적 스트레스원)은 우울증이 시작되거나 악화될 때 거의 항상 관여한다. 우울증이 있는 사람들은 자신의 정서에 부정적인 영향을 주는 몇 가지 스트레스원을 확인할 수 있으며 이러한 스트레스원이 치료를 시작하게 만드는 촉발 사건이 된다(예: 은퇴, 배우자 사별, 이혼, 만성질환 진단, 다른 기관으로의 이주). 우울증이 있는 소수의 사람은 특정 스트레스원을 쉽게 인식하지 못하지만 자세한 임상 면접을 통해 이를 발견하게 된다. 중요한 것은 우울증은 '진공관'에서 일어나는 것이 아니라 환자의 심리적·사회적 환경 내에서 발생한다는 것이다.

George(1994)는 노인의 우울증에 대한 심리사회적 위험 요인을 근인과 원인으로 구분하여 여섯 가지 범주로 정리하였다(〈표 8-3〉 참조). 범주 1에 해당하는 연령, 젠더, 인종과 같은 인구학적 요인은 우울증에 영향을 주지만 노인보다는 젊은 사람에게 보다 많은 영향을 준다. 범주 2는 아동기 때 일어난 사건과 성취를 포함하는 요인들로서 결핍(예: 빈곤, 부모와의 이별, 부모의 이혼)과 교육적 성취는 성인기 우울증을 예측하는 주요 요인이다. 범주 3의 직업, 결혼 생활과 같은 성인기 사

표 8-3 우울증의 사회적 선행사건

범주	요인	명시적 징후
1	인구학적 요인	연령, 젠더, 인종, 민족
2	초기 사건과 성취	교육, 아동기 외상
3	후기 사건과 성취	직업, 수입, 결혼 생활
4	사회적 통합	종교적 소속, 자발적 단체 참여, 지역 안정성
5	취약성과 보호 요인	만성 스트레스원, 사회적 지지 대 고립
6	자극 요인과 적응 노력	삶의 사건, 대처 유형과 전략

출처: George (1994), p. 132.

건들도 우울증에 영향을 준다. 이 범주는 현재보다는 과거 삶의 생활 방식을 반영하기 때문에 예측 정도가 비교적 낮다. 범주 4의 사회적 통합은 개인 수준의 특징(예: 사회적 관계망)과 집단 수준의 특징(예: 이웃)의 붕괴를 포함한다.

범주 5와 6은 노인들을 대상으로 연구가 가장 많이 이루어진 범주다. 범주 5는 개인을 취약하게 하거나 보호하는 만성 스트레스를 포함한다. 만성 재정적 문제, 만성 신체질환 그리고 부양 책임은 정신건강, 특히 우울증에 부정적인 영향을 준다. George(1994)는 정신건강에 영향을 주는 세 가지 유형의 사회적 자원으로 ① 사회적 관계망(의미 있는 사람의 수와 구조), ② 실질적 지지(예: 도구적 그리고 정서적 서비스), ③ 사회적 지지에 대한 지각을 제시하였다. 지지에 대한 개인적 지각은 사회적 관계에서의 어떠한 객관적 요인보다도 스트레스에 중요한 완충 역할을 한다. 따라서 지지 체계에 대한 지각을 이해하는 것은 우울증이 있는 노인들과의 임상적 면접에서 중요하다.

범주 6은 현재 일어나고 있는 중요한 삶의 사건과 대처 전략을 포함하는 요인이다. 은퇴, 배우자와의 사별, 친구의 죽음 그리고 신체질환의 발현과 같은 노인의 삶의 사건들은 적응적 행동을 요구하는 사건이다. 삶의 사건들은 우울증과 약하지만 일관된 관계를 지닌다. 대부분의 노인은 노년기 삶의 사건들을 우울증 없이 경험한다.

4) 생리심리사회적 모형: 모든 요인 간 통합

앞서 우울증에서의 생물학적 · 심리학적 · 사회적 요인을 구분하여 논의했지만, 대부분의 노인 우울증은 이들 요인이 상호작용한 결과다. 생리심리사회적 이론은 삶의 스트레스 사건을 우울증의 촉발 사건으로 본다. 스트레스-소질 모형(diathesis-stress model)에서는 개인이 생물학적 또는 심리적 취약성이 있는 경우 특정 스트레스원(예: 사랑하는 사람의 상실, 신체 질환이나 장애)이 우울증을 촉발시킨다고 본다. 다른 심리사회적 요인은 상실의 의미, 제한된 사회적 지지 체계 그리고 부족한 대처 자원이다(Zarit & Zarit, 2007).

4. 우울증의 다른 위험 요인

노년기 우울증과 관련되어 있는 삶의 사건은 사랑하는 사람을 죽음으로 떠나보내며 경험하는 애도와 비탄이다. 노년기에는 사회적 상실이 빈번하게 일어나며, 이로 인한 애도가 위험 요인이 될 수 있다는 것은 직관적으로 예측 가능하다. 일부 경우에 애도 과정은 우울증과 유사한 정서, 사고, 행동을 자극하는데 이를 복잡 애도라고 한다. 평생을 함께한 사람을 상실한 생존자들은 깊은 절망감, 외로움 그리고 여러 감정을 경험한다. 해결되지 않은 복잡 애도는 우울증을 유발할 수도 있다. Prigerson 등은 복잡 애도의 증세는 특별한 치료를 필요로 하는 영구적인 기능장애 및 지연된 애도장애 같은 정신질환과 관련이 있다고 보았다(Prigerson, Vanderwerker, & Maciejewski, 2007).

일반적인 애도 과정에서는 우울증이 지속되지 않고 점진적으로 완화된다. 잘 설계된 일련의 연구에서 Bonanno(2004, 2009)는 대부분의 사람은 애도나 다른 외상적 상실의 상황에서도 회복탄력성을 보이며, 상실 과정에서도 삶의 행복감과 즐거움을 경험하고 타인과의 깊은 관계를 유지하면서 극복한다고 결론을 내렸다. 다시 말하지만, 상실, 애도, 비탄은 노년기의 정상적인 반응이지만 우울증은 정상이라고 볼 수 없다.

대처 전략은 부정적인 삶의 사건의 유해한 영향으로부터 개인을 보호해 주는 매개변인이다. 문제중심 또는 도구적 대처 그리고 정서중심 또는 조절적 대처의 두 가지 유형이 유용하다(Lazarus & Folkman, 1987). 사람들은 부정적 사건의 영향을 가져온 상황을 바꾸려고 문제중심 대처를 사용한다. 반면, 정서중심 대처는 스트레스의 정서적 영향을 감소시킴으로써 사람들이 상황에 조절되도록 한다. 문제중심 대처 및 정서중심 대처의 이득과는 대조적으로, 힘든 사건에 대해 수동적이고 반복적으로 생각하는 반추적 대처는 노인 우울증과 관련이 있다(Fiske et al., 2009). 5장에서 논의했듯이, Aldwin은 노년기 스트레스에 미치는 대처 전략의 효과를 검토하였다.

성격은 우울증의 위험 요인이다. 정상적인 노화 과정에 대한 장기적 연구에서 Costa와 McCrae(1994)는 우울증과 성격 특질을 6년간 살펴본 결과 모든 연령의 성인에게 우울증은 매우 안정적 성격 특질이며, 특히 신경증적 특질은 노인의 우울증과 매우 높은 상관이 있다고 보고하였다. 성격장애와 우울증의 공병률에 대한 임상적 연구에서도 성격이 우울증의 중요한 위험 요인이라는 것을 보고하는데, 주요우울증 진단을 받은 노인의 50%가 성격장애가 있었다(Thompson, Gallagher, & Czirr, 1988). 성격장애가 위험 요인인지, 우울증과 성격장애가 공존하는지, 아니면 우울증의 결과로 성격장애가 생기는지는 명료하지 않지만 노인들의 경우 성격장애와 우울증이 공존할 가능성은 매우 높다. 적응적인 성격 특질(예: 낙천주의, 외향성)은 우울증의 보호 요인으로 작용한다.

신체질환은 노인 우울증의 주요 위험 요인이다. 자기보고식 척도에서 30%의 입원 환자들은 우울 증상을 보고한다(Rapp, Parisi, & Walsh, 1988). 신체질환으로 병원에 입원한 환자들은 재가 노인들보다 우울증이 12배 더 높았다(Lichtenberg, 1988). 안타깝게도, 우울증은 신체질환의 치유와 회복 과정을 복잡하게 할 수 있는데 우울증이 있는 사람들은 자신의 장애 정도를 '과도한 장애'로 보고하는 경향이 있다. 과도한 장애는 재활 의지를 억제하고 기능을 감소시키며 추가적 질환에 취약하게 한다. 특히 우려가 되는 것은 대부분의 담당 의사가 이러한 우울증을 감지하지 못한다는 것이다(Rapp et al., 1988).

기관 입소는 우울증의 또 다른 위험 요인이다. 노인 요양원 입소자의 14~42%는 우울증을 보고한다(Fiske et al., 2009). 기관에 입소하게 되면 신체적 질환으로 인한 위험뿐만 아니라 입소하는 것 자체가 사람들을 위험에 노출시키게 된다. 이처럼 입소 환자들에게서 우울증이 증가하는 이유는 신체질환으로 인한 장애의 증가, 의미 있는 관계나 대상으로부터의 소외, 통제력의 상실, 요양원 직원들의 의존적 행동 독려 때문이다. 이러한 환경에 거주하는 노인들의 높은 우울증 비율에 근거하여 미국노인의학회와 미국노인정신의학협회(American Geriatrics Society & American Association for Geriatric Psychiatry, 2003)는 정기적인 우울증 평가를 권유했다. 그러나 요양원 환자들의 우울증에 대한 평가와 적절한 치료는 잘 이루어지지 않고 있다. 마지막으로 대인관계적 갈등과 사회적 스트레스원도 우울증의 다른 중요한 위험 요인이다(Hinrichsen & Emery, 2005).

5. 혈관성 우울증과 치매의 관계

앞서 언급한 우울증의 생리심리사회적 요인 외에도, 일부 노인에서 심혈관 질환과 우울증이 관계가 있음이 연구되었다. 특히 '혈관 우울증 가설'은 뇌신경 장애가 기저에 있는 노인들의 경우 심혈관 질환이 우울증에 취약하게 하거나 우울을 발병 혹은 유지하게 한다고 제안하였다(Alexopoulos et al., 1997). 이러한 가설은 관상동맥 질환, 고혈압, 당뇨 그리고 뇌졸중이 있는 노인들의 높은 우울증 빈도에 의해 지지된다. 현재 노년기의 우울증-집행 역기능 증후군이라는 명칭은 혈관성 질환과 관련된 인지장애와 우울증의 이런 결합을 설명하는 데 사용되고 있다(Fiske et al., 2009).

6. 평 가

평가에는 판별, 분류, 중재를 위한 기저 정보 획득 그리고 중재 결과 사정의 네 가지 주요 목적이 있다(Futterman, Thompson, Gallagher-Thompson, & Ferris, 1995). 각 유형의 도구가 서로 다른 강점과 한계가 있기 때문에, 평가 도구들은 특정 목적에 적합하게 선택하게 된다. 일반적으로 자기보고식 척도는 진단용으로 사용될 수 없지만 임상적 수준의 우울증을 확인하는 데는 유용하다. 시간이 많이 소요되는 구조화 또는 반구조화된 면접은 신뢰도와 타당도가 높은 진단을 내리는 데 더 유용하다. 하지만 두 방법 모두 중재 계획을 세우거나 치료 목적의 달성 과정을 평가하는 데는 부적합하다. 치료 계획과 평가는 치료 대상(예: 인지 또는 행동)에 부합되는 특정 영역에 대한 평가를 요구한다.

평가의 목적에 부합되는 도구들에 대해 논의하기 이전에 노인 평가와 관련하여 몇 가지 주의해야 할 점이 있다. 첫째, 특정 척도 점수를 해석하기 위해서는 연령에 적합한 규준이 적용되어야 한다. 노인들의 규준은 젊은 사람들의 것과 상이할 수 있다. 이러한 차이는 연령에 따른 표현의 차이, 정신질환의 증세에 미치는 신체질환의 영향, 노년기 우울증의 실제적인 차이에 기인할 수 있다. 둘째, 노인들의 신체 및 의료 상태는 심리적 기능에 영향을 준다. 그렇기 때문에 노인들의 우울증 평가에서 신체질환과 약물 복용을 반드시 검토해야 한다. 셋째, 약물을 남용하는 노인들은 이를 보고하지 않을 가능성이 높기 때문에 우울한 노인들을 평가할 때 자세히 관찰해야 한다.

정 씨 할머니의 경우는 어떻게 평가해야 하는가? 우울증과 관련된 심리사회적 요인들이 명료하게 드러나지만 우울증에 대한 심리적 중재가 시작되기 전에 신체질환 및 약물에 대한 확인이 이루어져야 하며 약물 남용이 배제되어야 한다.

우울증을 확인하고 치료 과정에서 임상적 증세의 정도를 쉽게 평가하기 위해 자기보고식 측정 도구가 사용된다. 다음은 임상 또는 연구 장면에서 사용할 수 있는 간단한 선별 도구들이다.

- 역학 연구센터-우울증 척도(Center for Epidemiologic Studies-Depression Scale: CES-D; Radloff, 1977)는 지난 일주일간 경험한 우울 증상을 평가할 수 있는 20개의 자기보고식 문항으로 구성되어 있다. 각 문항은 0점(전혀 그렇지 않다)에서 3점(대부분 그렇다)으로 평가하는 리커트식 4점 척도로 되어 있다. 모든 문항의 점수를 합산하여 전체 점수를 계산하게 된다. 가능한 점수는 0~60점이며 점수가 높을수록 우울증이 심하다. 원래 CES-D는 청소년과 성인을 대상으로 하는 연구를 위해 개발되었으나 신체적 증세를 비교적 덜 강조하기 때문에 노인들에게도 매우 유용하다.
- 벡 우울증검사 2판(Beck Depression Inventory-2nd edition: BDI-II; Beck, Steer, & Brown, 1996)은 21문항으로 구성된 자기보고식 질문지로 임상적 연구와 현장에서 우울증 선별 도구로 많이 사용된다. 각 문항은 우울 증세의 특징을

기술하며 응답자는 네 가지 평가 진술문을 읽고 자신의 현재 수준을 표시한다. 13개의 문항은 우울증의 심리 증상을 평가하고, 8개의 문항은 신체 증상을 평가한다. 가능한 점수는 0~63점이며 점수가 높을수록 우울증이 심하다. 0~13점은 최소의 우울증, 14~19점은 약한 우울증, 20~28점은 중등도의 우울증, 29~63점은 심각한 우울증을 나타낸다. 벡 우울증검사(BDI-II)는 신체적 상태에 대한 문항이 너무 많기 때문에 일부 노인 우울증을 잘 반영하지 않을 수 있고 반응 형식이 다른 자기보고식 측정 도구들에 비해 복잡하여 인지적 문제가 있는 노인들에게는 문제가 될 수 있다는 비판을 받고 있다. 하지만 근래에는 재가 노인들을 대상으로 한 연구에서 BDI-II의 심리측정적 특징이 유용하다고 보고되어 이러한 한계가 있어도 노인에게 사용될 수 있다고 본다(Segal, Coolidge, Cahill, & O'Reilley, 2008).

- 노인우울증척도(Geriatric Depression Scale: GDS; Yesavage et al., 1983)는 노인들을 대상으로 개발된 30문항의 측정 도구로 노인과 함께하는 현장 또는 연구에서 가장 많이 사용된다. 노인우울증척도의 모든 문항은 노인들에게 적절하다. 노인우울증척도는 우울증의 인지적 · 행동적 측면에 초점을 두고 신체적 문항은 제외하였기 때문에 우울증이 없으면서 신체질환이 있는 노인들의 우울 결과가 과도하게 높게 나오는 것을 예방한다. 노인우울증척도의 또 다른 유용한 특징은 모든 문항에 단순하게 '예' 또는 '아니요'로 답하도록 한다는 것이다. 30문항 중 20문항에 대해 '예', 나머지 10문항에 대해 '아니요'라고 답하면 우울증이 있는 것이다. 노인우울증척도의 총 점수는 모든 문항의 점수를 합산한다. 0~10점은 최소 또는 약한 우울증, 11~20점은 약한 또는 중간 정도의 우울증, 그리고 21~30점은 심각한 우울증을 나타낸다. 타당도가 검증된 15문항으로 구성된 노인우울증척도의 단축판이 있다(Sheikh & Yesavage, 1986). 노인우울증척도의 단점은 다양한 인종의 노인들에게 아직 모두 타당화되지 않았다는 것이다(Mui, Burnette, & Chen, 2001).

우울증을 선별하기 위한 다양한 도구에 대한 보다 자세한 개관은 Edelstein 등

(2008), Fairchild와 Scogin(2008)의 연구를 참고하기 바란다.

자기보고식 측정 도구가 인기 있음에도 우울증에 대한 진단을 이에만 근거하여 내릴 수는 없는데(다른 모든 정신질환도 마찬가지), 그것이 반응 편향(예: 사회적 바람직성)의 영향을 받고 거짓 반응이 가능하기 때문이다. 현장에서는 전형적으로 우울증의 자기보고식 선별 도구에서 점수가 높게 나오면 다음에 임상적 또는 구조화된 면접을 실시하여 우울증을 확인 및 기각하는 단계를 거친다.

임상적 면접은 실제 현장에서 우울증을 평가하는 가장 일반적인 방법이다. 면접 과정에서 임상가는 우울증의 현재 증상과 우울증의 과거력, 그리고 우울증에 대처했던 노력에 대한 정보를 알아봐야 한다. 뿐만 아니라 우울증을 개인의 경험에 비추어 이해하기 위해 정신건강, 신체질환, 부부 및 가족 관계, 사회, 직장 등에 대한 과거력과 전반적인 맥락을 모두 고려하여 평가해야 한다. 관심이 있는 가족원 또는 부양자들을 대상으로 이차 면접도 실시할 수 있다. 환자와의 라포를 형성하기 위해서 임상가들은 검사의 목적과 과정을 명확하게 설명해야 하며 평가에 대한 환자의 우려를 덜어 주고 환자 및 그 가족과 유연하게 상호작용해야 한다(Segal, Collidge, & Hersen, 1998). 라포를 형성하기 위해서는 지지적이고, 온정적이어야 하고, 필요하다면 확신을 제공할 필요도 있다. 면접을 하면서 임상가들은 우울 증세를 일으킬 수 있는 인지장애를 제외하기 위해 인지장애에 대한 선별도 해야 한다.

비구조화된 임상 면접과는 달리, 구조화된 면접은 증세의 빈도와 강도에 대한 정보를 얻기 위해 구체적인 질문을 통해 임상적 정확성을 증가시킨다(Segal & Collidge, 2007). 임상적 연구와 훈련에 일반적으로 많이 사용되는 구조화된 면접의 예로는 DSM-IV를 위한 진단면접 스케줄(Diagnostic Interview Schedule for DSM-IV: DIS-IV; Robins, Cottler, Bucholz, & Compton, 1995)과 DSM-IV-TR 제1축 장애를 위한 구조화된 임상면접(Structured Clinical Interview for DSM-IV-TR Axis I Disorders: SCID; First, Spitzer, Gibbon, & Williams, 2002)이 있다. 이들 도구는 노인에게 유용한 것으로 입증되어 왔다.

치료 계획을 세우기 위한 평가의 전략과 초점은 임상가가 추구하는 이론적 모형의 영향을 받는다. 인지행동치료자는 유쾌한 활동과 불쾌한 활동 그리고 환자의 사고 유형을 평가하는 데 초점을 두지만, 정신분석치료자는 치료자와의 관계에서 내담자가 보여 주는 관계 유형을 세밀하게 평가한다. 우울 발생적 인지 왜곡을 감소시키기 위해서 인지 왜곡의 유형과 빈도에 대한 특수한 평가도 필요하다. 특정 문제에 대해 치료자가 적절한 중재를 설계하거나 특정 문제에 대한 중재의 효과를 측정하기 위해서는 인지적 왜곡을 기록해야 한다.

평가에서 중요한 것은 문제에 적절한 평가 도구의 선택이다. 예를 들어, 자기보고식 도구들은 진단을 내리기에는 부족하지만 문제 증상을 알아보는 것에는 유용하며, 임상적 면접은 치료 계획을 세우기에는 부족하지만 진단을 하는 데는 유용하다. 정 씨 할머니의 사례에서도 노인우울증척도와 같이 노인을 대상으로 개발된 자기보고식 선별 도구를 사용하여 증세의 강도와 범위를 파악한 후, 임상적 면접을 통해 적절한 진단을 해야 한다. 만약 우울증이 있다고 판단되면 치료 계획을 세우기 위해 문제 영역을 파악해야 한다. 할머니의 애도 과정, 가족 및 친구 관계, 일상생활, 인지적 틀, 대처 전략, 정신 능력에 대한 평가가 치료가 계획되기 전에 이루어져야 한다.

7. 중 재

다른 질환이 있는 노인 집단보다 우울한 노인들을 대상으로 하는 중재와 관련하여 더 많은 조사 및 임상 사례 연구가 이루어졌다는 것은 여러 심리치료적 접근과 생물학적 치료가 노년기 우울증에 효과적이라는 것을 말해 준다.

1) 생물학적 접근

우울증에 대한 생물학적 치료의 두 가지 주요 접근은 정신의학적 약물과 전기충격요법(electroconvulsive therapy: ECT)이다.

대부분의 노인은 우울증에 대한 치료를 정신건강 전문가가 아닌 일차 의료진에게 의뢰한다. 따라서 대다수 노인의 정신건강 치료는 약물치료로 이루어진다. 우울증을 치료하는 약물은 크게 삼환계 항우울제(tricyclic antidepressants: TCAs), 모노아민 산화효소 억제제(monoamine oxidase inhibitors: MAO) 그리고 선택적 세로토닌 재흡수 억제제(selective serotonine reuptake inhibitors: SSRIs)의 세 가지로 구분된다. 이 세 가지 종류의 약물은 뇌의 신경전달물질의 서로 다른 측면에 작용한다. 삼환계 항우울제는 뇌의 세로토닌과 노르에피네프린의 양을 증가시키는 작용을 하는데, 젊은 사람과 노인 간 차이는 보고되지 않는다. 하지만 이 약물의 최대 단점은 불쾌한 부작용(예: 체중 증가, 진정 작용, 심혈관 영향, 체위성 저혈압, 혼란)이 있을 가능성이 높다는 것이다. 모노아민 산화효소 억제제의 작용은 명확하진 않으며 음식과 약물의 제한이 있긴 하지만 이 약물 또한 노인들에게 효과적이다.

선택적 세로토닌 재흡수 억제제는 최신 항우울제로 세로토닌을 증가시킨다. 언급된 세 가지 종류의 약물은 그 효과가 유사하지만 세로토닌 재흡수 억제제의 부작용이 가장 적기 때문에 많은 노인에게 일차적으로 처방되고 있다(Blazer, 2003; Shanmugham, Karp, Drayer, Reynolds, & Alexopoulos, 2005). 약물은 다음과 같은 기준으로 선택된다. 부작용의 정도, 과거의 약물 사용 반응, 약물 반응에 대한 일차 가족의 약물 반응 역사, 현재 복용 약물, 신체질환, 규칙적인 약물 복용 습관, 약물의 생활 방해 정도, 그리고 환자 또는 치료자의 선호다(Agency for Health Care Policy and Research, 1993).

전기충격요법은 매우 논란이 큰 중재로서 약물이나 심리치료에 대한 반응이 없고 위급한 상황(예: 심각한 자살 가능성)에서 사용된다. 전기충격요법은 노인들에게 특히 많이 사용되는 매우 효과적인 근거 기반의 치료다(Kelly & Zisselman, 2000). 이 치료는 환자의 80% 정도에서 치료 후 향상을 보이며(비록 재발의 문제가 있지만) 다른 치료가 실패한 환자들에게 효과가 있어 신뢰도가 입증되었다(Kelly & Zisselman, 2000; Wilkinson, 2002). 일부 노인들은 혼란, 기억상실(주로 일시적), 심장 문제, 섬망 등을 갖고 있기 때문에 특히 인지장애가 있는 개인들에게 전기충격요법을 적용할 때는 주의해야 한다(Fiske et al., 2009).

2) 심리치료 접근

임상적 우울증과 준임상적 우울 증세를 보이는 노인들에 대한 심리치료가 매우 효과적이라는 사실은 여러 유형의 심리치료가 근거 기반 중재의 기준을 충족시킨다는 것을 의미한다. 행동치료, 인지행동치료 그리고 회상치료가 이에 해당된다(Scogin & McElreath, 1994; Scogin, Welsh, Hanson, Stump, & Coates, 2005).

우울증 치료에 대한 연구들에서는 약물요법과 다양한 심리치료가 동일한 정도로 효과적이며, 주요우울증이 있는 노인들의 50~70%가 12~20회기에 걸쳐 성공적으로 치료할 수 있고 보고한다(Agency for Health Care Policy and Research, 1993). 심리치료와 약물치료에 대한 최근의 메타분석에서는 심리치료가 약물치료보다 효과적인 것으로 보고되었다(Pinquart, Duberstein, & Lyness, 2006). 하지만 성격장애와 다른 복잡한 요인들은 심리치료의 성공률을 감소시킨다(Thompson et al., 1988).

여러 치료(약물치료와 경험적으로 검증된 심리치료들)의 효과를 비교한 통계 분석의 결과는 항상 일관적이다. 즉, 다른 모든 치료보다 명백히 우월한 하나의 치료는 없지만 모든 치료가 치료를 받지 않은 경우나 위약(placebo, 플래시보)보다는 효과적이라는 것이다. 이러한 결과는 다양한 내담자를 대상으로 다양한 이론적 틀과 기법을 사용하는 치료자들에게 도움이 된다. 물론 많은 연구에서 요양원과 같은 기관 거주 노인, 소수 인종 노인 그리고 고령 노인(85세 이상)을 포함한 것은 아니다. 대부분의 연구자는 치료의 가변 변수를 축소하기 위해 신체 및 정신 건강 문제가 없는 노인으로 그 대상을 제한한다. 하지만 노인을 대상으로 하는 심리치료에서는 신체 및 정신 건강 문제(예: 관절염, 불안, 약물 남용)가 있는 사람들과 작업하는 유연성을 지녀야 한다. 따라서 치료 결과 연구들은 매우 유용한 지침을 제공하지만 치료 규준이 내담자의 복잡한 욕구를 충족할 수 있도록 조절되어야 한다.

인지행동치료는 우울한 노인들에게 가장 많이 검증된 심리치료다. 인지행동치료는 우울 발생적 사고 패턴을 제거하고 내담자의 인지적 틀을 변경시키며 유쾌한 활동의 빈도를 높이는 것을 목적으로 한다(Gallagher & Thompson, 1981;

Laidlaw et al., 2004; Thompson, Gallagher-Thompson, & Dick, 1995). 이 치료 모형의 핵심은 12~20회의 구조화된 치료 회기와 충분한 숙제를 통해 개인의 사고 패턴 및 행동을 변화시키는 것이다. 치료 목표는 내담자가 유쾌한 행동을 인식하고 계획하고 증가시키고, 사고와 감정 간의 관계를 학습하고, 인지적 왜곡을 인식하여 부정적 사고 유형을 변화시키는 것이다. 치료자는 내담자가 즐거운 활동을 인식할 수 있도록 하기 위해 활동 일지와 기분 평정 척도를 사용하여 행동적 자기관찰을 하게끔 돕는다. 일단 기분을 향상시키는 활동을 인식한 다음에는 자신의 신체적 · 인지적 능력에 적합한 현실적인 유쾌한 활동을 증가시킨다. 이러한 중재에는 우울 증세를 일으키거나 유지하게 하는 행동(예: 과잉 의존, 수동성)을 감소시키기 위한 요소가 포함된다(Laidlaw et al., 2004).

엄격한 방법을 활용한 연구들에서 치료의 효과가 2년간 유지되었는데, 이는 심리역동치료나 약물치료와 유사한 수준의 결과를 보여 준다(Pinquart et al., 2006). 인지행동치료는 알츠하이머병이 있는 우울한 노인, 노인을 부양하고 있는 우울한 부양자들 그리고 주요우울장애가 있는 노인들에게 효과가 있었다(Gallagher-Thompson & Steffan, 1994; Teri, Logsdon, Wagner, & Uomoto, 1994). 인지행동치료는 또한 전문가뿐만 아니라 비전문가들이 주도하는 우울 완화 집단상담에서도 효과적인 것으로 나타났다(Thompson, Gallagher, Nies, & Epstein, 1983).

인지독서치료는 David Burns의 『기분 좋아지기(Feeling Good)』(1981)와 같은 책을 읽음으로써 인지행동치료의 원리와 기술을 학습하는 것이다. 본질적으로, 인지독서치료는 스스로 실시하는 인지행동치료다. 교육적이고 자기조절적 요소가 강조되는 이 치료는 노인들에게 적절하며 그 결과도 매우 효과적인 것으로 보고되었다(Floyd, Scogin, McKendree-Smith, Floyd, & Rokke, 2004; Scogin, Jamison, & Davis, 1990).

문제해결치료는 내담자들이 현재 경험하고 있는 문제를 인식하고 그에 대한 해결책을 실행하는 단계적 과정이다. 문제해결치료는 우울증이 있는 외래환자(Areán et al., 1993), 노쇠해서 외출하기 힘든 노인(Gellis, McGinty, Horowitz, Bruce, & Misener, 2007), 일차 진료 환자(Areán, Hegel, Vannoy, Fan, & Unuzter, 2008) 그리고 집행 기능 문제를 가진 환자(Alexopoulos, Raue, Kanellopouos, Mackins, & Areán, 2008)에게 효과적이다.

두 가지 형태의 정신역동치료가 우울한 노인들에게 효과적인 것으로 나타났다. Gallagher와 Thompson(1981)은 단기 정신역동치료에 대한 임상적 실험을 하였다. 과도한 불안을 유발하는 애도와 상실로 인해 성숙한 기능이 작동되지 않는 내담자들에게 불안을 직면하게 하면 그들은 보다 성숙한 적응적 대처와 방어기제를 사용하면서 성장한다. 단기 정신역동치료는 주요우울증에 대한 인지행동치료와 거의 유사한 효과를 보였다(Gallagher-Thompson & Steffan, 1994).

노인들을 대상으로 한 치료 중에서 관심을 많이 받은 또 다른 정신역동 모형은 대인관계치료(interpersonal therapy: IPT; Weissman, Markowitz, & Klerman, 2000)다. 대인관계치료는 노인들에게 성공적으로 적용된 단기적이고 실용적이며 집중적인 매뉴얼 기반의 치료다(Hinrichsen, 2008; Hinrichsen & Clougherty, 2006). 대인관계치료는 우울증을 발병 또는 유지시키는 핵심적인 네 가지 주제, 즉 애도(예: 사랑하는 사람의 죽음), 대인관계에서의 갈등(예: 자녀나 동료와의 갈등), 역할 전환(예: 은퇴), 대인관계 결핍(예: 의사소통 또는 자기주장 부족)과 같은 관계에서의 문제에 초점을 둔다. 대인관계치료는 제한된 시간(12~20회기) 내에 반구조화된 방법을 사용하여 의사소통을 향상시키고, 정서 상태를 명료화하고, 정서를 표현하며, 재조정된 역할 관계를 향상시키기 위해 다양한 심리치료 기법을 활용한다. 항우울제(nortriptyline)의 사용과 함께, 대인관계치료는 급성 노인 우울증과 그 재발에 효과적인 것으로 보고되었다(Reynolds et al., 1999).

회상 또는 인생회고치료는 노인 우울증을 완화시키는 데 효과적인 것으로 입증된 치료 접근 중 하나다. 회상치료는 노인을 대상으로 하는 임상 장면에서 시작되었기 때문에 특히 의미가 있다. Erik Erikson의 이론을 바탕으로 Butler(1974)는 인생회고는 노년기의 정상적인 발달 과업이라고 하였다. 인생회고를 위해서는 노인이 자신의 삶의 상이한 주제들을 통합해야 한다. 성공적인 통합이 이루어지지 않은 사람들은 우울과 절망에 취약하다. 다양한 형태의 인생회고치료가 있으나 임상적 연구들은 주로 Erikson이 중요하다고 제안한 삶의 주제들(예: 과거의 성공과 실패, 관계 갈등, 의미)을 중심으로 진행된다. 인생회고치료에 대한 근거는 견고하다(Areán et al., 1993; Serrano, Latorre, Gatz, & Montanes, 2004). 비록 우울증에 국한된 것은 아니지만 근래 이루어진 메타분석 연구에 따르면(Bohlmeijer, Roemer, Cuijpers, & Smit, 2007) 인생회고치료는 인지행동치료만큼 노인들의 심리적 안녕을 향상시키는 가치 있는 중재다.

노인 우울증에 유용한 다양한 접근이 있는 상황에서 어느 것을 얼마간 적용해야 하는가? 일부 기관에서는 치료 결정을 내리기 위한 절차를 개발하여 제시하였다. 건강 정책 및 연구원(Agency for Health Care Policy and Research, 1993)에서는 일차 의료 전문가들이 우울증을 선별하고 평가하고 치료하는 데 도움을 줄 수 있는 지침서를 발행하였다. 초기에는 이러한 지침서에서 노인 우울증에 대해 약물을 처방할 것을 권고했지만 근래에는 환자의 선호에 따라서 약물치료 또는 심리치료를 추천하는 것으로 변경되었다(Schulberg, Katon, Simon, & Rush, 1998). 흥미롭게도, 노인들은 선택권이 주어졌을 때 약물치료보다 심리치료를 선호하였다(Gum et al., 2006). 하지만 유감스럽게도, 노인 우울증에 대한 치료 효과가 검증되었음에도 우울증을 인식하지 못하는 경우가 많아 치료가 잘 진행되지 않고 있다(Charney et al., 2003). 이러한 문제가 발생하는 원인으로는 임상가들과 노인들의 편견(노년기에 우울한 것을 정상으로 간주함, 적절한 치료가 없다고 생각함), 증세에 대한 잘못된 귀인, 노인 우울증의 연령적 특징 미변별, 신경학적 문제나 신체질환이 있는 노인의 우울증 진단의 실질적 복잡성 등이 있다(예: Fisket et al., 2009; Karel, Ogland-Hand, Gatz, & Unützer, 2002).

8. 우울증의 예방

앞서 노인 우울증에 대한 생물학적 · 심리학적 치료의 경험적 근거를 개관하였다. 이제 다음과 같은 의문이 들 수 있다. 노년기 우울증은 어떻게 예방할 수 있는가?

노년기 우울증을 예방하기 위한 노력은 세 가지 영역, 즉 노년기 우울증의 발병 방지, 주요우울증 과거력이 있는 노인들의 재발 방지, 성공적으로 치료한 우울증의 재발 예방에 초점을 두고 이루어질 수 있다(Fiske et al., 2009). 또한 Fiske 등은 우울증 발병률이 높은 노인들을 대상으로 예방하는 것이 매우 중요하고 효과적인 전략이라고 하였다. 예를 들어, 준임상적 수준의 우울증을 치료하게 되면(즉, 진단 가능한 정신질환이 되기 전에 치료: 2차 예방) 노년기 사례의 25%를 예방할 수 있다. 불면증은 노년기 우울증의 중요한 위험 요인으로 알려져 있기 때문에 불면증의 치료는 노년기 우울증을 예방하기 위한 다른 방법이 될 수 있다.

그 외에도 신체질환, 애도, 부양 책임, 외로움의 경험이 있는 노인들이 우울증에 노출된다는 데 초점을 두고 예방적인 노력을 할 수 있다(Fiske et al., 2009). 마지막으로, 우울증이 정상적인 노화의 일부가 아님을 알려 주고 우울 증세를 인식하도록 지역사회 의사, 노인 서비스 전문가 그리고 일반 재가 노인들에게 교육을 제공해야 한다.

9. 자 살

우울증에 대한 논의를 마무리하기 전에 노인의 자살 위험성에 대해 살펴봐야 한다. 노인 자살률은 매우 높기 때문에 자살 문제는 반드시 짚고 넘어가야 한다. 미국의 경우, 노인 인구 비율은 미국 인구의 13%이지만 노인의 자살률은 전체 자살률의 20%를 차지한다. 노인들은 다른 연령대에 비해 자살 성공률(10만 명당 14.7명)이 가장 높다[Center for Disease Control and Prevention(CDC), 2005]. 특히 유럽계 미국 남성 노인의 자살 성공률이 32.1%로 높다(CDC, 2005). 비록 50세 이상 유럽계 미국 남성의 자살 성공률이 전체 인구의 1/4 이상에 해당하지만, 그들은 전체 자살의 거의 40%를 차지한다. 특히 노인들은 자살을 시도하는 데 더 치명적인 방법을 사용하기 때문에 자살 시도율은 젊은 사람들의 자살 시도율에 비해 낮다.

노년기 자살의 주요 위험 요인은 우울증, 절망감, 약물 남용, 과거 자살 시도,

배우자와의 사별, 신체질환, 사회적 고립, 가족 문제, 재정 문제 그리고 스트레스 사건이다(Blazer, 2003; Duberstein, Conwell, Conner, Eberly, & Caine, 2004; Fisket et al., 2009). 기관 거주도 자살의 위험 변수가 될 수 있으나 요양원에 있는 환자들은 드러나지 않는 방법으로 자신의 삶을 끝내려는 경향이 있다. 안타깝게도, 자살을 완수하는 대다수의 노인은 다른 질환이 없어 비교적 쉽게 치료가 가능한 첫 우울 삽화를 경험한 노인들이다. 더 심각한 것은 이러한 노인들 중 대다수인 약 75%가 자살하기 한 달 전에 일차 의료진을 만난다는 것이다(Conwell, 1994). 따라서 우울한 노인들의 자살 생각과 의도를 반드시 평가해야 하며, 특히 이에는 자살에 대한 세부적인 계획과 의도에 대한 질문이 포함되어야 한다.

자살 생각과 행동을 평가하는 다양한 평가 도구가 있다. 19문항으로 구성된 자살생각척도(Scale for Suicidal Ideation: SSI; Beck, Kovacs, & Weissman, 1979)는 내담자와 반구조적 면접을 한 후에 임상가가 완수하는 척도다. 30문항으로 구성된 노인절망감척도(Geriatric Hopelessness Scale: GHS; Fry, 1986)는 '예' 또는 '아니요'로 답하는 자기보고식 척도로 Beck 모형에서 자살 행동과 이론적으로 관련이 있다고 보는 노인의 부정적 사고 및 절망감을 평가하도록 설계되어 있다. 최근에는 노인을 대상으로 설계된 31문항의 자기보고식 다면적 측정 도구인 노인자살생각척도(Geriatric Suicide Ideation Scale: GSIS; Heisel & Flett, 2006)가 개발되고 타당화되었다. 노인자살생각척도는 자살 생각('내 삶을 끝내고 싶다'), 죽음 생각('자는 동안 죽어서 일어나지 않았으면 좋겠다'), 개인적·사회적 가치의 상실('나 자신을 가치 없게 느낀다'), 삶의 의미에 대한 지각('나는 살아가야 할 목적이 있음에 틀림없다')을 평가한다.

평가를 통해 노인 내담자가 자해할 가능성이 있는 것으로 판단되면 임상가는 내담자를 보호하기 위한 조치를 반드시 실행해야 한다. 만약 내담자의 자살이 임박했다고 판단되고 다른 치료 방법이 충분하지 않다면 임상가는 내담자를 입원시켜야 한다. 병원 입원을 통해 얻을 수 있는 이득(예: 약물을 통한 안정감)에 대해 설명하여 노인이 자발적으로 입원하도록 하는 것이 좋다. 하지만 때로는 비자발적 입원이 이루어지는 경우도 있다. 이런 경우에는 노인과 정신건강 전문가 모두 매우 힘들다. 비자발적 입원에서는 환자가 임상가에게 분노를 보이고, 퇴원 후 심리 치료를 중단하며, 불필요한 의료비가 발생하는 복잡한 결과가 생길 수 있다. 따라서 비자발적 입원은 다른 모든 방법이 소진된 후 자살 가능성이 있는 노인을 안전하게 보호해야 할 경우에만 이루어져야 한다.

10. 요약 및 결론

우울증은 노화 과정에서 정상적인 질환으로 간주되기는 하지만 진단 가능한 노인 우울증의 발병률은 젊은 성인보다 상대적으로 낮다. 하지만 노인들의 높은 자살률과 우울증에 따른 심각한 장애를 생각할 때 이를 가볍게 넘겨서는 안 된다. 노인 우울증을 평가하고 치료하는 방법, 그리고 치료에 대한 효과는 약간의 차이가 있기는 하지만 대체적으로 젊은 성인의 그것과 유사하다. 또한 치료 효과에 대한 확실한 근거가 제시되었음에도 노인들은 적절한 진단이나 치료를 받지 못하고 있다. 우울증에 따른 높은 정서적 · 신체적 영향을 감안한다면, 연구자들과 임상가들은 모두 노년기 우울증을 예방하고 이해하고 치료하는 것을 최우선으로 생각해야 할 것이다.

제9장

노년기의 심각한 정신질환: 조현병과 노년기 정신증

Stephen J. Bartels, MD, MS[1)]

향후 30년간 노인 인구는 급증할 것이며 조현병(schizophrenia)이 있는 노인을 적절하게 보살필 수 있는 국가적 능력에는 위기가 찾아올 것이다. 조현병은 가장 심각한 정신질환 중 하나로 전체 인구의 약 1%의 사람들이 앓고 있다(Meeks & Jeste, 2008). 건강 서비스가 향상되고 기대수명이 증가하고 있는 현 상황에서 조현병을 앓고 있는 노인들의 치료는 심각한 문제가 될 것이다.

조현병은 삶의 기능, 행동 그리고 개인적 경험의 많은 부분을 약화시킨다. 초기 연구들에서 조현병은 성인 초기에 시작되며 필연적으로 사고, 인지 그리고 기능을 점진적으로 쇠퇴시킨다고 하였다. 조현병을 처음 소개한 Kraepelin(1919/1971)이 조현병을 '조발성 치매(dementia praecox)'라고 명명한 것은 치매와 유사하다고 생각했기 때문이다(Reeves & Brister, 2008).

1) 이 장을 집필한 Stephen J. Bartels는 건강 및 노화를 위한 다트머스 센터(Dartmouth Centers for Health and Aging)의 관리자이자 정신의학, 공동체, 가족의학 및 건강 정책과 임상 실제를 위한 다트머스 연구소(Dartmouth Institute for Health Policy and Clinical Practice)의 교수다.

조현병과 노화에 대한 연구들에서는 초기 설명과는 다른 결과들이 제시되고 있다. 노인에 대한 연구들은 조현병이 중년 또는 노년에도 발병할 수 있음을 발견해 왔다(Reeves & Brister, 2008). 보다 중요한 것은 조현병에 대한 종단연구에서 장기적 결과에 상당한 편차가 있었다는 것이다. 조현병은 인지적·기능적 쇠퇴가 필연적이라는 의견과는 달리 연령 증가와 함께 증상이나 기능이 상당히 호전될 수 있으며, 때로는 증상이 완전히 사라지기도 한다(Folsom et al., 2009; Jeste et al., 2003). 하지만 일부의 경우 지속적으로 증상이 있으며 평생 기능의 문제를 안고 살아간다(예: Palmer, Heaton, & Jeste, 1999). 노년기 조현병을 복잡하게 만드는 요인은 의학적 공병성(예: 비만, 당뇨, 고혈압, 심혈관 질환, 간염, 만성 폐쇄성 폐질환, HIV), 물질사용장애, 인지장애, 조기 양로원 또는 기관 입소 등이다(Andrews, Bartels, Zie, & Peacock, 2009; Bartels, 2003; Rystedt & Bartels, 2008). 조현병 치료는 많은 사람에게 영향을 주었으며 치료 방법으로 약물요법, 심리사회적 재활, 직접 재활 그리고 지역사회 거주자에 대한 지지가 있다. 이러한 치료법의 발전으로 많은 조현병 환자가 노년기까지 생존 가능해졌다(Cohen, 2000; Reeves & Brister, 2008).

이 장에서는 조현병 환자의 평생 증상, 성차, 경과, 예후에 대해 개관할 것이다. 또한 조발성 조현병과 만발성 조현병의 차이를 살펴보고 이에 대한 평가와 치료 과정을 고려하여 조현병이 있는 노인들을 위한 새로운 치료적 선택 및 미래의 문제를 논의할 것이다.

1. 조현병에 대한 개관

조현병은 지각, 사고, 행동의 혼란이 특징인 질환군으로 개인적·사회적·직업적 기능에 지속적이고 부정적인 영향을 미친다. 일부의 경우 조현병이 발병하기 전 사회적 부적응과 대인관계 문제가 있었다고 한다(Folsom et al., 2009). 하지만 일부는 발병 전 특별한 심리적 문제를 전혀 보이지 않았다고 한다. 조현병은 수개월에 걸쳐 발달한다. 초기 신호는 사회적 철회, 비정상적 지각이나 사고, 즉흥성과 흥미의 감소다. 예를 들어, 학교나 직장에 나가지 않거나 오랜 시간을 혼자 은둔하는 것이다. 가족 및 친구들과 접촉할 때는 적대적이거나 편집증적이거나 기이한 이야기를 한다.

조현병 증세가 완전히 발병하면 다양한 양성, 음성 그리고 정서적 증상이 나타나게 된다. 양성 증상들은 정신증의 일차적 활동 증상이다. 가장 흔한 양성 증상은 망상, 환각 그리고 환청이다. 다른 양성 증상으로는 잘 연결되어 있지 않은 비논리적 사고 또는 '느슨한' 연합이 있다. 행동적 증상으로는 기이한 행동, 반복적이거나 의례적 행동 그리고 자세화(부적절하거나 기이한 자세)가 있다. 양성 증상의 악화는 급성 재발의 흔한 신호이며 즉각적인 입원이 요구될 수 있다.

음성 증상 또는 심리운동 부재 증상은 적극적이거나 즉흥적인 행동, 정서, 사고의 부족이나 부재를 포함한다. 음성 증상이라는 명칭은 뇌의 전두엽과 관련된 외상적 상해를 경험한 신경장애 환자를 기술하기 위해 처음 사용되었다(Jackson, 1984). 외상적 뇌손상 환자들은 수동적이고 단어를 별로 사용하지 않고 말하며 정서적 반응이 부족한 경우가 많다. 이러한 특징이 활동적인 양성 증상은 없지만 사회적 · 정서적 · 인지적 기능의 심각한 결핍을 보이는 일부 조현병 환자에게 적용되었다. 다음은 조현병의 일반적인 음성 증상을 '5A'로 정리한 것이다.

- 정서적 둔마(정서적 표현의 부족, flat Affect)
- 무논리증(발화의 감소 또는 내용 부족, Alogia)
- 무사회성(사회적 철회, Asociality)
- 무감각증(흥미나 즉흥성의 부재 또는 심리운동 지연, Apathy)
- 집중력장애(집중력 문제 또는 순차적 과제 수행의 어려움, Attentional impairment)

심각한 음성적 증상은 부정적인 사회 기능과 관련이 높으며(Bellack, Morrison, Wixted, & Mueser, 1990) 장기간 지속된다(Mueser, Sayers, Schooler, Mance, & Haas, 1994).

음성 증상과 양성 증상 외에도, 조현병에서는 우울증과 같은 정서적 증상이 자주 나타난다. 조현병을 경험하는 성인의 약 60%는 주요우울증을 경험하며, 급성 조현병 삽화를 경험한 사람의 약 25%는 후에 정신증적 우울을 경험한다. 우울증을 경험할 경우 재발 빈도가 증가하고, 입원 기간도 장기화되며, 약물치료에 대한 반응도 좋지 않고, 자살률도 높다. 조현병이 있는 사람의 약 50%는 자살을 시도하며, 사망률은 약 10%다(Roy, 1986). 조현병 환자의 우울증에는 세 가지 유형이 있다. ① 생물학적 요인에 대한 이차적 증세로서의 우울증(예: 약물 후유증, 알코올과 물질 남용, 신체질환), ② 급성 정신증과 관련된 우울증, ③ 만성 우울 상태로서 이차 주요우울증, 음성 증상, 만성 사기 저하, 급성 정신증 삽화의 초기 신호 등이다(Bartels & Drake, 1988). 조현병의 우울증을 효과적으로 치료하기 위해서는 유형을 구분하여 적절한 중재를 실시해야 한다(Bartels & Drake, 1989).

조현병은 개인마다 증상과 기능의 차이가 극심한 다양한 일련의 질환이기 때문에 증후군으로 본다. 이 증후군의 주된 특징은 의미 있는 관계를 형성 · 유지하고, 사회에서 주요 역할을 수행하고(예: 교육, 직업), 기본적 자기관리나 지역사회 삶의 기능(예: 자기 꾸미기, 위생 유지, 재정 관리)을 충족하지 못하는 기본적 삶의 기술에서의 기능적 장애다. 조현병이 있는 많은 사람은 주거나 의료와 같은 기본적인 욕구를 충족시키기 힘들다(Drake, Wallach, & Hoffman, 1989; Koran et al., 1989).

2. 조현병의 발병, 과정, 예후의 차이

1) 연 령

조현병은 대부분 청소년 후기나 성인 초기인 16~30세 사이에 발병한다. 하지만 일부의 경우 중년기에 발병하기도 하며, 아주 드물지만 노년기에 발병하는 경우도 있다(Jeste & Nasrallah, 2003). Harris와 Jeste(1988)의 문헌 연구를 따르면 23%의 조현병 환자의 발병 시기가 40세 이후라고 보고하였다. Castle과 Murray(1993)도 1965년과 1984년 사이 런던 캠버웰 지역의 새로운 조현병 사례를 살펴보았는

데 28%가 44세 이후, 12%가 64세 이후 발병되었다. 전반적으로 만발성 조현병의 연간 발생률은 12.6/100,000이며 이는 16～25세에 발병한 사례의 절반 정도다.

2) 성 별

조현병은 연령차뿐만 아니라 성별차도 있다. 여성 조현병의 평균 발병 연령은 남성보다 평균 5년 늦다(Lewine, 1988; Moriarty et al., 2001). 조현병이 있는 여성은 남성과 비교하여 결혼할 가능성이 더 높고(Aleman, Kahn, & Selten, 2003), 자녀들과 접촉을 유지할 가능성도 더 높으며(Aleman et al., 2003), 사회적 관계망도 더 좋다(Grossman, Harrow, Rosen, & Faull, 2006). 조현병이 있는 여성은 남성보다 사회적 기술 수준이 더 높으며(Mueser et al., 1990), 그래서 사회적으로 덜 고립되고 지역사회에서도 잘 기능하는 것으로 보인다. 남성이라는 것 자체는 조현병의 예후에서 부정적인 위험 요인을 나타낼 수 있다(Goldstein, 1988; Seeman, 1986). 이러한 성별에 따른 위험 요인의 증가는 남녀 뇌의 구조적 차이와 같은 생물학적 원인(Lewin, Gulley, Risch, Jewart, & Houp, 1990)과 에스트로겐 같은 보호적 호르몬 수준의 차이(Seeman & Lang, 1990)에 기인하는 것으로 보인다.

또한 조현병에 따른 기능 이상과 같은 이차적 문제는 여성에게 덜 나타난다. 예를 들어, 조현병이 있는 여성은 남성과 비교하여 약물 및 알코올 남용을 덜 보고한다(Drake, Osher, & Wallach, 1989; Mueser et al., 1990). 그런 남용은 병원 입원과 응급실 사용(Bartels et al., 1993), 공격적 행동(Bartels, 1989) 그리고 불안한 주거와 노숙 생활(Drake, Wallach, & Hoffman, 1989) 같은 좋지 못한 예후와 관련이 있다.

3. 조현병의 과정과 예후를 복잡하게 하는 요인

1) 신체질환과의 공존성

조현병이 있는 사람의 75%는 신체질환이 있다(Rystedt & Bartels, 2008). 조현병과 신체질환의 공존, 높은 사망률, 요양원 조기 입소, 물질 남용은 조현병의 과정과 예후를 복잡하고 어렵게 만든다. 이러한 요인들은 장애를 악화할 뿐만 아니라 삶의 질을 감소시키고 사망 시기를 앞당긴다. 여기서는 조현병과 관련된 요인들을 개관하고 이러한 요인들이 평생 어떠한 영향을 주는지 탐색하고자 한다.

일반 성인과 비교하여 조현병이 있는 사람들은 당뇨, 심혈관계 질환, 만성 폐쇄성 폐 질환(COPD), HIV 그리고 B형 간염 및 C형 간염을 더 많이 앓는다(Folsom et al., 2002; Jeste, Gladsjo, Lindamer, & Lacro, 1996; Morden, Mistler, Weeks, & Bartels, 2009; Rystedt & Bartels, 2008). 일부 유병률 추정치에 따르면 조현병이 있는 사람들은 6명 중 1명이 당뇨가 있고, 4명 중 1명이 고혈압이 있으며, 8명 중 1명이 심혈관 질환이 있고, 4명 중 1명이 만성 폐쇄성 폐질환(COPD)이 있다. 그들은 일반인과 비교하여 간염과 인간면역결핍바이러스(HIV-AIDS)의 발생 빈도도 더 높다.

조현병이 있는 사람들이 경험하는 높은 질병 공존성은 운동 부족, 부적절한 식사, 흡연, 물질사용장애, 위험한 성적 행동과 관련이 있다. 조현병이 있는 사람들의 장애와, 조기 사망을 초래하는 심각한 의료 상태의 위험성을 감소시키기 위한 중요한 접근은 개인이 건강하게 삶을 살도록 도와주는 데 초점을 두어야 한다. 또한 조현병의 핵심 증세를 치료하기 위한 항정신성 약물은 체중 증가, 당뇨 그리고 심혈관 질환의 위험을 증가시킨다. 그렇기 때문에 체중 증가의 가능성이 낮은 항정신성 약물로 변경하는 것은 비만과 관련된 신체질환의 위험을 감소시키는 데 도움이 된다. 아울러 정신장애가 있는 많은 사람이 경험하는 보건의료 서비스를 향상시켜야 한다.

2) 조기 사망률

한 연구에서 심각한 정신질환이 있는 사람들은 수명이 일반인과 비교하여 25~30년 더 짧다고 보고하였다(Colton & Manderscheid, 2006). 여기서 주목해야 할 것은 현재 일반인의 평균 수명이 역사상 가장 길지만(미국의 경우 평균 수명은 약 79세; US Census Bureau, 2009) 심각한 정신질환이 있는 사람들의 수명은 지난 30년간 오히려 단축되었다는 것이다(Saha, Chant, & McGrath, 2007). 특히 주요 정신질환 중에서는 조현병의 조기 사망 위험률이 가장 높다(Brown, Inskip, & Barraclough, 2000). 조현병이 있는 사람들의 사망률은 일반인의 2~4배가량 더 높은데(Cohen, 2000) 이는 자연사와 비자연사 모두를 포함한다. 조현병 환자의 대표적인 조기 사망 원인은 심혈관성 질환이다(Colton & Manderscheid, 2006). 전반적으로 볼 때 증가된 사망률은 심장 질환, 당뇨, 호흡 질환 그리고 다른 의학적 질환에 따른 것이다(Jeste et al., 1996). 또한 알코올과 약물 남용(Drake, Osher, & Wallach, 1989; Kelly & McCreadie, 1999), 의료 지침을 잘 따르지 않는 것 그리고 건강보험, 교통, 재정적 문제도 관련이 있다(Rystedt & Bartels, 2008). 항정신성 약물치료(Mortensen & Juel, 1990), 특히 2세대 항정신성 약물(Saha et al., 2007)은 사망률을 소폭 증가시켰다.

조기 사망률을 감소시키기 위한 방안으로 의료와 신체적 건강을 통합하는 정책이 제안되었다. 지역사회 정신건강 체계는 일반 신체건강 체계와 분리되어 있다. 대부분의 조기 사망률이 신체적 원인을 포함하기 때문에 조현병 환자의 경우 이를 통합하여 관리할 필요가 있다. 또한 조현병이 있는 사람의 건강 관리 및 예방, 특히 흡연, 음주, 식사와 같은 생활 습관의 개선을 독려하고 유지하려는 노력이 필요하다(Brown et al., 2000).

3) 조기 요양원 입소

조현병이 있는 사람이 요양원에 조기 입소하게 되면 질환의 과정과 예후가 복잡해진다. 요양원 입소 환자들을 10년간 추적한 연구에서 조현병이 있는 사람들

(중간 연령 65세)은 그렇지 않은 사람들(중간 연령 80세)에 비해 일찍 입소하였다(Andrews et al., 2009). 가장 큰 차이는 40~64세에 일어나는데, 조현병이 있는 사람은 정신질환이 없는 사람보다 요양원에 입소할 가능성이 3.5배나 더 높았다(Andrews et al., 2009).

조현병이 있는 사람의 조기 요양원 입소는 심각하게 삶의 질을 감소시키며 가족이나 친구와의 상호작용 및 의미 있게 일하고 삶을 꾸릴 수 있는 기회를 급감시킨다. 미국에서는 불필요한 요양원 입소의 유해성이 인정되어 '1999 Olmstead 판결'이 내려졌다. 이 판결은 지역사회의 치료적 대안이 더 선호되는 상황에서 장애가 있는 사람을 조기에 입소시키는 것은 위법이라는 것이다(Bartels, Miles, Dums, & Levine, 2003; Bartels & Van Citters, 2005). 조기 입소는 지역사회의 삶으로부터 개인을 분리시켜 기회를 감소시키는 것 외에도 의료비의 증가를 야기한다. 정신질환이 있는 사람을 돌보는 데 필요한 노인의료보험 및 의료부조 비용 중에서도 조현병의 비율이 가장 높은 편이다(Bartels, Clark, Peacock, Dums, & Pratt, 2003).

4. 노인의 조현병: 조발성 조현병

1) 역사적 개관

조현병은 다양한 증세와 예후의 상이한 정신질환들을 포함한다. 조발성 조현병(early-onset schizophrenia: EOS)은 청소년기 또는 성인 초기, 늦어도 45세 이전에 발병하는 경우를 일컫는다(Jeste et al., 1995). 조발성 조현병은 양성 증상(예: 환청, 망상), 음성 증상(예: 무감각, 정서 반응의 결핍), 그리고 심각한 심리사회적 기능의 장애를 수반한다(Reeves & Brister, 2008). 조현병의 장기적 예후는 상당한 논란과 논쟁이 되고 있다.

조현병의 예후에 대한 초기 설명에서는 질환이 장기화될수록 심리사회적 및 인지적 기능이 지속적이고 점진적으로 쇠퇴한다고 하였다. Kraepelin(1919/1971)이 조현증을 '조발성 치매'라고 명명한 것은 기능이 필연적으로 점진적인 쇠퇴를 보이는 치매의 초기 증상과 유사함을 강조하기 위해서다(Palmer et al., 1999). 그러나 조현병에 대한 초기 치료는 기관에 장기 입소하는 것이 유일한 것이었으며 시간의 경과에 따라 기능이 필연적으로 감소한다고 보았다. 이러한 비관적인 견해에도 불구하고 종단 연구들에서는 조현병이 있는 개인이 노년기에 이르면 증세가 상당히 완화되고 일부는 완전히 치료되는 경우도 있다고 하였다(Ciompi, 1980; Harding et al., 1987a, 1987b). 실제로 조현병이 있는 사람들의 과반수는 연령이 증가하면 증상이 완화되는데(Harding, Brooks, Ashikaga, Strauss, & Breier, 1987a, 1987b), 이는 노년기에 항정신성 약물의 위험을 피할 수 있음을 의미한다. Jester, Lacro, Gilbert, Kline과 Kline(1993)은 조현병 노인들을 포함하여 항정신성 약물에 대한 금단 현상을 6개월 이상 살펴본 6개의 이중 은폐 설계 연구에서 약을 지속적으로 복용한 사람들의 재발률은 11%인 반면, 약을 중단한 사람들의 재발률은 40%라고 하였다. 또한 항정신성 약물을 한 번도 중단한 적이 없는 안정되고 만성적인 외래환자들의 경우, 그들을 유의 깊게 관찰하면서 항정신성 약물의 중단을 고려할 수 있다고 보았다.

지역사회 통합, 심리사회적 재활, 직업 지지, 물질사용장애의 통합적 치료와 의료적 처치를 강조한 치료를 받은 경우 장기적으로 긍정적인 결과를 기대할 수 있다. 하지만 노년기 인지적 장애가 있고 기관에 오랫동안 입소하여 지낸 조현병 노인들은 기능 문제가 지속된다(Davidson et al., 1995; Palmer et al., 1999). 다음 절에서는 장기적인 기관 입소 치료를 받은 조발성 조현병 '초고령 노인'과 탈시설화 시대에서 지역사회를 근거로 통합되어 서비스를 제공받은 '젊은 노인'에 대해 개관할 것이다.

2) 조발성 조현병이 있는 '초고령 노인'과 장기적 기관 입소 치료

조현병이 있는 일부 초고령 노인은 항정신성 약물이 개발되기 전에 발병한 세대이기 때문에 정신증 치료를 위해 기관에 입소해야만 했다. 이러한 노인 환자들은 기관에 오래 거주했기 때문에 독립적 생활 능력이 손상되어 있고 사회적 기술이 부족하며, 자신의 욕구를 충족시키기 위해서는 감시자가 있는 구조화된 환경에 의존해야 한다. 기관 입소 과거력이 있는 노인들은 재활치료에 대한 경험이 상이하고 독립적 생활 기능을 발달시키는 능력이 발달되지 못했다. 하지만 1960년대의 탈시설화 움직임 이후 정신증 환자들을 위해 정부에서 운영했던 장기 요양 정신병원들이 폐원하였고, 초기에 지원을 받던 지역사회 기관들은 사라졌다. 20년간 지속된 이러한 경향은 상당수의 심각한 정신질환 환자를 노숙자로 전락시켰고(Folsom et al., 2002; Olfson, Mechanic, Hansell, Boyer, & Walkup, 1999), 범죄 피해자로 방치되었으며(Eisenberg, 2005), 이들이 사법 기관에 입소되도록 하였다(Fazel & Danesh, 2002). 또한 HIV와 같은 유행성 질환에 노출되도록 만들었으며(Baillargeon et al., 2008), 물질사용장애인으로 만들어(Olfson, Sing, & Schlesinger, 1999) 많은 위험에 노출시켰다.

다음은 현대 지역사회 심리사회적 재활 모형을 경험하지 않고 30년 이상을 장기 요양 정신병원에 있었던 조발성 조현병 노인의 사례다. 지속적인 건강 관리가 필요한 사례로서, 항정신성 약물치료를 통해 조발성 조현병과 관련된 위험 요인을 통제하고 긍정적 결과를 얻기 위해서는 정확한 평가와 적절한 치료가 필요하다는 것을 보여 준다.

78세인 김 씨 할아버지는 20대 초반부터 오랫동안 여러 번 병원에 입원하였다. 십 대에는 친구 없이 홀로 지냈다. 19세에는 주변 사람들과의 접촉을 끊고 은둔 생활을 시작했으며 다니던 공장의 감독이 자신을 독살하려 한다는 생각 때문에 직장을 그만두었고 그 후 악마가 가족에게 주문을 거는 소리가 들린다고 하였다. 명절날 여러 사람이 모인 자리에서 갑자기 불안 증세를 보이면서 부모에게 저주를 받을 것이라고 소리치고 옷을 반쯤 벗은 채 밖으로 뛰쳐나갔으나 경찰에 연행되어 병원에 입원하였다. 간단한 평가를 받은 후 30년간 정신병원에서 지냈다. 1세대 항정신성 약물인 클로르프로마진과 할로페리돌을 복용한 후 환각과 망상은 감소하였지만 지속적으로 철회 반응을 보였고, 기본적인 자기관리 능력이 부족했다. 항정신성 약물의 신경학적 부작용으로 파킨슨병 증세인 떨림 증상이 나타났지만 증세가 재발될 것이 우려되어 약물의 용량을 줄이지는 않았다. 50세에는 입원하여 치료받던 병원이 문을 닫게 되어 재택 요양을 시작하였고 65세에는 재택 요양소의 공사로 인해 이사를 하게 되었다. 이때 급성 편집증과 불안 행동이 나타나서 약물을 거부하였다. 병원에 입원한 후, 부작용이 적은 2세대 항정신성 약물인 올란자핀을 복용하기 시작하자 철회적 행동이 감소하였고 자발적으로 약을 복용하였다. 그 후 다시 재택 요양소로 돌아왔으며 현재는 기본적인 생활 기능과 자기관리 기술에 도움을 받고 있다. 올란자핀의 복용으로 떨리는 증세는 급감했으나 체중이 증가하였고 하루에 담배를 두 갑씩 피우게 되었다. 이후 5년간 김 씨 할아버지의 체중은 86kg에서 116kg으로 증가하였다. 최근에는 악마가 할아버지의 몸에 뱀을 넣어서 지속적인 통증과 경련을 일으킨다고 불평하였다. 또한 뱃속에 있는 뱀이 계속 목이 말라서 많은 양의 물을 섭취하고 있다고 하였다. 재택 요양소 관리자는 이러한 증세가 할아버지가 오랫동안 가지고 있는 종교적 망상과 관련이 있다고 보고 전화로 의사에게 이 사실을 알렸으며, 의사는 항정신성 약물의 양을 증가시켰다. 신체적 상태는 계속해서 감퇴하고 있으며 최근에는 식사 거부로 탈수, 허약, 혼란이 일어나 입원하였다. 입원 후 검사에서 위험 수치의 높은 혈당이 확인되어 성인 당뇨 진단을 받았다. 그 후 혈당과 혈압이 감소하고 통증과 탈수 문제도 완화되어 혼란 상태가 나아지자 다시 재택 요양소로 보내졌으며, 간호사가 방문하여 약물을 관리하고 당뇨병에 대한 교육을 하고 있다. 정신과 의사는 할아버지에게 살이 덜 찌는 약물을 처방하였고, 당뇨병이 안정된 후에는 사례 관리자와 방문 간호사가 운동을 계획하고 균형 잡힌 음식을 섭취하도록 도와주고 있으며 금연 프로그램을 시작하였다.

이 사례는 조현병이 있는 노인의 평가 및 치료의 핵심적인 특징을 보여 준다. 먼저, 김 씨 할아버지는 오랫동안 기관에 있었으며, 지속적인 음성 증상과 제한된 기능을 보여 주는 세대다. 이 세대는 항정신성 약물이 개발되기 이전 조현병이 발병한 조발성 환자들로, 당시 유일한 치료는 기관에 입소하는 것이었다. 할아버지와 동년배인 환자들은 정신병원에서 장기간 지내다가 재택 요양으로 옮기고, 마지막에 장기 요양원에 입소하는 사례가 많았다. 오랫동안 기관에서 생활했기 때문에 사회적 기술이 부족하고 심각한 기능의 제한이 있다. 독립적인 생활 기술이 적절하게 발달되지 못했기 때문에 기본적인 욕구를 충족하기 위해서는 다른 서비스 제공자들의 도움이 필요하였다. 할아버지는 병원에서 재택 요양으로 이동했을 때 충격적인 혼란을 경험하여 급성 우울증과 호흡 곤란을 경험하였다.

이 사례는 심각한 정신질환을 경험하는 노인들의 정신질환과 신체질환이 어떻게 상호작용하는지를 보여 준다. 즉, 정신질환이 신체 증세에 영향을 주고, 신체 증세가 정신질환에 영향을 준다는 것이다. 할아버지는 정신질환으로 인해 건강이 쇠퇴하였다. 재택 요양소로 옮긴 후에는 우울증과 불안이 높은 상황에서 자신의 신체적 · 정신적 건강에 중요한 약물을 복용하지 않았다. 오랜 기간 발작 증세를 제어했던 항경련제를 복용하지 않게 되자 통제할 수 없는 발작이 다시 일어났다. 그래서 할아버지는 병원에서 다시 약물을 복용하고 회복하였다. 몇 년 후에 다른 신체질환인 인슐린 의존 당뇨병이 발생했지만 그 당시에는 진단을 받지 못했다. 할아버지의 신체적 상태는 심리적 상태에 직접적인 영향을 주어 심각한 혼란과 철회 그리고 망상을 일으켰다.

노화 과정에서 신체질환의 공병성은 빈번하게 일어나는 문제이며 심각한 정신질환이 있는 노인의 경우 치료를 받지 않은 상태로 지내게 된다. 신체적 건강에 악영향을 주는 요인으로는 흡연(Hughes, Hatsukami, Mitchell, & Dahlgren, 1986), 물질 남용(Drake, Osher, & Wallach, 1989), 재정적 문제에 따른 의료 서비스에의 제한적 접근, 그리고 많은 조현병 환자가 보이는 통증에 대한 높은 역치의 결과로 의료 처치를 구하는 것의 지연(Dworkin, 1994)이 있다. 중년 후기나 노년 초기에 조현병이 발병하는 사람들의 신체적 건강 상태는 정신질환이 없는 노인들과 유사하다(Bartels, 2004; Rystedt & Bartels, 2008). 조현병이 있는 사람들의 높은 신체질환 공병성은 심각한 정신질환이 있는 사람들의 통합적인 정신적 서비스의 주요 부분으로서 신체검사와 지속적인 일반 건강관리 서비스가 포함되어야 함을 보여 준다(Morden et al., 2009).

이 사례는 또한 인지장애의 공병성을 보여 준다. 심각한 정신질환을 경험하고 있는 노인들은 노화에 따른 신체질환의 문제들을 경험할 뿐만 아니라 인지장애에 취약하다. 정상적인 통제 집단에 비해 조발성 조현병과 만발성 조현병을 경험하고 있는 노인들은 전반적 인지장애가 있으나 매우 안정적인 상태를 유지하는데, 이러한 장애는 질환이 처음 발병했을 때 일어난 정적 뇌증의 영향이라고 본다(Goldberg, Hyde, Kleinman, & Weinberger, 1993; Heaton et al., 1994). 하지만 일부 연구에서 몇몇 조현병 환자는 치매로 진행된다고 주장하였다(Davidson et al., 1995; Lesser et al., 1993). 김 씨 할아버지의 사례에서는 치매 증세가 정신증을 압도할 수 있으며 노년기 기능장애의 일차적 원인이 될 수 있다. 이런 상태에서는 집중적인 관리가 가능한 지지적인 요양원에 입소하는 것이 필요하다. 심각한 정신질환이 있는 지역사회 거주 노인과 기관 입소 노인의 가장 큰 차이는 인지장애의 공병성이다(Bartels, Mueser, & Miles, 1997b). 전반적으로 볼 때, 인지장애의 정도는 조현병이 있는 노인들의 기능과 부양 수준을 결정하는 가장 중요한 임상적 요인이다(Bartels, Mueser, & Miles, 1997a).

이제는 거의 평생을 기관에서 지낸 김 씨 할아버지와 같은 세대는 거의 볼 수 없다. 심각한 정신질환이 있는 많은 노인은 탈시설화 움직임으로 인해 지역사회에서 치료를 받고 있으며 이들은 매우 다른 기능 수준과 치료적 욕구를 지닌다.

3) 조발성 조현병이 있는 '젊은 노인'과 지역사회를 근거로 한 서비스

장기간 기관에서 지낸 고연령의 조발성 조현병 노인들과는 달리, 심각한 정신질환이 있는 젊은 노인들은 1960년대의 탈시설화 움직임 이후 성인기 동안 지역사회에서 치료를 받았다. 조현병이 있는 이러한 노인들은 '지역사회 거주' 세대라고 한다. 지역사회에서 거주한 경우 지역사회의 지지가 이미 존재하고, 지역사회 자원을 활용하거나 지역사회에서 성공적으로 살아갈 수 있는 생활 기술이 있으며, 더 새롭고 효과적인 항정신성 약물치료를 빨리 받았을 것이다. 뿐만 아니라 지난 20년간 이들을 위한 지역사회 정신건강 서비스의 재정이 감소하는 부정적인 영향도 경험했을 것이다(Druss et al., 2008).

다음은 지역사회 지지 프로그램과 약물 관리의 혜택을 경험한 조현병이 있는 젊은 노인의 사례다.

> 조현병이 있는 62세의 민 씨 할머니는 지역사회의 노인홈에서 다른 할머니들과 함께 살고 있다. 19세에 결혼을 했고 20세에 조현병이 발병하였다. 처음 입퇴원 당시에는 남편과 함께 지냈으나 그녀의 편집증적 상태 때문에 이혼하였다. 그 후에는 부모님과 살면서 지역사회 정신건강 센터에서 외래치료를 받았다.
>
> 조현병 초기에는 할머니의 편집증적 증세가 심각해서 자주 입원을 하였다. 그녀의 부모님은 그녀가 정신건강 사례 관리자와 함께 지역사회에서 생활할 수 있도록 지지 체계를 형성하였고 증상을 잘 관리하였다. 즉, 재발의 초기 신호가 감지되면 치료자들에게 이를 알려 주고 항정신성 약물을 적절히 복용하도록 하였다. 증세가 호전되었을 때는 시간제 일도 하고 부모님과 외식도 하였으며 문화 행사에도 참여하였다. 그녀의 정신증적 증세가 항정신성 약물(할로페리돌)로 비교적 잘 통제되긴 했지만 지속적인 부작용도 있었다. 근육이 경직되고 움직임이 둔화되었으며(약물 유도 파킨슨 증후군) 얼굴, 팔, 손가락 그리고 몸의 비정상적인 불수의적 움직임인 지발성 마비(tardive dyskinesia)를 경험하였다. 부작용을 최소화하기 위해 약물을 줄이면 정신증이 재발하였다. 민 씨 할머니가 55세 되던 해 아버지가 뇌출혈로 양로원에 입소하게 되었고, 어머니도 갑작스러운 심장마비로 사망하였다. 이로 인해 민 씨 할머니는 약물을 중단하였고 다시 급성 정신증이 재발하게 되어 병원에 입원하였다. 할로페리돌의 오랜 신경학적 부작용으로 2세대 정신증 약물인 클로자핀을 복용하게 되었으며 기능이 예전 수준으로 회복되었다. 뿐만 아니라 약물로 인해 생겼던 파킨슨 증후군이 사라졌고 지발성 마비도 감소하였다. 퇴원 계획 팀은 그녀가 사회적 지지와 약물 관리가 필요하기 때문에 방을 함께 쓰는 사람이 있는 실버홈에 거주하면서 노인 정신건강 센터의 사례 관리자가 자주 방문하도록 추천하였다. 정신건강 팀의 적극적인 도움으로 할머니는 더 효과적이고 부작용도 적은 대안적 항정신성 약물(아리피프라졸)로 성공적으로 전환하였다. 그 후에 할머니는 노인복지관에 자주 방문하며 가까운 병원에서 봉사활동까지 하게 되었다.

이 사례에서 중요한 점이 몇 가지 있다.

첫째, 민 씨 할머니는 김 씨 할아버지와 달리 장기간 입원치료를 받지 않고 지역사회에서 생활하면서 치료한 세대다. 이처럼 지역사회에서 계속 살았기 때문에 그녀는 필요한 생활 기술을 발달시킬 수 있었다. 지역사회에 사는 심각한 정신질환이 있는 노인들은 우울증과 같은 질환이 있는 노인들보다 더 많은 기능적 문제를 경험한다(Bartels et al., 1997a). 하지만 통합적인 지원 서비스는 많은 문제를 극복하고 지역사회에서 살 수 있도록 도와준다. 할머니의 치료는 기관에 대한 의존성을 최소화하고 보다 자유로운 환경을 최대화하였으며, 사회적 기술과 지지를 개발하고 유지할 수 있게 했다. 결혼생활을 유지하기에는 조현병이 너무 큰 스트레스로 작용하여 이혼을 하게 되었고, 이로 인해 할머니는 상실감이 컸지만 부모와 다시 살면서 원가족의 지지를 받을 수 있었다.

둘째, 사회적 자원의 중요성이다. 심각한 정신질환이 있는 노인 중 기관이나 요양원에 거주하는 노인과 지역사회에 거주하는 노인의 차이는 일상생활 활동과 욕구를 도와줄 수 있는 가족의 존재 유무다. 조현병과 같은 정신증이 없는 사람과 비교하여 조현병이 있는 사람은 결혼을 했거나 자녀가 있을 가능성이 낮고 직장에 다닐 확률도 낮다. 지역사회에서 생활하더라도 사회적 관계망은 원가족과 아주 친한 친구에 한정되어 있다. 이러한 의미에서 지역사회에 거주하기 위해서는 가족의 지지가 결정적이다. 민 씨 할머니의 경우 가족이 안정적이고 지지적인 환경을 제공하여 할머니가 지역사회에서 생활할 수 있었다. 하지만 이는 심각한 정신질환이 있는 많은 노인의 취약성을 보여 주는데, 주된 가족인 부모 역시 노화하고 있기 때문이다. 노화, 질환 그리고 주요 지지자인 부모의 필연적 죽음은 지역사회에서 조현병 환자가 지속적으로 살 수 있는 능력을 감소시킨다. 부모가 병환이 생기거나 죽는 경우, 40대 자녀는 부모를 상실하는 정서적 슬픔에 적응해야 할 뿐 아니라 주된 사회적 관계와 자원이 상실되는 경험을 하게 된다. 또한 이들은 재정적 · 사회적 자원의 극적 감소와 주거지의 급격한 상실에도 적응해야 한다.

더불어 이 사례는 약물의 부작용을 보여 줌으로써 노인들이 적절한 약물과 용량을 조심스럽게 선택해야 함을 강조한다. 민 씨 할머니는 약물로 인한 파킨슨 증후군 증세를 보였는데 이는 할로페리돌 복용이 가져온 추체외로 신경계 부작용(extrapyramidal nervous system side effects: EPS)에 따른 것이었다. 노화는 신경 수용체의 민감성을 증가시키고 도파민의 양을 감소시키는 생물학적 변화를 일으켜 EPS의 빈도를 높인다. 클로자핀과 2세대 '비전형적' 항정신성 약물은 EPS를 덜 일으키거나 약간 일으킨다. 하지만 클로자핀은 체중 증가나 진정 효과와 같은 기능을 손상시키는 부작용이 있을 수 있기 때문에 면밀히 감시해야 한다.

마지막으로, 이 사례는 조발성 조현병이 있는 노인의 경우 연령대마다 상이한 특징이 있다는 것을 보여 준다. '초고령 노인'들은 대부분의 삶을 기관에서 보냈다. 하지만 60대의 '젊은 노인'들은 탈시설화 움직임으로 지역사회에서 치료를 받은 집단이다. 이 집단은 노년기에도 독립적인 생활 기능이 있고 지속적으로 독립 생활을 유지하고 있는 사람들이다.

4) 조발성 조현병의 과정과 예후

조발성 조현병의 장기적 예후는 매우 가변적이다. 소수의 개인은 확연한 장애와 좋지 않은 결과를 보여 준다. 부정적인 예후와 관련이 있는 요인으로는 청소년기 이전 발병, 질환 발병 전 적응 문제, 인지 기능 저하, 뇌의 비대칭성, 전구 단계와 발병 후 단계에서의 음성 증상이 있다(Malla & Payne, 2005). 이러한 위험 요인이 있는 경우 중등도 이상의 심각한 직업적 장애를 경험하고(44%), 부모에게 재정적으로 의존하고(51.6%), 공적인 생활보조를 받으며(30.9%), 독립적 생활이 어려울(16.5%) 가능성이 높다(Malla & Payne, 2005).

하지만 점진적으로 향상하고 노년기에는 완전히 회복되는 경우도 많다(Ciompi, 1980; Harding et al., 1987a, 1987b). 30, 40, 50, 60 그리고 70대의 조현병 환자에 대한 신경심리학적 연구에서는 이들에게 점진적인 치매가 반드시 일어나는 것은 아니라고 하였다(Goldberg et al., 1993). 조현병의 역사에 대한 장기 연구들에서 발병 후 첫 10년간 증세가 급격하게 악화되다가 회복되는 반복의 과정을 경험하고, 노년기에는 조현병이 있는 사람들의 절반 이상에서 증상이 소멸되기도 한다고 보고

하였다. 이러한 발전은 많은 요인에 기인한다. 예를 들어, 연령과 관련된 생물학적 변화로 도파민과 같은 신경전달물질의 감소가 증상 감소에 기여할 수 있다. 즉, 조현병이 아세틸콜린(신경전달억제물질 GABA)에 비해서 과도한 도파민(또는 노르에피네프린과 세로토닌)의 분비와 같은 상반되는 신경전달 체계의 불균형으로 인해 생기기 때문이다. 정상적인 노화에 따른 도파민의 일반적인 감소는 도파민 작동 신경전달 체계와 콜린성 신경전달 체계의 균형을 회복시켜 증상을 변화시킨다(Finch & Morgan, 1987).

조발성 조현병이 있는 사람들이 연령 증가에 따라 증상이 완화되는 또 다른 요인은 대처 및 증상 관리 기술의 학습이다. 예를 들어, 그들은 스트레스를 감소시키는 전략을 익히고 증세를 인식하는 능력을 향상시키며 약물 복용 규칙을 준수하는 등의 질환 관리 기술을 배운다(McEvoy et al., 1989). 더불어 증세를 악화시키고 기능을 감소시키는 알코올이나 약물을 피하는 것을 배운다(Zisook et al., 1992). 비록 소수의 조현병 환자가 노년기까지 집중적인 치료와 관리를 필요로 하지만 더 많은 사람은 장기적 예후가 좋기 때문에 미래에 대해 긍정적으로 생각할 수 있다.

5) 평가와 치료

조발성 조현병의 치료에서는 초기 중재가 매우 중요하며 궁극적인 목적은 장기적 결과를 향상시키는 것이다. 발병 후 3~5년 사이가 결정적 시기이고 중재가 가장 효과적이며 회복에 가장 큰 영향을 준다. 조발성 조현병에 대한 현대의 치료는 젊은 사람들의 기능적 결과와 삶의 질을 향상시키는 것을 목표로 약물치료와 심리사회적 재활을 하며, 특히 지역사회와 사회적 기능, 직업과 교육, 재정과 주거 독립을 강조한다(Malla & Payne, 2005). 다음은 조발성 조현병을 보이는 사람들을 대상으로 한 약물치료와 심리사회적 치료에 대한 개관이다.

(1) 약물

조발성 조현병의 치료는 약물치료와 심리사회적 치료로 구분될 수 있다. 약물치료에는 두 수준의 약물이 포함되는데, 1세대 항정신성 약물과 2세대 항정신성 약물이 있다. 1세대 항정신성 약물(예: 할로페리돌, 페르페나진, 티오리다진)은 신경학적 부작용이 있으며 지발성 안면 운동장애(tardive dyskinesia: 얼굴의 아랫부분과 혀가 관련된 움직임 관련 장애), 신경 마비성 악성 증후군(neuroleptic malignant syndrome: 생명을 위협하는 희귀하고 기이한 반응으로 열병, 근육 경직, 변화된 의식 상태, 자율신경실조증이 특징), 부정맥(심장 박동의 리듬과 빈도의 문제) 등이 그 예다. 2세대 항정신성 약물(예: 클로자핀, 리스페리돈, 올란자핀, 아리피프라졸)은 신경학적 부작용이 적지만 체중 증가, 고지혈증, 고혈당 그리고 인슐린 저항(2형 당뇨병), 심혈관 질환 등의 대사 문제를 일으킬 가능성이 높다(Vitiello et al., 2009). 비록 2세대 항정신성 약물이 1세대 항정신성 약물보다 더 효과적이라는 주장이 있지만 대규모 비교 연구(Clinical Antipsychotic Trials of Intervention Effectiveness: CATIE)에서는 조현병의 일차적 증상을 완화하는 데 차이가 없는 것으로 나타났다(Carpenter & Buchanan, 2008; Swartz et al., 2008).

(2) 심리사회적 재활

심리사회적 재활은 심각한 정신질환이 있는 사람들의 기능을 향상시키고 회복을 돕기 위한 다양한 사회적·교육적·직업적·행동적·인지적 중재를 포함한다(Bartels & Mueser, 2008; Bartels & Pratt, 2009; Bellack & Mueser 1993; Pratt, Bartels, Mueser, & Forester, 2008; Pratt, Van Citters, Mueser, & Bartels, 2008). 젊은 사람들을 대상으로 개발된 효과적인 심리사회적 재활 모형은 사회적 기술 훈련, 적극적 지역사회 치료, 인지행동치료, 인지복원치료, 정신질환과 물질남용장애를 통합한 이중 진단 치료, 가족 심리교육, 질환 자기관리 그리고 지지적 직업 등을 포함한다. 심각한 정신질환이 있는 노인들의 심리사회적 치료는 독립적인 생활 기술 향상, 정신적·신체적 문제의 자기관리, 의미 있고 만족스러운 활동 참여, 삶의 질 향상, 지역사회에서의 독립적 생활에 초점을 둔다.

심각한 정신질환이 있는 노인들을 위한 몇몇 기술 훈련 중재가 체계적으로 평가 · 검토되어 왔다(Pratt, Van Citters et al., 2008). 여기에는 만성 정신질환을 앓고 있는 중년 및 노인을 위한 사회기술훈련 프로그램인 FAST(Patterson et al., 2003), 조현병 노인을 위한 기술 훈련과 인지행동치료 프로그램이 결합된 CBSST(Gran holm et al., 2005), 그리고 심각한 정신질환이 있는 지역사회 거주 노인을 위한 기술 훈련과 건강관리 중재가 결합된 ST+HM(Bartels et al., 2004)이 포함된다. FAST(Functional Adaptation Skills Training, 기능적 적응기술훈련)는 지속적인 정신질환이 있는 중년 및 노인의 지역사회 기능을 향상시키는 기술 훈련 프로그램이다. CBSST(Cognitive Behavioral Social Skills Training, 인지행동적 사회기술훈련)는 조현병 노인을 위한 인지행동치료와 사회기술훈련이 통합된 치료 프로그램이다. ST+HM(Skills Training and Health Management)은 기능을 향상시키기 위한 기술 훈련(ST)과 신체건강을 향상시키기 위한 건강관리(HM)를 결합한 프로그램이다. 기술 훈련(ST)은 12개월간 매주 지역사회 생활 기술, 사회성 기술, 약물 자기관리를 하는 것으로 구성되어 있다. 건강관리(HM)는 급성 및 만성 신체 문제를 확인하고 관리하기 위한 간호사 사례관리 중재로 구성되어 있다. ST+HM에 대한 예비 연구의 성공적인 결과에 근거하여 HOPES(Helping Older People Experience Success)가 개발되었다. HOPES는 간호사가 건강에 대한 사례 관리를 하면서 건강한 생활하기, 친구를 맺고 유지하기, 규칙적으로 병원 가기, 효과적으로 의사소통하기, 여가 시간 활용하기, 약물 효과적으로 사용하기, 지역사회에서 독립적으로 생활하기에 대한 기술 훈련을 하는 것이다(Pratt, Bartels et al., 2008). HOPES 중재에 대해 2년간 시행된 대규모의 무작위적 연구에서 이 중재는 자기효능감, 사회적 기술 그리고 지역사회 기능을 향상시키는 데 효과적인 것으로 나타났다(Mueser, Bartels et al., 2010).

5. 노인의 조현병: 만발성 조현병

1) 역사적 개관

중년기나 노년기에 질환이 발병하는 만발성 조현병(late-onset schizophrenia: LOS)은 초기에 망상분열증(paraphrenia)이라고 불리던 것이다. Kraepelin(1919/1971)은 일부 노인에게 음성 반응과 인지적 증상이 약하게 나타나는데 이들이 조발성 치매와 유사한 증상을 보인다고 하였다. Kay와 Roth(1961)는 그 후에 만발성 망상분열증이 치매와 함께 나타나지 않는 경우 노년기 편집증으로 보았다. 만발성 망상분열증은 45세 이후에 발병하는 것으로 매우 체계적인 편집증적 망상 체계를 보이며 환청이 동반될 수도 있고 그렇지 않을 수도 있으나 성격은 계속 유지되는 특징이 있다. 만발성 망상분열증은 남성보다는 여성에게 빈번하게 나타난다. 근래에는 정신병 진단의 기준이 변경되어 만발성 망상분열증이 만발성 조현병으로 명명되었다. DSM-IV-TR(American Psychiatric Association, 2000)에서는 45세 이후 조현병의 발병을 만발성으로 분류한다.

2) 만발성 조현병의 과정과 예후

다음 사례는 노인의 만발성 조현병의 특징을 잘 보여 준다.

63세인 황 씨 할머니는 남편이 사망한 후 혼자 살고 있으며 딸들이 가까이 살고 있다. 할머니는 도서관 사서로 일하다가 60세에 은퇴하였다. 많은 사람이 할머니를 특이하고 괴짜라고 생각하지만 그녀는 정신병원에 입원하거나 정신건강 치료를 받은 적이 없다. 남편은 5년 전 심근경색으로 사망했고 할머니는 건강하지만 청력은 많이 감퇴된 상태다. 과거 2년간 할머니는 안전에 대해 걱정을 많이 하고 있다. 처음에는 밤에 밖에서 나는 이상한 소리가 도둑이 집 안으로 침입하려는 소리라고 믿었으며 도둑이 할머니에게 큰 소리로 모욕적인 언행을 한다고 하였다. 그녀는 경찰서에 수시로 전화를 하였지만 경찰들이 출동하여 확인해 봐도 소리를 질렀다는 사람을 찾을 수 없었다. 할머니는 남자들이 밤마다 자신을 고문하고 죽이기 위해 계속 감시하며 침실에 종종 들어와 자신이 잘 때 자신을 신체적으로 위협한다고 믿었다. 그래서 그녀는 밤이 되면 자신의 침실을 피하고 거실에 앉아서 자는 것으로 이 문제를 해결하였다. 정신건강 전문가들은 그녀를 치료에 관여시키는 데 실패하였다. 황 씨 할머니는 문제가 집에 침입하려는 '범죄자들과 강간자들' 때문에 발생하며 자신이 필요한 것은 경찰의 보호이고, 자신에게 정신 평가나 약물은 필요가 없다고 거부하였다. 할머니는 낮에는 비교적 잘 기능하였다. 규칙적으로 딸들과 점심 식사를 하러 외출하였고 몇몇 친한 친구와 일주일에 한 번씩 화투 게임도 하였다. 그녀의 말이나 생각은 범죄나 개인적 안전에 대한 것을 제외하고는 정상적으로 보였다. 가족이나 친구들은 이러한 주제에 대한 대화를 완전히 회피함으로써 이 문제를 해결하였다. 70세가 되어 황 씨 할머니는 종종 의식을 잃는 삽화들을 경험하였고 신체의 우측이 약해지기 시작하였다. 할머니는 이러한 증상이 자신을 죽이려는 남자들의 소행이라고 믿었지만 정신건강 사례 관리자가 할머니를 의사에게 의뢰한 결과, 일과성 뇌허혈 발작으로 진단받아 항응혈제를 복용하고 후속 발작을 예방할 수 있었다. 할머니는 병원 입원 당시 의사의 설득으로 소량의 리스페리돈을 복용하기 시작하였고, 청력 전문가의 검사 후 보청기를 사용하게 되어 청력도 향상되었다. 퇴원 후에는 사례 관리자와 간호사가 정기적으로 방문하여 할머니의 규칙적인 약물 복용을 확인하였다. 그 후 할머니는 한 달이 채 되기 전에 환청이 들리지 않는다고 하였고 편집증이 상당히 감소하였다. 몇 달 후에 할머니는 자신이 위험하다는 생각을 하지 않았으며 그 남자들이 동네를 '떠났다'고 보고하였다.

이 사례는 노인의 만발성 조현병의 평가 및 치료의 핵심적 특징 몇 가지를 보여준다. 첫째, 황 씨 할머니의 정신적 증상은 인지적 장애나 신경학적 문제가 없는 노년(63세)에 발병했다. 앞서 언급했듯이 조현병 환자의 약 1/4(23%)은 40세 이후 발병한다(Harris & Jeste, 1988). 망상분열증의 초기 설명과 일치하게, 할머니의 병

전 성격이 유지되었기 때문에 일상적 생활 습관과 기능 역시 잘 유지되었다. 따라서 할머니는 정신질환과 상관이 없는 신체질환으로 입원하기 전까지는 정신질환에 대한 치료를 받지 못했다.

둘째, 만발성 조현병은 여성이 남성보다 더 많이 앓고 있으며 이 사례는 이러한 특징을 반영한다(Harris & Jeste, 1988). 하지만 조발성 조현병에 대한 연구에서는 여성과 남성의 비율이 유사한 것으로 나타났다. 이러한 차이의 원인에 대해 몇 가지 설명이 제시되었는데, 한 가지 설명은 조발성 조현병과 만발성 조현병이 상이한 질환이기 때문에 특징도 다르고 남녀 비율도 다르다는 것이다. 또 다른 설명은 여성의 만발성 조현병에는 생물학적 요인이 관여하기 때문에 여성이 남성보다 발병률이 높다는 것이다. 이는 여성은 남성보다 조발성 조현병의 평균 발병 연령이 5년 늦다는 것의 근거로 지지된다(Lewine, 1988). 만발성 조현병의 차이는 더 크다. 만발성 조현병과 조발성 조현병이 있는 사람이 모두 포함된 지역사회 연구에서 Castle과 Murray(1993)는 45세 이후 조현병이 발병한 비율이 남성은 16%였고 여성은 38%였다고 보고했다. 이러한 남녀 간 발병 연령의 차이는 여성호르몬인 에스트로겐의 보호적 효과와 남성호르몬인 안드로겐의 유발적 효과를 포함한다(Castle & Murray, 1993).

셋째, 이 사례는 만발성 조현병의 증상으로 사고 과정의 형식적 장애가 없는 비교적 제한되고 기이하지 않은 망상을 보여 준다. 기이하지 않은 망상이란 실제 생활에서 일어날 수 있는 상황, 즉 독살, 불치병, 스토킹, 공격, 배우자의 배신 등과 같은 것을 포함한다. 반면, 기이한 망상은 자신이 살고 있는 문화에서 전혀 일어날 수 없는 현상을 포함한다(American Psychiatric Association, 2000). 황 씨 할머니의 망상과 환각은 비교적 명확하며 자신을 스토킹하는 범죄자 집단에게 폭행당할 위험에 있다는 정신적 믿음과 관련이 있다. 또한 그녀의 사고 과정은 매우 체계적이다. 자신의 망상에 집착하지 않을 때 그녀의 언어와 기능은 주요 정신질환이 없는 그녀의 친구들과 거의 유사하다. 이는 사고장애와 기본적 생활 기능에 문제가 있는 조발성 조현병과 구분된다. 망상과 환청은 만발성 조현병에서 일반적으로 나타나는 현상이며 조발성 조현병이 있는 젊은 성인에게서 볼 수 있는 것과 유사하다. 망상은 주로 편집증적이며 매우 체계적이다(Almeida, Howard, Levy, & David, 1995; Howard, Castle, Wesseley, & Murray 1993; Kay & Roth, 1961). 조발성 조현병이 있는 젊은 성인들의 경우 환청이 환시나 신체적 망상보다 더 자주 나타난다(Almeida et al., 1995). 조발성 조현병과 비교하여 만발성 조현병은 사고장애, 음성 증상 그리고 부적절한 정서를 덜 보일 가능성이 높다(Almeida et al., 1995; Howard et al., 1993; Kay & Roth, 1961; Pearlson & Rabins, 1988; Pearlson et al., 1989).

넷째, 황 씨 할머니는 발병 전 높은 수준의 기능을 수행했고 발병 후 적절한 기능을 유지할 수 있는 능력이 있었다. 조발성 조현병과 비교하여 만발성 조현병이 있는 사람들은 발병 전의 직업적 적응과 결혼 가능성이 더 높다(Post, 1966). 하지만 정상적인 집단과 비교했을 때에는 만발성 조현병이 있는 사람들이 사회적으로 더 고립되고 분열성 및 분열형 성격장애 또는 편집증적 성격이 있는 경우가 많다(Harris & Jeste, 1988; Kay & Roth, 1961). 황 씨 할머니의 '기이하고 특이하다'는 평판은 이러한 특징과 일치한다. 그럼에도 할머니는 발병 후에도 독립적으로 기능하면서 일부 사회적 관계를 유지할 수 있었다.

황 씨 할머니는 발병 전에 만발성 조현병의 위험 요인이 될 수 있는 심각한 감각(청각)장애가 있었다. 노인의 만발성 장애와 시력 및 청력에 대한 27개의 논문을 개관한 Prager와 Jeste(1993)의 연구에 따르면, 감각장애가 만발성 정신증이 있는 사람에게서 많이 보고되었다. 시각장애와 환청이 관계가 있을 가능성이 제안되었지만 아직 구체적인 관계에 대해서는 논란이 있다. 하지만 대부분의 연구는 청각장애와 만발성 편집증적 정신증의 관계를 지지한다. 만발성 편집증적 정신증 환자의 약 40%는 심각한 청각장애가 있었다(Kay & Roth, 1961). 만발성 편집증 장애가 있는 사람들의 경우 황 씨 할머니처럼 보청기를 착용하고 난 후에 정신증의 증상이 현격하게 감소하는 경우가 있다는 것은 난청 증세가 정신증 증세에 선행하거나 정신증 증세를 악화시킬 수 있음을 보여 준다(Almeida, Förstl, Howard, & David, 1993).

임상적으로 감각장애, 정신증적 증상 그리고 만발성 조현병이 강력한 관계를 가진다는 것은 이러한 환자들이 양성 증상을 관리하는 대처 전략에 대해 체계적인 지도를 받으면 도움을 받을 수 있다는 것을 의미한다. 근래에는 조현병이 있는 젊은 성인들에게 양성 증상에 대한 다양한 대처 전략을 적용해야 한다는 근거가 증가하고 있다(Carr, 1988; Falloon & Talbot, 1981; Mueser & Gingerich, 1994). 양성 증상을 관리하는 방법은 일반적으로 이완이나 의도적 회피와 관련이 있으며 대처 효율성은 대처 전략의 수와 높은 관련이 있다. Tarrier 등(1993)의 연구에서는 조현병이 있는 젊은 성인들에게 대처 전략을 알려 주었을 때 사회적 문제해결 훈련을 받은 집단보다 양성 증상의 유의한 감소가 있었다. 이 고무적인 연구는 지속적인 정신증 증세를 보이는 조현병 노인들도 유사한 대처 기술 훈련을 받게 되면 증세가 완화될 수 있음을 시사한다. 하지만 아직 기술 훈련이나 다른 심리사회적 재활 중재가 조현병 노인들에게 실시된 바는 없다.

마지막으로, 황 씨 할머니는 항정신성 약물치료와 함께 정신건강 지원 서비스를 제공했을 때 증세가 크게 향상되었다. 만발성 조현병 노인들은 적절한 용량의 항정신성 약물을 복용했을 때 젊은 성인들만큼 효과적이었다. 예를 들어, 만발성 조현병이 있는 사람들의 항정신성 약물에 대한 반응률은 62%(Post, 1966)에서 86%(Rabins, Pauker, & Thomas, 1984)였다.

일반적으로 만발성 조현병의 평가와 치료는 생리심리사회적 접근을 통합한 조발성 조현병의 치료와 동일하다. 최적의 평가와 치료는 생물학적 · 심리학적 · 사회학적 측면을 모두 다루며 이러한 접근은 심각한 정신질환이 있는 노인들에게 특히 중요하다. 노화는 약물 대사와 부작용에 직접적으로 영향을 주는 생물학적 변화와 관련이 있다. 따라서 치료에서는 다양한 신체질환의 약물과 함께 고려해야 한다. 정신질환의 심리적 영향과 노화의 영향은 치료 프로그램을 계획하는 데 포함되어야 한다. 다양한 중재에 대한 선택을 알려 주기 위해서는 개인의 인지적 능력도 종합적으로 평가해야 한다. 노인의 지역사회 또는 요양원 거주 여부를 결정하는 가장 중요한 요인은 사회적 및 도구적 지지 자원이다. 결론적으로, 종합적인 임상적 평가와 효과적인 치료를 계획하기 위해서는 생물심리사회적으로 접근해야 한다.

6. 미래의 도전

조현병이나 다른 심각한 정신질환이 있는 성인의 노화는 정신건강, 신체건강, 장기 요양을 포함하는 미래의 정신보건 체계에 도전이 될 것이다. 근래의 연구들에서는 심각한 정신질환이 있는 사람들의 경우 50대가 특히 취약한 시기라고 보았다. 50~65세 사이에 심각한 정신질환이 있는 성인들이 다른 장애가 있거나 재정적 문제가 있어 국가에서 보조를 받는 사람들보다 3.5배나 더 많이 요양원에 입소한다. 또한 공공 정신건강 환경의 서비스를 받는 사람들은 일반인에 비해 수명이 25~30년 더 짧다. 높은 심혈관 질환과 당뇨 비율은 심각한 정신질환이 있는 사람들의 평균 기대수명을 약 54세로 낮추는 건강상의 차이를 야기한다. 현재 베이비부머 세대가 노화하면 상당한 수의 주요 정신질환이 있는 성인이 노년기까지 오랫동안 살게 될 것이다.

이러한 경향은 심각한 정신질환이 있는 노인의 욕구에 특별하게 맞춰진 새로운 부양 서비스를 필요로 할 것이다. 요양원에 대한 재택 및 지역사회 대안들이 노인의 특정한 정신적 · 재활적 · 의료적 욕구를 충족하도록 개발되어야 한다. 통합된 건강에 대한 홍보, 예방, 건강 관리가 노인이나 중년기 미래의 정신건강 서비스 체계의 핵심 요소가 되어야 한다. 미래의 정신건강 서비스에서는 정신과 신체의 욕구가 '동등하게' 중요하며, 신체건강과 정신건강의 상호 의존성을 명확하게 인식해야 한다.

마지막으로, 미래의 심리사회적 재활은 노화와 관련된 인지적 · 신체적 한계를 인식하고 보상하는 전략을 통합할 필요가 있다. 또한 인지 기능을 향상시키기 위해 개발된 인지치료나 약물치료 외에도 기술의 새로운 적용은 신체적 · 인지적 제한이 있는 노인들이 지역사회에서 계속 지낼 수 있도록 도와줄 수 있다. 노인들이 노년기에 의미 있는 활동을 하기 위해서는 취업과 기술 발달로 이어지는 직업 재활의 새로운 모형이 개발되어야 한다. 노인들의 목표와 일치되도록, 미래의 서비스는 단지 '삶을 연장시키는 것뿐만 아니라 의미 있는 삶을 지속시키는 것'을 강조해야 한다.

7. 요약 및 결론

근래 많은 발전이 있었음에도 노년기 조현병의 경과와 결과에 영향을 주는 요인에 대해서는 알려진 것이 매우 적다. 조현병은 평생 질환으로 노년기까지 계속될 수도 있고(조발성 조현병) 노년기에 처음 발병할 수도 있다(만발성 조현병). 발병 연령과 상관없이 조현병이 있는 노인의 임상적 양상과 치료 욕구에 영향을 주는 주요한 요인은 치료에 대한 과거력, 동년배 효과, 공존 신체질환, 인지적 장애 그리고 사회적 지지 자원이다. 만발성 조현병은 조발성 조현병보다 발병률이 낮으며 몇 가지 구분되는 특징이 있다. 만발성 조현병은 여성에게 더 많이 발병하고, 발병 전 기능이 더 높으며, 직업을 가지고 결혼할 가능성이 더 높다. 만발성 조현병의 임상적 양상으로는 편집증적 망상과 환청 같은 양성 증상을 보이고 음성 증상을 덜 보인다. 또한 조발성 조현병에서 나타나는 형식적 사고장애가 드물다. 또한 60세 이후에 조현병이 발병하는 경우 청력 상실의 빈도가 높다. 마지막으로, 치료에 대한 제한된 정보에 근거하면 만발성 조현병이 있는 사람들과 조발성 조현병이 있는 사람들의 항정신성 약물에 대한 반응은 유사한 것으로 보인다.

일반적으로 노인들에 대한 심각하고 지속적인 정신질환의 치료 및 서비스, 특히 심리사회적 치료에 대한 연구는 부족하다. 특히 조발성 조현병 환자의 노화 과정에 초점을 맞춘 연구는 거의 없다. 따라서 조현병이 있는 노인에게 적합한 약물적 중재와 심리사회적 중재를 결정하는 데 필요한 연구가 추가적으로 이루어져야 할 것이다.

제10장

불안장애, 성기능장애, 수면장애

송 씨 할아버지는 아직도 전쟁의 공포를 생생하게 기억한다. 전우 한 명이 앞에서 죽었을 때 자신이 어떻게 살았는지 아직도 이해가 되지 않지만 그 기억과 죄책감에서 벗어나기를 매일 기도한다.

유 씨 할머니는 하루 일과를 수행하기가 너무 벅차다. 항상 불안해서 안전한 느낌만 가질 수만 있다면 다른 바람이 없을 것 같다. 동네 비행청소년들과 불량배들이 자신을 해칠 것 같은 공포감에 점점 불안이 커지고 있다. 불량배들이 할머니를 괴롭히고 폭행을 가해도 아무도 이러한 피해 사실을 모를 수 있다는 상상을 한다. 가장 힘든 것은 이러한 생각 때문에 커지는 공포다. 할머니는 자신이 끔찍하게 죽을 것이라는 확신이 든다. 집 밖으로 나갈 때 이러한 생각이 들게 되면 너무 무섭다. 얼마 전부터 외출하는 게 두려워 아들과 사위가 장을 봐다 주고 있고 근래에는 집 밖으로 거의 나가지 않는다.

장 씨 할아버지는 당뇨로 인한 발기부전 때문에 부부 관계에서 성적 만족감을 느끼지 못하게 되었다. 할아버지는 자신이 아내를 성적으로 만족시켜 줄 수 없다는 생각에 아내 옆에 가지도 않는다. 평생 좋은 관계를 유지했던 부부에게 성적 관계의 상실은 친밀감의 상실로 확대되었다.

마 씨 할머니는 남편이 매일 밤 배회하기 때문에 저녁에 네다섯 번씩 깬다. 남편이 배회를 멈추는 시간이 되면 잠을 청하지만 남편이 대문을 열고 나가거나 위험한 행동을 할까 두려워 깊이 잠을 잘 수가 없다. 할머니는 수면 부족으로 종일 지쳐 있고 외모도 엉망이다.

정상적인 삶의 일부인 불안, 수면, 성기능의 장애는 일상생활에 엄청난 영향을 줄 수 있다. 이 장에서 불안, 성기능 그리고 수면을 함께 다루는 논리적인 이유가 있다. 다양한 생리심리사회적 원인이 있기는 하지만 불안은 정상적인 수면과 성기능에 가장 많은 영향을 주기 때문이다. 위의 사례들은 삶의 기능에 영향을 주고 전반적인 안녕감을 감소시키는 비정상적인 문제들을 보여 준다. 따라서 이 장에서는 각 영역의 장애와 문제의 분류 및 유병률 그리고 장애의 원인에 대한 설명을 살펴보고, 특히 노인들의 경험과 노인들을 대상으로 하는 평가 및 치료적 접근에 대해 알아볼 것이다.

1. 불 안

모든 사람은 정상적인 불안을 경험하는데 이는 일반적으로 매우 유용하다. 불안은 우리가 안전하게 느낄 수 있도록 우리 자신을 동기화시켜 불안을 감소시키기 위해 적응적인 행동을 하게 한다(예: 시험에 대한 불안을 감소시키기 위해 공부한다). 하지만 불안이 통제될 수 없거나 과도할 때 불안장애의 진단이 내려질 수 있다. 불안장애는 모든 연령의 성인에게 심각하고 괴로운 경험이다. 불안의 특징은 반추적 사고와 같은 인지적 특징, 심장이 뛰는 것과 같은 신체적 홍분, 기분 저하 및 걱정과 같은 정서적 증세가 복합적으로 일어나는 것이다. 개인이 겪어야 하는 불안의 대가는 매우 높다. 불안은 일상생활을 힘들게 지각하게 하고, 수술 후 통증을 증가시키며, 당뇨나 심장 발작과 같은 만성질환이 있는 노인들의 경우보다도 삶의 질을 더 감소시킨다(Feeney, 2004; Wetherell et al., 2004). 불안 환자들은 다른 정신질환 환자보다 의료 서비스를 자주 이용하기 때문에 높은 의료비용을 감당해야 한다(Deacon, Lickel, & Abramowitz, 2008). 노인들에게는 불안장애가 우울증보다 더 빈번하다는 것을 감안할 때, 불안증에 대한 연구와 효과적인 평가 및 치료가 절실히 요구된다.

2. 불안장애, 외상 후 스트레스 장애, 강박장애

DSM-IV-TR에서 불안장애는 〈표 10-1〉에서 보여 주듯이 여러 장애를 포함한다. 공포증은 특정 물체나 상황에 대한 지속적인 공포와 회피가 특징이다. 범불안장애는 지속적이고 과다하며 비현실적인 걱정이 6개월 또는 그 이상 거의 매일 지속되는 넓은 범주의 불안 증세를 나타내는 기술어다. 공황장애는 심각한 불안 증세와 인지적 · 신체적 증상(예: 호흡 곤란, 심장 박동 증가, 발한, 손발 저림, 죽음의 공포, 통제력 상실의 공포, 정신이상에 대한 공포)의 삽화가 반복되는 특징이 있다. 불안 삽화는 일반적으로 예고 없이 일어나기도 하지만 예측 가능한 상황(예: 엘리베이터, 특정인의 집, 높은 곳)에서 일어날 수도 있다. 일반적으로 공황장애가 일어나는 장소는 탈출이 어려운 곳들이다. 공황에 대처하기 위한 전략으로 일부 사람은 자신의 활동을 안전한 장소로 제한시키는 경향이 있으며, 이것이 장기화될 때는 광장공포증이 생기기도 한다. 불안장애의 일부였으나 하나의 독립 범주로 분리된 외상 후 스트레스 장애는 외상적 사건 이후에 생기는 상태로 개인이 외상적 사건을 고통스럽게 재경험하고, 사건과 관련된 특정 자극을 회피하고, 특정 자극에 대한 반응에 무감각하거나 각성 상태를 지속시키는 것이다. 또 다른 범주인 강박장애는 강박적 사고에 대한 반응으로 강박적 생각 또는 행동을 반복하는 것이다. 대표적

표 10-1 가장 일반적인 불안장애의 진단적 특징

범불안장애

• 여러 가지 일에 대해 적어도 6개월간 과도한 불안이나 걱정을 하는 날이 불안이나 걱정을 안 하는 날보다 더 많다.
• 불안을 통제하기 힘들다.
• 불안이 다음 여섯 가지 증세 중 세 가지 이상과 관련된다.
  - 안절부절못함 또는 긴장이 고조되거나 가장자리에 선 느낌
  - 쉽게 피로해짐.
  - 집중이 어려움.
  - 과민함.
  - 근육이 긴장됨.
  - 수면장애
• 불안이나 걱정이 심각한 고통이나 사회적 · 직업적 또는 기타 중요한 기능 영역에서 장해를 초래한다.

특정공포증

• 특정한 대상이나 상황에 대해 현저하고 지속적인 공포를 느낀다.
• 공포 자극에 노출되면 거의 바로 불안 반응을 일으킨다.
• 이 장애를 지닌 사람은 자신의 공포가 과도하고 비합리적이라는 사실을 알고 있다.
• 심한 불안을 느끼면서 공포 자극을 참아 내는 경우도 있지만 이 장애를 지닌 사람의 대부분이 공포 자극을 회피하려 시도한다.

사회공포증

• 친밀하지 않은 사람들에게 노출되거나 타인으로부터 심사받을 수 있는 사회적 상황 또는 일을 수행해야 하는 상황에 대해 현저하고 지속적인 공포가 있다. 개인은 창피를 당하거나 난처해질 만한 행동을 하는 것을 불안해하는 증상을 보이게 될까 봐 두려워한다.
• 두려워하는 사회 상황에 노출되면 불안 반응을 일으킨다.
• 공포가 과도하고 비합리적이라는 것을 자신이 알고 있다.
• 두려워하는 상황 또는 일을 회피하거나, 심한 불안 또는 고통을 느끼며 인내한다.

외상 후 스트레스 장애

• 다음 두 가지 항목에 부합하는 외상 사건에 노출된 적이 있다.
  - 개인이 자신이나 타인의 실제적이거나 위협적인 죽음 및 심각한 상해, 또는 신체적 안녕에 위협을 주는 사건(들)을 경험하거나 목격하거나 직면
  - 개인의 반응에 극심한 공포, 무력감, 두려움이 동반
• 외상성 사건을 다음과 같은 방식 가운데 한 가지(또는 그 이상의) 방식으로 지속적으로 재경험한다.
  - 사건에 대한 반복적이고 집요하게 떠오르는 고통스러운 회상(영상이나 생각, 지각을 포함)
  - 사건에 대한 반복적이고 괴로운 꿈
  - 마치 외상성 사건이 재발하고 있는 것 같은 행동이나 느낌
  - 외상적 사건과 유사하거나 상징적인 내적 또는 외적 단서에 노출되었을 때의 심각한 심리적 고통
  - 외상적 사건과 유사하거나 상징적인 내적 또는 외적 단서에 노출되었을 때의 생리적 반응

- 외상과 연관되는 자극을 지속적으로 회피하려 하거나, 일반적인 반응의 마비(numbing; 전에 없었던)가 다음 중 세 가지 이상으로 나타난다.
  - 외상과 관련되는 생각, 느낌, 대화를 피함.
  - 외상의 기억을 되살리는 행동, 장소, 사람들을 피함.
  - 외상의 중요한 부분을 회상할 수 없음.
  - 중요한 활동에의 흥미나 참여가 매우 저하됨.
  - 타인으로부터의 이탈(detachment) 또는 소외감
  - 정서의 범위가 제한됨.
  - 미래가 단축된 느낌
- 증가된 각성 반응의 지속적인 증상(외상 전에는 존재하지 않았던)이 두 가지 이상 발생한다.
  - 잠들기 어려움 또는 수면 유지의 어려움
  - 자극에 과민한 상태 또는 분노의 폭발
  - 집중의 어려움
  - 과잉 경계
  - 과장된 놀람 반응

출처: DSM-IV-TR (APA, 2000)의 기준 재정리.

인 강박적 사고의 예는 타인을 해치거나 세균 또는 흙에 오염되는 것이며, 이에 대한 대표적인 강박적 행동들은 반복적 확인 행동, 손 씻기 그리고 숫자 세기다.

1) 유병률

불안장애의 유병률은 우울증보다 높으며 진단 가능한 증상을 보고하는 재가 노인의 불안장애 유병률은 2~19%다(Flint, 1994). 재가 노인들의 불안장애 유병률이 우울증보다 더 높다는 유병학에 대한 초기 연구는 정신건강 전문가들을 놀라게 하였다. 근래 캐나다에서 이루어진 연구(Streiner, Cairney, & Veldhuizen, 2006)와 미국 공병률 조사 반복연구(National Comorbidity Survey Replication Study; Kessler, Berglund, Demler, Jin, & Walters, 2005)에서도 유사한 결과가 나타났다. 불안장애가 60세 이상에 처음 발병하는 비율은 다른 연령대보다 낮지만 노년기에도 처음 발병할 수 있다(Streiner et al., 2006). 불안장애의 평생 유병률이 28.8%라는 것은 불안

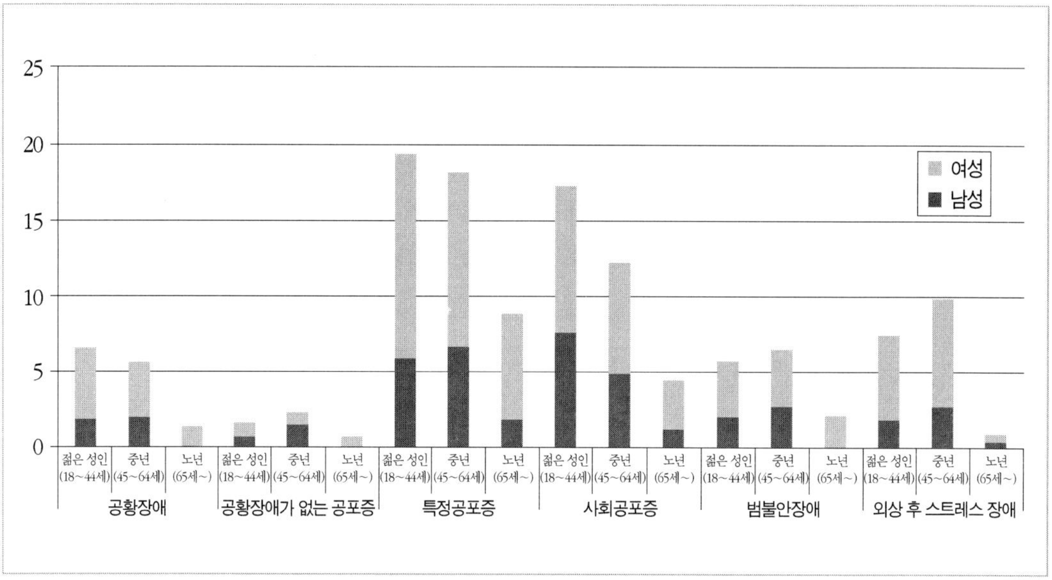

그림 10-1 **미국의 연령과 성별에 따른 불안장애 및 외상 후 스트레스 장애 유병률**

출처: Gum, King-Kallimanis, & Kohn (2009).

이 대부분의 사람에게 영향을 주며 주로 청소년기나 성인 초기에 발병한다는 것을 알려 준다(Kessler et al., 2005). 비록 진단 가능한 불안장애의 유병률이 10% 정도이긴 하지만, 임상적으로 유의미한 불안 증상을 보이는 노인의 비율은 약 20% 정도 된다. [그림 10-1]은 다양한 불안장애와 외상 후 스트레스 장애의 유병률 차이를 보여 주는데, 질환에 따라 연령과 성별 효과가 큰 것을 알 수 있다.

불안장애 중에서는 공포증이 가장 빈번하게 일어나는데, 한 조사 연구에서 5%(Regier, Rae, Narrow, Kaelber, & Schatzerg, 1988), 그리고 Brooklyn 다인종 연구에서 9%(Cohen, Magai, Yaffee, Huangthaison, & Walcott-Brown, 2006a)의 유병률이 보고되었다. 비록 성인의 12개월 유병률이 1.3%이지만 성인의 5%가 사회공포증이라는 불안장애를 경험한다(Cairney et al., 2007). 또한 캐나다 인구의 0.61%가 광장공포증(집 밖으로 나가는 것에 대한 두려움)을 보고하였다(McCabe, Cairney, Veldhuizen, Herrmann, & Streiner, 2006).

범불안장애는 두 번째로 흔한 불안장애로 7.1%의 유병률이 보고되고 있으며 (Flint, 1994) 어느 연령에서나 발생할 수 있다. 범불안장애가 일찍 발병할수록 걱정이 더 심하고 정신병의 공병률이 높으며 정신과 약물의 사용 가능성도 높다 (Wetherell, LeRoux, & Gatz, 2003).

우울증과 유사하게, 노인들은 진단 가능한 수준의 불안 증상을 보이지는 않지만 아증후군적 불안으로 불리는 증세를 보이는 빈도가 매우 높다. 도시 노인 표본에서 13%가 아증후군적 불안을 보고하였다(Cohen, Magai, Yaffee, Huangthaison, & Walcott-Brown, 2006b).

불안장애의 경우, 노인은 젊은 성인보다 유병률이 낮다(Streiner et al., 2006). 이는 연령이 증가할수록 불안이 감소한다는 것을 보여 주는 것일 수도 있지만 다른 설명도 가능하다. 예를 들어, 지역사회 기반의 조사 연구에서 노인들은 자신의 증상을 잘 보고하지 않을 수 있다. 또한 횡단 연구는 불안 경험의 세대 간 차이를 반영하는 것일 수 있다. 현재의 노인들은 전쟁과 가난을 극복한 세대이기 때문에 노년기 일상생활 문제에 대해 덜 불안하게 느낄 수 있다. 하지만 신체적 · 정신적 문제와 함께 발생할 수 있는 불안을 경험하는 노인들은 기관에 입소한 상태여서 유병률 조사에서 제외될 수 있다. 추후에 다양한 노인을 장기적으로 연구함으로써 이를 확인할 수 있을 것이다.

불안장애는 평생 지속된다. 불안장애 진단을 받은 112명의 사람을 6년 동안 장기적으로 조사한 암스테르담 연구에서는 조사한 112명 중 23%가 진단을 유지하였고 47%는 준임상적 수준의 불안을 보였다(Schuurmans et al., 2005).

2) 노인의 불안 증세

노년기에는 공병성 때문에 불안장애와 유사한 증상들이 나타날 수 있어 정신건강 전문가들이 이를 판별하는 것이 쉽지 않다. 불안 증세를 평가하는 효과적인 방법이 있지만 대부분의 노인은 불안을 1차 의료진에 호소하며, 그들은 환자들의 자기보고에 근거하여 진단을 내린다. 노인들이 보고하는 증세는 신체적이거나,

기존 신체질환 증세와 중복되거나, 우울증과 중복되는 정서적인 것일 수 있다. 걱정과 같은 인지적 증세를 평가할 때, 건강 전문가들은 불안증의 특징인 걱정의 패턴보다는 걱정의 내용(예: 가슴이 뜀, 숨이 가쁨)에 초점을 둔다. 불안은 신체질환(예: 소화기 질환)에 기여할 수 있다. 많은 노인은 불안장애로 진단 내리기에는 부족한 수준의 불안을 일반적으로 호소한다. 많은 노인이 보고하는 수면 문제인 불면증의 빈도, 정도, 영향은 범불안장애를 지닌 사람보다 약하다(Wetherell et al., 2003).

다른 정신질환들도 불안 증세나 불안장애와 중복되는 경우가 종종 있다. 예를 들어, 우울증은 불안과의 공병률이 매우 높은데(Beekman et al., 2000; Mehta et al., 2003), 불안과 우울은 신경심리학적 원인을 공유한다는 가설도 있다(Teachman, Siedlecki, & Magee, 2007). 다른 심리적 장애도 불안과 공존하는 경우가 있다. 성격장애도 불안장애가 있는 사람들에게서 더 빈번하게 나타난다(Coolidge, Segal, Hook, & Stewart, 2000). 치매(일부 경우는 약한 형태의 인지장애)는 초조, 안절부절못함, 공포와 같은 높은 불안 증세를 보인다. 현재까지도 치매 환자들이 보이는 불안과 초조의 관계는 확실하지 않다(Twelftree & Qazi, 2006). 명확한 것은 치매 환자들의 불안 증세를 관심 있게 봐야 하는데 환자들은 문제해결 기술 부족으로 저항적이고 폭력적인 행동을 보일 수 있다는 것이다(Fisher & Noll, 1996).

인지와 불안의 관계는 흥미로운 영역이다. 사고의 내용은 불안의 영향을 받는다. 고령자들의 걱정은 건강과 기억에 집중되어 있지만 시간 변화에 따른 걱정 패턴에는 상당한 차이가 있다(Jeon, Dunkle, & Roberts, 2006). 불안이 젊은 사람들뿐만 아니라 노인들까지도 과각성 상태로 만든다는 것은 걱정의 내용을 연령만으로는 설명할 수 없음을 의미한다(Fox & Knight, 2005). 불안장애는 걱정과 관련된 인지 과정에 영향을 주는 것으로 범불안장애가 있는 노인의 걱정과 일반 노인의 걱정은 통제 정도, 괴로운 정도, 빈도 그리고 내용이 다르다(Wetherell et al., 2003). 불안은 억제하는 통제 기능을 상실하게 하는데, 이는 뇌와 관련된 변화가 불안 연구에서 중요한 탐구 주제가 될 수 있음을 시사한다(Price & Mohlman, 2007).

불안이 건강과 장애에 미치는 영향은 무엇인가? 분명히 불안, 특히 공황 발작을 경험하는 사람들은 의료 서비스 이용률이 높다(Deacon et al., 2008). 불안이 있는 사람들은 자신의 불안증뿐만 아니라 공병 신체 증상에 대해 의료적 도움을 필요로 한다. 실제로 불안은 질환의 위험성과 사망률, 특히 남성의 심혈관 질환을 증가시킨다(Van Hout et al., 2004). 불안은 또한 기능장애의 발병에 기여한다. 신체적 기동성과 움직임에 대한 연구(Mehta et al., 2003)에서 불안을 보고하는 노인들은 그렇지 않은 노인들에 비해 기능이 실제로 더 빨리 감퇴하는 것은 아니지만 불안증이 있는 노인들은 자신의 기능이 더 빨리 감퇴한다고 지각하였다. 반면 일상생활 활동을 관리할 수 있는 능력의 감퇴에 대한 연구에서 불안은 관리 기능의 감퇴와 관련이 있었다(Brenes et al., 2005).

3) 원인론

노인의 불안을 개념화하는 몇몇 모형은 연구와 임상적 치료에 영향을 준다. 인지행동 모형은 효과적 기능의 부재, 사고의 왜곡 그리고 위협에 대한 공포를 다루는 유용한 방법을 회피하는 불안 행동을 반영한다. 인지행동치료에서는 힘든 상황에서 불안 증세를 유발하는 인지적 기제에 초점을 두며(Beck, Emery, & Greenberg, 1985) 불안 증세를 비합리적 사고(예: '자녀들은 나를 항상 인정해야 한다' '나는 가족 모두를 돌봐야 한다')의 자연스러운 결과로 본다.

근래에는 정서조절장애에 초점을 두는 광범위한 모형이 제시되었다(Borkovec, Alcaine, & Behar, 2004; Roemer & Orsillo, 2002). 일부 연구자는 걱정이 각성 상태를 조절하는 전략으로 사용된다고 보았다. 즉, 각성이나 부정적 정서 상태를 허용하지 않는 것이 걱정 자체보다 더 큰 문제일 수 있다. 이 모형은 불안 행동을 원치 않는 부정적 정서와 각성을 감소시키기 위한 대처 전략으로 보았다. 사회적 철회, 갈등과 같은 적절하지 못한 상호적 기능은 불안이 매우 높은 사람의 대처 전략으로서 불안의 특징인 부정적 사고 패턴과 각성을 유지시킨다.

불안과 우울증의 높은 공병률은 이 두 장애의 공통점과 차이점에 대한 연구를 자극하였다. 삼원이론에서는 불안과 우울이 부정 정서라는 상위 요인과 낮은 긍정 정서라는 하위 요인을 공유하는 것으로 본다(Teachman et al., 2007).

4) 평 가

불안장애의 평가는 자기보고식 측정 도구와 임상적 면접을 통해 이루어진다. DSM-IV 제1축 장애를 위한 구조화된 임상면접(Structured Clinical Interview for DSM-IV Axis I Disonders; First, Spitzer, Gibbon, & Williams, 2002)이나 DSM-IV를 위한 불안장애 면접 스케줄(Anxiety Disorders Interview Schedule for DSM-IV; DiNardo, Brown, & Barlow, 1994)과 같은 임상 면접은 불안 증세의 진단, 정도, 그리고 일상생활에 미치는 영향에 대해 질문함으로써 특정 진단을 내릴 수 있도록 돕는다. 자기평정 척도는 불안을 검열하기 위한 것으로, 진단을 할 수는 없지만 불안의 정도와 강도에 대한 지표를 제공한다. 벡 불안검사(Beck Anxiety Inventory; Beck, Epstein, Brown, & Steer, 1988)와 같은 자기보고 측정 도구는 불안 문항에 신체 관련 사항이 있기 때문에 노년기 신체질환이 불안 점수를 증가시킬 수 있다(Wetherell & Gatz, 2005). 일반적으로 사용되는 측정 도구로 상태-특질 불안검사(State-Trait Anxiety Inventory: STAI; Spielberger, Gorusch, Lushene, Vagg, & Jacobs, 1983), Hamilton 불안평정척도(Hamilton Anxiety Rating Scale: HARS; Hamilton, 1969)가 있다. 불안의 인지적 증상을 우울증이나 신체질환과 구분하기 위해서는 인지적 증상에 초점을 맞추어야 한다. 인지 중심 측정 도구인 펜실베이니아 주 걱정 질문지(Penn State Worry Questionnaire: PSWQ; Meyer et al., 1990)는 걱정의 비정상적인 특질에 초점을 두고 있어 변화에 대한 민감도가 떨어지기 때문에 치료 과정의 변화를 측정하기 힘들다. 새로 개발된 검사로는 노인불안검사(Geriatric Anxiety Inventory: GAI; Pachana et al., 2007)와 노인불안척도(Geriatric Anxiety Scale: GAS; Segal, June, Payne, Coolidge, & Yochim, 2010)가 있다. 두 측정 도구 모두 노인을 위해 개발되었으며 타당도와 신뢰도가 검증되었다. 노인불안척도(Segal et al., 2010)는 30문항으로 구성되어 있고 25개의 문항이 노인들의 불안 증세의 세 가지 주요 영역인 인지, 신체, 정서를 포함하며, 5개 문항은 일반적인 걱정의 영역을 포함한다. 특히 25개의 문항은 DSM-IV-TR의 진단적 기준에 근거하여 설계되었기 때문에 다양한 불안 증세를 포함한다.

5) 불안장애에 대한 중재

다양한 불안장애의 심리치료 중재에 대한 연구의 증가로 효과적인 치료에 대한 대안들이 제시되고 있다(Mohlman, 2004; Nordhus & Pallesen, 2003; Wetherell, Lenze, & Stanley, 2005; Wetherell, Sorrell, Thorp, & Patterson, 2005). 일부 연구는 정보적 가치는 있으나 근거 기반 치료(evidence based treatment: EBT)의 기준을 충족하지 못한다. 최근에 불안장애에 대한 근거 기반 치료의 기준을 충족시키는 이완 훈련, 인지행동치료, 지지치료 그리고 인지치료(Ayers, Sorrell, Thorp, & Wetherell, 2007)의 네 가지 접근이 보고되었다. 이 네 가지 치료가 범불안장애와 다른 다양한 불안 증세로 괴로워하는 사람들에게 적용되었다. 하지만 불안장애, 공황장애, 강박장애 그리고 외상 후 스트레스 장애에 대해 근거 기반 치료의 기준을 충족시키는 연구는 매우 부족한 상태다.

인지행동치료의 효과에 대한 연구가 가장 많으며, 특히 범불안장애를 경험하고 있는 노인에 대한 효과가 가장 강력하였다. 대부분의 중재는 개인 또는 집단 단기(8~15회기)치료다. 일부 중재는 회기 중간에 숙제를 부여하고 그것의 효과를 검토하였다(Mohlman et al., 2003). 연구자들은 환자의 특정 욕구에 근거하여 치료를 선택할 수 있는 치료 지침을 개발하고 있다(Wetherell, Sorrell et al., 2005).

인지치료와 이완치료를 비교한 연구들이 많지는 않지만, 이 두 치료의 효과는 유사한 것으로 보고 있다. 이완치료가 특히 기대되는 이유는 다양한 상황에서 단기치료만 실시하여도 일 년 후까지 효과가 있기 때문이다(Rickard, Scogin, & Keith, 1994). 지지치료도 효과가 있었지만 다른 치료보다 더 효과적인 것은 아니다.

불안장애의 치료를 통해 불안 증세가 감소하였고 전반적인 삶의 질이 향상되었으며 우울 증세도 감소하였다. 하지만 현재까지 치료 효과의 크기는 보통 수준인데, 이는 연구의 효과가 작은 것부터 큰 것까지 다양하고 치료에 대한 반응 빈도는 낮기 때문이다(Mohlman, 2004). 하지만 아직 치료의 기제를 연구하거나 장기적 효과를 종단적으로 추적한 연구는 없다.

불안에 대한 접근으로서 약물치료가 가장 많이 사용되는데, 이는 1차 의료진에게 불안을 가장 많이 호소하기 때문이다. 특히 불안장애에 대해서는 신경안정제인 벤조디아제핀계 약물(예: 바륨, 자낙스)이 가장 많이 처방된다. 하지만 이 약물을 통해 차분해지는 효과는 중앙신경계 활동을 감소시키지만, 균형과 기민성을 감소시켜 낙상의 위험을 증가시킬 수 있고 중독 가능성도 있다. 항우울제, 특히 세로토닌 재흡수 억제제(SSRIs)는 보다 안전한데 불안 증세를 관리하기 위해 처방되고 있다.

약물 처치는 가장 많이 사용되기는 하지만 안정성과 효과성에 문제가 있다. 근거 기반 심리 치료의 효과를 약물치료와 비교한 결과, 약물보다 근거 기반 심리치료가 더 효과적인 것으로 보고되었다.

3. 성기능장애

성(sexuality)의 정의는 무엇이 정상적이고 바람직한지에 대한 정의에 영향을 주는 문화적 이미지의 영향을 많이 받는다. 과거에는 노인들이 성관계를 할 능력도 관심도 없는 무성적인 존재로 묘사되었다. 하지만 근래에 남성의 발기를 지속시키는 약물이 개발되고 제약회사의 공격적인 홍보로 인해 노인도 성관계를 맺고 성 기능을 유지해야 한다는 사회적 강박관념이 생기고 있다(Potts, Grace, Vares, & Gavey, 2006).

노년기 성적 활동의 감소는 성기능장애와 관련 없이 그 외의 다양한 이유로 정상적이라고 보고 있다. 중년기가 시작되면 성적 활동이 감소하는데 75~85세 노인들의 성적 활동은 73%에서 26%로 감소한다(Lindau et al., 2007). 성 행동의 빈도가 감소한다는 것은 반드시 장애나 문제가 되지는 않는다. 왜냐하면 이는 성관계의 대상을 상실했거나 신체 질환과 장애의 발병 때문일 수도 있기 때문이다. 실제로 국제비교 연구에서는 서구 국가의 여성 노인들의 2/3가 자신의 성관계에 만족한다고 반응하였다(Laumann et al., 2005).

1) 정 의

성기능장애는 모든 연령의 사람들에게 DSM-IV-TR(APA, 2000)에서의 동일한 범주를 사용하여 진단한다. 여러 성기능장애 중에서 노인들과 관련이 높은 것은 남성의 경우 발기장애이고 여성의 경우는 성교통이다. 남성과 여성 모두 성적 반응을 방해하는 것은 일반 의학적 상태로 인한 성기능장애다.

인지장애가 발병하면 환자와 부양자의 친밀한 관계에 예상치 못한 어려움이 생긴다. 인지장애가 진행될수록 치매가 있는 부부는 치매가 없는 부부에 비해 친밀감과 성 기능이 급격하게 감소한다(Wright, 1998). 부양을 제공하는 배우자는 부양자를 의지하고 있는 피부양자인 배우자와 성적 관계를 유지하는 것에 대한 도덕적 혼란을 겪으며, 피부양자는 부양자를 만족시키기 위해 성적 활동을 거부하기 어려워진다. 하지만 되돌릴 수 없는 영구적 장애가 생긴 상황에서 부양자와 장애가 있는 피부양자 간의 성적 관계는 친밀한 관계의 지속을 강력하게 확인하는 방법이 되기도 한다(Davies, Zeiss, Shea, & Tinklenberg, 1998). 치매가 있는 환자들이 적극적으로 성적인 요구를 할 수도 있지만 환자들의 부적절한 성적 행동의 빈도는 높지 않다. 전문적인 부양자들은 피부양자들의 성적 대상과 성 행동의 기회를 통제하고 있는데, 특히 기관에 있는 부양자들의 태도는 환자들의 사회적 관계를 완전히 통제한다.

2) 유병률

남녀 모두의 성적 활동과 만족감은 노화로 인해 감소한다(Araujo, Mohr, & McKinlay, 2004; Laumann et al., 2005). 57~85세의 미국 대표 표본에 대한 조사에서 절반 이상이 귀찮은 성 관련 문제가 있다고 보고하였다(Lindau et al., 2007).

성적 불만은 성별과 문화에 따라 다르게 나타난다. 29개 국가를 대상으로 성적 태도와 행동을 연구한 결과, 여성은 남성과 비교하여 신체적 및 정서적 쾌락을 덜 느끼고, 성 기능 만족도가 낮으며, 성에 대해 덜 중요하게 생각한다고 보고하였다(Laumann et al., 2005). 이 연구에서 국가 간에 성적 만족도의 차이가 컸는데, 서구 국가의 경우 성적 만족도가 남녀 모두 대체로 높은 반면, 아시아 국가의 경우는 남녀 모두 낮았다.

노인 동성애자, 양성애자 그리고 트렌스젠더(lesbian, gay, bisexual, and transgendered persons: LGBT)의 성적 경험에 대한 연구는 매우 부족하다(Kimmel, Rose, & David, 2006). 또한 이 집단의 성기능장애에 대한 자료도 부족하다(Garnets & Peplau, 2006; Wierzalis, Barret, Pope, & Rankins, 2006). 현재의 LGBT 노인들은 사회생활을 하기 위해 자신의 섹슈얼리티를 공개할 수 없었으며, 공개할 경우 강력한 낙인이 찍히는 시대를 살았다. 따라서 세대 간 경험은 LGBT 노인의 성적 정상과 비정상 기능을 이해하는 데 중요하다. 삶의 초기에 이성이 아닌 동성에게 성적으로 끌리는 경험을 했던 노인 세대는 이러한 자신의 경험을 해석할 수 있는 교육을 받지 못했다. 성적 지향, 젠더 그리고 젠더 정체성은 자아정체감 발달에 영향을 준다. LGBT 노인들은 주변으로부터 발달적 지지를 받지 못한 비이성애자들이다. 그렇기 때문에 자신을 LGBT라고 규정하는 현재의 노인들은 정체감과 친밀감을 형성하는 데 많은 어려움을 경험했을 것이다. 이들은 공식적 성 정체감과 개인적 성 정체감을 구분하여 유지하는 경우가 많았으며 자신의 성적 정체감을 공개하게 되었을 때 사회적 소외를 경험했을 것이다.

성의 노화는 성적 지향과 상관없이 자신의 신체 변화와 신체 정체감 또는 이미지에 대한 심리적 표상의 영향을 받는다. 성적 정체감은 상호관계에서 표현되기 때문에 자신을 LGBT로 규정하는 사람들은 사회적 낙인이 찍힐 뿐만 아니라 내적으로도 스스로 낙인을 찍음으로써 정상적인 성적 탐색의 기회를 갖지 못했다. 일부 노인의 경우 전문적 또는 개인적 부양을 받는 과정에서 자신이 몰랐거나 밝히고 싶지 않았던 성적 정체감을 밝히게 되는 경우가 있다(예: 요양원에서 목욕 도움을 받을 때). LGBT의 정체성을 가진 노인들은 이성애자와 동일하게 정신건강이 노인들에게 영향을 주는 다양한 요인의 영향을 받으면서, 정체성과 대인관계 형성에 영향을 주는 세대 특유의 영향도 강하게 받는다.

3) 위험 요인

성 기능 문제와 장애에 대한 위험 요인은 다시 생리적 요인, 심리적 요인 그리고 사회적 요인이 모두 함께 상호작용하는 생물심리사회적 모형을 따른다.

정상적인 노화는 성적 반응 주기의 생리학적 변화로 성적 장애와 문제의 가능성을 증가시킨다(〈표 10-2〉 참조). 폐경으로 인해 에스트로겐 생성이 감소되면 성적 욕구와 흥분이 감퇴하고, 생리적 윤활제의 감소로 자궁벽이 얇아져서 성관계가 고통스러워진다. 하지만 여성에게 부부의 문제는 생리적 변화보다 성적 문제와 더 깊은 관련이 있다(Dunn, Croft, & Hackett, 1999). 40~70세 남성을 대상으로 성적 기능을 9년간 조사한 연구에서는 성적 기능에서 유의한 감소가 나타났다(Araujo et al., 2004). 중년기 후반 남성들의 경우 성적 사고와 유쾌함이 감소하였으며 발기와 오르가슴 기능도 감소하였다. 성적 주기의 초기 단계에서 반응 시간이 지연되었고 흥분 단계에서는 음경 크기가 감소하였다. 발기 문제는 생리학적 변화에 따라 발생할 수 있지만 조루증은 불안과 관련이 있다. 비록 성적 반응의 빈도와 강도가 감소하기는 하지만 대부분의 사람은 자신의 성에 만족한다. 대부분의 사람이 삶의 다른 영역에서 그래 왔듯이, 그들은 자신에게 장애나 문제가 있다고 생각하지 않고 노화의 변화에 적응한다.

표 10-2 성적 반응 주기

성적 반응 주기는 다음의 단계로 구분될 수 있다.
1. 욕망: 성적 활동에 대한 상상과 욕망 2. 흥분: 성적 쾌락에 대한 주관적 감각, 성적 흥분에 대한 생리적 변화 3. 오르가슴: 성적 쾌락의 최고조, 성적 긴장의 방출, 리듬적 수축 4. 해소: 근육 이완과 전반적 안녕감

성적 장애와 문제는 만성질환과 그것을 치료하기 위한 약물의 이차적 영향으로 생겨날 수 있다. 발기부전은 당뇨, 고혈압, 심혈관성 질환, 극단적인 전립선 절제 수술, 골반 외상과 공존하는 경우가 많다. 발기부전의 위험성을 증가시키는 약물은 항고혈압제, 항간질제, 항우울제다. 성적 반응이 혈관성 반응이기 때문에 심혈관 기능의 감소는 성적 반응에 부정적인 영향을 주며, 알코올 복용도 추가적인 위험 요인으로 작용한다(Rowland, van Diest, Incrocci, & Slob, 2005).

4) 원인론

노년기에 성기능장애가 생기는 일차적 원인은 신체적 노화, 노화 관련 질환, 처방약 그리고 일반 약이다. 성기능장애가 있다는 것은 성기능 반응 주기가 원활하게 작동하지 않는 것이다. 성적 반응 주기의 기제는 복잡하며 신체의 주요 기능 체계와 관련이 있기 때문에 모든 생리적 문제는 성기능장애에 영향을 줄 수 있다.

노인 차별과 노화에 대한 고정관념도 노인에 대한 정상성과 가능성에 대한 기대를 형성하여 노년기 성기능장애에 영향을 준다. 실제로 신체의학적 요인보다 태도가 성적 욕구를 더 강력하게 예측하였다(DeLamater & Sill, 2005). 성적 친밀성의 욕구에 대한 부정적 편견은 관계에 대한 탐색을 방해한다. 젊은 성인의 경우 장애가 생겨도 성적 활동에 대한 다양한 전략을 탐색하지만 노인들은 성적 욕망이 비정상적이고 불필요하다는 신념 때문에 다양한 탐색을 시도하지 않는다. 노인을 부양하는 사람들의 노인 차별적 태도 역시 노인들에게 강력한 영향을 준다.

사회적 원인도 중요한데, 여성 노인의 경우 남편이 심각한 질환이 있거나 사망하게 되면 성관계의 대상을 상실하게 된다. 노년기 성별 비율의 큰 차이는 관계를 다시 맺고자 하는 희망과 성적 욕구에 영향을 준다(DeLamater & Sill, 2005). LGBT 파트너의 경우 공식적인 외부 도움이 필요하게 되면 사생활을 더 이상 보호받지 못하게 될 수도 있다.

마지막으로, 성관계에서의 수행에 대한 불안은 남녀 모두에게 유해할 수 있다. 성 기능의 변화에 대한 불안은 부정적 영향을 주어 상황을 더 악화시키고 친밀감을 회피하게 하는데, 이는 불만족스러운 성적 경험으로 이어질 수 있다.

5) 평 가

성 기능은 일차 의료진뿐만 아니라 정신건강 전문가들도 정기적으로 검토하고 평가해야 한다. 노인들은 자신의 성 생활에 대해 질문해 주기를 기대하지만 의사들이 이에 대해 질문하지 않는다(Nusbaum, Singh, & Pyles, 2004). 선별 평가는 단일 문항인 경우가 있는데 중요한 것은 실제로 질문을 하는 것이다. 일단 질문을 하게 되면 평가는 여러 영역에서 이루어져야 하며 여러 전문가가 함께 평가해야 한다(Zeiss, Zeiss, & Davies, 1999).

성기능장애와 문제를 평가하기 위한 첫 단계는 임상 면접이다. 먼저, 성 기능의 모든 영역에서 원인을 살펴보기 위해 내담자의 삶을 넓게 살펴보아야 한다. 신체 건강은 가장 보기 명료한 영역으로 질환의 역사, 현재 건강 상태, 약물 사용, 물질 남용, 건강 보조제(예: 허브), 일반 의약품(예: 완화제) 등을 검토해야 한다. 불안, 우울증 그리고 인지적 장애에 초점을 두고 심리적 상태도 확인해야 하며, 성적 활동에 대한 접근성과 긴장감에 영향을 줄 수 있는 사회적 환경과 친밀한 관계의 특징을 이해해야 한다.

또한 임상 면접에서는 내담자의 성적 행동의 순서에 대한 기술과 같은 성적 기능에 대한 자세한 평가가 가능하도록 구체적으로 질문해야 한다. 성 기능 장애와 문제는 정상적인 노화에 따른 생리적 현상의 변화에 대한 오해(예: 윤활제의 감소)나 익숙한 성적 상호작용을 방해하는 신체적 장애에 대한 부적절한 적응에서 생겨날 수 있다. 중재를 하기 위해서는 성, 가치와 태도 그리고 성적 활동을 논의하는 데 사용되는 언어를 이해해야 하며, 문제에 대한 내담자의 입장과 그 문제에 대한 과거 해결 노력 및 결과도 기록해야 한다. 마지막으로, 중재의 목적을 명확하게 기술해야 한다. Zeiss 등(1999)은 자세한 반구조적 면접을 제시하였다.

부부 또는 두 파트너를 동시에 면접하게 되면 개개인을 대상으로 했을 때와는 다른 정보, 의견, 태도 그리고 노력을 알 수 있다. 함께 면접하면서 서로가 자신의 노력이 실제로는 상대방의 노력을 오히려 방해했다는 것을 알게 될 수도 있다. 부부 면접은 관계의 친밀한 부분에 대한 도움을 요청하는 사람들을 실제로 관찰하여 관계에 대한 풍부한 정보를 얻을 수 있게 한다. 평가 면접은 창피함 또는 방어를 감소시키는 비판단적 방법으로, 상대방에게 질문을 하거나 자신의 경험에 대한 입장을 진술할 수 있도록 기회를 제공하며, 중재의 기회로 활용될 수도 있다. 물론 중재 목표와 배우자의 상황에 따라서 부부 동시 면접 여부가 결정될 것이다.

성기능장애가 있는 노인은 반드시 의사에게 진료를 받아 일차적 문제인지 아니면 만성질환이나 약물에 의한 이차적 문제인지를 판단해야 한다. 성적 반응 순환이 신체 질환이나 약물에 의한 심혈관 또는 신경계의 기능적 상실에 민감하기 때문에 노인에게 신체검사는 매우 중요하다.

6) 성기능장애에 대한 중재

성 치료는 다면적 평가를 통해 확인된 문제에 초점을 맞춘다. 치료는 개인 또는 부부가 함께 받을 수 있고, 성 기능이나 친밀감의 일차적인 대상과의 사회적 측면을 다룰 수 있다. 성기능장애에 대한 언어적 치료 중재는 잘 연구되어 왔다. 임상적 문헌은 주로 사례 연구에 의존한다.

인지행동치료는 노인의 성적 장애 치료에 대한 구조화된 근거를 제공한다(Crowther & Zeiss, 1999). 허용, 제한된 정보, 구체적 제안, 집중치료(Permission, Limited Information, Specific Suggestion, Intensive Therapy: PLISSIT) 모형은 필요에 따라 집중적 치료로 진행하는 중재의 틀을 제공한다(Annon, 1974). 허용에서 시작하여 제한된 정보를 공유하는 중재 및 구체적 제안을 제시하고, 필요에 따라서 집중치료를 하는 과정이다. 허용은 태도 요인, 그리고 성적 활동과 관련하여 익숙한 방법을 방해하는 장애나 질환에 대한 부적응의 문제를 다룬다. 반면, 근래에 많은 제약회사가 미디어 광고를 통해 성 기능에 대한 기대치를 과도하게 부풀리고 있어 노인이 스스로에게 과도한 성 기능을 요구하지 않아도 된다는 것을 '허용'하도록 해야 한다(Potts et al., 2006). 정보적 중재는 개인에게 필요한 특정한 교육을 일대일 또는 집단 형식으로 하는 것이다. 구체적인 제안은 노화에 따른 성적 반응의 변화에 대한 적응이 필요한 노인들에게 유용하다. 집중치료는 관계나 성적 행동에서 광범위한 변화가 필요하거나 특정한 성적 기능의 상실에 대한 적응이 필요한 개인 또는 부부에게 적용된다.

약물이나 보조적 기구를 통한 중재는 성적 기능을 회복시키기 위해 필요하다. 여성의 경우 호르몬을 증가시키거나 음핵 부위의 혈관 기능을 향상시켜서 성기를 흥분시키는 데 초점을 둔다. 에스트로겐 크림을 질에 도포하는 것은 건조함과 불쾌감을 감소시킨다. 근래에는 남성의 발기부전을 위한 약물 판매가 급증하였다. 하지만 성 기능에 대한 만족과 관계의 만족 간의 효과는 아직 확인되지 않았다. 성관계를 가능하게 해 주는 음경 기구가 활용되고 있으며 이는 성적·심리적 안녕감에 긍정적인 효과가 있다(Bettocchi et al., 2010). 발기부전이 있는 암 환자들의 경우 비수술적 치료를 선호했으나 수술 치료가 더 성공적이었다(Schover et al., 2002).

건강 전문가들이 노인들의 성적 문제를 보다 편안하고 정확하게 평가하고 효과적으로 치료하기 위해서는 교육과 훈련이 필요하다(Davies et al., 1988). 장기요양원의 직원들은 노인들의 성적 기능에 대한 지식은 있으나 입소 노인들의 성적 행동은 부정하려 하는 경향이 있다. 기관의 행정가들은 입소 노인들의 성적 활동에 대한 권익을 보호하면서 인지장애가 있는 사람들 간의 성적 행동에 대한 자기결정력을 평가해야 한다(Lyden, 2007).

4. 수면장애와 문제

수면의 문제는 다른 연령대보다 노인에게서 가장 빈번하게 일어나는데, 모든 노인의 절반 정도가 수면 문제를 호소한다(Ohayon, 2002). 수면장애의 결과는 매우 심각하다. 신체적·정신적 문제의 공병 위험성 증가, 건강 서비스 이용의 증가, 기능장애의 증가, 삶의 질 감소, 사망률의 증가 등의 결과가 나타날 수 있다(Dew et al., 2003). 건강한 수면은 노년기 정신건강의 중요한 요소이며 노년기의 안녕감을 예측한다.

수면장애를 탐색하기 전에 노화가 수면에 미치는 정상적인 영향을 이해해야 한다. 수면은 급속안구운동(rapid eye movement: REM) 수면과 4단계의 비REM 수면으로 구분된다. 비REM 단계는 1~4단계로, 숫자가 증가할수록 뇌파가 더 늦어지는 깊은 단계다. 60세까지 10년마다 느린 뇌파인 완서파가 2%씩 감소하며 그 이후에는 안정된다(Ohayon et al., 2004). 하지만 이러한 변화는 노인이 주로 수면 유지력 감소에 대해 불평을 하는 이유를 설명하는 데 충분하지 않다(Ancoli-Isreal & Ayalon, 2006).

1) 정의와 유병률

수면장애는 다양한 수면 방해 유형과 원인이 있다. 다시 말해, 수면장애는 방해 패턴의 유형(예: 잠드는 문제), 원인(예: 수면무호흡증) 또는 행동 결과(예: 낮에 과도하게 졸림)에 따라 구분된다.

불면증은 정상적인 잠에 들거나 유지하는 데 어려움을 경험하거나 잠을 잤음에도 불구하고 쉬었다는 느낌이 없는 비회복성 수면으로 다음 날 기능을 잘 수행하지 못하는 것이다. 또한 잠드는 것이 어렵거나, 자다가 깨어 다시 잠들 수 없거나, 새벽에 너무 일찍 깨서 다시 잠들 수 없는 것을 포함한다. 재가 노인의 경우 잠들기가 힘든 경우가 15~45%, 자다가 깨는 경우가 20~65%, 새벽에 깨는 경우가 15~54%이며, 비회복성 수면은 10% 정도다(Ohayon, 2002). 노화가 수면장애의 발병률을 유의하게 증가시킨 것은 아니며, 여성이 남성보다 수면장애를 더 많이 보고하였다.

야간 수면장애에는 수면 관련 호흡장애, 규칙적 사지 움직임, 사지불안증후군 그리고 REM 행동장애가 있다. 수면 관련 호흡장애(sleep disordered breathing: SDB)는 잠잘 때 한 시간 동안 10~15회 호흡의 일부 또는 전부에 문제가 생기는 것을 말하며 이를 수면과호흡증 또는 무호흡증이라고 한다. 수면 관련 호흡장애를 경험하는 중년은 4~9% 정도지만 노년기에 접어들면 그 비율이 급증하는데, 노인의

45~62%가 진단 기준을 충족시킨다(Ancoli-Isreael et al., 1991; Young et al., 1993). 수면 시 주기적인 움직임(periodic limb movements in sleep: PLMS)은 한 시간 동안 적어도 5회 다리를 반복적으로 움직이는 것으로, 밤새도록 20~40분마다 움직이는 경우도 있다. 이러한 증상은 젊은 성인의 경우 5~6%가 보고하는 것에 비해 재가 노인들은 25~58%가 나타낸다(Foley et al., 1995). 사지불안증후군(restless leg syndrome: RLS)은 '바늘로 콕콕 찌르고' '벌레가 기어 다니는 듯한' 불쾌한 느낌을 없애기 위한 유일한 행동이 다리를 움직이는 것이라고 환자들이 표현한다. 사지불안증후군은 연령에 따라 증가하며 여성이 남성보다 두 배 더 많이 경험한다(Ohayon & Roth, 2002). 또 다른 장애인 REM 행동장애(REM behavior disorder: RBD)는 수면 시 다른 사람이나 자신을 해칠 수 있을 정도의 복잡한 운동 움직임과 행동으로 근육 억제가 되지 않는 상태를 말한다. REM 행동장애는 모든 연령의 사람들이 경험하지만 연령이 많은 남성에게서 가장 많이 나타난다(Montplaisir, 2004).

낮에 심한 졸림을 호소하는 기면증(excessive daytime sleepiness: EDS)은 다른 수면장애의 결과이거나 수면을 방해하는 생리적 · 심리적 · 사회적 요인에 기인한다. 기면증은 운전 사고, 심혈관 질환 사고, 정신질환, 낙상, 인지적 결핍 등 다양한 위험 요인과 관련이 있다. 일상 기능은 사회적 기능, 활동 수준, 일반 생산성, 각성의 영역이 손상되는데, 특히 다양한 약물을 복용하거나 여러 신체질환이 있는 경우 그렇다(Gooneratne et al, 2003).

2) 위험 요인

수면 주기와 관련된 연령 관련 변화가 숙면을 방해한다고 하지만, 노화 자체가 수면장애의 위험 요인은 될 수 있으나 원인은 아니다(Foley et al., 1995). 연령과 관련된 다면적 생리심리사회적 요인이 관여할 수도 있지만 노인들이 수면 문제를 호소할 때는 면밀한 검토가 이루어져야 한다(Ancoli-Israel & Ayalon, 2006). 여러 만성질환, 다양한 약물 사용, 정신질환(특히 우울증과 불안), 그리고 수면 시간과 만성화에 따라서 수면장애가 증가한다. 한 가지 수면장애는 다른 수면 문제의 위험성을 증가시킨다.

3) 원인론

수면장애는 생리심리사회적 모형으로 가장 잘 설명될 수 있는데, 약물 유도 불면증과 같이 원인이 생리적일 수도 있고, 우울증과 같은 심리적 요인이나 집안일과 같은 사회적 요인에 의해 발생할 수도 있다.

노화로 인해 수면에 대한 만족도와 질이 감소하고 만성질환으로 수면이 방해를 받기 때문에 노년기에는 생리학적 원인이 수면에 많은 영향을 준다. 노화와 관련된 뇌의 변화는 깊은 수면 시간을 감소시킨다. 한정된 깊은 수면 시간 동안 다양한 수면장애의 영향은 수면을 더 크게 방해할 수 있다. 예를 들어, 수면 시 주기적인 움직임(PLMS)이나 사지불안증후군(RLS)은 노인을 각성시켜서 수면을 방해한다.

만성질환과 약물은 수면에 직접적으로 부정적인 영향을 주며 많은 질환이 수면장애의 가능성을 높인다(Ancoli-Israel & Ayalon, 2006). 수면장애의 빈도가 특히 높은 질환은 노년기에 유병률이 높은 파킨슨병과 알츠하이머병이다(Garcia-Borreguero, Larrosa, & Bravo, 2003; McCurry et al., 1999). 이러한 질환에 처방되는 약물 또한 수면 문제에 기여할 수 있다. 다른 질환에 사용되는 일부 약물도 이뇨 작용이 있어 밤에 화장실을 자주 이용하게 함으로써 수면 주기를 방해할 수 있다.

노화는 하루 일과를 구조화하는 행동 패턴이나 외부적 단서를 통해 하루 리듬을 동기화하는 작용을 감퇴시킨다. 이러한 생물학적 조절의 문제는 노인들이 일반적인 사회 규준과 무관하게 초저녁에 자고 한밤중에 일어나 '낮'처럼 생활하게 만드는 변화를 일으키기도 한다. 하루 리듬이 혼란스러워지는 것은 유전, 빛에 대한 노출 감소, 체온 순환의 변화, 그리고 다양한 환경적 변화 요인에 기인한다.

수면무호흡증과 같은 장애는 기도의 일시적 붕괴로 코를 골거나 수면이 중단되는 것이다. 이로 인해 산소 흡입이 감소하고(야간 저산소혈증), 자신의 코고는 소리에 깨고, 갑작스럽게 일어나 무호흡을 중단시키는 행동들이 일어나게 된다.

수면장애의 심리적 요인은 불안, 걱정, 외로움 그리고 우울증이다(Quan et al., 2005). 수면 환경이 정신을 활성화시키는 곳인 경우 수면보다 각성이 유도될 수 있다. 우울증은 수면장애에 특히 기여한다.

사회적 원인도 노인들의 수면장애를 일으키는 요인 중 하나다. 수면 중 잠을 깨게 하는 어느 환경 자극이든 수면 주기를 방해하여 수면장애에 노출되게 만든다. 배우자 부양자에 대한 연구에서는 수면 방해가 가장 일반적이고 힘든 문제 중 하나로 나타났다(McCurry, Logsdon, Vitiello, & Teri, 1998). 인지장애가 있는 배우자는 밤에 배회하면서 시끄러운 소리를 내는데, 이는 부양자를 깨울 뿐만 아니라 피부양자의 안전에 대한 걱정 때문에 깊이 잘 수 없게 한다. 하루 중 대부분의 시간을 침대에서 보내는 요양원의 노인들에게도 밤잠을 방해하는 수면-각성 패턴이 있다.

4) 평 가

수면장애의 원인이 복잡하기 때문에 이에 대한 평가는 다면적으로 접근해야 한다. Morgan(2000)은 수면의 정상적인 노화 관련 변화, 치료 가능한 요인들 그리고 노화 전 수면 문제를 구분해야 한다고 제안하였다. 평가를 위해서는 일단 종합적이고 자세한 신체검사 결과와 과거력을 검토해야 한다. 일반적으로 실시하는 것은 아니지만, 수면다원검사(polysomnography)는 수면 주기 패턴을 평가하는 기준을 제공하며 보통 수면치료 센터에서 실시한다. 생리학적 수면 평가는 야간 호흡검사, 뇌파검사(electroencephalograph: EEG)를 통한 뇌 활동의 측정 그리고 야간 소변 분석을 포함한다.

자기보고식 질문지들은 임상적 장애의 가능성을 알려 주고 수면 주기 장애에 대한 주관적 지각을 제공하는 데 유용하다(McCrae et al., 2003). 예를 들어, 주간 졸림증이나 만성적 피로를 경험하고 있어 수면 평가를 받고자 하는 환자들의 자기보고는 진단 가능한 장애에 대한 높은 유병률을 보였다(77%의 여성과 98%의 남성이 진단을 받았다; Bailes, Baltzan, Alapin, Fichten, & Libman, 2005). 수면장애 지표(Sleep Impairment Index)와 피츠버그 수면 질 지표(Pittsburgh Sleep Quality Index; Morin & Espie, 2003), 우울증과 불안 질문지는 수면을 연구하는 임상가들과 연구자들이 지속적으로 사용한다.

수면 일기는 자세한 수면-각성 패턴을 수일 또는 수주 동안 반복적으로 기록하여 수면을 방해하는 사회적 및 심리적 근원을 찾을 수 있도록 도와준다. 수면 일기를 통해 수면 잠복기, 야간 기상 횟수, 깨어 있는 시간, 수면 시간, 수면 효율성(누워서 잠에 든 시간의 비율), 낮잠 패턴, 수면의 질 등 여러 가지를 측정할 수 있다.

심리사회적 면접은 진단적 정보뿐만 아니라 수면 문제 기간 동안의 사고와 행동, 음식 및 음료 섭취 패턴, 야간 기상 패턴에 대한 자세한 정보를 얻는 데 사용된다. 수면 관리 전략을 평가하여 어떠한 전략을 성공적으로 그리고 별 효과 없이 사용하고 있는지 알아볼 수 있다. 마지막으로, 수면장애를 평가할 때는 주간 졸음의 영향, 인지적 기능, 활동 정도와 같은 다양한 영향을 탐색해야 한다.

성공적인 평가는 수면 패턴, 수면 문제에 대한 주관적 지각, 수면 문제에 따른 주관적 고통에 대한 자세한 기술을 통해 수면장애의 원인과 관련한 진단 및 치료 계획에 도움을 제공한다.

5) 수면장애에 대한 중재

앞서 기술한 평가 모형의 과정과 동일하게, 수면장애에 대한 중재는 장애를 일으키는 일차적인 상태에 대한 치료에서 시작되어야 한다. 만성질환 약물에 대한 자세한 검토는 수면을 방해하지 않는 대안적 약물을 찾도록 도울 수 있다.

일차 의료 상황에서 환자가 수면장애를 호소하면 약물을 처방하는 경우가 많다. 효과성에 대한 제한된 근거가 보고되었음에도 벤조디아제핀계 약물이 가장 많이 처방되는데(Bain, 2006; Simon & Ludman, 2006) 중앙신경계 기능을 억제하는 약물은 좋은 선택이 아니고, 효과성에 대한 근거도 없으며, 부작용의 위험이 있다. 새로운 비벤조디아제핀 수면제들이 있으나 인지행동치료보다 덜 효과인 것으로 연구되었다(Sivertsen et al., 2006).

중재에 대한 비약물적 접근은 의료적 부작용도 적고 효과도 크다(Bain, 2006; Nau, McCrae, Cook, & Lichstein, 2005). 통제된 임상 실험에서 노인을 대상으로 하는 인지행동치료는 수면의 질과 양에 대한 자기보고에 영향을 미쳤을 뿐만 아니라 생리적 변화도 일으켰다(Lichstein, Riedel, Wilson, Lester, & Aguillard, 2001; Pallesen et al. 2004; Sivertsen et al., 2006). Sivertsen 등(2006)은 수면 효과성과 서수면파(slow wave sleep, 단계 3, 4)에 대한 인지행동치료의 영향을 확인하였는데, 놀랍게도 치료가 끝난 수개월 또는 수년 후에도 효과는 지속되었다(Pallesen et al., 2004).

긍정적인 결과를 보인 인지행동치료에 포함된 기법들은 수면 위생, 수면 제한, 자극 통제, 인지치료, 수면 압축과 이완을 포함한다(Nau et al., 2005). 일부 연구는 환자의 특징이 중재 유형의 효과에 영향을 준다고 하였다. 예를 들어, Lichstein 등(2001)에 따르면 주간 피로도가 높은 환자는 수면의 증가가 도움이 되었지만 다른 환자들은 수면 압축에 가장 잘 반응하였다.

근래에 이러한 접근들은 부양의 어려움을 경험하는 치매 환자의 부양자들에게도 성공적이었으며(McCrae, Tierney, & McNamara, 2005) 치매 환자들의 수면 향상에 행동적 중재가 도움이 되었다(McCurry et al., 1998). 마지막으로, 수면의 질을 향상시키기 위한 접근으로는 오전 또는 저녁 활동의 증가(Benloucif et al., 2004), 음악(Lai & Good, 2005), 낮잠(Campbell, Murphy, & Stauble, 2005) 등이 있다.

5. 요약 및 결론

이 장에서는 세 범주의 장애를 다루었다. 불안장애는 노인들에게 발병 빈도가 가장 높은 정신장애다. 평가 도구를 활용하면 노인들의 불안을 보다 일관되게 판별할 수 있을 뿐만 아니라 치료 과정도 추적할 수 있을 것이다. 아직 노인을 대상으로 한 근거 기반 치료 연구는 많지 않지만 점점 증가하고 있는 추세다. 노인 성

기능장애에 대한 연구의 수가 증가하고 있으며, 그것의 평가와 중재에 대한 효과적인 전략이 제시되고 있다. 수면장애는 노인에게 매우 빈번하게 일어나며 부정적인 영향이 크다. 수면의 질과 양을 증가시키기 위한 전략은 노인들에게 효과가 있다. 이 장에서 언급한 세 가지 영역의 정신병리는 노년기 성인의 삶에 큰 영향을 주기 때문에 치료에 대한 충분한 근거를 마련하기 위한 많은 연구가 필요하다.

제11장 물질사용장애, 성격장애, 부부 및 가족 갈등

노년기 물질사용장애, 성격장애 그리고 부부 및 가족 갈등은 감춰진 문제들이기 때문에 정신건강 전문가들이 알아차리기 어렵고 평가와 치료도 명확하지 않을 뿐 아니라 노인들 자신도 잘 인식하지 못한다. 이 장에서는 물질사용장애와 성격장애의 정의, 유병률, 원인, 평가, 치료 그리고 노년기 발병 형태를 살펴보고, 부부 및 가족 갈등, 부양 부담에 초점을 두고 다룰 것이다.

1. 물질사용장애

둘 사이에 항상 긴장감이 돌기는 했지만 임 씨 할아버지가 퇴직하기 전에는 아내인 박 씨 할머니와 싸우는 일이 거의 없었다. 하지만 요즘 할머니는 할아버지의 음주 행동에 대해 서슴없이 불평을 한다. 할아버지는 할머니에게 술이 자신의 유일한 낙이라고 말하고 큰 문제가 없으니 간섭하지 말라고 말한다. 할아버지는 직장 생활이 힘들었기 때문에 직장에 대한 아쉬움이 있는 것은 아니지만 영업직이어서 출장을 다니며 가졌던 혼자만의 시간을 그리워한다. 할머니는 할아버지가 퇴직하기만을 기다렸지만 매일 오후 세 시부터 술을 마시기 시작하여 초저녁이면 취해 잠드는 할아버지를 보며 좌절감을 느낀다.

장 씨 할아버지는 평생 하루에 맥주 한두 캔 정도를 마셨으며 과하게 마시는 것을 좋아하지 않았다. 몇 년 전 부인과 사별한 후 할아버지는 점점 외로워졌다. 항상 아내가 주변 사람들과 '사회적 관계'를 맺었기 때문에 아내가 죽은 후에는 친구들과의 관계가 끊어졌다. 그래서 저녁에 무료한 시간을 보내기 위해 혼자 술을 마시기 시작했는데 요사이 양이 점점 늘고 있다. 뿐만 아니라 통증 완화를 위해 처방받은 약이 긴장을 풀어 주는 것 같아 그 양도 두 배로 늘려 복용하고 있다. 근래 술에 취해 몇 번 넘어져 팔에 골절상을 입었으나 의료진은 할아버지의 알코올 문제와 약물 남용 사실을 전혀 눈치채지 못했고 할아버지도 그에 대해 아무런 언급도 하지 않았다.

중앙신경 억제제(예: 벤조디아제핀, 바르비튜레이트), 카나비노이드(예: 대마초), 환각제(예: LSD, 메스칼린), 흡입제(예: 이산화질소), 오피오이드 진통제(예: 헤로인, 모르핀), 해리성 마취제(예: 케타민, PCP), 엔탁토젠(예: MDMA, 엑스터시), 자극제(예: 코카인, 암페타민) 등 많은 종류의 항정신성 약물이 사용되고 있다. 하지만 노년기에 가장 많이 남용되는 물질은 알코올이다.

DSM-IV-TR(American Psychiatric Association, 2000)에서 물질관련장애는 물질 남용과 물질 의존으로 구분된다. 물질 남용은 물질 사용에 대한 부적응적인 패턴으로 부정적인 사회적 결과와 임상적으로 유의한 장애 또는 괴로움이 동반되는 것이다. 물질 남용의 진단은 지난 12개월 동안 다음 중 적어도 한 가지 증상을 보이는 경우에 내리게 된다.

- 직장, 학교 또는 가정에서 주요한 역할을 반복적으로 충족시키지 못함.
- 신체적으로 위험한 상황에서도 반복적으로 사용함.

- 물질과 관련된 반복된 법적 문제가 있음.
- 약물 사용으로 사회적 문제가 지속되거나 재발되어도 계속 사용함.

물질 의존의 진단은 지난 12개월 동안 다음 7개 기준 중 적어도 세 가지 이상을 보이는 경우에 내리게 된다.

- 내성(취하기 위해 더 많은 물질을 필요로 함)
- 금단 증상(물질을 중단했을 때 경험하는 고통스러운 신체적 · 심리적 증상)
- 의도한 것보다 더 많은 양 또는 더 오랫동안 물질을 사용함.
- 물질 사용을 줄이거나 중지하는 노력을 계속하거나 실패함.
- 물질 사용과 관련된 활동에 많은 시간을 할애함.
- 물질 사용으로 인해 중요한 활동이 감소함.
- 물질 사용으로 인해 지속적인 심리적 · 신체적 문제가 발생했음에도 불구하고 지속적으로 사용함.

전 연령이 남용하는 알코올을 제외하고는 노인들의 물질사용장애 양상은 젊은 사람들과 상이하다. 노인들은 젊은 사람들에 비해 불법 마약(예: 코카인, LSD, 마리화나)을 사용할 가능성이 낮고 처방약 또는 일반 의약품을 오남용할 가능성이 높다(Johnson-Greene & Inscore, 2005). '합법적' 약물의 오남용이 불법 마약만큼 심각한 영향을 초래할 수 있음에도 물질 남용 중재 프로그램에 대한 관심은 아직 부족하다.

1) 유병률

약물 남용은 심각하고 지속적인 문제다. 2007년 미국에서 약물 사용 및 건강과 관련하여 이루어진 한 조사(US Department of Health and Human Services, 2008)에 따르면 12세 이상의 약 2,300만 명이 지난 일 년간 물질 남용 또는 의존의 기준을 충족시켰다. 재가 노인의 유병률이 명확하지는 않지만 노인들의 물질 남용 문제는 심각한 수준이다. 일반적으로 노인은 젊은 사람에 비해 알코올을 덜 섭취하고 알코올 관련 문제가 적다. 하지만 음주 패턴은 연령과 무관하게 비교적 안정적으로 유지되는데, 이는 알코올을 처음 마시게 된 사회적 · 문화적 규준을 나타낸다. 실제로 노인의 알코올 남용이 주는 부정적인 영향은 상당하다. 특정 환경에 있는 노인들의 알코올 문제 비율은 병원에 입원한 노인(6~11%), 정신건강 병동의 노인(20%) 그리고 응급실의 노인(14%)의 경우, 꽤 높다(Council on Scientific Affairs & American Medical Association, 1996). 문제가 이렇게 심각한데도 노인들의 물질사용장애에 대한 진단과 보고는 잘 이루어지지 않는데, 이는 문제에 대한 부정, 부적절한 사례 탐색 전략 그리고 진단 기준의 제한 때문이다(King, Van Hasselt, Segal, & Hersen, 1994).

알코올은 초기 성인기에 가장 많이 마신다. 약물 사용 및 건강에 대한 미국 조사(National Survey on Drug Use and Health; US DHHS, 2008)에서는 다른 연령대에 비해 21세의 알코올 섭취 비율이 가장 높았다(표본의 72%). 연령 증가에 따라 알코올 사용률은 감소하지만 노년기까지도 비교적 높다(25세의 67%, 30~34세의 62%, 60~64세의 48%, 65세 이상의 38%). 비록 연령이 증가하면 알코올 섭취가 감소하기는 하지만 성인 초기의 과음 행동은 교육 수준, 직장, 위법 행동에 영향을 주어 장기적 영향을 미칠 수 있다. 알코올 문제에 대한 평생 행동을 살펴보면, 알코올 문제가 있는 20~30%의 젊은 성인은 노년기까지 계속 문제를 보이고, 중년기에 알코올 문제 진단을 받은 사람들은 지속적으로 문제를 보이는 경우가 많다(Larimer & Kilmer, 2000). 하지만 일부 노인의 경우 노년기에 알코올 문제가 시작되기도 한다.

치료를 위해 처방된 약물의 남용은 노년기의 큰 문제 중 하나다. 처방약의 34%가 노인을 위한 것이며 일반 의약품의 30%를 노인이 구매하는데, 이는 노인이 전체 인구에서 차지하는 비율(13%)을 감안할 때 매우 높은 것이다(National Center for Statistics, 2003). 노인들은 여러 전문가가 처방한 여러 약물을 복용하고, 약에 대한 대사도 늦기 때문에 젊은 사람들보다 약에 대한 부작용이 일어날 확률이 더 높다. 비록 약물을 남용하지 않더라도 노화에 따른 생리학적 변화는 약물 유도 증상을 일으켜 낙상과 같은 위험에 노출되게 만들 수 있다.

2) 노인의 물질 남용 증상

노인 알코올사용장애 환자는 두 가지 유형으로 구분된다(Fingerhood, 2000). 약 2/3는 조발성 알코올 사용장애 집단으로 삶의 초기에 문제가 시작된다. 이 집단은 알코올 치료를 받은 경험이 있고, 알코올 섭취로 인한 심각한 재정적 · 직업적 문제를 경험하였으며, 인지적 장애와 만성 건강 문제가 있고, 믿을 만한 지지 집단이 없을 가능성이 높다. 조발성 알코올 중독자의 경우 노화로 인해 문제가 해결되지는 않으며 세대별로 차이가 있다.

만발성 알코올 사용장애는 60세 이후 시작하는 알코올 남용자들을 지칭한다. 일반적으로 이들은 위기 상황에서 치료 센터에 오게 되며, 우울증의 가능성이 높고, 알코올 문제가 있는 것을 부정하지만 지지 집단이 있는 경우가 많다(Fingerhood, 2000). 발병 시기와 상관없이 노인의 약물장애는 대처 기제로 시작된다. 알코올 사용은 사회화 노력을 향상시키고, 사별에 적응하고, 은퇴로 인한 자존감 상실을 관리하고, 사회적 불안을 통제하고, 건강 및 재정 문제에 대처하거나 문제를 회피하기 위한 것이다(Dupree & Schonfeld, 1996).

앞서 제시한 사례에서 이러한 패턴이 나타난다. 임 씨 할아버지는 남은 시간을 때우고 부인과의 갈등을 회피하기 위해, 장 씨 할아버지는 배우자의 죽음으로 인한 외로움을 달래기 위해 알코올을 사용했다. 처방약과 일반 의약품은 통증을 관리하기 위한 것이지만 불면, 가족 문제 그리고 다른 정신질환에도 사용된다.

노년기 약물 사용에서 반드시 고려해야 하는 것은 노화로 인한 화학물질의 생리학적 반응에서의 변화다. 노년기에는 신체에서 물질이 처리되는 효율성이 변화하여 약물에 대한 반응과 상호작용이 달라지고 독성에 취약해진다. 정신건강 전문가들도 신체적 노화로 인해 노인들이 약물에 취약하다는 것을 인식해야 하며, 크게 영향을 주지 않는다고 생각되는 약물(예: 아스피린)도 심리적 기능에 영향을 줄 수 있음을 인식해야 한다.

3) 원인론

행동주의 이론에서는 물질사용장애를 물질을 사용함으로써 긍정적 정서를 증가시키고 부정적 정서를 감소시키기 위한 행동이라고 본다. 원하는 심리적 효과가 물질 섭취를 통해 일어나면 물질의 사용은 강화되며, 많은 사람은 동료나 가족이 약물을 남용하는 것을 관찰함으로써 향정신성 약물을 사용하기 시작한다. 인지 모형은 물질 사용 행동을 시작하고 유지하는 데 있어서 사고 과정의 역할을 강조한다. 취한 상태에 대한 기대가 중요한데, 물질의 효과에 대한 긍정적인 믿음(예: "몇 잔 마시면 긴장이 풀어지고 문제에 잘 대처하는 데 도움이 될 거야.")이 클수록 물질을 사용할 가능성이 높다. 이와 반대로 물질 사용을 억제하는 자신의 능력에 대한 부정적인 믿음(예: "나는 나 자신을 통제할 수 없어.")을 가질수록 물질을 덜 사용할 것이다.

물질 남용 문제의 발달에 대한 강력한 생물학적 근거도 존재한다. 물질 사용, 특히 알코올 문제에 대한 유전적 기여와 관련하여 많은 연구에서 알코올사용장애가 있는 사람의 딸에게 알코올 남용이 생길 위험률은 15%이고 아들에게 생길 위험률은 30%라고 보고하였다. 알코올 의존에 대한 전반적인 유전율은 50~60%인데 이는 심각한 알코올 문제의 절반은 유전에 근거함을 의미한다(Dick & Bierut, 2006). 하지만 특정한 유전자가 어떻게 관여하여 물질사용장애가 생기는지는 밝혀지지 않았다.

4) 평 가

물질사용장애에 대한 평가는 쉽지 않은데, 물질을 사용하는 사람이 자기 스스로가 얼마만큼 사용하는지, 또 어떠한 부정적인 영향이 생기는지 인식하지 못하기 때문이다. 건강 전문가들은 알코올 문제나 약물 오남용을 간과할 수 있고, 중독 문제가 있는 노인에 대한 부정적인 고정관념을 수용할 수 있다. 심지어 가족도 물질사용장애 문제의 심각성을 인정하지 않고 노인에 대한 차별적인 시각을 갖는다(예: "할아버지가 얼마나 사신다고 그렇게 좋아하시는 술을 못 마시게 하나?"). 뿐만 아니라 노인들의 물질사용장애 문제의 증세와 표현을 우울증이나 치매에서 보이는 다른 문제로 오인하는 경우도 있으며, 때로는 물질사용장애가 있는 가족이 노인의 문제를 창피하게 생각하여 의도적으로 무시하는 경우도 있다.

평가를 어렵게 하는 또 다른 문제는 DSM-IV-TR(APA, 2000)에서 제시한 물질 남용 패턴과 노인들의 물질 남용 패턴이 잘 맞지 않는다는 것이다. DSM의 기준은 물질 남용이 직업이나 사회적 관계 또는 역할에 주는 영향을 강조하는데, 공적인 생활을 하는 젊은 사람들과 달리 노인들에게서는 남용의 영향이 쉽게 드러나지 않을 수 있기 때문이다. 또한 전통적인 기준에 따라 진단을 내리는 정신건강 전문가들은 노인들이 보이는 물질 남용 문제의 패턴을 인식하지 못하는 경우가 많다.

임상가들은 임상 면접을 통해 물질 사용에 대한 정보를 얻는다. 임상가와 환자 사이에 신뢰와 라포가 형성될수록 정확한 정보를 나눌 가능성이 높다. 면접을 실시할 때는 상대방을 혼내듯이 "얼마나 자주 인사불성이 되도록 마시나요?"라고 묻기보다는 개방적이고 비평가적으로 "약주를 어느 정도 드시나요?"라고 하는 것이 편안한 대화를 가능하게 한다. 노인이 낙상, 우울증, 불면증, 인지 변화, 영양실조를 보일 경우 물질사용장애의 가능성을 살펴보아야 한다.

알코올 문제를 감지하고 선별하기 위해 두 가지의 자기보고식 측정 도구를 사용할 수 있다. CAGE(Mayfield, McLeod, & Hall, 1974)는 다음 4개 질문으로 구성된 노인 대상 알코올 남용 선별 도구다.

- 음주를 줄이고(Cutdown) 싶은 필요를 느낀 경우가 있는가?
- 당신의 음주 행동을 주변 사람이 비판하는 것에 대해 짜증이 난(Annoyed) 적이 있는가?
- 음주에 대해 죄책감(Guilty)을 느낀 적이 있는가?
- 아침에 눈 뜨자마자(Eye-opener) 해장하기 위해 술을 마신 적이 있는가?

CAGE 질문 중 하나에라도 '예'라는 반응을 했다면 추가적인 임상 평가를 실시해야 한다.

미시간 알코올중독 선별검사(Michigan Alcoholism Screening Test: MAST)는 노년용(MAST-G; Blow et al., 1992)이 있으며(〈표 11-1〉 참조), 임상 장면에서 가장 성공적으로 사용되는 검사다. 이 검사는 노년기 음주 문제가 있는 대상자를 위한 것으

표 11-1 미시간 알코올중독 선별검사(MAST-G)

검사 문항	예 (1)	아니요 (0)
1. 음주 후에 가슴이 뛰거나 심장 박동이 증가하는 것을 인식한 적이 있나요?		
2. 다른 사람들과 이야기할 때 자신의 음주량을 과소 추정한 적이 있나요?		
3. 술을 마시고 졸려서 의자에 앉아 잠든 적이 있나요?		
4. 술을 몇 잔 마신 후, 아무것도 먹지 않거나 식사를 건너뛴 적이 있나요?		
5. 술을 몇 잔 마시면 떨리고 흔들리는 것이 감소하나요?		
6. 술을 마시고 나면 밤낮을 구분하기 힘든가요?		
7. 특정 시간 이전에는 술을 마시지 않는다는 자신만의 규칙이 있나요?		
8. 즐기던 취미나 활동에 무관심해졌나요?		
9. 아침에 일어나면 저녁에 일어난 일의 일부를 기억하기 힘든 경우가 있나요?		
10. 술을 한 잔 마시면 잠드는 데 도움이 되나요?		
11. 가족에게 술병을 숨기나요?		
12. 모임 후에 술을 너무 많이 마셔서 창피한 적이 있었나요?		
13. 음주가 건강에 해로울 것이라는 걱정을 한 경우가 있나요?		
14. 하루를 술로 마감하는 것을 좋아하나요?		
15. 친밀한 사람이 죽은 후 음주가 증가했나요?		
16. 일반적으로 사회적 모임보다 집에서 술 마시는 것을 즐기나요?		
17. 과거보다 현재 술을 더 많이 마시나요?		
18. 긴장을 풀고 이완하기 위해 술을 마시나요?		
19. 문제를 회피하기 위해 술을 마시나요?		
20. 삶의 상실을 경험하고 음주가 증가한 경우가 있나요?		
21. 술을 마신 후 운전을 하는 경우가 있나요?		
22. 의사나 간호사가 당신의 음주에 대해 걱정한 경우가 있나요?		
23. 술 마시는 행동을 관리하기 위해 규칙을 세운 적이 있나요?		
24. 외롭게 느낄 때 술을 마시는 것이 도움이 되나요?		

*채점: '예'가 5개 넘으면 알코올 문제가 있을 가능성이 높다.

출처: The Regents of the University of Michigan (1991).

로 '예' 또는 '아니요'로 답하는 24개의 단순한 문항으로 구성되어 있다. '예'는 이상이 있다는 것이며, 이 중 5개의 문항에 '예'로 응답했다면 알코올 문제가 있는 것으로 간주할 수 있다(Blow et al., 1992). MAST-G의 심리측정 기준은 매우 탁월한데, MAST-G의 민감성은 94%로 나왔다. MAST-G의 요인분석에서는 상실과 외로움, 이완, 의존, 음주에 대한 통제 상실 그리고 규칙 형성의 5개 요인이 추출되었다.

노인 알코올 프로젝트 음주 프로파일(Gerontology Alcohol Project-Drinking Profile: GAP-DP; Dupree, Broskowski, & Schonfeld, 1984)은 노인을 대상으로 특화되어 구조화된 행동 평가 도구다. 노인들에게 약물 남용은 심각한 문제를 발생시킬 수 있고 불안과 우울 증세 같은 공존증을 악화시킬 수 있기 때문에 노인들을 대상으로 하는 표준 임상 평가에서 물질장애와 관련된 검사가 반드시 포함되어야 한다. 또한 물질 남용은 자살률의 증가와 관련이 있다.

5) 물질사용장애에 대한 중재

물질사용장애의 치료는 세 가지 목표에 초점을 둔다. 물질 사용의 감소 또는 유지, 공존 문제 치료, 적절한 사회적 중재다(Atkinson, Ganzini, & Bernstein, 1992). 노인들의 경우, 물질 남용에 대해 교육하기보다는 직면을 통해 문제에 대한 부정을 감소시킨다. 예를 들어, 약물 대사의 변화, 약물의 상호작용, 의사의 지시는 치료를 지속하는 데 도움이 된다. 인지적 요인도 의료 처치를 따르는 데 영향을 준다(Gould, 2004). 또한 약물 사용에 대한 정보를 변화시키면 의료 지시를 이해하고 따르는 데도 도움이 되어 물질 남용의 기회가 감소한다.

의사들의 환자 교육은 처방약과 일반 의약품의 남용 치료 계획에서 중요한 요소다. 의사들은 심리적 증상을 유발하는 약물의 상호작용에 대해 인식하지 못할 수 있고 환자가 여러 의사에게서 약을 처방받을 경우 이를 알지 못할 수 있다. 그렇기 때문에 처방약 또는 일반 의약품의 오남용에 대한 중재에서는 의사들의 협조가 필요하다.

공존 문제를 치료하게 되면 물질에 대한 부적절한 사용 동기가 감소한다. 임 씨 할아버지의 경우, 부부치료와 함께 우울증 치료가 치료 계획에 결정적으로 포함되어야 한다. 할아버지는 가정생활에 대한 스트레스가 높고 삶의 목표가 없으며 아내와 거리를 두는 기술이 부족하여 아내와의 갈등을 피하고 불쾌함을 해소하기 위해서 자신에게 가장 익숙한 알코올을 마신다. 할아버지는 다시 옛날 친구들과 관계를 맺고 새로운 관계를 형성하여 고립된 상태에서 벗어날 수 있도록 사회적 기술을 향상시켜야 한다.

인지행동치료적 접근은 내담자가 물질을 남용하는 대신 보다 새롭고 건강한 행동 패턴을 학습하고 물질 사용에 대한 긍정적 기대를 감소하며 부정적 기대를 증가시키도록 인지적 재구성을 돕는 것이다. 자기관리 기술의 훈련은 보다 효과적인 대처 기술을 가능케 하여 문제 상황에 대해 물질을 사용하고 싶게 하는 욕구를 감소시킨다. 예를 들어, Dupree와 Schonfeld(1996)는 과도한 진통제를 사용하는 여성 노인에 대한 사회학습 모형의 사례를 제시하였다. 이들은 물질 사용 행동을 자극하는 선행사건(상황, 사고, 감정, 단서)과 물질 남용에 대한 장단기 결과를 확인한 후 자기주장, 자기감독, 행동계약 그리고 강화를 사용하여 환자의 약물 사용을 조절하였다.

알코올 중재에 대한 치료 연구들에서 노인들은 젊은 사람들과 유사한 정도로 치료에 잘 반응하였고 젊은 사람들보다 치료 기관에 오히려 더 오래 있는 것으로 나타났다(Atkinson, Tolson, & Turner, 1993; Satre, Mertens, Areán, & Weisner, 2003). 또한 음주 문제가 늦게 발생한 노인들(만발성)의 예후가 더 좋았다. 아직 확정적이지는 않지만 연령대를 구분한 치료가 노인에게 더 효과적이라는 연구도 있다(Blow, Walton, Chermack, Mudd, & Brower, 2000).

2. 성격장애

안 씨 할머니는 성인기 내내 원만한 대인관계를 유지하지 못했다. 아무도 할머니의 재능을 알아주는 사람이 없었다. 유명한 로펌의 변호사로서 일에 몰두하는 동안은 대인관계가 유지되었지만 은퇴 후에 모든 것이 무너지기 시작했다. 특히 할머니는 심장 수술을 받은 후 요양원에 있는 현재의 삶에 적응하는 것을 너무 힘들어한다. 할머니는 재활치료에 참여하는 것을 거부하고 있는데 '의사들이 무식하다'고 하며 자신이 아픈 상황이 얼마나 힘든지 그들이 이해하지 못한다고 생각한다. 같은 방을 쓰는 환자도 싫어하는데 "정말 예의가 없어. 하루에 몇 번씩 가족이나 친구들과 이야기하고 나한테는 관심도 없어."라고 불평을 한다. 할머니는 직원들을 경멸하고 직원들이 혼자 먹고 씻도록 부탁하면 마구 화를 낸다. "그 멍청한 사람들은 내가 누군지 모르나 봐. 나는 좋은 대접을 받아야 하는데 이렇게 나를 돌보지 않는 사람들을 가만 놔두지 않을 거야. 내가 여기 환자가 아닌 운영자가 되어야 해. 나라면 저 사람들을 모두 해고해 버리고 더 유능한 직원을 뽑을 거야."라고 말하기 때문에 직원들은 할머니를 돌보는 것을 끔찍하게 생각한다.

DSM(APA, 2000)에서는 성격장애를 "개인의 문화적 기대에서 확연하게 벗어나는 지속적인 내적 경험 또는 행동 패턴으로, 청소년기나 성인 초기에 시작하여 그 이후 변하지 않고 지속되는 장애 또는 고통"이라고 정의한다(p. 685). 성격장애(personality disorder: PD)는 한 사람의 성격 특질(사고, 감정, 지각, 행동)이 경직되어 여러 상황에서 적응하지 못하는 장애다. 특정 삶의 경험 또는 발달단계의 정상적인 행동에 대한 예측 가능하고 전형적인 반응인 내적 경험이나 행동 패턴은 성격장애로 보지 않는다. DSM은 10개의 원형적 성격장애를 정의하고 있다(〈표 11-2〉 참조).

노인들의 성격장애에 대한 연구가 증가하기는 했지만(Rosowsky, Abrams, & Zweig, 1999; Segal, Coolidge, & Rosowsky, 2006) 아직 노인들의 성격장애에 대한 이

표 11-2 DSM-5의 열 가지 성격장애

군집	성격장애	특성
A군	편집성	타인의 동기를 부정적으로 생각하고 의심과 불신을 하는 지속적 패턴
	분열성	사회적 관계로부터 멀어져 있고 정서적 표현이 제한되어 있는 지속적 패턴
	분열형	사회성이 결핍되어 있으며 친밀한 관계를 매우 불편해하고, 기괴한 행동과 인지적·지각적 왜곡을 보이는 지속적 패턴
B군	반사회성	사회적 규준과 타인의 권리에 대한 무시와 침해 그리고 공감 부족의 지속적 패턴
	경계선	상호관계, 자기 이미지, 정서에 대한 불안과 충동성의 지속적 패턴
	연극성	과도한 감정 표현과 표면적인 관심 추구의 지속적 패턴
	자기애성	자신에 대한 과대 성향, 주변으로부터의 존경, 그리고 타인에 대한 공감 및 연민 부족의 지속적 패턴
C군	회피성	사회적 억압, 낮은 자존감 그리고 부정적 평가에 대한 과민성의 지속적 패턴
	강박성	유연성, 개방성, 효율성 대신 청결함, 완벽함 그리고 통제에 대한 집착을 보이는 지속적 패턴
	의존성	돌봄을 과도하게 받고자 하는 욕구와 타인의 도움 없이는 기능할 수 없다는 지각으로 매달리고 비굴하게 행동하는 지속적 패턴

출처: American Psychiatric Association (2013).

해는 부족하다. 먼저, 그간 성격장애에 대한 정의가 변화하여 장기 종단 연구가 어려웠다. 또한 성격심리학에서는 성격, 특히 스트레스 대처 패턴이 지속적인 특질인지 혹은 상황의 영향을 받는 행동인지에 대한 논란이 계속되었다. 그럼에도 일반적으로 성격 특질(적응적인 특질과 비적응적인 특질 모두)은 안전하고 적응적인 것으로 본다(Clark, 2009; Vaillant, 2002). 성격 모형들은 성격장애를 이해하는 기초가 되며, 성격은 안정적이지만 맥락적 요인, 특히 스트레스 요인으로 인한 역기능과 고통의 정도에 따라 변화 가능한 것으로 본다. 비록 성격장애의 형식적 정의에서는 성인 초기 이전에 장애 진단이 내려져야 한다고 보지만, 노년기에 이르러 성격장애 진단을 받고 치료를 하는 경우도 있으며 이는 노년기와 관련된 스트레스가 개인의 비적응적 행동을 악화시키기 때문이다(Molinari & Segal, 2011).

비록 방법론적 및 개념적 도전이 있기는 하지만, 노인들의 성격장애를 이해하는 것은 매우 중요하다(Molinari & Segal, 2011). 첫째, 성격장애는 삶의 변화에 대처하는 방식에 영향을 주기 때문에 성격장애가 있는 사람들은 연령 관련 상실에 적응하기 힘들다. 예를 들어, 연극성 성격장애가 있는 사람이 자신의 외모와 성적 매력으로 젊은 시절에 관심을 받았다면, 노화에 따라 신체적 매력이 점점 줄어들고 주변인들로부터의 관심도 줄어들면서 자신이 무시당한다는 생각에 낙담하고 분노하게 된다. 또 자기애성 성격장애가 있는 사람은 높은 권력의 지위에서 은퇴하게 되면 자존감의 상실을 고통스럽게 생각해서 심각한 분노와 우울 증상을 보인다. 앞서 신체질환에 대처하는 데 힘들어한 안 씨 할머니의 경우가 자기애성 성격장애의 사례다.

둘째, 성격장애는 사회적 기능에 영향을 주기 때문에 성격장애가 있는 노인들에게는 요양원과 같은 기관에서 생활하기 위해 필요한 사회적 · 개인적 타협이 비효과적일 가능성이 높다(Molinari & Segal, 2011). 예를 들어, 회피적 성격의 노인은 양로원에서의 생활을 '사회적 기회'로 지각하지 않고 '거절의 기회'로 지각한다.

셋째, 성격장애는 불안, 우울증, 물질 남용과 같은 임상적 질환의 증상에 영향을 준다. Molinari와 Segal(2011)은 요양원에서 파괴적이거나 힘들게 하는 행동을 보이는 환자의 사례를 제시하면서 공격적 행동이 환자의 심각한 우울증을 위장시키고 있었으며 이는 환자의 반사회성 성격장애를 악화시켰다고 보고하였다. 일반적으로 성격장애는 치료가 어렵고 노인들의 예후를 악화시킨다(Molinari & Segal, 2011; Segal et al., 2006).

1) 유병률

일반 성인의 성격장애 유병률은 10%로 추정되는데(Lenzenweger, 2008) 이는 성격장애가 매우 일반적임을 의미한다. 하지만 노인들의 성격장애 유병률은 명확하지 않기 때문에 논란의 여지가 있다. 이 문제를 해결하기 위해 Abrams와 Horowitz (1996)는 노인을 대상으로 한 그간의 연구들에 대해 메타분석을 실시한 결과, 성격장애의 유병율은 10%이며(6~33%) 이는 연령 증가와 함께 빈도나 정도가 감소하지 않는 것이라고 보고하였다. 하지만 Abrams와 Horowitz는 대부분의 결과가 적어도 특정 성격장애의 경우 약간 감소한다고 보고하였다. 이러한 감소의 원인은 명확하지 않으며 논란의 소지가 있다(Molinari & Segal, 2011).

성격장애의 정의와 개념의 변화, 표준화가 덜 된 평가 도구, 노인 대상의 제한된 대규모 연구는 노인의 성격장애 유병률을 추정하기 어렵게 한다. 대부분의 연구는 입원 환자를 대상으로 한 것이며 다른 임상적 질환과의 공병성을 탐색한 것이다. 성격장애는 정신건강 전문가들이 인식하는 것보다 훨씬 더 빈번하다. 예를 들어, 우울증 진단을 받은 노인 외래 환자 중에서 1/3이 성격장애 진단을 받았으며(Thompson, Gallagher, & Czirr, 1988) 가장 빈도가 높은 성격장애는 회피성 성격장애와 의존성 성격장애다. 정신과 입원 노인의 경우 56%에게 성격장애가 있었다(Molinari, Ames, & Essa, 1994). Coolidge 등(2000)의 연구에서도 유사한 결과를 보였으나 젊은 성인(66%)이 노인(58%)보다 좀 더 높게 보고되었고 젊은 사람들의 경우 반사회성 성격장애, 경계선 성격장애 그리고 분열형 성격장애가 더 많았다. 입원 환자와 우울한 재가 환자를 통합해 보면 노인 유병률은 63%다(Molinari & Marmion, 1995).

성격장애에 대한 노화의 영향은 논란이 되고 있으며 연구가 부족하여 확답을 내리기 어렵다. 예측 불가능하고 극단적인 특징을 가지고 있는 성격군(경계선 성격장애, 연극성 성격장애, 자기애성 성격장애)의 증상은 중년기에 감소하다가 노년기에 다시 증가한다는 연구가 있다(Reich, Nduaguba, & Yates, 1988). 일부에서는 이러한 감소가 극단적으로 충동적인 사람들의 사망률 증가, 변덕스러운 사람들의 증상을 유지하는 데 필요한 에너지의 감소(예: 타인과의 싸움) 그리고 노년기 성격장애를 정확하게 판별하기 위한 진단 기준의 부족에 기인하는 것으로 본다.

2) 노인의 성격장애 증상

노인들은 노년기 스트레스로 인해 성격장애와 유사한 성격적 퇴행을 보이고, 기존 성격장애 증상이 악화되기도 한다(Rosowsky & Gurian, 1992; Segal et al.,

2006). 거동이 힘들어지고 자원이 감소하게 되면 의존성이 증가하고 환경에 대한 통제의 상실로 불안이 증가하면서 성격장애 증상이 나타나게 된다. 하지만 성격장애를 진단하는 데 사용되는 맥락은 노인들에게는 적합하지 않을 수 있다. 예를 들어, 직장 또는 가족 문제는 은퇴를 하고 요양원에서 생활하는 경우 관련이 없을 수 있다. 그렇기 때문에 노인들의 성격장애에 대한 행동적 표현은 젊은 사람들의 성격장애를 진단하는 기준과 다를 수 있다.

때로는 삶의 초기에는 '숨겨졌던' 성격장애 증상들이 노년기에 다시 나타날 수 있다(Segal et al., 2006). 예를 들어, 매우 의존적인 여성이 일찍 결혼하여 지배적인 배우자로부터 평생 돌봄을 받았을 경우, 남편이 사망한 후에 그녀의 '질환'이 다시 드러날 수 있다. 〈표 11-3〉에는 성격장애에 대한 이론적인 패턴이 제시되어 있다.

표 11-3 노년기 성격장애의 패턴

편집성	감각적 장애(예: 청력, 시력의 감퇴)가 편집증을 더 확대시킨다. 인지적 질환에 따른 인지적 역기능은 편집증적 특질을 더 악화시킬 수 있다. 의존성이 증가되는 상황이 문제가 될 수 있는데 타인의 도움을 수용하는 것이 불편하기 때문이다. 편집성 유형은 소수의 관계를 상실하면 소외감이 증가하여 힘들어한다.
분열성	타인에 대한 의존성이 증가하는 것을 매우 힘들어한다. 왜냐하면 분열된 자아동조적(자아통찰력 부재, ego-syntonic) 특징을 가진 사람은 자신이 타인과의 관계에 의존해야 하는(요양원에서) 상황을 불편하게 경험한다. 은둔자는 나이가 들어 타인의 도움이 필요해지기 전까지 더 심한 은둔자가 되는 패턴을 보인다.
분열형	극심한 사회적 불안 때문에 의존적 상황에 잘 적응하지 못한다. 신체질환으로 인해 건강 전문가, 직원 그리고 공동생활 구성원들과 관계를 맺는 것을 매우 불안해한다. 이 장애를 가진 이들의 이상하고 기이한 행동은 공동적인 사회 상황에서 거부의 표적이 된다. 일부 분열형 노인은 노화로 더 은둔적 생활을 하고 소외되어서 사회적 접촉이 거의 또는 완전히 없어 더 이상해진다.
반사회성	충동적이고 위험하고 난폭한 행동을 하기 때문에 노년기까지 생존할 가능성이 감소한다. 노화는 기저의 정신이상의 특질을 변화시키지는 않지만 노화와 관련된 생리적 변화로 충동성과 신체적 공격성을 감소시킨다. 수감된 반사회적 노인들은 신체적 장애, 감각적 둔감화, 인지적 장애로 인해 다른 취약한 대상이 될 수 있다.
경계선	노년기에는 신체적 싸움, 물질 남용, 성적 문란, 자해 등 충동적이고 신체적으로 무리가 되는 행동은 감소한다. 노인의 자해적 행동은 의도적 거식, 의도적 약물혼합, 의료 처치 거부, 의료 행동의 고의적 방해 등이 있다. 노화는 공허함, 불안하고 강렬한 인간관계에 별로 영향을 주지 않는다. 요양원이나 재활병원에 입소할 때 난리를 치는 경우가 많다. 예상치 않은 요양원 환자들이나 직원들에게 강렬하게 붙었다가 금방 등을 돌리는 행동을 한다.

연극성	노화로 인한 신체적 감퇴(예: 주름, 탈모)를 견디지 못하는데 자신의 가치가 신체적 외모와 같은 표면적 특징에 근거를 두고 있기 때문이다. 평생 외모를 통해 관심을 받았기 때문에 노년기에 과도한 성형수술 또는 시술을 받는다. 자신의 유혹 행동이 더 이상 보상받지 못하면 우울해하거나 분노를 느낀다.
자기애성	자신이 성공하지 못한 것에 대해 소외감을 느끼고 억울해하거나 자신의 업적을 더 이상 유지할 수 없음에도 불구하고 이러한 성취에 대해 자랑한다. 권력, 지위 그리고 사회적 노인 차별에 따른 '자기애적 상해' 는 우울, 불안, 분노를 경험하게 한다. 노화되는 자기애성 성격장애자는 탈모, 주름, 근육 상실과 같은 신체적 감퇴에 적응하는 것을 힘들어하는데, 이로 인해 타인에 대한 우월성이 감소된다고 생각하기 때문이다. 이 성격장애가 있는 노인은 노년기 질환으로 부양이 필요하게 되면 일반적으로 분노 반응을 보이며, 부정적 반응의 증가는 자기애에 대한 추가적인 상해로 경험된다.
회피성	타인과의 관계에서 정상적으로 발달할 수 있는 사회적 자신감을 경험하지 못하기 때문에 노년기에 외롭고 억제되고 타인으로부터 고립된 상태에 이르게 된다. 노년기에 일반적으로 일어나는 상실(예: 가족 사망, 자녀 이주)에 특히 취약한데 대인관계가 제한적이고 상실된 관계를 대체하기 힘들기 때문이다. 회피적 사람들은 제한된 관계망이 필연적으로 감소하면 더 외롭고 공포스럽게 느낀다.
강박성	노년기에 타인에게 의존해야 하는 상황은 심한 스트레스로 작용하는데 평생 '자신만의 방식'으로 모든 일을 진행했기 때문에 변화에 저항적이고 타인의 도움이 필요하다는 사실을 견디지 못한다. 과제를 수행하는 방법이 한 가지라고 믿기 때문에 신체 또는 인지 기능의 상실이나 감퇴에 반응하는 것이 힘들다. 이 장애가 있는 노인들은 도움을 받는 것을 통제의 상실로 지각하기 때문에 불쾌하게 생각하거나 분개한다. 타인의 도움을 받아야 하는 상황에 대해 재앙적 우울증을 보인다.
의존성	자신이 홀로 일을 처리해야 하는 위협적이고 낯선 상황, 특히 배우자의 상실을 힘들어한다. 이러한 상실 후에 의존적 노인들은 무력하게 보이고 배우자에게 수년간 의존했기 때문에 일상적인 활동을 수행할 수 없다. 상실감과 취약함으로 인해 자녀가 배우자의 빈자리를 채워 주기를 기대한다. 많은 경우, 과도한 의존성은 부담이 되며 자녀들을 힘들게 한다.

출처: Segal et al. (2006).

3) 원인론

성격장애와 그 특징은 비교적 삶의 초기에 시작하고 성인기 동안 지속되기 때문에 성격장애의 원인은 심리사회적 요인과 생물학적 요인을 모두 포함한다.

(1) 심리사회적 요인

정신분석적 접근에서 Sigmund Freud는 심리성적 단계(구강기, 항문기, 남근기, 잠복기, 성기기)로 성격을 설명하였다. Freud는 타고난 기질적 특질이 부모의 역할과 상호작용하여 심리성적 시기에 성격을 구성한다고 하였다. 성장하고 있는 아동의 욕구에 대한 주요 대상들의 반응은 평생 작동하는 성격의 기초가 된다. 이러한 기초는 심리적 · 사회적 욕구를 적응적으로 충족시킬지 아니면 성격장애의 특징처럼 과장되고 반복적이며 부적응적으로 충족시킬지를 결정한다. 현재의 스트레스가 심리사회적 역동과 삶의 초기에 형성된 변화하기 어려운 예민한 성격 특질과 상호작용하게 되면 성격장애 증상은 갑자기 폭발한다(Molinari & Segal, 2011).

정신이상에 대한 인지적 모형은 성격장애가 의식적 수준에서 사람들의 지각과 사고에 영향을 주는 핵심 신념 또는 역기능적 스키마와 정보처리로부터 생긴 인지적 왜곡에 의해 생긴다고 보았다(Beck, Freeman, Davis, & Associates, 2003). 일부 인지적 왜곡은 흑백사고, 재앙화, 확대화와 최소화를 포함한다. 성격장애와 관련된 인지 왜곡과 스키마는 다음과 같다.

- 반사회성 성격장애가 있는 사람은 사회의 규칙이 자신에게는 적용되지 않는다고 생각하기 때문에 아무런 후회나 죄책감 없이 타인의 권리를 침해하고 범법 행동을 한다.
- 경계선 성격장애가 있는 사람은 사람들을 '완전히 착한 사람' 또는 '완전히 나쁜 사람'으로 구분하고 공허함과 버림받는 것에 집착한다.
- 의존성 성격장애가 있는 사람은 자신이 약하고 무능하고 부적절하기 때문에 지속적인 돌봄, 확인, 지도가 필요하다고 생각한다.
- 강박성 성격장애가 있는 사람은 자신이 완벽해야 하고 항상 통제할 수 있어야 한다는 신념에 매달린다.
- 편집성 성격장애가 있는 사람은 다른 사람들이 자신을 속이고 학대하고 위협한다고 습관적이고 만성적으로 지각한다.

(2) 생물학적 요인

성격장애에 대한 생물학적 요인은 유전과 관련이 있다. Jang, Livesley, Vernon과 Jackson(1996)은 483쌍의 성인 쌍둥이를 연구한 결과, 성격장애 특질 69개 중

66개가 중간 정도의 유전율 계수 추정치인 .44였음을 발견했다. Jang, Livesley와 Vernon(1996)의 쌍둥이 연구에서는 성격장애 특질이 연령과 함께 증가한다고 하였다. Torgersen 등(2000)은 221쌍의 성인 쌍둥이의 성격장애를 진단하기 위해 구조화된 면접을 하였는데 전체 유전율이 .60이었다. Coolidge, Thede와 Jang(2001)의 아동 쌍둥이 112쌍에 대한 연구에서는 성격장애의 유전율 계수가 .75였다. 근래에 Kendler 등(2008)은 2,794쌍의 노르웨이 쌍둥이를 연구하였는데, 한 개의 유전적 요인이 성격장애와 부정적 정서에 취약하게 만들었으며 다른 2개의 요인이 높은 충동성 및 낮은 호감성 그리고 내향성을 반영하였다. 이와 같은 유전적 자료를 종합해 보면, 성격장애에 유전적 특질이 유의미한 역할을 하긴 하지만 개인에게 특정한 성격장애가 생기는 데 유전율이 유일한 직접적 원인이 되는 것은 아니다. 유전 가능성은 '씨'를 심어 놓지만 환경은 '꽃'을 피우게 한다.

4) 평 가

성격장애의 평가는 쉽지 않다. 한 가지 종류의 성격장애와 다른 성격장애를 구분하는 것은 어려운데(Coolidge & Segal, 1998), 대부분의 사람은 한 가지 성격장애를 명확하게 드러내지 않고 여러 성격장애의 특징을 함께 나타내기 때문이다. 노화와 노인의 맥락은 성격장애의 평가를 복잡하게 만드는데, 성격장애를 측정하고 판별하는 대부분의 표준화된 검사는 노년기 삶의 맥락을 적절하게 고려하지 않고 젊은 성인만을 대상으로 개발되었기 때문이다(Balsis, Segal, & Donahue, 2009; Segal et al., 2006).

Molinari와 Segal(2011)에 따르면 성격장애가 있는 사람들은 다양한 정신건강 장면에서 볼 수 있지만 진단은 받지 않은 경우가 많다. 일부 정신건강 전문가는 노인에게 성격장애 진단을 내리는 것을 꺼리는데, 성격장애가 있는 노인들의 치료적 효과에 부정적인 믿음과 편견이 있기 때문이다. 또 일부 전문가는 불안, 우울 그리고 인지장애와 같은 보다 쉽게 진단할 수 있는 장애에 초점을 맞추기도 한다(Molinari & Segal, 2011).

Zweig(2008)는 노인의 성격장애를 평가하는 것의 어려움에 대해 논의하였다. 첫째, 성격장애를 다른 장애와 구분하는 것(예: 특질 대 상태 문제), 예를 들어 과민성과 관계의 문제가 근래 일어난 상실에 따른 감정 변화와 일부 관련이 있을 때 이를 구분하는 것이 매우 어려운 과제다. 둘째, 성격장애를 맥락 의존적 역할이나 행동과 구분하는 것은 진단적으로 매우 힘들다. 예를 들어, 배우자와의 사별 후에 변화된 역할에 대한 부적응은 의존성 성격장애가 아닌 급성 적응장애로 인한 불안일 수 있다. 셋째, 성격장애와 신경학적 또는 신체적 상태에 따른 성격 변화를 구분하기 위해서는 자세하고 종합적인 평가가 필요하다. 실제로 노인들이 성격장애를 신체적 증상으로 종종 드러내기 때문에 이러한 역기능적 성격과 진정한 신체적·인지적 공병 문제를 구분하는 것이 매우 복잡하다.

마지막으로, 진단 기준은 젊은 사람들에게만큼 노인들에게는 잘 맞지 않는다(Balsis et al., 2009; Segal et al., 2006). 문항 분석을 사용한 연령 편향의 가능성에 대한 경험적 연구에서 Balsis, Gleason, Woods와 Oltmanns(2007)는 7개 성격장애의 29%에 연령 편향이 있다고 하였다. 동일한 성격장애가 있는 젊은 성인과 노인이 일부 진단 규준에 대해 상이하게 반응했다는 것은 편향이 있음을 의미한다. 노인들의 일반적인 성격장애를 선별하기 위해 자기보고식 노인성격장애척도(Gerontological Personality Disorders Scale; Van Alphen, Engelen, Kuin, Hoijtink, & Derksen, 2006)가 개발되었으나 아직 추가적인 타당화 작업이 필요하다.

5) 성격장애에 대한 중재

성격장애가 있는 사람들은 자신에게 익숙한 대처 방법이 적용되지 않거나, 욕구의 충족이 실현되지 않거나, 자신이 다른 사람을 힘들게 할 때 치료를 받게 된다. 예를 들어, 사별로 인해 새로운 사람들과 사회적 관계를 맺어야 하는 상황에서 평생 사용했던 대처 방법이 유용하지 않게 되면 더 힘들어하고 기능이 감퇴하며 행동이 악화된다(Segal et al., 2006).

전문가의 도움을 필요로 하는 성격장애 노인들은 특정 문제에 대한 증세인 관계 갈등의 향상을 기대하고 도움 및 치료를 받고자 하며 자율성의 상실과 통제의 문제 또는 자신이 의존해야 하는 사람들, 성인 자녀, 주택 관리자, 일차 의료진의 강력한 추천을 받아 전문가를 찾아온다. 하지만 일반적으로 성격장애 환자들은 스스로 잘 찾아오지는 않는데 성격장애의 특징이 자아동조적(자기통찰력 부재)이기 때문이다(Segal et al., 2006).

성격장애는 만성적이며 그 사람의 본질을 구성한다. 그렇기 때문에 치료의 목적은 고통을 줄이고 기능을 향상시키는 것이지 성격을 변경하는 것이 아니다. Livesley(2004)는 성격장애 치료 계획에서 고려해야 하는 다음 네 가지 '원리'를 제시하였다.

- 성격장애는 성격 구조의 모든 측면과 관련이 있는 핵심적 요소다. 그렇기 때문에 효과적인 치료를 위해서는 특정 문제에 대한 특정한 반응을 다루는 것이 아니라 다양한 중재를 포함해야 한다. 따라서 장기적으로 치료가 이루어져야 한다.
- 모든 성격장애에 나타나는 공통적인 핵심적 특질과 특정 성격장애군에서만 보이는 특질이 있다. 따라서 치료를 위해서는 성격장애를 관리하기 위한 전반적인 전략과 특정 성격장애를 위한 전략을 통합해야 한다.
- 성격장애의 원인이 생리심리사회적 특징을 반영하기 때문에 중재는 이러한 다면적 요인을 반영하여 고통을 감소시키고 적응과 기능을 촉진하는 목적을 세워야 한다.
- 성격장애가 있는 사람들은 노년기에 일반적으로 대두되는 스트레스에 취약한 반응을 보이기 때문에 중재 과정에서 특정 스트레스의 결과를 다루어야 한다.

성격장애는 평생 지속되기 때문에 치료가 매우 복잡하다. 따라서 치료의 목적은 성격장애의 완치보다는 관리에 초점을 두어야 한다. 즉, 성격장애가 성격 유형으로 변화될 수 있도록 돕는 것이 목표다(Segal et al., 2006). 마지막으로, 성격장애를 위한 약물은 없지만 불안, 흥분, 우울, 산만한 사고와 같은 특정 증세를 관리하기 위한 약물을 사용할 수 있다.

3. 부부 갈등

부부인 김 씨 할아버지와 왕 씨 할머니는 평생 관계가 좋지 않았다. 하지만 바쁘게 직장 다니고 아이들을 키울 때는 둘 간의 관계가 크게 문제되지 않았다. 할아버지는 유능한 변호사였고 할머니는 열정적인 학교 봉사자로 생활하였다. 하지만 할아버지가 뇌졸중으로 퇴직한 후 종일 집에 있으면서 할머니에게 짜증을 내었고 이러한 할아버지를 할머니가 부양하게 되면서 관계가 악화되었다. 할머니도 할아버지의 상황에 연민을 느끼지만 과도한 책임감에 낙담하고 있다. 아이들이 독립하면서 드디어 자신만의 시간을 가질 수 있다는 기대를 했지만 종일 할아버지의 시중을 들어야 해서 할머니는 우울증이 점점 깊어지고 있다. 할머니는 누구에게 도움을 청해야 할지 모르겠다고 했다.

부부나 가족 관계와 같은 친밀한 관계에서의 갈등 및 문제는 노인에게 매우 힘든 것이다. 스트레스는 심리적 증상(예: 불안, 우울증, 수면장애, 성기능장애) 또는 일상생활 기능의 감퇴를 유발할 수 있다. 부부와 가족 관계는 최적의 정신적 안녕과 정신건강에 영향을 준다. 여기서는 노년기 부부 및 가족 기능의 문제를 유발하는 과제와 사건을 설명하고 평가 및 효율적 중재에 대해 논의하고자 한다.

노년기에는 배우자와 사별할 가능성이 높기는 하지만 남성 노인은 여성 노인보다 결혼 생활을 유지할 가능성이 더 높다. 예를 들어, 65~74세 노인의 경우 남성의 78%, 여성의 57%가 기혼 상태이고, 75~84세 노인의 경우 남성의 74%, 여성의 38%가 기혼 상태이며, 85세 이상 노인의 경우는 남성의 60%, 여성의 15%가 기혼 상태다(Federal Interagency Forum on Aging-Related Statistics, 2008). 고연령군에서는 기혼 상태의 성별 차이가 특히 크다. 젊은 부부에게 일어나는 것만큼 노년부부에게 빈번하게 일어나는 것은 아니지만, 부부간의 친밀감은 노인들에게도 매우 중요하다(Carstensen, 1992).

신체건강에서의 변화, 은퇴, 성인 자녀들 삶의 예상치 못했던 일들은 노인이 가진 부부 기능의 익숙한 패턴을 변화시키는 사건들이다(Qualls, 1995b). 이러한 삶의 사건들은 발달적 과제나 문제로 경험되며 결혼의 맥락, 의미, 실제를 변화시킨다(Cole, 1986). 이 장 서두에서 제시한 임 씨 할아버지의 경우, 할아버지의 은퇴로 아내와 거리를 둘 수 있는 출장이라는 구조가 제거되었다. 서로 거리를 둘 수 있는 방법을 찾지 않으면 부부는 상대방이 자신의 영역을 침범한다고 느낄 것이다. 임 씨 할아버지 부부의 경우 술이 싸우지 않고 거리를 유지할 수 있게 하는 방법으로 활용되고 있지만 이는 자멸적 행동이다. 김 씨 할아버지와 왕 씨 할머니의 경우, 한쪽 배우자의 건강 문제와 장애가 관계를 힘들게 만든다. 〈표 11-4〉는 세 가지 사건(은퇴, 만성질환, 자녀 문제)이 부부 관계의 기능(시간 구조, 역할, 의사소통, 권력 균형, 돌봄, 자녀 관계)에 주는 영향을 정리한 것이다.

노인 부부 문제를 다룰 때는 오랫동안 불행하게 지낸 부부와 근래 문제가 생긴 부부를 구분해야 한다. 오랫동안 갈등이 있었던 부부는 갈등이 깊지만 안정적 패턴을 유지하기 때문에 치료가 매우 힘들다. 하지만 때로는 노년기 삶의 위기로 인해 중재의 가능성이 생길 때도 있다. 관계가 좋았던 부부들은 시간이 지날수록 만족도가 증가한다(Anderson, Russell, & Schumm, 1983). 노년기에 발생하는 갈등은 노년기 발달 과제에 대한 부적응의 지표다. 부부 만족도에 대한 연구들에 따르면 일반적으로 연령 증가와 함께 부부 만족도도 증가한다(Levenson, Carstensen, & Gottman, 1993). 원래 부부 만족도가 높았던 부부가 노년기에 갈등이 증가하는 경우, 이는 삶의 상황이나 기능의 변화에 대한 부적응일 수 있다.

부부 만족도와 상관없이 갈등이 있는 부부를 돕기 위한 주요한 질문은 다음과 같다. 왜 부부가 지금 치료를 받고 싶어 하는가? 부부 관계의 구조나 기능의 변화 또는 사건이 도움 추구 행동을 유발했을 것이다. 중재의 목표는 균형을 다시 찾고 서로 견딜 수 있는 수준의 거리나 갈등을 유지하는 것일 수도 있다. 높은 기능이 가능한 부부에 대한 중재는 직접적인 대처 수준을 향상시키는 것뿐만 아니라 깊은 친밀감을 형성할 수 있게 도와주는 것이다(Wolinsky, 1990).

표 11-4 인생 후기 사건들이 부부 과정에 미치는 영향

사건	부부 과정					
	시간 구조	역할	의사소통	권력 균형	돌봄	자녀 관계
은퇴	• 직장 시간 구조 상실 • 가정 동거 시간 증가	• 탈구분화(특이성 감소와 공동 역할) 증가 • 성역할 유형 감소 가능성	• 역할 전환과 분리에 대한 협상 필요 • 공동 경험의 증가는 보고의 필요를 감소시킴.	• 역할 전환은 권력 균형의 변화를 자극 • 이전 영역에서의 권력 변화 • 전통적 역할의 부부들의 평등화 가능성 증가	• 매일 작은 표현의 기회 증가	• 접촉 기회와 직접 관여 역할의 증가 • 자녀들의 방문
만성질환으로 인한 장애의 시작	• 기본적인 관리에 소요되는 시간의 증가 • 건강 문제로 인해 활동 제한	• 질환이 있는 배우자의 역할 상실 • 건강한 배우자는 역할 증가	• 분노 표현이 더 위협적이거나 복잡해짐. • 장애로 인해 의사소통할 수 있는 능력 제한(예: 뇌졸중, 인지장애, 적극성 감소)	• 질환이 있는 배우자의 권력의 감소 • 건강한 배우자의 책임 증가는 권력의 증가	• 질환이 있는 배우자가 돌볼 수 있는 기회가 제한됨. • 건강한 배우자의 부양 역할은 돌보는 시간의 불균형 야기	• 과거보다 자녀가 부부 관계에 더 많이 개입 • 자녀들의 아픈 부모나 부양 부모를 지지하면 다른 부모가 위협적으로 지각
자녀의 문제	• 걱정을 경험하고 표현하는 데 시간 할애 • 책임의 증가와 여가의 감소 가능성	• 부모 역할의 모호성 증가 • 손자녀 돌봄, 재정 그리고 다른 지지적 책임감 증가	• 문제해결적 의사소통의 증가 필요성 • 적절한 경계 내에서 지지를 협상하는 것은 의사소통 문제 야기	• 부부를 둘러싼 경계의 모호 • 부부 관계의 삼각화	• 부부 외의 대상에게 보살핌을 다시 제공해야 하기 때문에 부부 만족도가 감소	• 복잡한 역할 • 부모들이 다시 주는 역할을 하게 됨. • 노화에 따라 호혜의 기회가 중요해짐.

4. 가족 문제

손 씨 할머니는 중년기부터 심각한 건강 문제가 있었다. 근래에는 심장과 폐 질환으로 인해 움직임이 급격하게 제한되었다. 휴대용 산소공급기를 24시간 사용하고 있지만 몇 걸음만 걸어도 숨이 가쁘다. 할아버지가 할머니를 옆에서 부양할 때 자녀들은 할머니의 요구적 행동을 잘 알지 못했다. 하지만 할아버지가 돌아가신 후 할머니의 의존성은 더 명확해졌다. 할머니는 기본적인 집안일도 할 수 없고 간단한 식사 준비도 힘들어한다. 재정적으로 사람을 고용할 수 있는 형편도 아니다. 할머니는 넘어져서 숨을 쉬지 못할까 두려워 자녀들에게 방마다 응급 벨을 설치해 줄 것을 요구하였다. 자녀들은 모두 멀리 살지만 할머니를 요양원에 보내지 않겠다고 할아버지와 생전에 약속했기 때문에 주말마다 할머니를 방문하고 있다. 하지만 이러한 상황이 자녀들에게 큰 부담이 되고 있다.

노년기 가족의 문제는 부모의 노화 또는 성인 자녀의 의존적 욕구와 관련이 있다. 가족은 완전히 기능을 하지 못하는 상태는 아니지만 도움이 많이 필요한 다른 가족원을 어떻게, 얼마나 도와줘야 하는지 고민하게 된다. 많은 경우, 도움이 필요한 정도가 모호해서 논란이 생길 수 있다. 현재 노인들은 과거 어느 세대보다 오래 살고 있지만 이러한 상황을 반영하는 모델이 없다.

연구자들은 대부분의 노인이 가족과 친밀한 관계를 유지한다고 보고한다 (Blieszner, 2009; Fingerman, Miller, & Seidel, 2009). 서구 사회에서는 가족을 돌보지 않는다는 편견이 있었지만 실제로는 성인 자녀와 고령의 노부모 간에 높은 수준의 접촉과 보조가 이루어지는 것으로 밝혀졌다. 가족이 제공하는 지지는 양방향적이다. 즉, 고령의 부모와 성인 자녀는 정서적 · 도구적 도움을 서로 주고받는다. 고령의 부모가 자녀에게 버림받는다는 생각은 사실이 아니다.

대부분의 노인은 독립적이지만 의존성이 증가되는 삶의 사건은 기존의 가족 관계를 변화시킨다. 한 사람이 도움을 필요로 하면 다른 가족의 부양 기능이 커지게

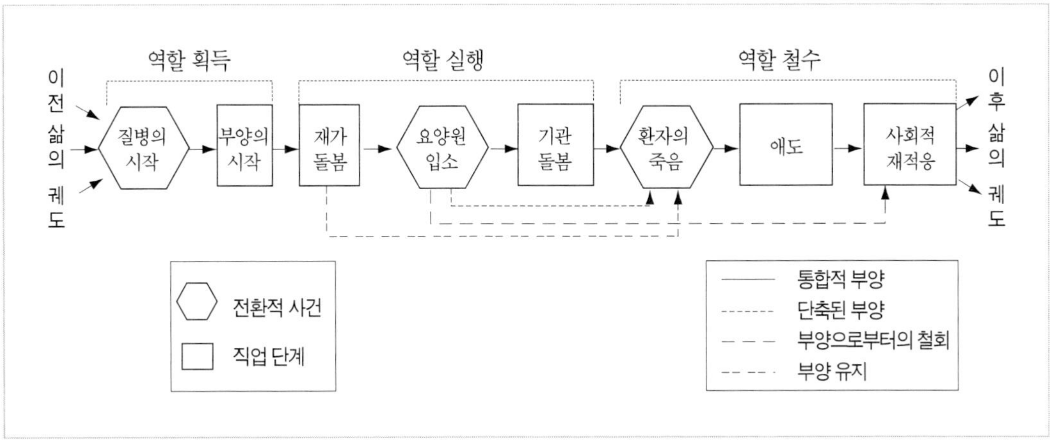

그림 11-1 부양 역할의 진행

출처: Aneshensel et al. (1995).

된다. 하지만 갑작스럽게 부양자와 피부양자가 되는 경우는 잘 없다. [그림 11-1]에서 보여 주듯이 이러한 전환 과정은 '오랜 시간의 책임과 활동의 재구성'을 요구한다(Aneshensel, Pearlin, Mullan, Zarit, & Whitlach, 1995). 손 씨 할머니의 경우 많은 가족이 경험하고 있는 갈등을 보여 준다.

부양 상황이 요구하는 가족의 재구성은 가족 체계를 극적으로 변화시킨다(Qualls & Noecker, 2009). 한 가족이 다른 가족의 안녕을 돌보는 역할이 증가하면 다른 관계(예: 자녀 또는 형제)에 투자할 수 있는 시간과 자원이 제한된다. 손 씨 할머니의 자녀들은 어머니의 욕구와 다른 욕구들(예: 직업, 자녀, 친구, 지역사회) 사이의 균형을 맞추어야 한다. 상호관계의 변화와 함께 부양자와 피부양자의 관계도 변화한다. 할머니는 과거에도 자녀들과 친밀한 관계를 유지하지 못했지만 점점 더 관계가 제한될 것이다. 피부양자의 역할이 할머니에게 가장 중요한 것이 되고 관계에서 이 측면이 가장 부각될 것이다. 자녀들이 부양에 대한 불안과 걱정을 더 많이 할수록 부양이라는 측면이 주는 부담은 더 커질 것이다.

노쇠한 노인의 부양자들은 부양에 따른 역할 긴장과 상실로 인해 부정적인 정신적 · 신체적 상태를 경험하게 된다고 보고한다(Liu & Gallagher-Thompson, 2009;

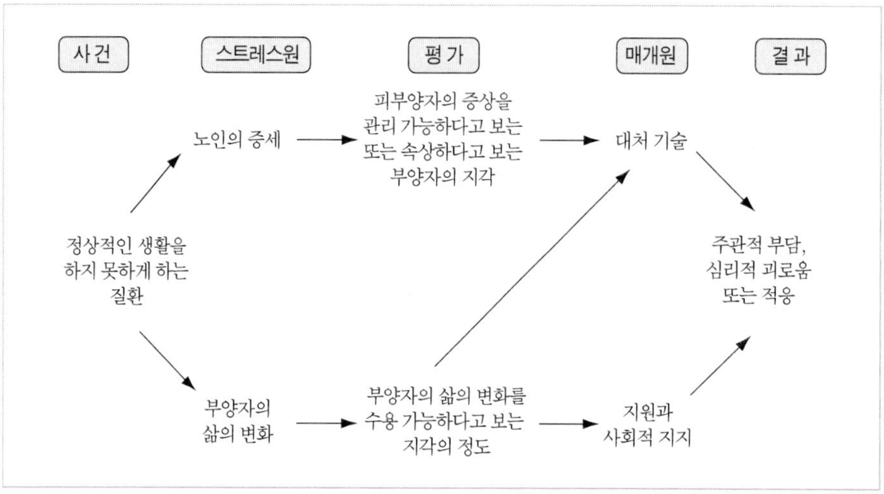

그림 11-2 부양자 스트레스와 대처에 대한 개념적 틀

출처: Gatz et al. (1990).

Schultz & Beach, 1999). 부양 역할을 힘들게 지각하는 부양자들은 동일 연령의 비부양자들보다 사망률이 더 높다(Schulz & Beach, 1999). 부양 요구는 일상생활 기능에 영향을 주어 부정적으로 나타난다. 이처럼 부양으로 인해 많은 문제가 발생하지만, 이때 사회적 지지와 대처는 부양자의 스트레스를 감소시킨다(Liu & Gallagher-Thompson, 2009; Zarit & Zarit, 2007). [그림 11-2]에 제시되어 있듯이 부양의 책임은 상황에 대한 인지적 평가와 자원 이용 가능성 그리고 피부양자의 객관적 요구에 따라 조절될 수 있다.

중재는 부양자와 피부양자에 대한 평가의 시작이다(J. Zarit, 2009). 보통 부양자가 피부양자를 평가 장소로 데리고 오는 경우가 많은데, 피부양자의 인지적·정서적·신체적·심리적 기능이 정확하게 평가되고 이해되어야 중재 가능한 방법을 결정할 수 있다. 부양자의 정서적 스트레스에 대한 평가는 정신적 증세, 신체적 건강, 그리고 피부양자와 관련된 부담을 포함한다(Zarit & Zarit, 2007). 또한 평가에서는 부양자와 피부양자 간 관계의 특징을 탐색해야 하는데, 이때 주변 사람들의 지지 유무와 가족 관계망에 대한 검토가 필요하다. 가족 기능의 평가에서는 현재의 힘든 관계와 관련된 부양자 역할뿐만 아니라 과거 가족력과 가족 기능의 구조에 초점을 둔다(Qualls & Noecker, 2009). 평가에서 부양자는 피부양자가 어떤 서비스를 받았는지, 또 어떤 서비스가 효과적이었는지를 검토해야 한다. 많은 경우, 부양자는 지역사회 서비스를 잘 인식하고 있지 못하기 때문에 이러한 것에 대한 정보가 많은 도움이 될 수 있다. 따라서 임상가들은 부양자와 피부양자가 활용할 수 있는 지역사회 및 국가적 자원 서비스에 대한 지식이 있어야 한다.

평가가 완료된 후에 이루어지는 부양 가족에 대한 중재는 교육(예: 피부양자의 상태와 가능한 부양 서비스), 문제해결(예: 부양 역할 관리, 피부양자의 행동 문제 및 부양자의 삶의 다른 문제들에 대한 제안) 그리고 지지를 포함한다(Zarit, 2009). 일차적인 치료 형태는 부양자에 대한 개인 및 집단 상담, 가족 모임 그리고 지지 집단이며(Zarit & Zarit, 2007) 집중적인 가족치료가 포함될 때도 있다. 부양자들을 위한 지지 집단은 인지장애인이 있는 가족에게 인기가 있다. 비록 부양 부담을 감소시키는데 개인상담이나 가족상담만큼 효과적이지는 않지만, 부양자 지지 집단은 부양자를 위한 지속적인 지지를 제공할 수 있다. Zarit과 Zarit은 지지 집단의 장점을 다음과 같이 제시하였다.

- 집단은 효과적으로 정보를 교환할 수 있다.
- 집단은 유사한 상황에서 감정과 경험을 공유할 수 있다.
- 집단은 서로 지지를 주고받을 기회가 있다.
- 집단은 종종 특정한 문제의 해결을 위한 새로운 전략과 아이디어를 제공한다.
- 집단은 자기 자신을 보다 잘 돌보도록 격려할 수 있다.

개인 및 가족 상담뿐만 아니라 지지 집단에의 참여를 포함하는 중재는 장기적인 부양자들이 일반적으로 보이는 정신적 · 신체적 쇠퇴와 부양자들의 요양원 입소 빈도를 감소시켰다(Mittleman, Haley, Clay, & Roth, 2006). 부양 과정 모형을 제안한 Aneshensel 등(1995)은 부양 과정에 맞는 중재를 제공해야 한다고 제안하였다. 예를 들어, 역할 획득 단계에서는 문제해결과 지지를 확보하는 것이 적절하다고 보

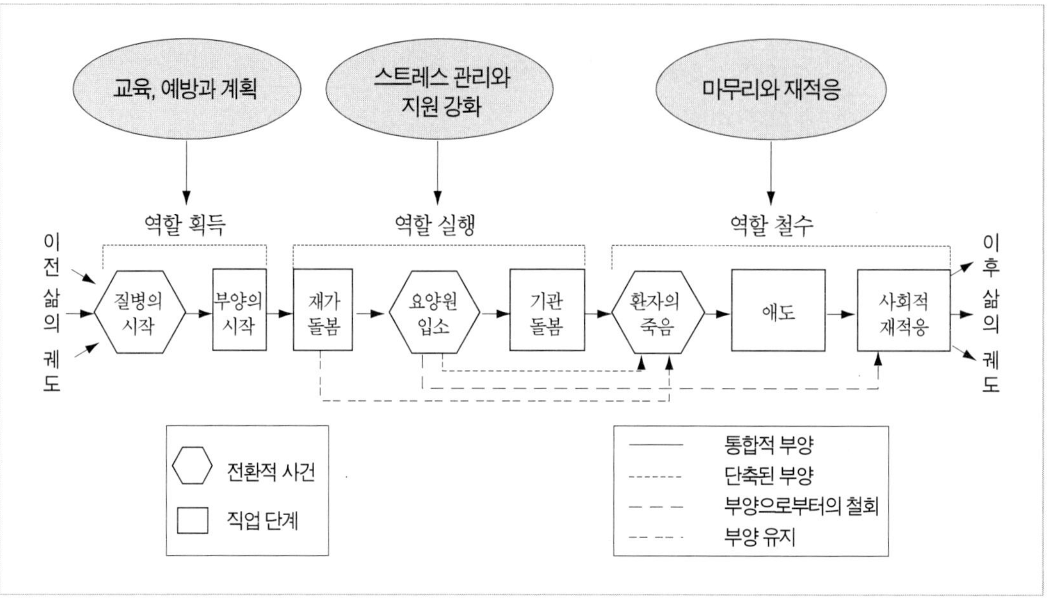

그림 11-3 부양 과정에 따른 중재 전략

출처: Aneshensel et al. (1995).

왔고, 나중에 역할 실행 단계에서는 문제해결과 장기 부양에 대한 조력 및 지지를 모으는 것이 더 적절하다고 보았다([그림 11-3] 참조).

5. 요약 및 결론

비록 이루어진 연구는 많지 않지만, 이 장에서 기술한 장애들은 노인과 가족에게 중요한 문제다. 물질사용장애, 성격장애, 부부 및 가족 문제는 노화와 일반적으로 관련된 우울증만큼이나 영향을 많이 주는 고통스러운 경험일 수 있다. 그렇기 때문에 이러한 문제의 유병률과 원인, 평가 그리고 치료에 대해 더 많은 연구가 이루어져야 할 것이다.

맺음말

이 책에서 우리는 노인 정신건강을 효과적으로 평가하기 위한 틀을 제시하고 21세기 초반부터 주로 사용되어 온 이론과 치료를 소개하고자 노력하였다. 노인에 대한 효과적인 중재는 미래의 동년배 노인들의 특징 변화, 노인 정신건강에 영향을 주는 과정에 대한 기본적 이해의 발달, 그리고 노인 정신건강 서비스에 영향을 주는 공공정책 맥락의 세 가지 요인을 중심으로 발전할 것이다.

현재의 노인들은 개인적 특징과 역사적 시간의 독특한 상호작용의 결과물이다. 따라서 미래의 노인들은 상이한 정신건강과 정신질환을 보일 것이다. 예를 들어, 현재 젊은 성인들과 중년들의 우울증 유병률은 현재 노인들이 젊은 성인 또는 중년이었을 때 보였던 것보다 높다고 보는 사람들도 있는데, 이러한 경향이 노년기까지 지속될 것으로 보고 있다. 뿐만 아니라 미래의 노인들은 정신건강 치료에 대한 경험이 더 많고 기대가 더 높으며, 치료를 더 많이 신뢰하기 때문에 정신건강 서비스에 대한 접근성과 효과를 더 요구할 것이다. 마지막으로, 미래의 노인들은 상이한 역사적 · 개인적 삶의 스트레스를 바탕으로 노년기를 맞이할 것이다. 이러한 패턴들은 미래의 노인 정신질환의 빈도와 유형을 변화시킬 것이다.

미래 노인들의 변화와 함께 노인 정신건강 서비스의 발달 및 적용을 구성하는 3개 영역인 노년학, 정신질환 그리고 효과적인 정신건강 치료에 대한 이해도 변화할 것이다. 노화의 기본 과정에 대한 연구들에서는 정상적인 노화에 대한 보다 차별화된 견해를 제시하고 있다. 이와 동시에 노년기 정신질환의 전조 증상에 대한 탐구는 중요한 연구 과제로 남아 있다. 노화 과정과 정신질환에 대한 연구들은 노인과 가족에 대한 가장 효과적인 치료를 철저하게 평가할 것이다. 또한 점진적으로 치료는 여러 분야의 상호 협력을 요구할 것이다. 요컨대, 효과적인 치료에 대한 지식의 기반은 지속적으로 진화할 것이다.

노인들과 노화의 과정에 대한 우리의 이해가 변화하면 노인 정신건강의 실제에 영향을 주는 공공정책의 변화 역시 불가피할 것이다. 예를 들어, 의료보험과 연금 제도에 대한 논란은 노인들의 정신건강 서비스의 폭과 비용 그리고 접근을 결정할 것이다. 또한 노인에게 보다 효과적인 서비스를 제공하기 위해서는 여러 분야의 협력을 요하는 특정 분야가 발달하고 그것에 제공되는 자금이 조성될 것이다.

정책적인 합의가 무엇이든 간에, 노인 정신건강 서비스의 제공은 정책, 미래 노인들의 특징, 그리고 노화와 정신건강에 대한 보다 나은 이해와 관련될 것이다. 따라서 이 책은 현재 적용되고 있는 심리치료에 대한 근거와 미래의 치료 선택의 기초를 제공할 것이다.

참고 문헌

Abrams, R. C., & Horowitz, S. V. (1996). Personality disorders after age 50: A meta-analysis. *Journal of Personality Disorders, 10,* 271-281.

Agency for Health Care Policy and Research. (1993). *Depression guideline panel. Depression in primary care: Vol. 2. Treatment of major depression. Clinical practice guideline, Number 5.* Rockville, MD: US Department of Health and Human Services, Public Health Service, Agency for Health Care Policy and Research. AHCPR Publication No. 93-0551.

Aldwin, C. M. (1990). The Elders Life Stress Inventory: Egocentric and nonegocentric stress. In M. A. Parris Stephens, J. H. Crowther, S. E. Hobfoll, & D. L. Tennenbaum (Eds.), *Stress and coping in later-life families* (pp. 49-69). New York: Hemisphere.

Aldwin, C. M. (2007). *Stress, coping, and development: An integrative perspective* (2nd ed.). New York: Guilford.

Aldwin, C. M., Park, C. L., & Spiro, A. (Eds.). (2007). *Handbook of health psychology and aging.* New York: Guilford.

Aldwin, C. M., Yancura, L. A., & Boeninger, D. A. (2007). Coping, health, and aging. In C. M. Aldwin, C. L. Park, & A. Spiro (Eds.), *Handbook of health psychology and aging* (pp. 210-226). New York: Guilford.

Aleman, A., Kahn, R. S., & Selten, J. P. (2003). Sex differences in the risk of schizophrenia: Evidence from meta-analysis. *Archives of General Psychiatry, 60,* 565–571.

Slexopoulos, G. S., Meyers, B. S., Young, R. C., Campbell, S., Silbersweig, D., & Charlson, M. (1997). The "vascular depression" hypothesis. *Archives of General Psychiatry, 54,* 915–922.

Alexopoulos, G. S., Raue, P. J., Kanellopoulos, D., Mackin, S., & Areán, P. A. (2008). Problem solving therapy for the depression-executive dysfunction syndrome of late life. *International Journal of Geriatric Psychiatry, 23,* 782–788.

Allen-Burge, R., Stevens, A. B., & Burgio, L. D. (1999). Effective behavioral interventions for decreasing dementia-related challenging behavior in nursing homes. *International Journal of Geriatric Psychiatry, 14,* 213–232.

Almeida, O. P., Förstl, H., Howard, R., & David, A. S. (1993). Unilateral auditory hallucinations. *British Journal of Psychiatry, 162,* 262–264.

Almeida, O. P., Howard, R. J., Levy, R., & David, A. (1995). Psychotic states arising in late life (late paraphrenia): The role of risk factors. *British Journal of Psychiatry, 166,* 215–228.

Alzheimer's Association. (2009a, May). Alzheimer's disease facts and figures. *Alzheimer's and Dementia: The Journal of the Alzheimer's Association, 6,* 234–270.

Alzheimer's Association. (2009b). *2009 Alzheimer's disease facts and figures*. Retrieved October 28, 2009, from http://www.alz.org/national/documents/report_alzfactsfigures2009.pdf.

American Association of Suicidology. (2008). *Elderly suicide fact sheet*. Washington, DC: American Association of Suicidology. Retrieved from http://www.suicidology.org/c/document_library/get_file?folderId=232&name=DLFE-158.pdf.

American Bar Association Commission on Law & Aging and American Psychological Association. (2008). *Assessment of older adults with diminished capacity: A handbook for psychologists*. Washington, DC: American Bar Association and American Psychological Association.

American Geriatrics Society & American Association for Geriatric Psychiatry. (2003). Consensus statement on improving the quality of mental health care in US nursing homes: Management of depression and behavioral symptoms associated with dementia. *Journal of the American Geriatrics Society, 51,* 1287–1298.

American Psychiatric Association. (2000). *Diagnostic and statistical manual of mental disorders* (4th ed., text revision). Washington, DC: Author.

American Psychological Association. (2003, July). *Mental health care and older adults: Facts and policy recommendations*. Washington, DC: Author. Retrieved from http://www.apa.org/ppo/issues/oldermhfact03.html.

American Psychological Association, Presidential Task Force on the Assessment of Age-Consistent Memory Decline and Dementia. (1998). *Guidelines for the evaluation of dementia and age-related cognitive decline*. Washington, DC: American Psychological Association.

Amirkhanyan, A. (2008). Privatizing public nursing homes: Examining the effects on quality and access. *Public Administration Review, 68*(4), 665–680.

Ancoli-Israel, S., & Ayalon, L. (2006). Diagnosis and treatment of sleep disorders in older adults. *American Journal of Geriatric Psychiatry, 14,* 95–103.

Ancoli-Israel, S., Kripke, D. F., Klauber, M. R. et al. (1991). Sleep-disordered breathing in community-dwelling elderly. *Sleep, 14,* 486–495.

Anderson, S. A., Russell, C. S., & Schumm, W. A. (1983). Perceived marital quality and family life-cycle categories: A further analysis. *Journal of Marriage and the Family, 45,* 127–139.

Anderson, V. C., Litvack, Z. N., & Kaye, J. A. (2005). Magnetic resonance approaches to brain aging and Alzheimer disease-associated neuropathology. *Topics in Magnetic Resonance Imaging, 16,* 439–452.

Andrews, A. O., Bartels, S. J., Xie, H., & Peacock, W. J. (2009). Increased risk of nursing home admission among middle-aged and older adults with schizophrenia. *American Journal of Geriatric Psychiatry, 17,* 697–705.

Aneshensel, C. S., Pearlin, L. I., Mullan, J. T., Zarit, S. H., & Whitlatch, C. J. (1995). *Profiles in caregiving: The unexpected career.* San Diego, CA: Academic Press.

Annon, J. F. (1974). *The behavioral treatment of sexual problems.* Honolulu, HI: Enabling Systems, Inc.

Antonucci, T. C., & Akiyama, H. (1995). Convoys of social relations: Family and friendships within the lifespan context. In R. Blieszner & V. H. Bedford (Eds.), *Handbook on aging and the family* (pp. 355–371). Westport, CT: Greenwood Press.

APA Task Force on Integrated Health Care. (2007). *Blueprint for change: Achieving integrated health care for an aging population.* Washington, DC: American Psychological Association.

APA Working Group on the Older Adult. (1998). What practitioners should know about working with older adults. *Professional Psychology: Research and Practice, 29,* 413-427.

Araujo, A. B., Mohr, B. A., & McKinlay, J. B. (2004). Changes in sexual function in middle-aged and older men: Longitudinal data from the Massachusetts Male Aging Study. *Journal of the American Geriatrics Society, 52,* 1502-1509.

Areán, P. A., Hegel, M., Vannoy, S., Fan, M. Y., & Unuzter, J. (2008). Effectiveness of problem-solving therapy for older, primary care patients with depression: Results from the IMPACT project. *The Gerontologist, 48,* 311-323.

Areán, P. A., Perri, M. G., Nezu, A. M., Schein, R. L., Christopher, F., & Joseph, T. X. (1993). Comparative effectiveness of social problem-solving therapy and reminiscence therapy as treatments for depression in older adults. *Journal of Consulting and Clinical Psychology, 61,* 1003-1010.

Atkinson, R. M., Ganzini, L., & Bernstein, M. J. (1992). Alcohol and substance-use disorders in the elderly. In J. E. Birren, R. B. Sloane, & G. D. Cohen (Eds.), *Handbook of mental health and aging* (2nd ed., pp. 515-555). San Diego, CA: Academic Press.

Atkinson, R. M., Tolson, R. L., & Turner, J. A. (1993). Factors affecting outpatient treatment compliance of older male problem drinkers. *Journal of Studies on Alcohol, 54,* 102-106.

Avorn, J., Soumerai, S. B., Everitt, D. E., & Ross, D. D. (1992). A randomized trial of a program to reduce the use of psychoactive drugs in nursing homes. *New England Journal of Medicine, 327,* 168-173.

Ayers, C. R., Sorrell, J. T., Thorp, S. R., & Wetherell, J. L. (2007). Evidence-based psychological treatments for late-life anxiety. *Psychology and Aging, 22*(1), 8-17.

Bailes, S., Baltzan, M., Alapin, I., Fichten, C. S., & Libman, E. (2005). Diagnostic indicators of sleep apnea in older women and men: A prospective study. *Journal of Psychosomatic Research, 59,* 365-373.

Baillargeon, J. G., Paar, D. P., Wu, H., Giordano, T. P., Murray, O., Raimer, B. G., Avery, E. N., Diamond, P. M., & Pulvino, J. S. (2008). Psychiatric disorders, HIV infection and HIV/hepatitis co-infection in the correctional setting. *AIDS Care, 20*(1), 124-129.

Bain, K. T. (2006). Management of chronic insomnia in elderly persons. *American Journal of Geriatric Pharmacotherapy, 4,* 168-192.

Balsis, S., Gleason, M. E. J., Woods, C. M., & Oltmanns, T. F. (2007). An item response theory analysis of DSM-IV personality disorder criteria across younger and older age groups. *Psychology and Aging, 22,* 171-185.

Balsis, S., Segal, D. L., & Donahue, C. (2009). Revising the personality disorder diagnostic criteria for the *Diagnostic and Statistical Manual of Mental Disorders-Fifth Edition (DSM-V):* Consider the later life context. *American Journal of Orthopsychiatry, 79,* 452-460.

Baltes, M. (1988). The etiology and maintenance of dependency in the elderly: Three phases of operant research. *Behavior Therapy, 19,* 301-320.

Baltes, M. M., & Wahl, H. W. (1996). Patterns of communication in old age: The dependence-support and independence-ignore script. *Health Communication, 8,* 217-231.

Baltes, P. B. (1987). Theoretical propositions of life-span developmental psychology: On the dynamics between growth and decline. *Developmental Psychology, 23,* 611-626.

Baltes, P. B., & Baltes, M. M. (1990a). Selective optimization with compensation. In P. B. Baltes & M. M. Baltes (Eds.), *Successful aging: Perspectives from the behavioral sciences* (pp. 1-34). New York: Cambridge University Press.

Baltes, P. B., & Baltes, M. M. (Eds.). (1990b). *Successful aging: Perspectives from the behavioral sciences.* Cambridge: Cambridge University Press.

Bandura, A. (1977). Self-efficacy: Toward a unifying theory of behavioral change. *Psychological Review, 84,* 191-215.

Barlow, D. H., Nock, M. K., & Hersen, M. (2008). *Single-case experimental designs: Strategies for studying behavior change* (3rd ed.). Boston: Allyn & Bacon.

Bartels, S. J. (1989). Organic mental disorder: When to suspect medical illness as a cause of psychiatric symptoms. In J. M. Ellison (Ed.), *Psychopharmacology: A primer for the psychotherapist.* Chicago: Year Book Medical Publishers.

Bartels, S. J. (2004). Caring for the whole person: Integrated health care for older adults with severe mental illness and medical comorbidity. *Journal of the American Geriatrics Society, 52,* S249-S257.

Bartels, S. J., & Drake, R. E. (1988). Depressive symptoms in schizophrenia: Comprehensive differential diagnosis. *Comprehensive Psychiatry, 29,* 467-483.

Bartels, S. J., & Drake, R. E. (1989). Depression in schizophrenia: Current guidelines to treatment. *Psychiatric Quarterly, 60,* 333-345.

Bartels, S. J., & Mueser, K. T. (2008). Psychosocial rehabilitation for older adults with serious mental illness: Introduction to special series. *American Journal of Psychiatric Rehabilitation, 11*(1), 1-6.

Bartels, S. J., & & Pratt, S. I. (2009). Psychosocial rehabilitation and quality of life for older adults with serious mental illness: Recent findings and future research directions. *Current Opinion in Psychiatry, 22,* 381-385.

Bartels, S. J., & Van Citters, A. D. (2005). Community-based alternatives for older adults with serious mental illness: The Olmstead decision and deinstitutionalization of nursing homes. *Ethics, Law, and Aging Review, 11,* 3-22.

Bartels, S. J., Clark, R. E., Peacock, W. J., Dums, A. R., & Pratt, S. I. (2003). Medicare and Medicaid costs for schizophrenia patients by age cohort compared with depression, dementia, and medically ill patients. *American Journal of Geriatric Psychiatry, 11,* 648-657.

Bartels, S. J., Forester, B., Mueser, K. T., Miles, K. M., Dums, A. R., Pratt, S. I., Littlefield, C., O'Hurley, S., White, P., & Perkins, L. (2004). Enhanced skills training and health care management for older persons with severe mental illness. *Community Mental Health Journal, 40*(1), 75-90.

Bartels, S. J., Miles, K. M., Dums, A. R., & Levine, K. J. (2003). Are nursing homes appropriate for older adults with severe mental illness? Conflicting consumer and clinician views and implications for the Olmstead decision. *Journal of the American Geriatrics Society, 51,* 1571-1579.

Bartels, S. J., Mueser, K. T., & Miles, K. M. (1997a). Functional impairments in elderly with schizophrenia and major affective disorder living in the community: Social skills, living skills, and behavior problems. *Behavior Therapy, 28,* 43-63.

Bartels, S. J., Mueser, K. T., & Miles, K. M. (1997b). A comparative study of elderly patients with schizophrenia and bipolar disorder in nursing homes and the community. *Schizophrenia Research, 27*(2-3), 181-190.

Bartels, S. J., Teague, G. B., Drake, R. E., Clark, R. E., Bush, P., & Noordsy, D. L. (1993). Service utilization and costs associated with substance abuse among rural schizophrenic patients. *Journal of Nervous and Mental Disease, 181,* 227-23.

Beaudreau, S. A., & O'Hara, R. (2008). Late-life anxiety and cognitive impairment: A review. *American Journal of Geriatric Psychiatry, 16,* 790-803.

Beck, A. T., Emery, G., & Greenberg, R. L. (1985). *Anxiety disorders and phobias: A cognitive perspective.* New York: Basic Books.

Beck, A. T., Epstein, N., Brown, G., & Steer, R. (1988). An inventory for measuring clinical anxiety: Psychometric properties. *Journal of Consulting and Clinical Psychology, 56,* 893–897.

Beck, A. T., Freeman, A., Davis, D. D., & Associates. (2003). *Cognitive therapy of personality disorders* (2nd ed.). New York: Guilford.

Beck, A. T., Kovacs, M., & Weissman, A. (1979). Assessment of suicidal ideation: The Scale for Suicidal Ideation. *Journal of Consulting and Clinical Psychology, 47,* 343–352.

Beck, A. T., Rush, A. J., Shaw, B. F., & Emery, G. (1979). *Cognitive therapy of depression.* New York: Guilford.

Beck, A. T., Steer, R. A., & Brown, G. K. (1996). *Manual for the Beck Depression Inventory-II.* San Antonio, TX: Psychological Corporation.

Bedford, V. H. (1995). Siblings in middle and later adulthood. In R. Blieszner & V. H. Bedford (Eds.), *Handbook on aging and the family* (pp. 201–222). Westport, CT: Greenwood Press.

Beekman, A. T. F., de Beurs, E., van Balkom, A. J. L. M., Deeg, D. J. H., Van Dyck, R., & Van Tilburg, W. (2000). Anxiety and depression in later life: Co-occurrence and communality of risk factors. *American Journal of Psychiatry, 157,* 89–95.

Bellack, A. S., & Mueser, K. T. (1993). Psychosocial treatment of schizophrenia. *Schizophrenia Bulletin, 19,* 317–336.

Bellack, A. S., Morrison, R. L., Wixted, J. T., & Mueser, K. T. (1990). An analysis of social competence in schizophrenia. *British Journal of Psychiatry, 156,* 809–818.

Belle, S. H., Burgio, L., Burns, R., Coon, D., Czaja, S. J., Gallagher-Thompson, D. et al. (2006). Enhancing the quality of life of dementia caregivers from different ethnic or racial groups: A randomized, controlled trial. *Annals of Internal Medicine, 145,* 727–738.

Bengtson, V. L., & Kuypers, J. A. (1984). The family support cycle: Psychosocial issues in the aging family. In J. M. A. Munnichs, P. Mussen, E. Olbrich, & P. G. Coleman (Eds.), *Life-span and change in a gerontological perspective* (pp. 257–273). Orlando, FL: Academic Press.

Bengtson, V. L., Rosenthal, C., & Burton, L. (1995). Paradoxes of families and aging. In R. H. Binstock & L. K. George (Eds.), *Handbook of aging and the social sciences* (4th ed., pp. 253–282). San Diego, CA: Academic Press.

Benloucif, S., Orbeta, L., Ortiz, R., Janssen, I., Finkel, S. I., Bleiberg, J., & Zee, P. C. (2004).

Morning or evening activity improves neuropsychological performance and subjective sleep quality in older adults. *Sleep, 27,* 1542-1551.

Berezin, M. A. (1972). Psychodynamic considerations of aging and the aged: An overview. *Americna Journal of Psychiatry, 128,* 1483-1491.

Bertram, L., McQueen, M. B., Mullin, K., Blacker, D., & Tanzi, R. E. (2007). Systematic meta-analyses of Alzheimer disease genetic association studies: The AlzGene database. *Nature Genetics, 39,* 17-23.

Bettocchi, C., Palumbo, F., Spilotros, M., Lucarelli, G., Palazzo, S., Battaglia, M., Selvaggi, F. P., & Ditonno, P. (2010). Patient and partner satisfaction after AMS inflatable penile prosthesis implant. *Journal of Sexual Medicine, 7,* 304-309.

Bierman, E. J. M., Comijs, H. C., Jonker, C., & Beekman, A. T. F. (2005). Effects of anxiety versus depression on cognition in later life. *American Journal of Geriatric Psychiatry, 13,* 686-693.

Binder, E. F., & Robbins, L. N. (1990). Cognitive impairment and length of hospital stay in older persons. *Journal of American Geriatrics Society, 38,* 759-776.

Birren, J. E., & Renner, V. J. (1980). Concepts and issues of mental health and aging. In J. E. Birren & R. B. Sloane (Eds.), *Handbook of mental health and of aging* (pp. 3-33). Englewood Cliffs, NJ: Prentice-Hall.

Blazer, D. G. (2003). Depression in later life: Review and commentary. *Journals of Gerontology: Series A: Biological Sciences and Medical Sciences, 58,* 249-265.

Blazer, D. G., Woodbury, M., Hughes, D. C., George, L. K., Manton, K. G. et al. (1989). A statistical analysis of the classification of depression in a mixed community and clinical sample. *Journal of Affective Disorders, 16,* 11-2.

Blechman, E. A. (2009). Personal health records for older adults with chronic conditions and their informal caregivers. In S. H. Qualls & S. H. Zarit (Eds.), *Aging families and caregiving* (pp. 287-310). Hoboken, NJ: John Wiley & Sons, Inc.

Blieszner, R. (2009). Who are the aging families. In S. H. Qualls & S. H. Zarit (Eds.), *Aging families and caregiving* (pp. 1-18). Hoboken, NJ: John Wiley & Sons.

Blieszner, R., Roberto, K., Wilcox, K., Barham, E., & Winston, B. (2007). Dimensions of ambiguous loss in couples coping with mild cognitive impairment. *Family Relations, 56,* 196-209.

Blow, F. C., Brower, K. J., Schulenberg, J. E., Demo-Dananberg, L. M., Young, J. P., & Beresford, T. P. (1992). The Michigan Alcoholism Screening Test - Geriatric Version

(MAST-G): A new elderly-specific screening instrument. *Alcoholism, 16,* 372.

Blow, F. C., Walton, M. A., Chermack, S. T., Mudd, S. A., & Brower, K. J. (2000). Older adult treatment outcome following elder-specific inpatient alcoholism treatment. *Journal of Substance Abuse Treatment, 19,* 67-75.

Bohlmeijer, E., Roemer, M., Cuijpers, P., & Smit, F. (2007). The effects of reminiscence on psychological well-being in older adults: A meta-analysis. *Aging and Mental Health, 11,* 291-300.

Bonanno, G. A. (2004). Loss, trauma, and human resilience: Have we underestimated the human capacity to thrive after extremely adverse events? *American Psychologist, 59,* 20-28.

Bonanno, G. A. (2009). *The other side of sadness: What the new science of bereavement tells us about life after loss.* New York: Basic Books.

Borkovec, T. D., Alcaine, O., & Behar, E. (2004). Avoidance theory of worry and generalized anxiety disorder. In R. G. Turk, C. L. Turk, & D. S. Mennin (Eds.), *Generalized anxiety disorder* (pp. 77-108). New York: Guilford.

Boszormenyi-Nagy, I., & Spark, G. M. (1984). *Invisible loyalties.* New York: Brunner/Mazel.

Bowen, M. (1978). *Family therapy in clinical practice.* New York: J. Aronson.

Bowlby, J. (1969). *Attachment and loss. Vol. 1: Attachment.* New York: Basic Books.

Brault, M. W. (2008). *Americans with disabilities: 2005, Current Population Reports, P70-117.* Washington, DC: US Census Bureau.

Brenes, G. A., Guralnik, J. A., Williamson, J. D., Friend, L. P., Simpson, C., Simonsick, E. M., & Penninx, B. W. J. H. (2005). The influence of anxiety on progression of disability. *Journal of the American Geriatrics Society, 53,* 34-39.

Brink, T. L. (1979). *Geriatric psychotherapy.* New York: Human Sciences Press.

Brouwers, N., Sleegers, K., & Van Broeckhoven, C. (2008). Molecular genetics of Alzheimer's disease: An update. *Annals of Medicine, 40*(8), 1-22.

Brown, S., Inskip, H., & Barraclough, B. (2000). Causes of the excess mortality of schizophrenia. *British Journal of Psychiatry, 177,* 212-217.

Buracchio, T., & Kaye, J. (2009). Early diagnosis of Alzheimer's disease and mild cognitive impairment: Imaging, biomarkers, and technology. *Generations, 33*(1), 18-23.

Burgio, L. D., Burgio, K. L., Engel, B. T., & Tice, L. M. (1986). Increasing distance and independence of ambulation in elderly nursing home residents. *Journal of Applied Behavior Analysis, 19,* 357-366.

Burgio, L. D., Stevens, A., Burgio, K., Roth, D., Paul, P., & Gerstle, J. (2000). Teaching and maintaining behavior management in the nursing home. *The Gerontologist, 42,* 487–496.

Burns, D. D. (1999). *Feeling good: The new mood therapy.* New York: HarperCollins.

Burns, D. D., Shaw, B. F., & Crocker, W. (1987). Thinking styles and coping strategies of depressed women: An empirical investigation. *Behavioral Research and Therapy, 25,* 223–225.

Butler, R. (1974). Successful aging and the role of life review. *Journal of the American Geriatric Society, 22,* 529–535.

Butler, R. N., Lewis, M., & Sunderland, T. (1991). *Aging and mental health: Positive psychosocial and biomedical approaches.* New York: Merrill.

Butler, R. N., Lewis, M., & Sunderland, T. (1998). *Aging and mental health: Positive psychosocial and biomedical approaches* (5th ed.). Boston: Allyn & Bacon.

Caine, E., Lyness, J., & Conwell, Y. (1996). Diagnosis of late-life depression: Preliminary studies in primary care settings. *American Journal of Geriatric Psychiatry, 4,* 45–50.

Cairney, J., McCabe, L., Veldhuizen, S., Corna, L. M., Streiner, D., & Herrmann, N. (2007). Epidemiology of social phobia in later life. *American Journal of Geriatric Psychiatry, 15,* 224–233.

Camp, C. (2006). Spaced retrieval: A model for dissemination of a cognitive intervention for persons with dementia. In D. K. Attix & K. A. Welsh-Bohmer (Eds.), *Geriatric neuropsychology: Assessment and intervention* (pp. 275–292). New York: Guilford.

Campbell, S. S., Murphy, P., & Stauble, T. N. (2005). Effects of a nap on nighttime sleep and waking function in older subjects. *Journal of the American Geriatrics Society, 53,* 48–53.

Caplan, G. (1970). *The theory and practice of mental health consultation.* New York: Basic Books.

Carpenter, W. T., & Buchanan, R. W. (2008). Lessons to take home from CATIE. *Psychiatric Services, 59,* 523–525.

Carr, V. (1988). Patients' techniques for coping with schizophrenia: An exploratory study. *British Journal of Medical Psychology, 61,* 339–352.

Carstensen, L. L. (1992). Social and emotional patterns in adulthood: Support for socioemotional selectivity theory. *Psychology and Aging, 7,* 331–338.

Carstensen, L. L., & Fisher, J. E. (1991). Problems of the elderly in nursing homes. In P.

Wisocki (Ed.), *Handbook of clinical behavior therapy with the elderly client* (pp. 337-362). New York: Plenum.

Carstensen, L. L., Fung, H., & Charles, S. (2003). Socioemotional selectivity theory and the regulation of emotion in the second half of life. *Motivation and Emotion, 27,* 103-123.

Carstensen, L. L., Isaacowitz, D. M., & Charles, S. T. (1999). Taking time seriously: A theory of socioemotional selectivity. *American Psychologist, 54,* 165-181.

Carter, E., & McGoldrick, M. (1988). *The changing family life cycle: A framework for family therapy* (2nd ed.). New York: Gardner Press.

Carver, C. S. (1997). You want to measure coping but your protocol's too long: Consider the Brief COPE. *International Journal of Behavioral Medicine, 4,* 92-100.

Carver, C. S., Scheier, M. F., & Weintraub, J. K. (1989). Assessing coping strategies: A theoretically based approach. *Journal of Personality and Social Psychology, 56,* 267-283.

Castle, D. J., & Murray, R. M. (1993). The epidemiology of late-onset schizophrenia. *Schizophrenia Bulletin, 19,* 691-700.

Centers for Disease Control and Prevention (CDC). (2007). *Behavioral risk factor surveillance system survey data.* Atlanta, GA: US Department of Health and Human Services, Centers for Disease Control and Prevention.

Centers for Disease Control and Prevention (CDC). Web-Based Injury Statistics Query and Reporting System (WISQARS) [Online]. (2005). National Center for Injury Prevention and Control, CDC. Retrieved April 27, 2009, from http://www.cdc.gov/injury/wisqars/.

Centers for Disease Control and Prevention & Alzheimer's Association. (2007). *The healthy brain initiative: A national public health road map to maintaining cognitive health.* Chicago: Alzheimer's Association.

Centers for Disease Control and Prevention & The Merck Company Foundation. (2008). *The state of aging and health in America 2007.* Whitehouse Station, NJ: The Merck Company Foundation. Retrieved from http://www.cdc.gov/aging/pdf/ saha_2007.pdf.

Centers for Disease Control and Prevention & the National Association of Chronic Disease Directors. (2008). *The state of mental health and aging in America issue brief 1: What do the data tell us?* Atlanta, GA: National Association of Chronic Disease Directors. Retrieved from http://www.cdc.gov/aging/pdf/ mental_health.pdf.

Centers for Medicare and Medicaid Services (CMS). (2010). *Medicare and you, 2010.*

Baltimore: US Department of Health and Human Services.

Charney, D. S., Reynolds, C. F. III, Lewis, L., Lebowtiz, B. D., Sunderland, T., Alexopoulos, G. S., Blazer, D. G., Katz, I. R., Meyers, B. S., Areán, P. A., Borson, S., Brown, C., Bruce, M. L., Callahan, C. M., Charlson, M. E., Conwell, Y., Cuthbert, B. N., Devanand, D. P., Gibson, M. J., Gottlieb, G. L., Krishnan, K. R., Laden, S. K., Lyketsos, C. G., Mulsant, B. H., Niederehe, G., Olin, J. T., Oslin, D. W., Pearson, J., Persky, T., Pollock, B. G., Raetzman, S., Reynolds, M., Salzman, C., Schulz, R., Schwenk, T. L., Scolnick, E., Unützer, J., Weissman, M. M., & Young, R. C. (2003). Depression and Bipolar Support Alliance consensus statement on the unmet needs in diagnosis and treatment of mood disorders in late life. *Archives of General Psychiatry, 60,* 664–672.

Ciompi, L. (1980). The natural history of schizophrenia in the long term. *British Journal of Psychiatry, 136,* 413–420.

Clark, L. A. (2009). Stability and change in personality disorder. *Current Directions in Psychological Science, 18,* 27–31.

Clotfelter, C. T. (2004). *After Brown: The rise and retreat of school desegregation.* Princeton, NJ: Princeton University Press.

Cohen, C. I. (2000). Practical geriatrics: Directions for research and policy on schizophrenia and older adults: Summary of the GAP committee report. *Psychiatric Services, 51,* 299–302.

Cohen, C. I., Magai, C., Yaffee, R., Huangthaison, P., & Walcott-Brown, L. (2006a). The prevalence of phobia and its associated factors in a multiracial aging urban population. *American Journal of Geriatric Psychiatry, 14,* 507–514.

Cohen, C. I., Magai, C., Yaffee, R., Huangthaison, P., & Walcott-Brown, L. (2006b). The prevalence of anxiety and associated factors in a multiracial sample of older adults. *Psychiatric Services, 57,* 1719–1725.

Cohen, G. D. (1992). The future of mental health and aging. In J. E. Birren, R. B. Sloane, & G. D. Cohen (Eds.), *Handbook of mental health and aging* (2nd ed., pp. 893–914). San Diego, CA: Academic Press.

Cohen, S., Kamarck, T., & Mermelstein, R. (1983). A global measure of perceived stress. *Journal of Health and Social Behavior, 4,* 385–396.

Cohen-Mansfield, J., & Jensen, B. (2008). Nursing home physicians' knowledge of and attitudes toward nonpharmacological interventions for treatment of behavioral disturbances associated with dementia. *Journal of American Medical Directors*

Association, 9, 491–498.

Cohen-Mansfield, J., & Libin, A. (2004). Assessment of agitation in elderly patients with dementia: Correlations between informant rating and direct observation. *International Journal of Geriatric Psychiatry, 19,* 881–891.

Cohler, B. J. (1993). Aging, morale, and meaning: The nexus of narrative. In T. R. Cole, W. A. Achenbaum, P. L. Jakobi, & R. Kastenbaum (Eds.), *Voices and visions of aging: Toward a critical gerontology* (pp. 107–133). New York: Springer.

Cohler, B. J., & Hostetler, A. J. (2003). Linking life course and life story: Social change and the narrative study of lives. In J. Mortimer & R. Shanahan (Eds.), *Handbook of the life course* (pp. 555–578). New York: Kluwer Academic/Plenum.

Cohn, M. D., & Smyer, M. A. (1988). Mental health consultation: Process, professions, and models. In M. A. Smyer, M. D. Cohn, & D. Brannon (Eds.), *Mental health consultation in nursing homes* (pp. 46–63). New York: New York University Press.

Cohn, M. D., Smyer, M. A., & Horgas, A. L. (1994). *The ABCs of behavior change: Skills for working with behavior problems in nursing homes.* State College, PA: Venture Publishing.

Colarusso, C. A., & Nemiroff, R. A. (1979). Some observations and hypotheses about the psychoanalytic theory of adult development. *International Journal of Psycho-Analysis, 60,* 59–71.

Cole, C. L. (1986). Developmental tasks affecting the marital relationship in later life. *American Behavioral Scientist, 29,* 389–403.

Colton, C. W., & Manderscheid, R. W. (2006). Congruencies in increased mortality rates, years of potential life lost, and causes of death among public mental health clients in eight states. *Preventing Chronic Disease, 3,* 1–14.

Conwell, Y. (1994). Suicide in elderly patients. In L. S. Schneider, C. F. Reynolds, B. D. Lebowitz, & A. J. Friedhoff (Eds.), *Diagnosis and treatment of depression in late life: Results of the NIH consensus development conference* (pp. 397–418). Washington, DC: American Psychiatric Press.

Coolidge, F. L., & Segal, D. L. (1998). Evolution of the personality disorder diagnosis in the *Diagnostic and Statistical Manual of Mental Disorders. Clinical Psychology Review, 18,* 585–899.

Coolidge, F. L., Segal, D. L., Hook, J. N., & Stewart, S. (2000). Personality disorders and coping among anxious older adults. *Journal of Anxiety Disorders, 14,* 157–172.

Coolidge, F. L., Segal, D. L., Pointer, J. C., Knaus, E. A., Yamazaki, T. G., & Silberman, C. S. (2000). Personality disorders in older adult inpatients with chronic mental illness. *Journal of Clinical Geropsychology, 6,* 63–72.

Coolidge, F. L., Thede, L. L., & Jang, K. L. (2001). Heritability of personality disorders in childhood: A preliminary investigation. *Journal of Personality Disorders, 15,* 33–40.

Coon, D. W., Gallagher-Thompson, D., & Thompson, L. W. (2003). *Innovative approaches to reduce dementia caregiver distress: A clinical guide.* New York: Springer.

Costa, P. T., & McCrae, R. R. (1994). Depression as an enduring disposition. In L. S. Schneider, C. F. Reynolds, B. D. Lebowitz, & A. J. Friedhoff (Eds.), *Diagnosis and treatment of depression in late life: Results of the NIH consensus development conference* (pp. 155–167). Washington, DC: American Psychiatric Press.

Council on Scientific Affairs, American Medical Association. (1996). Alcoholism in the elderly. *Journal of the American Medical Association, 275,* 797–801.

Crowther, M., & Austin, A. (2009). The cultural context of clinical work with aging caregivers. In S. H. Qualls & S. H. Zarit (Eds.), *Aging families and caregiving* (pp. 45–60). Hoboken, NJ: John Wiley & Sons, Inc.

Crowther, M. R., & Zeiss, A. M. (1999). Cognitive-behavior therapy in older adults: A case involving sexual functioning. *In Session: Psychotherapy in Practice, 55,* 961–975.

Cuijpers, P., van Straten, A., Andersson, G., & van Oppen, P. (2008). Psychotherapy for depression in adults: A meta-analysis of comparative outcomes studies. *Journal of Consulting and Clinical Psychology, 76,* 909–922.

Cutler, L. (2007). Physical environments of assisted living: Research needs and challenges. *The Gerontologist, 47,* 68–82.

Dale, W., Hougham, G. W., Hill, E. K., & Sachs, G. A. (2006). High interest in screening and treatment for mild cognitive impairment in older adults: A pilot study. *Journal of American Geriatrics Society, 54,* 1388–1394.

Daruna, J. H. (2004). *Introduction to psychoneuroimmunology.* San Diego, CA: Elsevier Academic Press.

David-Ferdon, C., & Kaslow, N. (2008). Evidence-based psychosocial treatments for child and adolescent depression. *Journal of Clinical Child and Adolescent Psychology, 37,* 162–104.

Davidson, M., Harvey, P. D., Powchick, P., Parrella, M., White, L., Knobler, H. Y., Losonczy, M. F., Keefe, R. S., Katz, S., & Frecska, E. (1995). Severity of symptoms in chronically institutionalized geriatric schizophrenic patients. *American Journal of Psychiatry, 152,* 197-207.

Davies, H. D., Zeiss, A. M., Shea, E. A., & Tinklenberg, J. R. (1998). Sexuality and intimacy in Alzheimer's patients and their partners. *Sexuality and Disability, 16,* 193-203.

Davis, M. C., Zautra, A. J., Johnson, L. M., Murray, K. E., & Okvat, H. A. (2007). Psychosocial stress, emotion regulation, and resilience among older adults. In C. M. Aldwin, C. L. Park, & A. Spiro (Eds.), *Handbook of health psychology and aging* (pp. 250-266). New York: Guilford.

Day, K. L., Mc Guire, L. C., & Anderson, L. A. (2009). The CDC Healthy Brain Initiative: Public health and cognitive impairment. *Generations, 33*(1), 11-17.

Deacon, B., Lickel, J., & Abramowitz, J. S. (2008). Medical utilization across the anxiety disorders. *Journal of Anxiety Disorders, 22,* 344-350.

DeLamater, J. D., & Sill, M. (2005). Sexual desire in later life. *Journal of Sex Research, 42,* 138-149.

Dew, M. A., Hoch, C. C., Buysse, D. J., Monk, T. H., Begley, A. E., Housck, P. R., Hall, M., Kupfer, D. J., & Reynolds, C. F. (2003). Healthy older adults' sleep predicts all-cause mortality at 4 to 19 years of follow-up. *Psychosomatic Medicine, 65,* 63-72.

Dick, D. M., & Bierut, L. J. (2006). The genetics of alcohol dependence. *Current Psychiatry Reports, 8,* 151-157.

Diehl, M., Coyle, N., & Labouvie-Vief, G. (1996). Age and sex differences in strategies of coping and defense across the life span. *Psychology and Aging, 11,* 127-139.

DiNardo, P. A., Brown, T. A., & Barlow, D. H. (1994). *Anxiety Disorder Interview Schedule for DSM-IV: Lifetime Version (ADIS-IV-L).* San Antonio, TX: Psychological Corporation/Graywind Publications Incorporated.

Dobson, K. S., & Dozois, D. J. A. (2001). Historical and philosophical bases of the cognitive-behavioral therapies. In K. S. Dobson (Ed.), *Handbook of cognitive-behavioral therapies* (2nd ed., pp. 3-39). New York: Guilford.

Dozois, D. J. A., Frewen, P. A., & Covin, R. (2006). Cognitive theories. In J. C. Thomas & D. L. Segal (Eds.), Personality and everyday functioning. Vol. *1* in M. Hersen & J. C. Thomas (Eds.-in-Chief), *Comprehensive handbook of personality and psychopathology* (pp. 173-191). Hoboken, NJ: John Wiley & Sons, Inc.

Drake, R. E., Osher, F. C., & Wallach, M. A. (1989). Alcohol use and abuse in schizophrenia: A prospective community study. *Journal of Nervous and Mental Disease, 177,* 408-

414.

Drake, R. E., Wallach, M. A., & Hoffman, J. S. (1989). Housing instability and homelessness among aftercare patients of an urban state hospital. *Hospital and Community Psychiatry, 40*(1), 46–51.

Druss, B. G., Marcus, S. C., Campbell, J., Cuffel, B., Harnett, J., Ingoglia, C., & Mauer, B. (2008). Medical services for clients in community mental health centers: Results from a national survey. *Psychiatric Services, 59,* 917–920.

Duberstein, P. R., Conwell, Y., Conner, K. R., Eberly, S., & Caine, E. D. (2004). Suicide at 50 years and older: Perceived physical illness, family discord and financial strain. *Psychological Medicine, 34,* 137–146.

Dunn, K. M., Croft, P. R., & Hackett, G. I. (1999). Association of sexual problems with social, psychological, and physical problems in men and women: A cross-sectional population survey. *Journal of Epidemiology and Community Health, 53,* 144–148.

Dupree, L. W., & Schonfeld, L. (1996). Substance abuse. In M. Hersen & V. B. Van Hasselt (Eds.), *Psychological treatment of older adults* (pp. 281–2970. New York: Plenum.

Dupree, L. W., Broskowski, H., & Schonfeld, L. (1984). The Gerontology Alcohol Project: A behavioral treatment program for elderly alcohol abusers. *The Gerontologist, 24,* 510–516.

Dworkin, R. H. (1994). Pain insensitivity in schizophrenia: A neglected phenomenon and some implications. *Schizophrenia Bulletin, 20,* 235–248.

D'Zurilla, T. J., & Nezu, A. M. (2007). *Problem-solving therapy: A positive approach to clinical intervention* (3rd ed.). New York: Springer.

Edelstein, B. A., Woodhead, E. L., Segal, D. L., Heisel, M. J., Bower, E. H., Lowery, A. J., & Stoner, S. A. (2008). Older adult psychological assessment: Current instrument status and related considerations. *Clinical Gerontologist, 31*(3), 1–35.

Eisdorfer, C., Czaja, S. J., Loewenstein, D. A., Rubert, M. P., Arguelles, S., Mitrani, V. B., & Szapocznik, J. (2003). The effect of a family therapy and technology-based intervention on caregiver depression. *The Gerontologist, 43,* 521–531.

Eisenberg, L. (2005). Violence and the mentally ill: Victims, not perpetrators. *Archives of General Psychiatry, 62,* 825–826.

Elder, G. H., Jr. (1974). *Children of the Great Depression: Social change and life experiences.* Chicago: University of Chicago Press.

Ellis, A. (1991). *Reason and emotion in psychotherapy.* New York: Citadel.

Ellis, A., & Dryden, W. (2007). *The practice of rational emotive behavior therapy* (2nd ed.). New York: Springer.

Elson, P. (2005). Do older adults presenting with memory complaints wish to be told if later diagnosed with Alzheimer's disease? *International Journal of Geriatric Psychiatry, 21,* 419-425.

Elwood, W. N. (Ed.). (1999). *Power in the blood: A handbook on AIDS, politics, and communication.* Mahwah, NJ: Erlbaum.

Engels, G. I., & Vermey, M. (1997). Efficacy of non-medical treatment of depression in elders: A quantitative analysis. *Journal of Clinical Geropsychology, 3,* 17-34.

Epictetus. (1955). *The enchiridion.* (G. Long, Trans.). New York: Promethean Press. (Original c.101AD.)

Erikson, E. H. (1963). *Childhood and society* (2nd ed.). New York: Norton.

Erikson, E. H., Erikson, J. M., & Kivnick, H. Q. (1986). *Vital involvement in old age.* New York: Norton.

Fairchild, K., & Scogin, F. (2008). Assessment and treatment of depression. In K. Laidlaw & B. G. Knight (Eds.), *Handbook of emotional disorders in later life: Assessment and treatment* (pp. 213-231). New York: Oxford University Press.

Falloon, I., & Talbot, R. E. (1981). Persistent auditory hallucinations: Coping mechanisms and implications for management. *Psychological Medicine, 11,* 329-339.

Farias, S. T., Mungas, D., & Jagust, W. (2005). Degree of discrepancy between self and other-reported everyday functioning by cognitive status: Dementia, mild cognitive impairment, and healthy elders. *International Journal of Geriatric Psychiatry, 20,* 827-834.

Fazel, S., & Danesh, J. (2002). Serious mental disorder in 23,000 prisoners: A systematic review of 62 surveys. *Lancet, 359,* 545-550.

Federal Interagency Forum on Aging-Related Statistics. (2008). *Older Americans 2008: Key indicators of well-being.* Federal Interagency Forum on Aging-Related Statistics. Washington, DC: United States Government Printing Office.

Feeney, S. L. (2004). The relationship between pain and negative affect in older adults: Anxiety as a predictor of pain. *Journal of Anxiety Disorders, 18,* 733-744.

Ferri, C. P., Prince, M., Brayne, C., Brodaty, H., Fratiglioni, L., Ganguli, M. et al. (2005). Global prevalence of dementia: A Delphi consensus study. *The Lancet, 366,* 2112-2117.

Fillenbaum, G. G., van Belle, G., Morris, J. C., Mohs, R. C., Mirra, S. S., Davis, P. C., et al. (2008). Consortium to Establish a Registry for Alzheimer's Disease (CERAD): The first twenty years. *Alzheimer's and Dementia, 4,* 96–109.

Finch, C. E., & Mogran, D. (1987). Aging and schizophrenia: A hypothesis relating to asynchrony in neural aging processes to the manifestations of schizophrenia and other neurologic diseases with age. In N. E. Miller & G. Cohen (Eds.), *Schizophrenia and aging* (pp. 97–108). New York: Guilford.

Fingerhood, M. (2000). Substance abuse in older people. *Journal of the American Geriatrics Society, 48,* 985–995.

Fingerman, K. L., Miller, L. M., & Seidel, A. J. (2009). Functions families serve in old age. In S. H. Qualls & S. H. Zarit (Eds.), *Aging families and caregiving* (pp. 19–44). Hoboken, NJ: John Wiley & Sons, Inc.

First, M. B., Spitzer, R. L., Gibbon, M., & Williams, J. B. W. (2002). *Structured Clinical Interview for DSM-IV-TR Axis I Disorders, Research Version, Patient Edition (SCID-I/P).* New York: Biometrics Research, New York State Psychiatric Institute.

Fisher, J. E., & Noll, J. P. (1996). Anxiety disorders. In L. L. Carstensen, B. A., Edelstein, & L. Dornbrand (Eds.), *The practical handbook of clinical gerontology* (pp. 304–323). Thousand Oaks, CA: Sage.

Fiske, A., Wetherell, J. L., & Gatz, M. (2009). Depression in older adults. *Annual Review of Clinical Pystandard, 5,* 363–389.

Flint, A. (1994). Epidemiology and comorbidity of anxiety disorders in the elderly. *American Journal of Psychiatry, 151,* 640–649.

Floyd, M., Scogin, F., McKendree-Smith, N. L., Floyd, D. L., & Rokke, P. D. (2004). Cognitive therapy for depression: A comparison of individual psychotherapy and bibliotherapy for depressed older adults. *Behavior Modification, 28,* 297–318.

Foley, D. J., Monjan, A. a., Brown, S. I. et al. (1995). Sleep complaints among elderly persons: An epidemiological study of three communities. *Sleep, 18,* 425–432.

Folkman, S., & Lazarus, R. S. (1988). *Manual for the Ways of Coping Questionnaire.* Palo Alto, CA: Consulting Psychologists Press.

Folkman, S., Lazarus, R. S., Pimley, S., & Novacek, J. (1987). Age differences in stress and coping processes. *Psychology and Aging, 2,* 171–184.

Folsom, D. P., Depp, C., Palmer, B. W., Mausbach, B. T., Golshan, S., Fellows, I., Cardenas, V., Patterson, T. L., Kraemer, H. C., & Jeste, D. V. (2009). Physical and mental health-related quality of life among older people with schizophrenia. *Schizophrenia Research, 108,* 207–213.

Folsom, D. P., McCahill, M., Bartels, S. J., Lindamer, L. A., Ganiats, T. G., & Jeste, D. V. (2002). Medical comorbidity and receipt of medical care by older homeless people with schizophrenia or depression. *Psychiatric Services, 53,* 1456–1460.

Folstein, M., Bassett, S., Romanoski, A., & Nestadt, G. (1991). The epidemiology of delirium in the community: The Eastern Baltimore Mental Health Survey. *International Psychogeriatrics, 3*(2), 169–176.

Folstein, M. F., Folstein, S. E., & McHugh, P. R. (1975). "Mini-Mental State": A practical method for grading the cognitive state of patients for the clinician. *Journal of Psychiatric Research, 12,* 189–198.

Fortinsky, R. H., Tennen, H., Frank, N., & Affleck, G. (2007). Health and psychological consequences of caregivig. In C. M. Aldwin, C. L. Park, & A. Spiro (Eds.), *Handbook of health psychology and aging* (pp. 227–249). New York: Guilford.

Foster, S. M., Cornwell, R. E., Kisley, M. A., & Davis, H. P. (2006). Cognitive changes across the lifespan. In S. H. Qualls & M. A. Smyer (Eds.), *Changes in decision-making capacity in older adults: Assessment and intervention* (pp. 25–60). Hoboken, NJ: John Wiley & Sons, Inc.

Fox, L. S., & Knight, B. G. (2005). The effects of anxiety on attentional processes in older adults. *Aging and Mental Health, 9,* 585–593.

Fry, P. S. (1986). Assessment of pessimism and despair in the elderly: A Geriatric Scale of Hopelessness. *Clinical Gerontologist, 5,* 193–201.

Futterman, A., Thompson, L. W., Gallagher-Thompson, D., & Ferris, R. (1995). Depression in later life: Epidemiology, assessment, etiology and treatment. In E. Beckham & R. Leber (Eds.), *Handbook of depression* (2nd ed., pp. 494–525). New York: Guilford.

Gabryelewicz, T., Styczynska, M., Pfeffer, A., Wasiak, B., Barczak, A., Luczywek, E., Androsiuk, W., & Barcikowska, M. (2004). Prevalence of major and minor depression in elderly persons with mild cognitive impairment – MADRS factor analysis. *International Journal of Geriatric Psychiatry, 19,* 1168–1172.

Gallagher, D., & Frankel, A. S. (1980). Depression in older adult(s): A moderate structuralist viewpoint. *Psychotherapy: Theory, Research and Practice, 17*(1), 101–104.

Gallagher, D., & Thompson, L. W. (1981). *Depression in the elderly: A behavioral treatment manual.* Los Angeles: University of Southern California Press.

Gallagher-Thompson, D., & Coon, D. W. (2007). Evidence-based psychological treatments for distress in family caregivers of older adults. *Psychology and Aging, 22,* 37–51.

Gallagher-Thompson, D., & Steffan, A. M. (1994). Comparative effects of cognitive-behavioral and brief psychodynamic psychotherapies for depressed family caregivers. *Journal of Consulting and Clinical Psychology, 62,* 543–549.

Gallagher-Thompson, D., Steffan, A. M., & Thompson, L. W. (Eds.). (2008). *Handbook of behavioral and cognitive behavioral therapies with older adults.* New York: Springer.

Gallagher-Thompson, D., & Thompson, L. W. (2010). *Treating late-life depression: A cognitive-behavioral therapy approach: Therapist guide.* New York: Oxford University Press.

Garcia-Borreguero, D., Larrosa, O., & Bravo, M. (2003). Parkinson's disease and sleep. *Sleep Medicine Reviews, 7,* 115–129.

Garnets, L., & Peplau, L. A. (2006). Sexuality in the lives of aging lesbian and bisexual women. In D. Kimmel, T. Rose, & S. David (Eds.), *Lesbian, gay, bisexual and transgender aging: Research and clinical perspectives* (pp. 70–90). New York: Columbia University Press.

Gatz, M. (1992). Stress, control, and psychological interventions. In M. L. Wykle, E. Kahana, & J. Kowal (Eds.), *Stress and health among the elderly* (pp. 209–222). New York: Springer.

Gatz, M., Bengtson, V. L., & Blum, M. J. (1990). Caregiving families. In J. E. Birren & K. W. Schaie (Eds.), *Handbook of psychology and aging* (3rd ed., pp. 404–426). San Diego, CA: Academic Press.

Gatz, M., Fiske, A., Fox, L. S., Kaskie, B., Kasl-Godley, J., McCallum, T. J., & Wetherell, J. (1998). Empirically validated psychological treatments for older adults. *Journal of Mental Health and Aging, 4,* 9–46.

Gatz, M., Kasl-Godley, J. E., & Karel, M. J. (1996). Aging and mental disorders. In J. E. Birren & K. W. Schaie (Eds.), *Handbook of the psychology of aging* (4th ed., pp. 365–382). San Diego, CA: Academic Press.

Gatz, M., Kasl-Godley, J., & Karel, M. (1996). Aging and mental disorders. In J. E. Birren & K. W. Schaie (Eds.), *Handbook of the psychology of aging* (4th ed., pp. 365–382). San Diego, CA: Academic Press.

Gatz, M., & Smyer, M. A. (1992). The mental health system and older adults in the 1990s.

American Psychologist, 47, 741–751.

Gatz, M., & Smyer, M. A. (2001). Mental health and aging at the outset of the twenty-first century. In J. E. Birren & K. W. Schaie (Eds.), *Handbook of the psychology of aging* (5th ed., pp. 523–544). San Diego, CA: Academic Press.

Gaugler, J., Roth, D., Haley, W., & Mittelman, M. (2008). Can counseling and support reduce burden and depressive symptoms in caregivers of people with Alzheimer's disease during the transition to institutionalization? Results from the New York University Caregiver Intervention Study. *Journal of the American Geriatrics Society, 56,* 421–428.

Gellis, Z. D., McGinty, J., Horowitz, A., Bruce, M. L., & Misener, E. (2007). Problem-solving therapy for late-life depression in home care: A randomized field trial. *American Journal of Geritric Psychiatry, 15,* 968–978.

George, L. K. (1994). Social factors and depression in late life. In. L. S. Schneider, C. F. Reynolds, B. D. Lebowitz, & A. J. Friedhoff (Eds.), *Diagnosis and treatment of depression in late life: Results of the NIH consensus development conference* (pp. 131–153). Washington, DC: American Psychiatric Press.

Gilford, R., & Bengtson, V. (1979). Measuring marital satisfaction in three generations: Positive and negative dimensions. *Journal of Marriage and the Family, 41,* 387–398.

Gitlin, L. N., Belle, S. H., Burgio, L. D., Czaja, S. J., Mahoney, D., Gallagher-Thompson, D., Burns, R., Hauck, W. W., Zhang, S., Schulz, R., & Ory, M. G. (2003). Effect of multicomponent interventions on caregiver burden and depression: The REACH multisite initiative at 6-month follow-up. *Psychology and Aging, 18,* 361–374.

Goldberg, J. H., Breckenridge, J. N., & Sheik, J. I. (2003). Age difference in symptoms of depression and anxiety: Examining behavioral medicine outpatients. *Journal of Behavioral Medicine, 26*(2), 119–132.

Goldberg, T. E., Hyde, T. M., Kleinman, J. E., & Weinberger, D. R. (1993). Course of schizophrenia: Neuropsychological evidence for a static encephalopathy. *Schizophrenia Bulletin, 19,* 797–804.

Goldstein, J. M. (1988). Gender differences in the course of schizophrenia. *American Journal of Psychiatry, 145,* 684–689.

Gonyea, J. G., O'Connor, M. K., & Boyle, P. A. (2006). Project CARE: A randomized controlled trial of a behavioral intervention group for Alzheimer's disease caregivers. *The Gerontologist, 46,* 827–832.

Gooneratne, N. S., Weaver, T. E., Cater, J. R., Pack, F. M., Arner, H. M., Greenberg, A. S., & Pack, A. I. (2003). Functional outcomes of excessive daytime sleepiness in older adults. *Journal of the American Geriatrics Society, 51,* 642-649.

Gould, O. N. (2004). Aging, cognition, and medication adherence. In C. Spielberger (Ed.-in-Chief), *Encyclopedia of applied psychology* (pp. 111-116). New York: Elsevier.

Gould, R. L. (1978). *Transformations: Growth and change in adult life.* New York: Simon & Schuster.

Grabowski, D. C., Aschbrenner, K. A., Feng, Z., & Mor, V. (2009). Mental illness in nursing homes: Variations across states. *Health Affairs, 28,* 689-700.

Granholm, E., McQuaid, J. R., McClure, F. S., Auslander, L. A., Perivoliotis, D., Pedrelli, P., Patterson, T., & Jeste, D. V. (2005). A randomized, controlled trial of cognitive behavioral social skills training for middle-aged and older outpatients with chronic schizophrenia. *American Journal of Psychiatry, 162,* 520-529.

Green, J. (2006). Feedback. In D. K. Attix & K. A. Welsh-Bohmer (Eds.), *Geriatric neuropsychology: Assessment and intervention* (pp. 223-236). New York: Guilford.

Green, R. C. (2005). *Diagnosis and management of Alzheimer's disease and other dementias* (2nd ed.). Caddo, OK: Professional Communications.

Grisso, T. (2003). *Evaluating competences* (2nd ed.). New York: Plenum.

Grossman, L. S., Harrow, M., Rosen, C., & Faull, R. (2006). Sex differences in outcome and recovery for schizophrenia and other psychotic and nonpsychotic disorders. *Psychiatric Services, 57,* 844-850.

Gruenewald, T. L., & Kemeny, M. E. (2007). Psychoneuroimmunological processes in aging health. In C. M. Aldwin, C. L. Park, & A. Spiro (Eds.), *Handbook of health psychology and aging* (pp. 97-118). New York: Guilford.

Grundmann, M. (1996). Historical context of father absence: Some consequences for the family formation of German men. *International Journal of Behavioral Development, 19,* 415-431.

Gum, A. M., Areán, P. A., Hunkeler, E., Tang, L., Katon, W., Hitchcock, P. et al. (2006). Depression treatment preferences in older primary care patients. *The Gerontologist, 46,* 14-22.

Gum, A. M., King-Kallimanis, B., & Kohn, R. (2009). Prevalence of mood, anxiety, and substance-abuse disorders for older Americans in the National Comorbidity Survey-Replication. *American Journal of Geriatric Psychiatry, 17,* 769-781.

Gutmann, D. L. (1987). *Reclaimed powers: Toward a new psychology of men and women in later life*. New York: Basic Books.

Gutmann, D. L. (1992). Toward a dynamic geropsychology. In J. W. Barron, M. N. Eagle, & D. L. Wolitzky (Eds.), *Interface of psychoanalysis and psychology* (pp. 284-296). Washington, DC: American Psychological Association.

Hagestad, G. O. (1986). The aging society as a context for family life. *Daedalus, 115*, 119-139.

Hagestad, G. O. (1988). Demographic change and the life course: Some emerging trends in the family realm. *Family Relations, 37*, 405-410.

Halgin, R. P., & Whitbourne, S. K. (2010). *Abnormal psychology: Clinical perspectives on psychological disorders* (6th ed.). New York: McGraw-Hill.

Hamilton, M. (1969). Diagnosis and rating of anxiety. *British Journal of Psychiatry* (Special Publication 3), 76-79.

Harding, C. M., Brooks, G. W., Ashikaga, T., Strauss, J. S., & Breier, A. (1987a). The Vermont longitudinal study of persons with severe mental illness, I: Methodology, study sample, and overall status 32 years later. *American Journal of Psychiatry, 144*, 718-726.

Harding, C. M., Brooks, G. W., Ashikaga, T., Strauss, J. S., & Breier, A. (1987b). The Vermont longitudinal study of persons with severe mental illness, II: Long-term outcome of subjects who retrospectively met DSM-III criteria for schizophrenia. *American Journal of Psychiatry, 144*, 727-735.

Hargrave, T. D., & Anderson, W. T. (1992). *Finishing well: Aging and reparation in the intergenerational family*. New York: Brunner/Mazel.

Harris, M., & Jeste, D. (1988). Late-onset schizophrenia: An overview. *Schizophrenia Bulletin, 14*, 39-55.

Hartman, A. (1997). Aging Holocaust survivors and PTSD. *Dimensions, 4*(3), 3-5.

Hasin, D. S., Goodwin, R. D., Stinson, F. S., & Grant, B. F. (2005). Epidemiology of major depressive disorder: Results from the National Epidemiologic Survey on Alcoholism and Related Conditions. *Archives of General Psychiatry, 62*, 1097-1106.

Heaton, R., Paulsen, J. S., McAdams, L. A., Kuck, J., Zisook, S., Braff, D., Harris, M. J., & Jeste, D. V. (1994). Neuropsychological deficits in schizophrenics: Relationship to age, chronicity, and dementia. *Archives of General Psychiatry, 51*, 469-476.

Heinemann, G. D., & Zeiss, A. (2002). A model of team performance. In G. D. Heinemann & A. M. Zeiss (Eds.), *Team performance in health care: Assessment and development* (pp. 29–42). New York: Kluwer Academic/Plenum.

Heisel, M. J., & Flett, G. L. (2006). The development and initial validation of the Geriatric Suicide Ideation Scale. *American Journal of Geriatric Psychiatry, 14,* 742–751.

Herbert, T. B., & Cohen, S. (1993). Stress and immunity in humans: A meta-analytic review. *Psychosomatic Medicine, 55,* 364–379.

Herr, J. J., & Weakland, J. H. (1979). *Counseling elders and their families.* New York: Springer.

Hinrichsen, G. A. (2008). Interpersonal psychotherapy as a treatment for depression in later life. *Professional Psychology: Research and Practice, 39,* 306–312.

Hinrichsen, G. A., & Clougherty, K. F. (2006). *Interpersonal psychotherapy for depressed older adults.* Washington, DC: American Psychological Association.

Hinrichsen, G. A., & Emery, E. (2005). Interpersonal factors and lafe life depression. *Clinical Psychology: Science and Practice, 12,* 264–275.

Holmes, T., & Rahe, R. (1967). The social readjustment rating scale. *Journal of Psychosomatic Research, 11,* 213–218.

Hootman, J. M., Bolen, J., Helmick, C. G., & Langmaid, G. (2006). Prevalence of doctor-diagnosed arthritis and arthritis-attributable activity limitation: United States, 2003-2005. *Morbidity and Mortality Weekly Report, 55,* 1089–1092.

Hootman, J. M., & Helmick, C. G. (2006). Projections of US prevalence of arthritis and associated activity limitations. *Arthritis and Rheumatism, 54,* 226–229.

Howard, R., Castle, D., Wessely, S., & Murray, R. (1993). A comparative study of 470 cases of early- and late- onset schizophrenia. *British Journal of Psychiatry, 163,* 352–357.

Hughes, J. R., Hatsukami, D. K., Mitchell, J. E., & Dahlgren, L. A. (1986). Prevalence of smoking among psychiatric outpatients. *American Journal of Psychiatry, 143,* 993–997.

Hutchinson, L. C., & O'Brien, C. E. (2007). Changes in pharmacokinetics and pharmacodynamics in the elderly patient. *Journal of Pharmacy Practice, 20,* 4–12.

Hyer, L., & Intrieri, R. (2006). *Geropsychological interventions in long-term care.* New York: Springer.

Institute of Medicine. (2009). *Integrative medicine and the health of the public.* Washington, DC: National Academies Press.

Jackson, J. H. (1984). Remarks on the evolution and dissolution of the nervous system. *Journal of Mental Science, 33,* 25–48.

Jahoda, M. (1958). *Current concepts of positive mental health*. New York: Basic Books.

Jang, K. L., Livesley, W. J., & Vernon, P. A. (1996). The genetic basis of personality at different ages: A cross-sectional twin study. *Personality and Individual Differences, 21,* 299-301.

Jang, K. L., Livesley, W. J., Vernon, P. A., & Jackson, D. N. (1996). Heritability of personality disorder traits: A twin study. *Acta Psychiatrica Scandinavica, 94,* 438-444.

Jeon, H.-S., Dunkle, R., & Roberts, B. L. (2006). Worries of the oldest old. *Health and Social Work, 31,* 256-265.

Jeste, D. V., Alexopoulos, G. S., Bartels, S. J., Cummings, J. L., Gallo, J. J., Gottlieb, G. L., Halpain, M. C., Palmer, B. W., Patterson, T. L., Reynolds, C. F., & Lebowitz, B. D. (1999). Consensus statement on the upcoming crisis in geriatric mental health: Research agenda for the next 2 decades. *Archives of General Psychiatry, 56,* 848-853.

Jeste, D. V., Gladsjo, J. A., Lindamer, L. A., & Lacro, J. P. (1996). Medical comorbidity in schizophrenia. *Schizophrenia Bulletin, 22,* 413-430.

Jeste, D. V., Harris, M. J., Krull, A., Kuck, J., McAdams, L. A., & Heaton, R. (1995). Clinical and neuropsychological characteristics of patients with late-onset schizophrenia. *American Journal of Psychiatry, 152,* 722-730.

Jeste, D. V., Lacro, J. P., Gilbert, P. L., Kline, J., & Kline, N. (1993). Treatment of late-life schizophrenia with neuroleptics. *Schizophrenia Bulletin, 19,* 817-830.

Jeste, D. V., & Nasrallah, H. A. (2003). Schizophrenia and aging: No more dearth of data? *American Journal of Geriatric Psychiatry, 11,* 584-587.

Jeste, D. V., Twamley, E. W., Eyler Zorrilla, L. T., Golshan, S., Patterson, T. L., & Palmer, B. W. (2003). Aging and outcome in schizophrenia. *Acta Psychiatrica Scandinavica, 107,* 336-343.

Johnson, C. J., & Johnson, F. A. (1992). Psychological distress among inner-city American elderly: Structural, developmental, and situational contexts. *Journal of Cross-Cultural Gerontology, 7,* 221-236.

Johnson-Greene, D., & Inscore, A. B. (2005). Substance abuse in older adults. In S. S. Bush & T. A. Martin (Eds.), *Geriatric neuropsychology: Practice essentials* (pp. 429-451). New York: Taylor & Francis.

Jorm, A., Korten, A., & Henderson, A. (1987). The prevalence of dementia: A quantitative integration of the literature. *Acta Psychiatrica Scandinavica, 76,* 465-479.

Jung, C. G. (1933). *Modern man in search of a soul*. New York: Harcourt Brace.

Kahana, E., & Kahana, B. (1996). Conceptual and empirical advances in understanding well through proactive adaptation. In V. Bengtson (Ed.), *Adulthood and aging: Research on continuities and discontinuities* (pp. 18-41). New York: Springer.

Kahana, E., & Kahana, B. (2003). Contextualizing successful aging: New directions in age-old search. In R. Settersten, Jr. (Ed.), *Invitation to the life course: A new look at old age* (pp. 225-255). Amityville, NY: Baywood.

Kahn, R. L. (1975). The mental health system and the future aged. *The Gerontologist, 15*(2), 24-31.

Kaiser Family Foundation. (2009, June). *Explaining health care reform: What is Medicaid?* Washington, DC: The Henry, J. Kaiser Family Foundation. Retrieved from http://www.kff.org/healthreform/upload/7920.pdf.

Karel, M. J., Ogland-Hand, S., Gatz, M., & Unützer, J. (2002). *Assessing and treating late-life depression: A casebook and resource guide*. New York: Basic Books.

Kasl-Godley, J. E. (2011). Health care teams. In S. H. Qualls & J. E. Kasl-Godley (Eds.), *End-of-life issues, grief, and bereavement: What clinicians need to know*. Hoboken, NJ: John Wiley & Sons, Inc.

Kaufer, D. I., & Cummings, J. L. (2003). Delirium and dementia: An overview. In T. E. Feinberg & M. J. Farah (Eds.), *Behavioral neurology and neuropsychology* (2nd ed., pp. 495-500). New York: McGraw-Hill.

Kaufman, D. W., Kelly, J. P., Rosenberg, L., Anderson, T. E., & Mitchell, A. A. (2002). Recent patterns of medication use in the ambulatory adult population of the United States: The Slone survey. *Journal of the American Medical Association, 287*, 337-344.

Kay, D., & Roth, M. (1961). Environmental and hereditary factors in the schizophrenias of old age ("late paraphrenia") and their bearing on the general problem of causation in schizophrenia. *Journal of Mental Science, 107*, 649-686.

Kazdin, A. E. (2001). *Behavior modification in applied settings* (6th ed.). Belmont, CA: Wadsworth/Thompson Learning.

Kelly, C., & McCreadie, R. G. (1999). Smoking habits, current symptoms, and premorbid characteristics of schizophrenic patients in Nithsdale, Scotland. *American Journal of Psychiatry, 156*, 1751-1757.

Kelly, K. G., & Zisselman, M. (2000). Update on electroconvulsive therapy (ECT) in older adults. *Journal of the American Geriatrics Society, 48*, 560-566.

Kemp, B. J., & Mitchell, J. M. (1992). Functional impairment in geriatric mental health. In J. E.

Birren, R. B. Sloane, & G. D. Cohen (Eds.), *Handbook of mental health and aging* (2nd ed., pp. 671–697). San Diego, CA: Academic Press.

Kendler, K. S., Aggen, S. H., Czajkowski, N., Røysamb, E., Tambs, K., Torgersen, S., Neale, M. C., & Reichborn-Kjennerud, T. (2008). The structure of genetic and environmental risk factors for DSM-IV personality disorders: A multivariate twin study. *Archives of General Psychiatry, 65,* 1438–1446.

Kendler, K. S., Gatz, M., Gardner, C. O., & Pedersen, N. L. (2006). A Swedish national twin study of lifetime major depression. *American Journal of Psychiatry, 163,* 109–114.

Kessler, R. C., Berglund, P. A., Demler, O., Jin, R., & Walters, E. E. (2005). Lifetime prevalence and age-of-onset distribution of DSM-IV disorders in the National Comorbidity Survey Replication (NCS-R). *Archives of General Psychiatry, 62,* 593–602.

Kiecolt-Glaser, J. K. (2009). Psychoneuroimmunology: Psychology's gateway to the biomedical future. *Perspectives on Psychological Science, 4,* 367–369.

Kim, J. H., Knight, B. G., & Longmire, C. V. (2007). The role of familism in stress and coping processes among African American and White dementia caregivers: Effects on mental and physical health. *Health Psychology, 26,* 564–576.

Kimmel, D., Rose, T., & David, S. (Eds.). (2006). *Lesbian, gay, bisexual and transgender aging: Research and clinical perspectives.* New York: Columbia University Press.

King, C., Van Hasselt, V. B., Segal, D. L., & Hersen, M. (1994). Diagnosis and assessment of substance abuse in older adults: Current strategies and issues. *Addictive Behaviors, 19,* 41–55.

Kinsella, K. (1995). Aging and the family: Present and future demographic issues. In R. Blieszner & V. H. Bedford (Eds.), *Handbook on aging and the family* (pp. 32–56). Westport, CT: Greenwood Press.

Kivnick, H. Q. (1985). Grandparenthood and mental health. In V. L. Bengtson & J. F. Robertson (Eds.), *Grandparenthood* (pp. 211–224). Beverly Hills, CA: Sage.

Kivnick, H. Q. (1993). Everyday mental health: A guide to assessing life strengths. In M. A. Smyer (Eds.), *Mental health and aging* (pp. 19–36). New York: Springer.

Klerman, G. L., Weissman, M. M., Rounsaville, B. J., & Chevron, E. S. (1984). *Interpersonal psychotherapy of depression.* Northvale, NJ: Jason Aronson.

Knight, B. G. (2004). *Psychotherapy with older adults* (3rd ed.). Thousand Oaks, CA: Sage.

Knight, B. G., Flynn Longmire, C. V., Dave, J., Kim, J. H., & David, S. (2007). Mental health and physical health of family caregivers: A comparison of African American and White caregivers. *Aging and Mental Health, 11,* 538–546.

Knight, B. G., Karel, M., Hinrichsen, G., Qualls, S. H., & Duffy, M. (2009). Pikes Peak model for training in professional geropsychology. *American Psychologist, 64,* 205–214.

Knight, B. G., Lutzky, S. M., & Macofsky-Urban, F. (1993). A meta-analytic review of interventions for caregiver distress: Recommendations for future research. *The Gerontologist, 33,* 240–248.

Knight, B. G., & Qualls, S. H. (1995). The older client in developmental context: Life course and family systems perspectives. *Clinical Psychologist, 48*(2), 11–17.

Knight, B. G., & Satre, D. D. (1999). Cognitive behavioral psychotherapy with older adults. *Clinical Psychology: Science & Practice, 6,* 188–203.

Knopman, D., Donohue, J. A., & Gutterman, E. M. (2000). Patterns of care in the early stages of Alzheimer's disease: Impediments to timely diagnosis. *Journal of the American Geriatrics Society, 48,* 300–304.

Kohut, H. (1971). *The analysis of the self.* New York: International Universities Press.

Kong, E., Evans, L., & Guevara, J. (2009). Nonpharmacological intervention for agitation in dementia: A systematic review and meta-analysis. *Aging and Mental Health, 13,* 512–520.

Koran, L. M., Sox, H. C., Marton, K. I. et al. (1989). Medical evaluation of psychiatric patients. *Archives of General Psychiatry, 46,* 733–740.

Kraepelin, E. (1971). *Dementia praecox and paraphrenia* (R. M. Barclay, Trans.). Huntington, NY: Rovert E. Kreiger. (Original work published in 1919.)

Krause, N. (1995a). Stress and well-being in later life: Using research findings to inform intervention design. In L. A. Bond, S. J. Cutler, & A. Grams (Eds.), *Promoting successful and productive aging* (pp. 203–219). Thousand Oaks, CA: Sage.

Krause, N. (1995b). Stress, alcohol use, and depressive symptoms in later life. *The Gerontologist, 35,* 296–307.

Kumar, R., Dear, K. B. G., Christensen, H., Ilschner, S., Jorm, A. F., Meslin, C. et al. (2005). Prevalence of mild cognitive impairment in 60–64-year-old community-dwelling individuals: The Personality and Total Health through Life 60+ Study. *Dementia and Geriatric Cognitive Disorders, 19,* 67–74.

Lai, H.-L., & Good, M. (2005). Music improves sleep in older adults. *Journal of Advanced Nursing, 49,* 234–244.

Laidlaw, K., Thompson, L. W., Dick-Siskin, L., & Gallagher-Thompson, D. (2004). *Cognitive behavior therapy with older people.* Hoboken, NJ: John Wiley & Sons, Inc.

Lair, T., & Lefkowitz, D. (1990). Mental health and functional status of residents of nursing and personal care homes. In *National Medical Expenditure Survey Research Findings 7* (DHHS Publication No. PHS90-3470). Rockville, MD: Public Health Service, Agency for Health Care Policy and Research.

Larimer, M. E., & Kilmer, J. R. (2000). Natural history. In G. Zernig, A. Saria, M. Kurz, & S. O' Malley (Eds.), *Handbook of alcoholism* (pp. 13-28). Boca Raton, FL: CRC Press.

Laumann, E. O., Nicolosi, A., Glasser, D. B., Paik, A., Gingell, C., Moreira, E., Wang, T., & GSSAB Investigator's Group. (2005). Sexual problems among women and men aged 40-80 years: Prevalence and correlates identified in the Global Study of Sexual Attitudes and Behaviors. *International Journalof Impotence Research, 17,* 39-57.

Lawton, M. P. (1979). Therapeutic environments for the aged. In D. Canter & S. Canter (Eds.), *Designing for therapeutic environments* (pp. 233-276). New York: John Wiley & Sons, Inc.

Lawton, M. P. (1980). *Environment and aging.* Pacific Grove, CA: Brooks/Cole.

Lawton, M. P. (1982). Competence, environmental press, and the adaptation of old people. In M. P. Lawton, P. G. Windley, & T. O. Byerts (Eds.), *Aging and the environment: Theoretical approaches* (pp. 33-59). New York: Springer.

Lawton, M. P., & Nahemow, L. (1973). Ecology and the aging process. In C. Eisdorfer & M. P. Lawton (Eds.), *The psychology of adult development and aging* (pp. 619-673). Washington, DC: American Psychological Association.

Lazarus, R. S., & Folkman, S. (1984). *Stress, appraisal, and coping.* New York: Springer.

Lazarus, R. S., & Folkman, S. (1987). Coping and adaptation. In W. D. Gentry (Ed.), *Handbook of behavioral medicine* (pp. 282-325). New York: Guilford.

LeBlanc, L. A., Raetz, P. B., & Feliciano, L. (in press). Behavioral gerontology. In W. W. Fisher, C. C. Piazza, & H. S. Roane (Eds.), *Handbook of applied behavior analysis.* New York: Guilford.

Lenzenweger, M. F. (2008). Epidemiology of personality disorders. *Psychiatric Clinics of North America, 31,* 395-403.

Lesser, I., Miller, B., Swartz, R., Boone, K., Mehringer, C., & Mena, I. (1993). Brain imaging in late-life schizophrenia and related psychoses. *Schizophrenia Bulletin, 19,* 773-782.

Levenson, R. Q., Carstensen, L. L., & Gottman, J. M. (1993). Long-term marriage: Age, gender, and satisfaction. *Psychology and Aging, 8,* 301–313.

Levinson, D. J., Darrow, C. N., & Klein, E. B. (1978). *The seasons of a man's life.* New York: Aflred A. Knopf.

Levy, B. R. (2003). Mind matters: Cognitive and physical effects of aging self-stereotypes. *Journal of Gerontology: Psychological Sciences, 58B,* P203–P211.

Lewin, K. (1935). *A dynamic theory of personality: Selected papers of Kurt Lewin.* New York: McGraw-Hill.

Lewine, R. J. (1988). Gender in schizophrenia. In H. A. Nasrallah (Ed.), *Handbook of schizophrenia: Vol. 3* (pp. 379–397). Amsterdam: Elsevier.

Lewine, R. J., Gulley, L. R., Risch, S. C., Jewart, R., & Houpt, J. L. (1990). Sexual dimorphism, brain morphology, and schizophrenia. *Schizophrenia Bulletin, 16,* 195–203.

Lewinsohn, P. M., & Graf, M. (1973). Pleasant activities and depression. *Journal of Consulting and Clinical Psychology, 41,* 261–268.

Lewinsohn, P. M., Munoz, R. F., Youngren, M. A., & Zeiss, A. M. (1992). *Control your depression* (rev. ed.). New York: Fireside.

Lichstein, K. L., Riedel, B. W., Wilson, N. M., Lester, K. W., & Aguillard, R. N. (2001). Relaxation and sleep compression for late-life insomnia: A placebo-controlled trial. *Journal of Consulting and Clinical Psychology, 69,* 227–239.

Lichtenberg, P. (1998). *Mental health practice in geriatric health care settings.* Binghamton, NY: Haworth.

Lichtenberg, P. (2009). Controversy and caring: An update on current issues in dementia. *Generations, 33*(1), 5–10.

Lindau, S. T., Schumm, L. P., Laumann, E. O., Levinson, W., O'Muircheartaigh, C. A., & Waite, L. J. (2007). A study of sexual and health among older adults in the United States. *New England Journal of Medicine, 357,* 762–774.

Lingler, J. H., Nightingale, M. C., Erlen, J. A., Kane, A. L., Reynolds, C. F., Schulz, R., & DeKosky, S. T. (2006). Making sense of mild cognitive impairment: A qualitative exploration of the patient's experience. *The Gerontologist, 46,* 791–800.

Linka, E., Bartkó, G., Agárdi, T., & Kemény, K. (2000). Dementia and depression in elderly medical inpatients. *International Psychogeriatrics, 12,* 67–75.

Liu, W., & Gallagher-Thompson, D. (2009). Impact of dementia caregiving: Risks, strains, and growth. In S. H. Qualls & S. H. Zarit (Eds.), *Aging families and caregiving* (pp. 85–111). Hoboken, NJ: John Wiley & Sons.

Livesley, W. J. (2004). A framework for an integrated approach to treatment. In J. Livesley (Ed.), *Handbook of personality disorders: Theory, research, and treatment*. New York: Guilford.

Logsdon, R. G., McCurry, S. M., & Teri, L. (2007). Evidence-based psychological treatments for disruptive behaviors in individuals with dementia. *Psychology and Aging, 22,* 28-36.

Lonie, J. A., Tierney, K. M., & Ebmeier, K. P. (2009). Screening for mild cognitive impairment: A systematic review. *International Journal of Geriatric Psychiatry, 24,* 902-915.

Lopez, O. L., Becker, J. T., Somsak, D., Dew, M. A., & DeKosky, S. T. (1994). Awareness of cognitive deficits and anosognosia in probable Alzheimer's disease. *Journal of Geriatric Psychiatry and Neurology, 4,* 189-193.

Lyden, M. (2007). Assessment of sexual consent capacity. *Sexuality and Disability, 25,* 3-20.

Mace, N. L., & Rabins, P. V. (2001). *The 36 hour day: A family guide to caring for persons with Alzheimer Disease, related dementing illnesses, and memory loss in later life.* Baltimore: Johns Hopkins University Press.

Malla, A., & Payne, J. (2005). First-episode psychosis: Psychopathology, quality of life, and functional outcome. *Schizophrenia Bulletin, 31,* 650-657.

Manton, K. G., Gu, X., & Lamb, V. L. (2006). Change in chronic disability from 1982 to 2004/2005 as measured by long-term changes in function and health in the US elderly population. *Proceedings of the National Academy of Sciences, 103,* 18374-18379. Retrieved from http://www.pnas.org/cgi/doi/10.1073/pnas. 0608483103.

Mark, T. L., Harwood, H. J., McKusick, D. C., King, E. C., Vandivort-Warren, R., & Buck, J. A. (2008). Mental health and substance abuse spending by age, 2003. *Journal of Behavioral Health Services and Research, 35,* 279-289.

Marsiske, M., Lang, F. R., Baltes, P. B., & Baltes, M. M. (1996). Selective optimization with compensation: Life-span perspectives on successful human development. In R. A. Dixon & L. Backman (Eds.), *Compensating for psychological deficits and declines: Managing losses and promoting gains* (pp. 35-79). Mahwah, NJ: Erlbaum.

Martin, P., & Smyer, M. A. (1990). The experience of micro- and macroevents: A life span analysis. *Research on Aging, 12,* 294-310.

Mattis, S., Jurica, P. J., & Leitten, C. L. (2001). *Dementia Rating Scale-2.* Odessa, FL: Psychological Assessment Resources, Inc.

Mayfield, D., McLeod, G., & Hall, P. (1974). The CAGE questionnaire: Validation of a new alcoholism screening instrument. *American Journal of Psychiatry, 131,* 1121–1123.

McCabe, L., Cairney, J., Veldhuizen, S., Herrmann, N., & Streiner, D. L. (2006). Prevalence and correlates of agoraphobia in older adults. *American Journal of Geriatric Psychiatry, 14,* 515–512.

McCrae, C. S., Tierney, C. G., & McNamara, J. P. H. (2005). Behavioral intervention for insomnia: Future directions for nontraditional caregivers at various stages of care. *Clinical Gerontologist, 29,* 95–114.

McCrae, C. S., Wilson, N. M., Lichstein, K. L., Durrence, H. H., Taylor, D. J., Bush, A. J., & Riedel, B. W. (2003). "Young old" and "old old" poor sleepers with and without insomnia complaints. *Journal of Psychosomatic Research, 54,* 11–19.

McCurry, S. M., Logsdon, R. G., Teri, L., Gibbons, L. E., Kukull, W. A., Bowen, J. D., McCormick, W. C., & Larson, E. B. (1999). Characteristics of sleep disturbance in community-dwelling Alzheimer's disease patients. *Journal of Geriatric Psychiatry and Neurology, 12,* 53–59.

McCurry, S. M., Logsdon, R. G., Vitiello, M. V., & Teri, L. (1998). Successful behavioral treatment for reported sleep problems in elderly caregivers of dementia patients: A controlled study. *Journal of Gerontology B: Psychological and Social Sciences, 53,* 122–129.

McEvoy, J. P., Freter, S., Everett, G., Geller, J. L., Appelbaum, P., Apperson, L. J., & Roth, L. (1989). Insight and the clinical outcome of schizophrenic patients. *Journal of Nervous and Mental Disease, 177,* 48–51.

McGoldrick, M., Gerson, R., & Petrie, S. (2008). *Genograms: Assessment and intervention* (3rd ed.). New York: Norton Professional Books.

Meeks, S., Looney, S. W., Van Haitsma, K., & Teri, L. (2008). BE-ACTIV: A staff-assisted behavioral intervention for depression in nursing homes. *The Gerontologist, 48,* 105–114.

Meeks, S., Shah, S. N., & Ramsey, S. K. (2009). The Pleasant Events Schedule – nursing home version: A useful tool for behavioral interventions in long-term care. *Aging & Mental Health, 13,* 445–455.

Meeks, T. W., & Jeste, D. V. (2008). Older individuals. In K. T. Mueser & D. V. Jeste (Eds.), *Clinical handbook of schizophrenia* (pp. 390–397). New York: Guilford.

Mehta, K. M., Simonsick, E. M., Penninx, B. W. J. H., Schulz, R., Rubin, S. M., Satterfiled, S.,

& Yaffe, K. (2003). Prevalence and correlates of anxiety symptoms in well-functioning older adults: Findings from the Healthy Aging and Body Composition Study. *Journal of the American Geriatrics Society, 51,* 499–504.

Mello, M. F., Maris, J. J., Bacaltchuk, J., Verdeli, H., & Neugebauer, R. (2005). A systematic review of research findings on the efficacy of IPT for depressive disorders. *European Archives of Psychiatry and Clinical Neuroscience, 255,* 75–82.

Meyer, T., Miller, M., Metzger, R. et al. (1990). Development and validity of the Penn State Worry Scale. *Behavior Research and Therapy, 28,* 487–495.

Minuchin, S. (1974). *Families and family therapy.* Cambridge, MA: Harvard University Press.

Mitrani, V. B., Lewis, J. E., Feaster, D. J., Czaja, S. J., Eisdorfer, C., Schulz, R., & Szapocznik, J. (2006). The role of family functioning in the stress process of dementia caregivers: A structural family framework. *The Gerontologist, 46,* 97–105.

Mittelman, M. S., Ferris, S. H., Shulman, E., Steinberg, G., & Levin, B. (1996). A family intervention to delay nursing home placement of patients with Alzheimer's disease: A randomized controlled trial. *Journal of the American Medical Association, 276,* 1725–1731.

Mittelman, M. S., Haley, W. E., Clay, O. J., & Roth, D. L. (2006). Improving caregiver well-being delays nursing home placement of patients with Alzheimer disease. *Neurology, 67,* 1592–1599.

Mittelman, M. S., Roth, D. L., Coon, D. W., & Haley, W. E. (2004). Sustained benefit of supportive intervention for depressive symptoms in caregivers of patients with Alzheimer's disease. *American Journal of Psychiatry, 161,* 850–856.

Mohlman, J. (2004). Psychosocial treatment of late-life generalized anxiety disorder: Current status and future directions. *Clinical Psychology Review, 24,* 149–169.

Mohlman, J., Gorenstein, E. E., Kleber, M., DeJesus, M., Gorman, J. M., & Papp, L. A. (2003). Standard and enhanced cognitive-behavioral therapy for late-life generalized anxiety disorder. *American Journal of Geriatric Psychiatry, 11,* 24–32.

Molinari, V. (Ed.). (2000). *Professional psychology in long term care: A comprehensive guide.* New York: Hatherleigh Press.

Molinari, V., Ames, A., & Essa, M. (1994). Prevalence of personality disorders in two geropsychiatric inpatient units. *Journal of Geriatric Psychiatry and Neurology, 7,* 209–215.

Molinari, V., & Marmion, J. (1995). Relationship between affective disorders and Axis II diagnoses in geropsychiatric patients. *Journal of Geriatric Psychiatry and Neurology, 8,* 61–64.

Molinari, V., & Segal, D. L. (2011). Personality disorders: Description, etiology, and epidemiology. In M. Abou-Saleh, C. Katona, & A. Kumar (Eds.), *Principles and practice of geriatric psychiatry* (3rd ed., pp. 649–654). Hoboken, NJ: John Wiley & Sons.

Molton, I. R., & Raichle, K. A. (2010). Psychophysiological disorders. In D. L. Segal & M. Hersen (Eds.), *Diagnostic interviewing* (4th ed., pp. 343–369). New York: Springer.

Montgomery, R. J. V., & Kosloski, M. (2009). Caregiving as a process of changing identity: Implications for caregiver support. *Generations, 33*(1), 47–52.

Montplaisir, J. (2004). Abnormal motor behavior during sleep. *Sleep Medicine, 5,* S31–S24.

Morden, N. E., Mistler, L. A., Weeks, W. B., & Bartels, S. J. (2009). Health care for patients with serious mental illness: Family medicine's role. *Journal of the American Board of Family Medicine, 22,* 187–195.

Morgan, K. (2000). Sleep and aging. In K. L. Lichstein & C. M. Morin (Eds.), *Treatment of late-life insomnia* (pp. 3–36). Thousand Oaks, CA: Sage.

Moriarty, P. J., Lieber, D., Bennett, A., White, L., Parrella, M., Harvey, P. D., & Davis, K. L. (2001). Gender differences in poor outcome patients with lifelong schizophrenia. *Schizophrenia Bulletin, 27,* 103–113.

Morin, C. M. (1993). *Insomnia: Psychological assessment and management.* New York: Guilford.

Morin, C. M., & Espie, C. A. (2003). *Insomnia: A clinical guide to assessment and treatment.* New York: Kluwer Academic/Plenum.

Morris, J. C., Heyman, A., Mohs, R. C., Hughes, J. P., van Belle, G., Fillenbaum, G., et al. (1989). The Consortium to Establish a Registry for Alzheimer's Disease (CERAD): Part 1 – Clinical and neuropsychological assessment of Alzheimer's disease. *Neurology, 39,* 1159–1165.

Mortensen, P. B., & Juel, K. (1990). Mortality and causes of death in schizophreni patients in Denmark. *Acta Psychiatrica Scandinavica, 81,* 372–377.

Moye, J. (2007). Clinical frameworks for capacity assessment. In S. H. Qualls & M. A. Smyer, *Changes in decision-making capacity in older adults: Assessment and intervention* (pp. 177–190). Hoboken, NJ: John Wiley & Sons, Inc.

Moye, J., & Marson, D. C. (2007). Assessment of decision-making capacity in older adults: An emerging area of practice. *Journals of Gerontology: Psychological Sciences, 62B,* P3-P11.

Mrazek, P. J., & Haggerty, R. J. (Eds.). (1994). *Reducing risks for mental disorders: Frontiers for preventive intervention research.* Washington, DC: National Academy Press.

Mueser, K. T., Bartels, S. J., Pratt, S. I., Swain, K., Forester, B., Cather, C., & Feldman, J. (2010). Randomized trial of social rehabilitation and integrated health care for older people with severe mental illness. *Journal of Consulting and Clinical Psychology, 78,* 561-573.

Mueser, K. T., & Gingerich, S. (1994). *Coping with schizophrenia: A guide for families.* Oakland, CA: New Harbinger.

Mueser, K. T., Sayers, S. L., Schooler, N. R., Mance, R. M., & Haas, G. L. (1994). A multisite investigation of the reliability of the Scale for the Assessment of Negative Symptoms. *American Journal of Psychiatry, 151,* 1453-1462.

Mueser, K. T., Yarnold, P. R., Levinson, D. F., Singh, H., Bellack, A. S., Kee, K., Morrison, R. L., & Yadalam, K. G. (1990). Prevalence of substance abuse in schizophrenia: Demographic and clinical correlates. *Schizophrenia Bulletin, 16,* 31-56.

Mui, A. C., Burnette, D., & Chen, L. M. (2001). Cross-cultural assessment of geriatric depression: A review of the CES-D and the GDS. *Journal of Mental Health and Aging, 7,* 137-164.

Murrell, S., Norris, F. H., & Hutchins, G. S. (1984). Distribution and desirability of life events in older adults: Population and policy implications. *Journal of Community Psychology, 12,* 301-311.

Mynors-Wallis, L. M., Gath, D. H., Day, A., & Baker, F. (2000). Randomised control trial of problem solving treatment, antidepressant medication, and combined treatment for major depression in primary care. *British Medical Journal, 320,* 26-30.

NASMHPD Medical Directors Council Publications and Reports. (2005). *Integrating behavioral health and primary care services: Opportunities and challenges for state mental health authorities.* Retrieved from http://www.nasmhpd.org/ publications meddir.cfm.

NASMHPD Medical Directors Council Publications and Reports. (2006). *Morbidity and mortality in people with serious mental illness.* Retrieved from http://www.nasmhpd.org/publicationsmeddir.cfm.

National Academy on an Aging Society. (2000, September). *Alzheimer's disease and dementia: A growing challenge*. Washington, DC: Author.

National Center for Health Statistics. (2003). *Health, United States, 2003*. Hyattsville, MD: US Department of Health and Human Services, Centers for Disease Control and Prevention.

National Coalition on Mental Health and Aging. (2010). 2010 Priorities of the National Coalition on Mental Health and Aging (NCMHA), Washington, DC. Retrieved from http://www.ncmha.org.

Nau, S. D., McCrae, C. S., Cook, K. G., & Lichstein, K. L. (2005). Treatment of insomnia in older adults. *Clinical Psychology Review, 25,* 546–672.

Nemiroff, R., & Colarusso, C. (1990). Frontiers of adult development in theory and practice. *New dimensions in adult development* (pp. 97–124). New York: Basic Books.

Neugarten, B. L. (1979). Time, age and the life cycle. *American Journal of Psychiatry, 136,* 887–895.

Newton, N., Brauer, D., Gutmann, D. L., & Grunes, J. (1986). Psychodynamic therapy with the aged: A review. *Clinical Gerontologist, 5,* 205–229.

Nezu, C. M., Nezu, A. M., & Areán, P. (1991). Assertiveness and problem-solving training for mildly mentally retarded adults. *Research on Developmental Disabilities, 12,* 371–386.

Nezu, C. M., Nezu, A. M., & Dudek, J. A. (1998). A cognitive behavioral model of assessment and treatment for intellectually disabled sexual offenders. *Cognitive Behavioral Practice, 5,* 25–64.

Nezu, A. M., & Perri, M. G. (1989). Social problem-solving therapy for unipolar depression: An initial dismantling investigation. *Journal of Consulting and Clinical Psychology, 57,* 408–413.

Nichols, L. O., & Martindale-Adams, J. (2006). The decisive moment: Caregivers' recognition of dementia. *Clinical Gerontologist, 30,* 39–52.

NIH Consensus Panel on Assessment. (1988). NIH Consensus Statement: Geriatric assessment methods for clinical decision-making. *Journal of the American Geriatrics Society, 36,* 342–347.

NIH Consensus Panel on Assessment & NIH Consensus Panel on Depression in Late Life. (1992). Diagnosis and treatment of depression in late life. *Journal of the American Medical Association, 268,* 1018–1024.

Noimark, D. (2009). Predicting the onset of delirium in the post-operative patient. *Age and Aging, 38,* 368–373.

Norcross, J. C., Hedges, M., & Castle, P. H. (2002). Psychologists conducting psychotherapy in 2001: A study of the Division 29 membership. *Psychotherapy: Theory, Research, Practice, Training, 39,* 97–102.

Nordhus, I. H., & Pallesen, S. (2003). Psychological treatment of late-life anxiety: An empirical review. *Journal of Consulting and Clinical Psychology, 71,* 643–651.

Norris, M. P. (2009). Integrating families into long-term care psychology services: Orchestrating cacophonies and symphonies. In S. H. Qualls & S. H. Zarit (Eds.), *Aging families and caregiving* (pp. 189–208). Hoboken, NJ: John Wiley & Sons, Inc.

Norris, M. P., Molinari, V., & Ogland-Hand, S. (2002). *Emerging trends in psychological practice in long-term care.* Binghamptom, NH: Haworth Press.

Nusbaum, M. R. H., Singh, A. R., & Pyles, A. A. (2004). Sexual healthcare needs of women aged 65 and older. *Journal of the American Geriatrics Society, 52,* 117–122.

Ohayon, M. M. (2002). Epidemiology of insomnia: What we know and what we still need to learn. *Sleep Medicine Review, 6,* 97–111.

Ohayon, M. M., Carskadon, M. A., Guilleminault, C. et al. (2004). Meta-analysis of quantitative sleep parameters from childhood to old age in healthy individuals: Developing normative sleep values across the human lifespan. *Sleep, 27,* 1255–1273.

Ohayon, M. M., & Roth, T. (2002). Prevalence of restless legs syndrome and periodic limb movement disorder in the general population. *Journal of Psychosomatic Research, 53,* 547–554.

Olfson, M., Mechanic, D., Hansell, S., Boyer, C. A., & Walkup, J. (1999). Prediction of homelessness within three months of discharge among inpatients with schizophrenia. *Psychiatric Services, 50,* 667–673.

Olfson, M., Sing, M., & Schlesinger, H. J. (1999). Mental health/medical care cost offsets: Opportunities for managed care. *Health Affairs, 18,* 79–90.

Olson, D. (1996). Clinical assessment and treatment using the family circumplex model. In F. W. Kaslow (Ed.), *Handbook in relational diagnosis* (pp. 59–80). New York: John Wiley & Sons, Inc.

Oxman, T. E., Barret, J. E., Barret, J., & Gerber, T. (1990). Symptomatology of late-life minor depression among primary care patients. *Psychosomatics, 31,* 174–180.

Pachana, N., Byrne, G., Siddle, H., Koloski, N., Harley, E., & Arnold, E. (2007). Development and validation of the Geriatric Anxiety Inventory. *International Psychogeriatrics, 19,* 103–114.

Pallesen, S., Nordhus, I. H., Kvale, G., Nielsen, G. H., Havik, O. E., Johnsen, B. H., & Skjskift, S. (2004). Behavioral treatment of insomnia in older adults: An open clinical trial comparing two interventions. *Behavior Research and Therapy, 41,* 31-48.

Palmer, B. W., Heaton, S. C., & Jeste, D. V. (1999). Older patients with schizophrenia: Challenges in the coming decades. *Psychiatric Services, 50,* 1178-1183.

Parsons, T. (1949). The social structure of the family. In R. Anshen (Ed.), *The family: Its function and destiny* (pp. 173-201). New York: Harper & Row.

Patterson, T. L., McKibbin, C., Taylor, M., Goldman, S., Davila-Fraga, W., Bucardo, J. et al. (2003). Functional adaptation skills training (FAST): A pilot psychosocial intervention study in middle-aged and older patients with chronic psychotic disorders. *American Journal of Geriatric Psychiatry, 11,* 17-23.

Pearlson, G. D., Kreger, L., Rabins, P. V., Chase, G. A., Cohen, B., Wirth, J. B., Schlaepfer, T. B., & Tune, L. E. (1989). A chart review study of late-onset and early-onset schizophrenia. *American Journal of Psychiatry, 146,* 1568-1574.

Pearlson, G. D., & Rabins, P. V. (1988). The late onset psychoses: Possible risk factors. *Psychiatric Clinics of North America, 11,* 15-33.

Penedo, F. J., & Dahn, J. R. (2005). Psychoneuroimmunology and aging. In K. Vedhara & M. Irwin (Eds.), *Human psychoneuroimmunology* (pp. 81-106). New York: Oxford University Press.

Pepin, R., Segal, D. L., & Coolidge, F. L. (2009). Intrinsic and extrinsic barriers to mental health care among community-dwelling younger and older adults. *Aging and Mental Health, 13,* 769-777.

Petersen, R. C. (2004). Mild cognitive impairment as a diagnostic entity. *Journal of Internal Medicine, 256,* 183-194.

Philibert, M. (1979). Philosophical approach to gerontology. In J. Hendricks & C. Davis Hendricks (Eds.), *Dimensions of aging* (pp. 379-394). Cambridge, MA: Winthrop.

Pinquart, M., Duberstein, P. R., & Lyness, J. M. (2006). Treatments for later-life depressive conditions: A meta-analytic comparison of pharmacotherapy and psychotherapy. *American Journal of Psychiatry, 163,* 1493-1501.

Pinquart, M., & Sörensen, S. (2001). How effective are psychotherapeutic and other psychosocial interventions with older adults? A meta-analysis. *Journal of Mental Health and Aging, 7,* 207-240.

Pinquart, M., & Sörensen, S. (2006). Helping caregivers of persons with dementia: Which interventions work and how large are their effects? *International Psychogeriatrics, 18,* 577–595.

Pinquart, M., & Sörensen, S. (2007). Correlates of physical health of informal caregivers: A meta-analysis. *The Journals of Gerontology: Series B: Psychological Sciences and Social Sciences, 62*(2), P126–P137.

Plassman, B. L., Langa, K. M., Fisher, G. G., Heeringa, S. G., Weir, D. R., Ofstedal, M. B. et al. (2007). Prevalence of dementia in the United States: The Aging, Demographics, and Memory Study. *Neuroepidemiology, 29,* 125–132.

Plassman, B. L., Langa, K. M., Fisher, G. G., Heeringa, S. G., Weir, D. R., Ofstedal, M. B. et al. (2008). Prevalence of cognitive impairment without dementia in the United States. *Annals of Internal Medicine, 148,* 427–434.

Post, F. (1966). *Persistent persecutory states of the elderly.* London: Pergamon Press.

Potts, A., Grace, V. M., Vares, T., & Gavey, N. (2006). "Sex for life"? Men's counter-stories on "erectile dysfunction," male sexuality and ageing. *Sociology of Health and Illness, 28,* 306–329.

Powers, D. V. (2008). Psychotherapy in long-term care: II. Evidence-based psychological treatments and other outcome research. *Professional Psychology: Research and Practice, 39,* 257–263.

Prager, S., & Jeste, D. V. (1993). Sensory impairment in late-life schizophrenia. *Schizophrenia Bulletin, 19,* 755–772.

Pratt, S. I., Bartels, S. J., Mueser, K. T., & Forester, B. (2008). Helping older people experience success: An integrated model of psychosocial rehabilitation and health care management for older adults with serious mental illness. *American Journal of Psychiatric Rehabilitation, 11,* 41–60.

Pratt, S. I., Van Citters, A. D., Mueser, K. T., & Bartels, S. J. (2008). Psychosocial rehabilitation in older adults with serious mental illness: A review of the research literature and recommendations for development of rehabilitative approaches. *American Journal of Psychiatric Rehabilitation, 11,* 7–40.

Price, R. B., & Mohlman, J. (2007). Inhibitory control and symptom severity in late life generalized anxiety disorder. *Behaviour Research and Therapy, 45,* 2628–2639.

Prigerson, H. G., Vanderwerker, L. C., & Maciejewski, P. K. (2007). Complicated grief as a mental disorder: Inclusion in DSM. In M. Stroebe, R. Hansson, H. Schut, & W. Stroebe (Eds.), *Handbook of bereavement research and practice.* Washington, DC: American

Psychological Association.

Pruchno, R. A., Blow, F. C., & Smyer, M. A. (1984). Life events and interdependent lives: Implications for research and intervention. *Human Development, 27,* 31-41.

Qualls, S. H. (1995a). Clinical interventions with later life families. In R. Blieszner & V. H. Bedford (Eds.), *Handbook on aging and the family* (pp. 474-487). Westport, CT: Greenwood Press.

Qualls, S. H. (1995b). Marital therapy with later life couples. *Journal of Geriatric Psychiatry, 28,* 139-163.

Qualls, S. H. (2002). Defining mental health in later life. *Generations, 25,* 9-13.

Qualls, S. H. (2005). Mental health in later life, ecology of. In C. B. Fisher & R. M. Lerner (Eds.), *Applied developmental science: An encyclopedia of research, policies, and programs.* Thousand Oaks, CA: Sage.

Qualls, S. H. (2007). Clinical interventions for decision making with impaired persons. In S. H. Qualls & M. A. Smyer, *Changes in decision-making capacity in older adults: Assessment and intervention* (pp. 271-298). Hoboken, NJ: John Wiley & Sons, Inc.

Qualls, S. H., & Benight, C. C. (2007). The role of clinical health geropsychology in the health care of older adults. In C. M. Aldwin, C. L. Park, & A. Spiro (Eds.), *Handbook of health psychology and aging* (pp. 367-389). New York: Guilford.

Qualls, S. H., & Kasl-Godley, J. E. (2001). *End-of-life issues, grief, and bereavement: What clinicians need to know.* Hoboken, NJ: John Wiley & Sons, Inc.

Qualls, S. H., & Layton, H. (2010). Mental health and adjustment. In J. C. Cavanaugh & C. K. Cavanaugh (Eds.), *Aging in America. Vol. 2: Physical and mental health* (pp. 171-187). Santa Barbara, CA: Praeger.

Qualls, S. H., & Noecker, T. L. (2009). Caregiver family therapy for conflicted families. In S. H. Qualls & S. H. Zarit (Eds.), *Aging families and caregiving: A clinician's guide to research, practice, and technology* (pp. 155-188). Hoboken, NJ: John Wiley & Sons, Inc.

Qualls, S. H., Segal, D. L., Norman, S., Niederehe, G., & Gallagher-Thompson, D. (2002). Psychologists in practice with older adults: Current patterns, sources of training, and need for continuing education. *Professional Psychology: Research and Practice, 33,* 435-442.

Qualls, S. H., & Smyer, M. A. (1995). Mental health. In G. L. Maddox (Ed.), *The encyclopedia of aging* (2nd ed., pp. 629-631). New York: Springer.

Qualls, S. H., & Smyer, M. A. (2007). *Changes in decision-making capacity in older adults: Assessment and intervention*. Hoboken, NJ: John Wiley & Sons, Inc.

Qualls, S. H., & Zarit, S. H. (Eds.). (2009). *Aging families and caregiving: A clinician's guide to research, practice, and technology*. Hoboken, NJ: John Wiley & Sons, Inc.

Quan, S. F., Katz, R., Olson, J., Bonekat, W., Enright, P. L., Young, T., & Newman, A. (2005). Factors associated with incidence and persistence of symptoms of disturbed sleep in an elderly cohort: The Cardiovascular Health Study. *American Journal of Medical Science, 329,* 163-172.

Rabins, P. V. (1991). Psychosocial and management aspects of delirium. *International Psychogeriatrics, 3,* 319-324.

Rabins, P. V., Pauker, S., & Thomas, J. (1984). Can schizophrenia begin after age 44? *Comprehensive Psychiatry, 25,* 290-293.

Radloff, L. S. (1977). The CES-D scale: A self-report depression scale for research in the general population. *Applied Psychological Measurement, 1,* 385-401.

Rapp, S. R., Parisi, S. A., & Walsh, D. A. (1988). Psychological dysfunction and physical health among elderly medical inpatients. *Journal of Consulting and Clinical Psychology, 56,* 851-855.

Reeves, R. R., & Brister, J. C. (2008). Psychosis in late life: Emerging issues. *Journal of Psychosocial Nursing and Mental Health Services, 46,* 45-52.

Regier, D. A., Rae, D. S., Narrow, W. E., Kaelber, C. T., & Schatzerg, A. F. (1988). Prevalence of anxiety disorders and their comorbidity with mood and addictive disorders. *British Journal of Psychiatry, 173,* 24-28.

Reich, J., Nduaguba, M., & Yates, W. (1988). Age and sex distribution of DSM-III personality cluster traits in a community population. *Comprehensive Psychiatry, 29,* 298-303.

Reich, J. W., & Zautra, A. J. (1989). A perceived control intervention for at-risk older adults. *Psychology and Aging, 4,* 415-424.

Reich, J. W., & Zautra, A. J. (1990). Dispositional control beliefs and the consequences of a control-enhancing intervention. *Journal of Gerontology: Psychological Sciences, 45,* P46-P51.

Reinecke, M. A., & Clark, D. A. (Eds.). (2004). *Cognitive therapy across the lifespan: Theory, research and practice*. Cambridge: Cambridge University Press.

Reisberg, B., Ferris, S. H., De Leon, M. J., & Crook, T. (1982). The Global Deterioration Scale for assessment of primary degenerative dementia. *American Journal of Psychiatry,*

139, 1136–1139.

Reynolds, C. F., III, Frank, E., Perel, J. M., Imber, S. D., Cornes, C., Miller, M. D. et al. (1999). Nortriptyline and interpersonal psychotherapy as maintenance therapies for recurrent major depression: A randomized controlled trial in patients older than 59 years. *Journal of the American Medical Association, 281,* 39–45.

Rickard, H. C., Scogin, F., & Keith, S. (1994). A one-year follow-up of relaxation training for elders with subjective anxiety. *The Gerontologist, 34,* 121–122.

Robertson, J. F. (1995). Grandparenting in an era of rapid change. In R. Blieszner & V. H. Bedford (Eds.), *Handbook on aging and the family* (pp. 243–260). Westport, CT: Greenwood Press.

Robins, L. N., Cottler, L., Bucholz, K., & Compton, W. (1995). *The Diagnostic Interview Schedule, Version 4.* St. Louis, MO: Washington University.

Rodgers, R. H., & White, J. W. (1993). Family development theory. In P. G. Boss, W. J. Doherty, R. LaRossa, W. R. Schumm, & S. K. Steinmetz (Eds.), *Sourcebook of family theories and methods* (pp. 225–254). New York: Plenum.

Roemer, L., & Orsillo, S. M. (2002). Expanding our conceptualization of and treatment for generalized anxiety disorder: Integrating mindfulness/acceptance-based approaches with existing cognitive behavioral models. *Clinical Psychology: Science and Practice, 9,* 54–68.

Rosenstein, M. J., Milazzo-Sayre, L. J., & Manderscheid, R. W. (1990). Characteristics of persons using specialty inpatient, outpatient, and partial care programs in 1986. In R. W. Manderscheid & M. A. Sonnenschein (Eds.), *Mental health, United States, 1990* (pp. 139–172). Washington, DC: United States Government Printing Office.

Rosenzweig, A., Prigerson, H., Miller, M. D., & Reynolds, C. F. (1997). Bereavement and late-life depression: Grief and its complications in the elderly. *Annual Review of Medicine, 48,* 421–428.

Rosowsky, E., Abrams, R. C., & Zweig, R. A. (Eds.). (1999). *Personality disorders in older adults: Emerging issues in diagnosis and treatment.* Mahwah, NJ: Erlbaum.

Rosowsky, E., Casciani, J., & Arnold, M. (Eds.). (2008). *Geropsychology and long-term care: A practitioner's guide.* New York: Springer.

Rosowsky, E., & Gurian, B. (1992). Impact of borderline personality disorder in late life on systems of care. *Hospital and Community Psychiatry, 43,* 386–389.

Rowe, J. W., & Kahn, R. (1998). *Successful aging.* New York: Pantheon Books.

Rowland, D., van Diest, S., Incrocci, L., & Slob, A. K. (2005). Psychosexual factors that differentiate men with inhibited ejaculation from men with no dysfunction or another sexual dysfunction. *Journal of Sexual Medicine, 2*(3), 383-389.

Roy, A. (1986). Suicide in schizophrenia. In A. Roy (Ed.), *Suicide* (pp. 97-112). Baltimore: Williams & Wilkins.

Ryff, C. (1982). Successful aging: A developmental approach. *The Gerontologist, 22,* 209-214.

Ryff, C., & Keyes, C. L. (1996). The structure of psychological well-being revisited. *Journal of Personality and Social Psychology, 69,* 719-727.

Rystedt, I. B., & Bartels, S. J. (2008). Medical comorbidity. In K. T. Mueser & D. V. Jeste (Eds.), *Clinical handbook of schizophrenia* (pp. 424-436). New York: Guilford.

Saha, S., Chant, D., & McGrath, J. (2007). A systematic review of mortality in schizophrenia: Is the differential mortality gap worsening over time? *Archives of General Psychiatry, 64,* 1123-1131.

Salzman, C., Jeste, D. V., Meyer, R. E., Cohen-Mansfiled, J., Cummings, J., Grossberg, G. T., Jarvik, L., Kraemer, H. C., Lebowitz, B. D., Maslow, K., Pollock, B. G., Raskind, M., Schultz, S. K., Wang, P., Zito, J. M., & Zubenko, G. S. (2008). Elderly patients with dementia-related symptoms of severe agitation and aggression: Consensus statement on treatment options, clinical trials methodology, and policy. *Journal of Clinical Psychiatry, 69,* 889-898.

Satre, D., Knight, B. G., & David, S. (2006). Cognitive behavioral interventions with older adults: Integrating clinical and gerontological research. *Professional Psychology: Research and Practice, 37,* 489-498.

Satre, D., Mertens, J., Areán, P. A., & Weisner, C. (2003). Contrasting outcomes of older versus middle-aged and younger adult substance abuse patients in a managed care treatment program. *Journal of Studies on Alcohol, 64,* 520-530.

Saxena, S., & Lawley, D. (2009). Delirium in the elderly: A clinical review. *Postgraduate Medicine Journal, 85,* 405-413.

Schaie, K. W. (1994). The course of adult intellectual development. *American Psychologist, 49,* 304-313.

Schaie, K. W. (1995). Training materials in geropsychology: Developmental issues. In B. G. Knight, L. Teri, P. Wohlford, & J. Santos (Eds.), *Mental health services for older adults: Implications for training and practice in geropsychology* (pp. 33-39).

Washington, DC: American Psychological Association.

Schaie, K. W. (2005). *Developmental influences on adult intelligence: The Seattle longitudinal study*. New York: Oxford University Press.

Schaie, K. W., & Willis, S. L. (2002). *Adult development and aging* (5th ed.). New York: Prentice Hall.

Schaie, K. W., & Willis, S. L. (2005). *Intellectual functioning in adulthood: Growth, maintenance, decline and modifiability*. Philadelphia, PA: American Society on Aging and MedLife Foundation.

Schaie, K. W., & Zanjani, F. A. K. (2006). Intellectual development across adulthood. In C. Hoare (Ed.), *Handbook of adult development and learning* (pp. 99-114). Oxford: Oxford University Press.

Scharlach, A. E. (1987). Relieving feelings of strain among women with elderly mothers. *Psychology and Aging, 2,* 9-13.

Schiff, B., & Cohler, B. J. (2001). Telling survival backwards: Holocaust survivors narrate the past. In G. M. Kenyon, P. G. Clark, & B. de Vries (Eds.), *Narrative gerontology: Theory, research, and practice* (pp. 113-136). New York: Springer.

Schneider, J. A., Arvanitakis, Z., Bang, W., & Bennett, D. A. (2007). Mixed brain pathologies account for most dementia cases in community-dwelling older persons. *Neurology, 69,* 2197-2204.

Schover, L. R., Fouladi, R. T., Warneke, C. L., Neese, L., Klein, E. A., Zippe, C., & Kupelian, P. A. (2002). The use of treatments for erectile dysfunction among survivors of prostate carcinoma. *Cancer, 95,* 2397-2407.

Schulberg, H. C., Katon, W., Simon, G. E., & Rush, A. J. (1998). Treating major depression in primary care practice: An update of the Agency for Health Care Policy and Research practice guidelines. *Archives of General Psychiatry, 55,* 1121-1127.

Schuurmans, J., Comijs, H. C., Beekman, A. T. F., Deeg, D. J. H., Emmelkamp, P. M. G., & van Dyck, R. (2005). The outcome of anxiety disorders in older people at 6-year follow-up: Results from the Longitudinal Aging Study Amsterdam. *Acta Psychiatrica Scandinavica, 111,* 420-428.

Scogin, F. R., Jamison, C., & Davis, N. (1990). Two-year follow-up of bibliotherapy for depression in older adults. *Journal of Consulting and Clinical Psychology, 58,* 665-667.

Scogin, F., & McElreath, L. (1994). Efficacy of psychosocial treatments for geriatric depression:

A quantitative review. *Journal of Consulting and Clinical Psychology, 62,* 69–74.

Scogin, F. R., Welsh, D., Hanson, A., Stump, J., & Coates, A. (2005). Evidence-based psychotherapies for depression in older adults. *Clinical Psychology: Science and Practice, 12,* 222–237.

Seeman, M. V. (1986). Current outcome in schizophrenia: Women vs. men. *Acta Psychiatrica Scandinavica, 73,* 609–617.

Seeman, M. V., & Lang, M. (1990). The role of estrogens in schizophrenia gender differences. *Schizophrenia Bulletin, 16,* 185–194.

Segal, D. L. (2010). Diagnostic and statistical manual of mental disorders (DSM-IV-TR). In I. Weiner & W. E. Craighead (Eds.), *The Corsini encyclopedia of psychology and behavioral science* (4th ed., pp. 495–497). Hoboken, NJ: John Wiley & Sons, Inc.

Segal, D. L., & Coolidge, F. L. (2007). Structured and semi-structured interviews for differential diagnosis: Issues and applications. In M. Hersen, S. M. Turner, & D. C. Beidel (Eds.), *Adult psychopathology and diagnosis* (5th ed., pp. 78–100). Hoboken, NJ: John Wiley & Sons.

Segal, D. L., Coolidge, F. L., Cahill, B. S., & O'Riley, A. A. (2008). Psychometric properties of the Beck Depression Inventory-II (BDI-II) among community-dwelling older adults. *Behavior Modification, 32,* 3–20.

Segal, D. L., Coolidge, F. L., & Hersen, M. (1998). Psychological testing of older people. In I. H. Nordhus, G. R. VandenBos, S. Berg, & P. Fromholt (Eds.), *Clinical geropsychology* (pp. 231–257). Washington, DC: American Psychological Association.

Segal, D. L., Coolidge, F. L., & Rosowsky, E. (2006). *Personality disorders and older adults: Diagnosis, assessment, and treatment.* Hoboken, NJ: John Wiley & Sons.

Segal, D. L., Hook, J. N., & Coolidge, F. L. (2001). Personality dysfunction, coping styles, and clinical symptoms in younger and older adults. *Journal of Clinical Geropsychology, 7,* 201–212.

Segal, D. L., June, A., Payne, M., Coolidge, F. L., & Yochim, B. (2010). Development and initial validation of a self-report assessment tool for anxiety among older adults: The Geriatric Anxiety Scale. *Journal of Anxiety Disorders, 24,* 709–714.

Serrano, J. P., Latorre, J. M., Gatz, M., & Montanes, J. (2004). Life review therapy using autobiographical retrieval practice for older adults with depressive symptomatology. *Psychology and Aging, 19,* 272–277.

Seshadri, S., Beiser, A., Kelly-Hayes, M., Kase, C. S., Au, R., Kannel, W. B., & Wolf, P. A.

(2008). The lifetime risk of stroke: Estimates from the Framingham Study. *Stroke, 37,* 345–350.

Shanas, E. (1979). Social myth as hypothesis: The case of the family relations of old people. *The Gerontologist, 19,* 3–9.

Shanas, E. (1980). Older people and their families: The new pioneers. *Journal of Marriage and the Family, 42,* 9–15.

Shanmugham, B., Karp, J., Drayer, R., Reynolds, C. F., III, & Alexopoulos, G. (2005). Evidence-based pharmacologic interventions for geriatric depression. *Psychiatric Clinics of North America, 28,* 821–835.

Shaw, B. A., & Krause, N. (2002). Exposure to physical violence during childhood, aging, and health. *Journal of Aging and Health, 14,* 467–494.

Sheikh, J. I., & Yesavage, J. A. (1986). Geriatric Depression Scale (GDS): Recent evidence and development of a shorter version. *Clinical Gerontologist, 5,* 165–173.

Shemmings, D. (2006). Using adult attachment theory to differentiate adult children's internal working models of later life filial relationships. *Journal of Aging Studies, 20,* 177–191.

Shields, C. G. (1992). Family interaction and caregivers of Alzheimer's disease patients: Correlates of depression. *Family Process, 31,* 19–33.

Shields, C. G., King, D. A., & Wynne, L. C. (1995). Interventions with later life families. In R. H. Mikesell, D. Lusterman, & S. H. McCaniel (Eds.), *Integrating family therapy: Handbook of family psychology and system theory* (pp. 141–158). Washington, DC: American Psychological Association.

Shulz, R., & Beach, S. R. (1999). Caregiving as a risk for mortality: The caregiver health effects study. *Journal of the American Medical Association, 282,* 2215–2219.

Simon, G. E., & Ludman, E. J. (2006). Outcome of new benzodiazepine prescriptions to older adults in primary care. *General Hospital Psychiatry, 28,* 374–378.

Sivertsen, B., Omvik, S., Pallesen, S., Bjorvatn, B., Havik, O. E., Kvale, G., Nielsen, G. H., & Nordhus, I. H. (2006). Cognitive behavioral therapy vs. zopiclone for treatment of chronic primary insomnia in older adults: A randomized controlled trial. *Journal of the American Medical Association, 295,* 2851–2858.

Skaff, M. M. (2007). Sense of control and health: A dynamic duo in the aging process. In C. M. Aldwin, C. L. Park, & A. Spiro (Eds.), *Handbook of health psychology and aging* (pp. 186–209). New York: Guilford.

Skinner, B. F. (1953). *Science and human behavior.* New York: Free Press.

Smith, G., & Rush, B. K. (2006). Normal aging and mild cognitive impairment. In D. K. Attix & K. A. Welch-Bohmer (Eds.), *Geriatric neuropsychology: Assessment and intervention* (pp. 27-55). New York: Guilford.

Smyer, M. A. (1995). Formal support in later life: Lessons for prevention. In L. A. Bond, S. J. Cutler, & A. Grams (Eds.), *Promoting successful and productive aging* (pp. 186-202). Thousand Oaks, CA: Sage.

Smyer, M. A., & Downs, M. G. (1995). Psychopharmacology: An essential element in educating clinical psychologists for working with older adults. In B. G. Knight, L. Teri, P. Wohlford, & J. Santos (Eds.), *Mental health services for older adults: Implications for training and practice in geropsychology* (pp. 73-83). Washington, DC: American Psychological Association Press.

Smyer, M. A., & Shea, D .G. (1996). Mental health among the elderly. In L. A. Vitt & J. Siegenthaler (Eds.), *Encyclopedia of financial gerontology* (pp. 365-371). Westport, CT: Greenwood Press.

Snowden, M., Sato, K., & Roy-Byrne, P. (2003). Assessment and treatment of nursing home residents with depression or behavioral symptoms associated with dementia: A review of the literature. *Journal of the American Geriatrics Society, 51,* 1305-1317.

Spayd, C. S. (1993, June). *Psychological consultation in the nursing home: Group brainstorming case example*. Unpublished workshop material.

Spayd, C. S., & Smyer, M. A. (1996). Psychological interventions in nursing homes. In S. H. Zarit & B. G. Knight (Eds.), *A guide to psychotherapy and aging: Effective clinical interventions in a life-stage context* (pp. 241-268). Washington, DC: American Psychological Association.

Spielberger, C., Gorsuch, R., Luschene, R., Vagg, P. R., & Jacobs, G. A. (1983). *Manual of the State-Trait Anxiety Inventory*. Palo Alto, CA: Consulting Psychologists Press.

Stanford Center for Longevity & the Max Planck Institute for Human Development. (2009). *Expert consensus on brain health*. Retrieved November 30, 2009, from http://longevity.stanford.edu/mymind/cognitiveagingstatement.

Stanley, M. A., Hopko, D. R., Diefenbach, G. J., Bouralnd, S. L., Rodriegues, H., & Wagner, P. (2003). Cognitive-behavior therapy for late-life generalized anxiety disorder in primary care: Preliminary findings. *American Journal of Geriatric Psychiatry, 11,* 92-96.

Starr, B. D., Weiner, M. B., & Rabetz, M. (1979). *The Projective Assessment of Aging Method*

(PAAM). New York: Springer.

Streiner, D. L., Cairney, J., & Veldhuizen, S. (2006). The epidemiology of psychological problems in the elderly. *Canadian Journal of Psychiatry, 51,* 185–191.

Susser, M. B., & Susser, E. (1996). Choosing a future for epidemiology, II: From black box to Chinese boxes and eco-epidemiology. *American Journal of Public Health, 86,* 674–677.

Swartz, M. S., Stroup, T. S., McEvoy, J. P., Davis, S. M., Rosenheck, R. A., Keefe, R. S., Hsiao, J. K., & Lieberman, J. A. (2008). What CATIE found: Results from the schizophrenia trial. *Psychiatric Services, 59,* 500–506.

Takamura, J. (1985). Introduction: Health teams. In L. J. Campbell & S. Vivell (Eds.), *Interdisciplinary team training for primary care in geriatrics: An educational model for program development and evaluation* (pp. 64–67). Washington, DC: Government Printing Office.

Tarrier, N., Beckett, R., Harwood, S., Baker, A., Yusupoff, L., & Ugarteburu, I. (1993). A trial of two cognitive behavioral methods of treating drug-resistant residual psychotic symptoms in schizophrenic patients: I. Outcome. *British Journal of Psychiatry, 162,* 524–532.

Teachman, B. A., Siedlecki, K. L., & Magee, J. C. (2007). Aging and symptoms of anxiety and depression: Structural invariance of the tripartite model. *Psychology and Aging, 22,* 160–170.

Teri, L. (1996). Depression in Alzheimer's disease. In M. Hersen & V. B. Van Hasselt (Eds.), *Psychological treatment of older adults: An introductory text* (pp. 209–222). New York: Plenum.

Teri, L., & Lewinsohn, P. M. (1982). Modification of the pleasant and unpleasant event schedules for use with the elderly. *Journal of Consulting and Clinical Psychology, 50,* 444–445.

Teri, L., Logsdon, R. G., & McCurry, S. M. (2008). Exercise interventions for dementia and cognitive impairment: The Seattle protocols. *Journal of Nutrition, Health, and Aging, 12*(6), 391–394.

Teri, L., Logsdon, R. G., Uomoto, J., & McCurry, S. M. (1997). Behavioral treatment of depression in dementia patients: A controlled clinical trial. *Journal of Gerontology, 52B,* 349–367.

Teri, L., Logsdon, R., Wagner, A., & Uomoto, J. (1994). The caregiver role in behavioral treatment of depression in dementia patients. In E. Light, G. Niederehe, & B. D. Lebowitz (Ed.), *Stress effects on family caregivers of Alzheimer's patients* (pp. 185–204). New York: Springer.

Teri, L., Truax, P., Logsdon, R., Uomoto, J., Zarit, S., & Vitaliano, P. P. (1992). Assessment of behavior problems in dementia: The Revised Memory and Behavior Problem Checklist. *Psychology and Aging, 7,* 622–631.

Teri, L., & Wagner, A. (1992). Alzheimer's disease and depression. *Journal of Consulting and Clinical Psychology, 60,* 379–391.

Thompson, L. W., Dick-Siskin, L., Coon, D. W., Powers, D. V., & Gallagher-Thompson, D. (2010). *Treating late-life depression: A cognitive-behavioral therapy approach: Workbook.* New York: Oxford University Press.

Thompson, L. W., Gallagher, D., & Czirr, R. (1988). Personality disorder and outcome in the treatment of late-life depression. *Journal of Geriatric Psychiatry, 21,* 133–146.

Thompson, L. W., Gallagher, D., Nies, G., & Epstein, D. (1983). Evaluation of the effectiveness of professionals and nonprofessionals as instructors of "Coping with Depression" classes for elders. *The Gerontologist, 23,* 390–396.

Thompson, L. W., Gallagher-Thompson, D. E., & Dick, L. P. (1995). *Cognitive-behavioral therapyfor late-life depression: A therapist manual.* Palo Alto, CA: Older Adult and Family Center, Veterans Affairs Palo Alto Health Care System.

Topo, P. (2009). Technology studies to meet the needs of people with dementia and their caregivers: A literature review. *Journal of Applied Gerontology, 28*(1), 5–37.

Torgersen, S., Lygren, S., Øien, P. A., Skre, I., Onstad, S., Edvardsen, J., Tambs, K., & Kringlen, E. (2000). A twin study of personality disorders. *Comprehensive Psychiatry, 41,* 416–425.

Trenkle, D., Shankle, W., & Azen, S. (2007). Detecting cognitive impairment in primary care: Performance assessment of three screening instruments. *Journal of Alzheimer's Disease, 11,* 323–335.

Troll, L. E., & Bengtson, V. L. (1993). The oldest-old in families: An intergenerational perspective. In L. Burton (Ed.), *Families and aging* (pp. 79–89). Amityville, NY: Baywood Press.

Twelftree, H., & Qazi, A. (2006). Relationship between anxiety and agitation in dementia. *Aging and Mental Health, 10,* 362–367.

Uchino, B. N. (2009). Understanding the links between social support and physical health.

Perspectives on Psychological Science, 4, 236–255.

United Nations, Department of Economic and Social Affairs, Population Division. (2006). *Population ageing wallchart 2006.* Retrieved March 15, 2009 from http://www.un.org/esa/population/publications/ageing/ageing2006chart.pdf.

Unverzagt, F., Kasten, L., Johnson, K., Rebok, G., Marsiske, M., Koepke, K., et al. (2007). Effect of memory impairment on training outcomes in ACTIVE. *Journal of the International Neuropsychological Society, 13,* 953–960.

US Bureau of the Census. (2003). *Statistical abstract of the United States.* Washington, DC: Author.

US Bureau of the Census. (2007, June). *Older adults in 2005.* Washington, DC: Author. Retrieved October 15, 2009, from http://www.census.gov/population/ www/pop-profile/files/dynamic/OLDER.pdf.

US Bureau of the Census. (2009). *Statistical abstract of the United States.* Retrieved from http://www.census.gov/compendia/statab/.

US Department of Health and Human Services. (1999). *Mental health: A report of the Surgeon General.* Rockville, MD: US Department of Health and Human Services, Substance Abuse and Mental Health Service Administration, Center for Mental Health Services, National Institutes of Health, National Institute of Mental Health. Retrieved from http://www.surgeongeneral.gov/library/mentalhealth/home.html.

US Department of Health and Human Services. (2000). *Healthy people 2010.* Washington, DC: US Department of Health and Human Services. Retrieved from http://www.health.gov/healthypeople.

US Department of Health and Human Services. (2001). *Mental health: Culture, race, and ethnicity – A supplement to mental health: A report of the Surgeon General.* Rockville, MD: US Department of Health and Human Services, Substance Abuse and Mental Health Services Administration, Center for Mental Health Services.

US Department of Health and Human Services. (2006). *2005 White House conference on aging.* Washington, DC: US Department of Health and Human Services. Retrieved from http://www.whoca.gov/index.asp.

US Department of Health and Human Services, Substance Abuse and Mental Health Services Administration. (2008). *Summary of Findings from the 2007 National Survey on Drug Use and Health.* Retrieved January 10, 2008, from http://www.oas.samhsa.gov/WebOnly.htm#NSDUHtabs.

Vaillant, G. E. (1977). *Adaptation to life.* Boston: Little, Brown.

Vaillant, G. E. (2002). *Aging well: Surprising guideposts to a happier life from the landmark Harvard study of adult development.* Boston: Little, Brown.

Vaillant, G. E., & Vaillant, C. O. (1990). Natural history of male psychological health, XII: A 45-year study of predictors of successful aging at age 65. *American Journal of Psychiatry, 147,* 31-37.

Van Alphen, S. P. J., Engelen, G. J. J. A., Kuin, Y., Hoijtink, H. J. A., & Derksen, J. J. L. (2006). A preliminary study of the diagnostic accuracy of the Gerontological personality disorders Scale (GPS). *International Journal of Geriatric Psychiatry, 21,* 862-868.

Van Hout, H. P., Beekman, A. F., de Beurs, E., Comijs, H., Van Marwijk, H., De Haan, M. et al. (2004). Anxiety and the risk of death in older men and women. *British Journal of Psychiatry, 185,* 399-404.

Vedhara, K., & Irwin, M. (Eds.). (2005). *Human psychoneuroimmunology.* New York: Oxford University Press.

Vitaliano, P. P., Zhang, J., & Scanlan, J. M. (2003). Is caregiving hazardous to one's physical healt? A meta-analysis. *Psychological Bulletin, 129,* 946-972.

Vitiello, B., Correll, C., van Zwieten-Boot, B., Zuddas, A., Parellada, M., & Arango, C. (2009). Antipsychotics in children and adolescents: Increasing use, evidence for efficacy and safety concerns. *European Neuropsychopharmacology, 19,* 629-635.

Watzlawick, P., Beavin, J. H., & Jackson, D. D. (1967). *Pragmatics of human communication: A study of international patterns, pathologies, and paradoxes.* New York: Norton.

Watzlawick, P., Weakland, J. H., & Fisch, R. (1974). *Change.* New York: Norton.

Weissman, M. M., Markowitz, J. C., & Klerman, G. L. (2000). *Comprehensive guide to interpersonal psychotherapy.* New York: Basic Books.

Wetherell, J. L., & Gatz, M. (2005). The Beck Anxiety Inventory in older adults with Generalized Anxiety Disorder. *Journal of Psychopathology and Behavioral Assessment, 27,* 17-24.

Wetherell, J. L., Lenze, E. J., & Stanley, M. A. (2005). Evidence-based treatment of geriatric anxiety disorders. *Psychiatric Clinics of North America, 28,* 871-896.

Wetherell, J. L., LeRoux, H., & Gatz, M. (2003). DSM-IV criteria for Generalized Anxiety Disorder in older adults: Distinguishing the worried from the well. *Psychology and Aging, 18,* 622-627.

Wetherell, J. L., Sorrell, J. T., Thorp, S. R., & Patterson, T. L. (2005). Psychological interventions for late-life anxiety: A review and early lessons from the CALM Study. *Journal of Geriatric Psychiatry and Neurology, 18,* 72-82.

Wetherell, J. L., Thorp, S. R., Patterson, T. L., Golshan, S., Jeste, D. V., & Gatz, M. (2004). Quality of life in geriatric generalized anxiety disorder: A preliminary investigation. *Journal of Psychiatric Research, 38,* 305-312.

Whitchurch, G. G., & Constantine, L. L. (1993). Systems theory. In P. G. Boss, W. J. Doherty, R. LaRossa, W. R. Schumm, & S. K. Steinmetz (Eds.), *Sourcebook of family theories and methods* (pp. 325-355). New York: Plenum.

White, M., & Epston, D. (1990). *Narrative means to therapeutic ends.* New York: Norton.

Whitehouse, P., & Moody, H. (2006). Mild cognitive impairment: A "hardening of the categories?" *Dementia: The International Journal of Social Research and Practice, 5,* 11-25.

Wierzalis, E. A., Barret, B., Pope, M., & Rankins, M. (2006). Gay and bisexual men and aging: Sex and intimacy. In D. Kimmel, T. Rose, & S. David (Eds.), *Lesbian, gay, bisexual and transgender aging: Research and clinical perspectives* (pp. 91-109). New York: Columbia University Press.

Wilkinson, D. G. (2002). *Electroconvulsive therapy (ECT): Principles and practice of geriatric psychiatry* (2nd ed., pp. 433-437). Hoboken, NJ: John Wiley & Sons.

Williams, M., & Lewis, C. (2009). A platform for intervention and research on family communication in elder care. In S. H. Qualls & S. H. Zarit (Eds.), *Aging families and caregiving* (pp. 269-286). Hoboken, NJ: John Wiley & Sons, Inc.

Willis, S. L., Tennstedt, S. L., Marsiske, M., Ball, K., Elias, J., Koepke, K. M. et al. (2006). Long-term effects of cognitive training on everyday functional outcomes in older adults. *Journal of the American Medical Association, 296,* 2805-2814.

Wisniewski, S. R., Belle, S. H., Coon, D. W., Marcus, S. M., Ory, M. G., Burgio, L. D. et al. (2003). The Resources of Enhancing Alzheimer's Caregiver Health (REACH): Project design and baseline characteristics. *Psychology and Aging, 18,* 375-384.

Wisocki, P. (1991). Behavioral gerontology. In P. Wisocki (Ed.), *Handbook of clinical behavior therapy with the elderly client* (pp. 3-51). New York: Plenum.

Wolinsky, M. A. (1990). *A heart of wisdom: Marital counseling with older and elderly couples.* New York: Brunner/Mazel.

Wood, J. M., Nezworski, M. T., Lilienfeld, S. O., & Garb, H. N. (2003). *What's wrong with the Rorschach? Science confronts the controversial inkblot test*. San Francisco: Jossey-Bass.

World Health Organization. (1948). *Constitution of the World Health Organization*. Geneva: Author. Retrieved from http://www.who.int/governance/eb/ who_constitution_en.pdf.

World Health Organization. (2005). *Suicide prevention (SUPRE)*. Geneva: Author. Retrieved from http://www.who.int/mental_health/prevention/suicide.

Wright, L. K. (1998). Affection and sexuality in the presence of Alzheimer's disease: A longitudinal study. *Sexuality and Disability, 16*, 167-179.

Yesavage, J. A., Brink, T. L., Rose, T. L., Lum, O., Huang, V., Adey, M. b., & Leirer, V. O. (1983). Development and validation of a geriatric depression screening scale: A preliminary report. *Journal of Psychiatric Research, 17*, 37-49.

Young, T., Palta, M., Dempsey, J. et al. (1993). The occurrence of sleep-disordered breathing among middle-aged adults. *New England Journalof Medicine, 328*, 1230-1235.

Zarit, J. (2009). Assessment and intervention with family caregivers. In S. H. Qualls & S. H. Zarit (Eds.), *Aging families and caregiving* (pp. 113-130). Hoboken, NJ: John Wiley & Sons.

Zarit, S. H. (2009). Empirically supported treatment for family caregivers. In S. H. Qualls & S. H. Zarit (Eds.), *Aging families and caregiving* (pp. 131-154). Hoboken, NJ: John Wiley & Sons, Inc.

Zarit, S. H., & Zarit, J. M. (2007). *Mental disorders in older adults* (2nd ed.). New York: Guilford.

Zautra, A. J., Reich, J. W., & Newsom, J. T. (1995). Autonomy and sense of control among older adults: An examination of their effects on mental health. In L. A. Bonds, J. J. Cutler, & A Grams (Eds.), *Promoting successful and productive aging* (pp. 153-170). Thousand Oaks, CA: Sage.

Zeiss, A. M., Zeiss, R. A., & Davies, H. M. (1999). Assessment of sexual function and dysfunction in older adults. In P. Lichtenberg (Ed.), *Handbook of assessment in clinical gerontology* (pp. 270-296). New York: John Wiley & Sons, Inc.

Zhu, C. W., Scarmeas, N., Torgan, R., Albert, M., Brandt, J., Blacker, D., Sano, M., & Stern, Y. (2006). Clinical features associated with costs in early AD: Baseline data from the Predictors Study. *Neurology, 66*, 1021-1028.

Zisook, S., Heaton, R., Moranville, J., Kuck, J., Jernigan, T., & Braff, D. (1992). Past substance abuse and clinical course of schizophrenia. *American Journal of Psychiatry, 149,* 552-553.

Zubin, J., & Spring, B. (1977). Vulnerability: A new view of schizophrenia. *Journal of Abnormal Psychology, 86*(2), 103-126.

Zwieg, R. A. (2008). Personality disorder in older adults: Assessment challenges and strategies. *Professional Psychology: Research and Practice, 3,* 298-305.

찾아보기

[인 명]

[내 용]

저자 소개

Daniel L. Segal

Daniel L. Segal은 콜로라도 대학교 콜로라도스프링(University of Colorado at Colorado Springs)의 심리학 교수이자 임상훈련 감독이다.

Sara Honn Qualls

Sara Honn Qualls는 콜로라도 대학교 콜로라도스프링(University of Colorado at Colorado Springs)의 노화 연구 분과 및 심리학 교수이자 노년학센터 감독이다.

Michael A. Smyer

Michael A. Smyer는 벅넬 대학교(Bucknell University)의 심리학 교수이자 학장이다.

역자 소개

홍주연(Hong, Chooyon)

이화여자대학교 사범대학 교육심리학과 학사
University of Pennsylvania 노년학 석사
University of North Carolina at Greensboro 상담학 석사(노인상담 전공)
이화여자대학교 사회과학대학 심리학과 박사(노인발달 전공)
전) 천안대학교 노인복지학과 전임강사
University of North Carolina at Greensboro 강사
Hospice and Palliative Care of Greensboro 애도상담 전문가
한국상담대학원대학교 상담학과(고령자상담 전공) 교수
현) 안산 온마음센터 상담자교육 및 상담슈퍼바이저
한국노인상담연구소 상담자교육 및 상담슈퍼바이저

노인 정신건강과 노인상담

Aging and Mental Health (2nd ed.)

2016년 11월 15일 1판 1쇄 발행
2019년 12월 20일 1판 2쇄 발행

지은이 • Daniel L. Segal · Sara Honn Qualls · Michael A. Smyer
옮긴이 • 홍주연
펴낸이 • 김진환
펴낸곳 • (주) 학지사
04031 서울특별시 마포구 양화로 15길 20 마인드월드빌딩
대표전화 • 02)330-5114 팩스 • 02)324-2345
등록번호 • 제313-2006-000265호

홈페이지 • http://www.hakjisa.co.kr
페이스북 • https://www.facebook.com/hakjisabook

ISBN 978-89-997-0695-0 93180

정가 18,000원

이 도서의 국립중앙도서관 출판시도서목록(CIP)은 서지정보유통지원시스템 홈페이지(http://seoji.nl.go.kr)와 국가자료공동목록시스템(http://www.nl.go.kr/kolisnet)에서 이용하실 수 있습니다.
(CIP 제어번호: CIP2016026153)